L'anglais POUR LES NULS

L'anglais POUR LES NULS

Gail Brenner

Claude Raimond

ÉDITIONS FRANCE LOISIRS

L'anglais pour les Nuls

Pour les Nuls est une marque déposée de Wiley Publishing, Inc.
For Dummies est une marque déposée de Wiley Publishing, Inc.

N° éditeur : 58497
ISBN 978-2-298-01241-5
Dépôt légal : Juillet 2008

Édition du Club France Loisirs,
avec l'autorisation des Éditions First Éditions

Éditions France Loisirs,
123, boulevard de Grenelle, Paris.
www.franceloisirs.com

Sommaire

Introduction

Connaître les bases d'une langue vous ouvre une porte sur l'avenir et sur de nouveaux horizons. Et communiquer en anglais, même à un niveau élémentaire, est désormais très utile, voire indispensable. Le nombre de gens qui parlent anglais s'accroît d'année en année. Aujourd'hui, près d'une personne sur six parle anglais, et l'anglais est de toutes les langues du monde celle qui est parlée par le plus grand nombre de personnes en plus de la langue maternelle.

En outre, l'anglais est utilisé dans la majorité des conversations téléphoniques internationales, des courriers postaux, des e-mails, des émissions de radio, des textes traités sur ordinateur, des communications du contrôle aérien. Il sert aussi fréquemment de langage commun dans le contexte des affaires et de la formation. Ainsi, sans une connaissance élémentaire de l'anglais, vous risquez de vous retrouver… réduit au silence.

Le fait de parler anglais n'a rien de magique ; ce n'est qu'un « procédé » au service d'une opération de communication. Considérez chaque nouvelle tournure ou expression que vous découvrez comme un outil, que vous placez dans votre « boîte à outils » anglaise. Quand vous avez besoin d'un outil, ouvrez la boîte et choisissez celui qui correspond à votre besoin de communication – parler du passé, poser une question, exprimer qu'une chose vous plaît ou vous déplaît, et ainsi de suite.

Surtout, dites-vous bien que dans les échanges de tous les jours, vous pouvez le plus souvent vous exprimer avec très peu de mots et une structure de phrase élémentaire. Alors, lancez-vous sans hésiter !

À propos de cet ouvrage

Pourquoi lire *L'anglais pour les Nuls* ? Envisagez-vous de voyager, d'habiter ou de travailler dans un pays de langue anglaise, et de pouvoir converser sans difficultés avec des anglophones de naissance ? Parler anglais est-il pour vous un objectif lointain, un passe-temps intéressant ou une nécessité professionnelle ?

Quelles que soient vos raisons pour vouloir parler anglais, *L'anglais pour les Nuls* vous mettra le pied à l'étrier. Wiley Publishing, Inc., l'éditeur de la célèbre collection des Nuls, publiée en langue française par les Éditions First, a encore frappé en sortant un livre amusant, de lecture facile, qui vous apporte exactement ce qu'il vous faut – en l'occurrence la capacité de communication en anglais. Je ne vous promets pas que vous parlerez comme un anglophone de naissance quand vous aurez fini le livre, mais vous serez capable de rencontrer des gens et de leur dire bonjour, de poser des questions simples, d'utiliser le téléphone, de commander un repas au restaurant, de faire des achats dans les magasins, de faire face à des situations d'urgence, de demander à quelqu'un de sortir avec vous, et bien plus encore !

Ce livre n'a rien de commun avec ces textes ennuyeux qu'il vous faut absorber page après page ou ces cours qui requièrent votre assistance deux fois par semaine pendant six mois. *L'anglais pour les Nuls* n'a rien de contraignant. Vous choisissez votre rythme, vous lisez autant ou aussi peu que vous le souhaitez ou vous pouvez simplement feuilleter le livre et vous arrêter aux sections qui retiennent votre attention.

Note : s'il s'agit d'un premier contact avec l'anglais, vous avez peut-être intérêt à commencer par les chapitres de la première partie pour acquérir quelques bases – comme de premiers éléments de grammaire et de prononciation – avant de passer aux autres sections. Mais ce n'est pas une obligation, c'est à vous d'en décider.

Conventions utilisées dans ce livre

J'ai établi quelques conventions pour faciliter la lecture du livre :

- Des caractères gras font ressortir les mots et les expressions en anglais. Les mots en caractères gras sont suivis de leur prononciation et de leur traduction en français.
- Les syllabes du texte suggérant la prononciation, en italiques sont séparées par des tirets, et lorsqu'il y a plusieurs syllabes, la syllabe accentuée est soulignée.
- Exemple : **arrive** (*e-raïv*) (arriver)

Parler dans une autre langue pose des problèmes spécifiques et c'est pourquoi cet ouvrage propose quelques modalités qui n'existent pas dans d'autres ouvrages pour les Nuls. Les procédés suivants vous faciliteront l'acquisition des bons réflexes en anglais :

- **Conversation** : j'ai inclus tout au long du livre de nombreux exemples de conversation pour vous permettre de pratiquer « l'anglais tel qu'on le parle ». Les dialogues signalés par l'icône CD sont sur le CD audio fourni avec l'ouvrage. Glissez le CD dans votre lecteur de CD et écoutez-le tout en lisant.

- **Mots clés et Expressions clés** : j'ai recueilli des mots et des tournures un peu partout dans le livre et je les ai inscrits sur les tableaux pour vous inciter à les mémoriser.
- **Jeux et activités** : les jeux sont un excellent procédé pour assimiler plus complètement ce que vous avez lu, et je vous invite à utiliser les exercices pratiques proposés à la fin de la plupart des chapitres. Après quoi vous pourrez vérifier vos réponses dans l'annexe C. Mais attention : ne trichez pas !

Notez aussi que, la plupart des langues étant susceptibles de rendre un même concept ou une même idée de manière différente, la traduction d'une tournure anglaise peut ne pas être littérale. Je veux parfois que vous compreniez le sens général d'une expression, plutôt que la signification des mots. Par exemple :

Danny and Elena had a ball on their trip to Italy!

da-ni an'd e-lèè-na h'ad a bôl on dèe trip tou i-te-li

Traduction correcte : Danny et Elena se sont beaucoup amusés durant leur voyage en Italie !

Traduction littérale (n'a aucun sens) : Danny et Elena ont eu un ballon durant leur voyage en Italie.

Qui êtes-vous ?

Pour écrire ce livre, j'ai dû imaginer qui vous êtes et ce que vous attendez d'un livre appelé *L'anglais pour les Nuls*. Voici quelques-unes de mes suppositions :

- Le français est la langue que vous parlez habituellement, vous rythmez et vous organisez spontanément les phrases selon des principes communs à tous les francophones, et vous connaissez le sens de nombreux mots français.
- Vous n'avez aucune connaissance en anglais ou encore vous avez appris l'anglais à l'école mais vous avez presque tout oublié ; ou vous avez de bonnes connaissances en anglais, mais vous adorez lire des livres pour les Nuls.
- Vous désirez pouvoir parler avec des anglophones d'Europe (ceux des îles Britanniques) parce que vous habitez un pays francophone du continent européen (la France, la Belgique, la Suisse…), mais vous souhaitez aussi comprendre les anglophones d'Amérique du Nord (USA, Canada).

- Francophone du Canada, vous voulez converser avec vos compatriotes anglophones et vos voisins des USA, mais aussi comprendre les anglophones des îles Britanniques.
- Vous ne voulez pas passer des heures dans une salle de classe ; vous voulez apprendre l'anglais à votre rythme.
- Vous cherchez un livre dont la lecture soit rapide et agréable, vous donnant dans un style vivant des informations élémentaires sur le vocabulaire, la grammaire et la culture de pays anglophones.
- Vous ne cherchez pas à parler couramment tout de suite, mais vous voulez être en mesure d'utiliser dès maintenant des tournures et des expressions anglaises.
- Vous avez remarqué le titre *L'anglais pour les Nuls*, ce qui a piqué votre curiosité.
- Votre sens de l'humour est très développé.

Si l'une de ces suppositions est exacte, vous avez trouvé le livre parfait !

Organisation du livre

Le livre est divisé en six parties contenant chacune plusieurs chapitres. Voici un aperçu des informations des différentes parties.

Première partie : commençons par le commencement

Cette partie contribue à établir les bases de votre connaissance de l'anglais, de la manière suivante : le chapitre 1 vous apporte quelques outils de base (comme la prononciation des voyelles et des consonnes) conditionnant une véritable progression, ainsi que des astuces pour acquérir le rythme de l'élocution en anglais. Au chapitre 2, vous découvrirez les principaux rouages de la grammaire anglaise – les informations essentielles sur la construction des phrases, la manière de poser des questions, d'utiliser les temps des verbes, etc. Le chapitre 2 comporte de nombreux outils pour garnir votre boîte à outils anglaise.

Deuxième partie : parler un peu l'anglais

Avec un peu d'anglais, vous pouvez aller loin. Vous trouverez dans cette partie quantité d'expressions de tous les jours et de formules de salutation pour vous aider à rencontrer des gens et prendre plaisir à parler de choses et d'autres. Vous découvrirez aussi comment demander de l'aide, comprendre des indications pour vous rendre quelque part, et bavarder au téléphone – sans paniquer. Abordez cette partie n'importe où… selon votre bon plaisir !

Troisième partie : en voyage

Les chapitres de cette partie sont conçus pour le voyageur qui sommeille en vous. Ils vous proposent quelques conseils pratiques d'ordre linguistique et culturel pour prendre l'avion et parvenir à destination, vous enregistrer à l'hôtel et aller au restaurant ou sortir en ville. Vous verrez aussi comment changer de l'argent et le dépenser !

Quatrième partie : vivre en pays anglophone

Si vous prévoyez de vous installer dans un pays anglophone, ces chapitres peuvent vous apporter l'anglais dont vous avez besoin pour vous occuper de votre domicile – remédier à d'éventuels problèmes – et être à l'aise dans un environnement professionnel anglophone. Et par précaution, j'ai inclus un chapitre sur les accidents, situations imprévues et problèmes de santé.

Cinquième partie : la partie de dix

C'est dans cette partie que vous trouverez les fameuses listes de dix de la collection pour les Nuls. Je vous suggère dix manières d'améliorer votre anglais, dix gaffes linguistiques amusantes mais dont vous devez vous garder, et dix procédés pour vous aider à distinguer des mots qui se ressemblent.

Sixième partie : les annexes

La dernière partie du livre vous apporte d'utiles informations de référence, comme un tableau des temps passés des verbes irréguliers où vous trouverez le « simple past » et le participe passé de presque tous les verbes irréguliers. J'y ai inclus un mini-dictionnaire anglais/français à utiliser quand vous rencontrez des mots inconnus. Elle comporte aussi une liste des pistes « Conversation » enregistrées sur le CD, ainsi que les bonnes réponses et les solutions de tous les jeux (à ne consulter qu'après avoir exercé vos talents).

Icônes utilisées dans le livre

Des icônes figurent dans la marge gauche du livre. Elles attirent l'attention sur des informations particulièrement importantes ou très utiles à vos progrès. Voici la signification de chacune d'elles :

Cette icône signale des conseils ou astuces qui vous permettront de parler anglais plus facilement.

Cette icône vous aide à éviter des erreurs susceptibles de vous mettre dans l'embarras, portant sur le vocabulaire, la grammaire ou un point d'ordre culturel.

Cette icône souligne des particularités grammaticales.

Si vous cherchez des informations d'ordre culturel, cette icône peut vous signaler des éléments d'information intéressants sur les pays où l'on parle anglais.

Cette icône représente les dialogues dits « Conversation », que vous pouvez écouter sur le CD audio.

Et maintenant ?

Rien ne vous oblige à lire cet ouvrage du début à la fin ; utilisez-le comme bon vous semble. Si vous préférez la voie directe et étroite, commencez par le chapitre 1, mais si vous voulez parcourir le livre et choisir ce qui vous intéresse, faites-le ! Peut-être voulez-vous commencer par écouter le CD – très bien. Vous ne savez pas par où commencer ? Si vous vous trouvez dans un pays anglophone, promenez-vous avec le livre sous le bras pendant quelque temps pour provoquer des conversations. Quelqu'un finira bien par vous poser des questions à son sujet, et vous parlerez anglais sans vous en rendre compte ! Quelle que soit l'approche choisie, il est certain que ce livre vous plaira et vous instruira en même temps.

Première partie

Commençons par le commencement

« J'aurais dû réviser les points cardinaux avant de quitter l'hôtel ! »

Dans cette partie...

Nous aménageons les fondations avant de construire la maison, et vous prenez en main les outils de base qui vous serviront à développer votre connaissance de l'anglais. Par exemple, au chapitre 1, je vous montre comment prononcer les voyelles en anglais ainsi qu'une partie des consonnes, celles qui peuvent poser des problèmes. Je vous montre aussi comment « swinguer » avec le rythme de la langue anglaise. Le chapitre 2 vous décrit les principaux rouages de la grammaire anglaise – des indications pratiques sur la façon de construire une phrase, de poser une question, de parler du passé, du présent et du futur – et vous fournit quelques autres éléments essentiels à placer dans votre boîte à outils.

Chapitre 1

Bases de la prononciation de l'anglais

Dans ce chapitre :

- Guide de prononciation de l'anglais pour francophone
- Prononciation des 26 lettres de l'alphabet
- Maîtrise de quelques consonnes difficiles
- Pratique des voyelles
- La musique et le rythme de l'anglais

Une prononciation correcte est indispensable pour éviter les malentendus, obtenir ce que vous voulez et tout simplement goûter les joies de la conversation. La maîtrise de la prononciation de l'anglais demande du temps : soyez patient, persévérant, et n'hésitez pas à rire de vous-même quand vous faites une erreur.

Si vous avez plus de 12 ans, vous ne perdrez peut-être pas complètement votre accent ni ne parviendrez à une prononciation parfaite dans une autre langue. Toutefois, avec un peu de pratique, vous reproduirez les sons et les rythmes de l'anglais d'une manière assez proche du parler d'un anglophone pour être parfaitement compris. Mais attention, les anglophones peuplant des régions fort éloignées les unes des autres (les îles Britanniques, l'Amérique du Nord, l'Australie, l'Afrique du Sud…), il y a de grandes différences de prononciation d'un endroit à l'autre. Il faut donc faire un choix.

Supposant que vous aurez l'occasion d'exercer votre anglais tant avec les anglophones d'Amérique du Nord qu'avec ceux des îles Britanniques, le livre vous simplifie la tâche en indiquant systématiquement une approximation de la prononciation « officielle » britannique et, lorsqu'elle diffère, une approximation de la prononciation « moyenne » en Amérique du Nord (USA et Canada).

Mais avant de détailler la manière dont ces deux prononciations sont représentées dans le livre, je voudrais attirer votre attention sur ce qui distingue la prononciation francophone, que vous pratiquez sans y penser, de la prononciation anglophone, qui requiert au début une certaine attention.

Différences majeures entre la prononciation de l'anglais et celle du français

On dit que l'habitude est une seconde nature. Si vous n'y prenez garde, vos habitudes de prononciation du français provoqueront à votre insu des fautes de prononciation empêchant vos interlocuteurs anglophones de comprendre. Pour comprendre, le cerveau doit délimiter les composants du flux sonore transmis depuis les oreilles : repérer les mots, les groupes de mots et les phrases. Les repères sonores utilisés à cette fin en anglais et en français sont différents. Le cerveau doit aussi établir le sens des mots ou groupes de mots qu'il a délimités. Le décodage des sons pour déterminer le sens utilise en anglais deux éléments qui, dans le cas d'un francophone écoutant du français, ne servent nullement à comprendre le sens : la position de l'accent tonique (l'accentuation) et la durée d'un son de voyelle.

Voyons de plus près, en les illustrant de quelques exemples, trois différences majeures entre la prononciation du français et celle de l'anglais.

Découpage du flux sonore

Le mode de délimitation des mots et des phrases en français est très simple : une légère élévation de la voix en fin de mot, à la fin d'un groupe de mots et en fin de phrase ; en outre, une brève interruption du flux après une virgule (pour respirer), et une interruption plus longue après un point-virgule ou un point. Pour en prendre conscience, relisez le présent paragraphe en faisant attention à votre prononciation. Puis relisez-le avec une voix d'ordinateur, en conservant d'un bout à l'autre un niveau sonore constant.

Rien de tel en anglais (à part l'interruption derrière une virgule, un point-virgule ou un point). L'anglais découpe le flux sonore en identifiant directement les mots (en leur attribuant aussitôt un sens). Et il en reconnaît le sens principalement par la position de l'accent tonique dans le mot, ainsi que par la durée des sons de voyelle du mot, brefs ou longs – deux éléments non liés au sens des mots français.

Par ailleurs, alors qu'en français deux sons de voyelle situés à la fin d'un mot et au début du suivant sont presque toujours prononcés sans interruption (flux continu), l'anglais les sépare presque toujours par une microcoupure, appelée *coup de glotte* par les linguistes. Cette séparation contribue à l'identification des mots dans la phrase.

Exemple français : chocolat amer.

Exemples anglais : **he is** (*h'i iz*) (il est), **they are** (*dèï ââ*) (ils/elles sont), **the arm** (*di ââm*) (le bras), **the eagle** (*di ii-guel*) (l'aigle).

Une interruption similaire se retrouve, un peu moins marquée et parfois omise, avant le h aspiré du français : la hache, la hampe, le hachisch.

Syllabes accentuées et identification des mots

Le principal mécanisme d'identification des mots anglais est sans conteste la position de l'accent tonique, affectant une syllabe prononcée plus fort dans tout mot de plus d'une syllabe. Alors qu'en français l'accentuation de la dernière syllabe non muette ne saurait fournir un moyen d'identification (tous les mots étant accentués de cette même façon), l'accentuation de certaines syllabes est le principal repère utilisé pour reconnaître un mot anglais. Nous avons vu plus haut que, du fait de la dispersion des anglophones sur la planète, les prononciations varient fortement d'un pays à l'autre. En revanche, **the emphasis** (*di èm-fe-sis*) (l'accentuation) ne varie que pour très peu de mots, ce qui aide les anglophones de diverses contrées à se comprendre malgré leurs accents différents.

Accentuez les mots aux bons endroits et vous serez compris, même si votre prononciation des consonnes et des voyelles est défectueuse. Mais si vous n'accentuez pas un mot de plus d'une syllabe ou si vous ne placez pas l'accent tonique sur la bonne syllabe, vos chances d'être compris seront quasi nulles.

Exemples :

- **The emphasis helps English speakers to identify words.**

  di em-fe-sis h'èlps ign-lich spîî-kez tou aï-dèn-ti-faï oueedz

  L'accent tonique aide les anglophones à identifier les mots.

- **You should therefore emphasize the right syllable.**

  iou choud dèe-foe èm-fe-saïz de raït si-le-bel

  Vous devez à cause de cela accentuer la bonne syllabe.

Sons de voyelle brefs ou longs et sens des mots

La longueur des sons de voyelle n'a pas beaucoup d'importance en français. Ce qui distingue le mot « pâte » du mot « patte », c'est avant tout la valeur du son (**â** comme dans « mât » ou **a** comme dans « mat »). Sa durée ne joue qu'un rôle secondaire. C'est le contraire en anglais ! Qui plus est, certains mots très courants d'une syllabe existent en anglais sous deux formes sonores, l'une avec un son de voyelle bref, l'autre avec un son de voyelle long et un sens totalement différent. Exemples :

- **bit** (*bit*) (morceau) et **beat** (*biit*) (battre)
- **rid** (*rid*) (débarrasser) et **read** (*riid*) (lire)
- **rod** (*rod*) (tringle) et **road** (*reoud* [UK], *rôôd* [US]) (route)
- **sheet** (*chiit*) (feuille, drap) et **shit** (*chit*) (m…)
- **bead** (*biid*) (perle à enfiler) et **bid** (*bid*) (offre)

Représentation des prononciations dans le livre

Alors que les mots et expressions anglais sont en caractères gras, leur prononciation est en *italique*. Les syllabes successives d'un même mot sont séparées par un tiret et la syllabe accentuée d'un mot de plus d'une syllabe est *<u>soulignée</u>*. Le français ne tenant pas compte de l'accentuation pour déterminer le sens des mots, comme nous l'avons vu au paragraphe précédent, vous risquez de ne pas percevoir l'accentuation et de l'omettre en prononçant les mots. Mais grâce à la représentation de la prononciation associée à tous les textes anglais du livre, vous pourrez *<u>voir</u>* cet accent tonique que vos oreilles perçoivent mal.

Selon le même principe, pour vous aider à bien faire la distinction entre les sons de voyelle longs et courts, qui n'influent pas sur le sens des mots français, le livre représente systématiquement les sons de voyelle longs par le doublement des signes utilisés, vous obligeant à les *voooir* ! Lorsque le signe utilisé n'est pas doublé, il s'agit d'un son bref.

Lorsque la prononciation approchée américaine est différente de la prononciation approchée britannique, elle est indiquée à la suite, et les deux prononciations sont repérées par les mentions [UK] et [US], respectivement. L'équivalent français est indiqué ensuite en caractères normaux. Exemple : **culture** (*<u>kael</u>-tche* [UK], *<u>kel</u>-tche* [US]) (culture).

Cette représentation approchée de la prononciation anglaise suit les règles de la prononciation du français, avec les aménagements suivants :

- Le *e*, même suivi d'une consonne ou d'une autre voyelle, doit toujours être prononcé comme le e de je, te, me. Ce son que les linguistes appellent « schwa » est fréquent en anglais car il sert, avec le *i*, à la prononciation de la plupart des syllabes non accentuées. Exemple : **octopus** (*oc-te-pes*) (poulpe). Il est encore plus fréquent dans la prononciation américaine, où il se substitue en outre à un son de voyelle spécifique de l'anglais britannique : *ae*, comme dans **duck** (*daek*) (canard) — voir plus loin.
- Lorsqu'un *e* ne représente pas un schwa, il est surmonté d'un accent aigu (*é*) ou grave (*è*). Le e muet est représenté par une apostrophe ('). Exemples : **bread** (*brèd*) (pain), **evening** (*i-v'nign*) (soir).
- L'accent circonflexe sert à distinguer le son « â » de mât du son « a » de mat, et le son « ô » de tôt du son « o » de obélisque.
- La combinaison de voyelles *ou* est utilisée pour représenter un son unique comme dans cou, pou, fou, très fréquent en anglais. Exemple : **foot** (*fout*) (pied). (Notez que le son « u » de tu n'existe pas en anglais, sauf s'il s'agit de mots français importés conservant leur prononciation d'origine, comme **couture, mot juste, crème brûlée**.)
- La combinaison de voyelles *ae* est utilisée pour représenter le son de voyelle brève de l'anglais britannique que comportent de nombreux mots comme **duck** (*daek*) (canard), **bug** (*baeg*) (insecte), **rust** (*raest*) (rouille), mais aussi **enough** (*i-naef*) (assez), **tongue** (*taegn*) (langue). Ce son n'existe pas en français : il est intermédiaire entre le « a » de mat et le « e » de je (autrement dit le schwa). Il n'existe pas non plus en anglais américain, où il est remplacé systématiquement par le schwa (*e*).
- Les sons de voyelle longs (rappelez-vous qu'en anglais un même son de voyelle peut être bref ou long et produire des mots différents) sont représentés par le doublement de la voyelle (*ââ, ii, ee, ôô*) et par celui de la combinaison *ou* — *ouou*, comme dans le mot **food**, (*fououd*) (aliment), et qu'il faut bien distinguer du mot **foot** (*fout*) (pied) prononcé avec un *ou* bref.
- Les consonnes en fin de syllabe doivent toujours être prononcées. Comme il n'existe pas de sons de voyelle nasale en anglais (alors que ces sons abondent en français : bande, important, fente, un, on…), le m et le n à la suite d'une voyelle sont toujours prononcés indépendamment de la voyelle. Une apostrophe à la suite du *m* ou du *n* vous rappelle la façon de les prononcer.
- Les deux consonnes spécifiquement anglaises, le « th » sonore comme dans le mot **the** (*de*) (le, la ou les) et le « th » sourd comme dans le mot **thick** (*dzik*) (épais), sont représentées respectivement par la lettre *d* et par la combinaison de lettres *dz*.

- Last but not least, le h devant une voyelle se prononce presque toujours en anglais, alors qu'en français il est toujours muet. On produit ce son par une brève contraction du diaphragme, comme à l'occasion du rire. Il est représenté par la lettre *h* suivie d'une apostrophe (*h'*). Exemples : **horse** (*h'ôôs*) (cheval), **hen** (*h'èn*) (poule), **hiccup** (*h'i-kaep* [UK], *h'i-kep* [US]) (hoquet).

Prononciation de mots anglais que vous connaissez déjà

L'anglais repose en grande partie sur des bases latines, tout comme le français, l'italien, l'espagnol et le portugais. C'est pourquoi l'on rencontre dans toutes ces langues des mots provenant de la même racine.

En outre, la conquête normande et par la suite les relations étroites (pas toujours amicales) entre l'Angleterre et la France ont introduit dans la langue anglaise un nombre considérable de mots français, qui ont dans leur immense majorité conservé les mêmes sens. Ils ont néanmoins acquis une accentuation et une prononciation conformes aux schémas des mots anglo-saxons, qui nous empêchent de les reconnaître à l'oreille.

Prononciation de mots ayant le même sens dans les deux langues

Le tableau ci-après donne une liste de mots dont l'orthographe est voisine ou identique en anglais et en français, dont le sens est le même et dont la prononciation diffère. Les vocabulaires des deux langues ont en commun des milliers de mots, et je ne peux vous en donner ici qu'un échantillon minuscule, à base de mots très courants :

Anglais		***Français***
actor	(*ac-te*)	(acteur)
angel	(*éïn-gel*)	(ange)
art	(*âât*)	(art)
analyze/analyse	(*a-nelaïz'*)	(analyser)
bank	(*ban'k*)	(banque)
banquet	(*ban-couèt*)	(banquet)
concert	(*con'-ceet*)	(concert)

Anglais		*Français*
content	(*con'-tènt*)	(content)
culture	(*kael-tche* [UK], *kel-tche*) [US])	(culture)
delicate	(*dè-liket'*)	(délicat)
detail	(*dii-téïl*)	(détail)
enormous	(*i-nôô-mes*)	(énorme)
excellent	(*èk-se-len't*)	(excellent)
express	(*ix-près*)	(express)
family	(*fa-mi-li*)	(famille)
flower	(*flaou-e*)	(fleur)
garden	(*gââ-d'n*)	(jardin)
government	(*gae-v'n-m'n't* [UK], *gue-v'n-m'n't* [US])	(gouvernement)
guide	(*gaïd*)	(guide)
hospital	(*h'os-pi-tel* [UK], *h'âs-pi-tel* [US])	(hôpital)
hotel	(*h'eou-tèl* [UK], *h'ôô-tèl* [US])	(hôtel)
important	(*im-pôô-t'nt*)	(important)
infinite	(*in-fi-nit'*)	(infini)
invention	(*in'-vèn-ch'n*)	(invention)
jovial	(*djeou-viel* [UK], *djôô-viel* [US])	(jovial)
kilogram	(*ki-lo-gram*)	(kilogramme)
kiosk	(*ki-osk*)	(kiosque)
lamp	(*lam'p*)	(lampe)
letter	(*lèt-ee*)	(lettre)
music	(*miou-zik*)	(musique)
nation	(*néï-ch'n*)	(nation)
optic	(*op-tic* [UK], *âp-tic* [US])	(optique)
order	(*ôô-dee*)	(ordre)
original	(*o-ri-dji-nel*)	(original)
plant	(*plâân't* [UK], *plaan't* [US])	(plante)

Anglais		***Français***
possible	(*pos-eb'l*) [UK], (*pâs-eb'l* [US])	(possible)
president	(*prè-zi-d'nt*)	(président)
problem	(*pro-blem* [UK], (*prâ-blem* [US])	(problème)
radio	(*réï-dio*)	(radio)
restaurant	(*rès-te-r'nt*)	(restaurant)
route	(*rouout'*)	(route)
science	(*saï-en's*)	(science)
secret	(*sii-krit*)	(secret)
silence	(*saï-lens*)	(silence)
taxi	(*ta-xi*)	(taxi)
term	(*tee-m*)	(terme)
terrible	(*tè-re-b'l*)	(terrible)
traffic	(*tra-fik*)	(trafic)
train	(*tréïn'*)	(train)
urgent	(*ee-djen't*)	(urgent)
united	(*iouou-naï-ted*)	(uni)
vibration	(*vaï-bréï-ch'n*)	(vibration)
violin	(*vaïo-lin*)	(violon)
visit	(*vi-zit*)	(visite)
watt	(*ouot* [UK], *ouât* [US])	(watt)
zebra	(*zii-bre*)	(zèbre)
zero	(*zii-reou* [UK], *zii-rôô* [US])	(zéro)

Prononciation – et sens – de mots ressemblants mais très différents

Il existe cependant quelques mots anglais et français qui se ressemblent beaucoup, mais qui ne signifient pas la même chose. Apprendre ce qui les différencie vous évitera bien des déconvenues. Fort heureusement, alors qu'il y a des milliers de mots semblables dont le sens est le même, les « faux amis » ne sont que quelques centaines. Méfiez-vous particulièrement de ceux listés ci-après :

- **actual** (*ac-tchou-el*) signifie véritable ou réel. En français, qualifie ce qui se passe dans le moment présent.
- **application** (*a-pli-kéï-ch'n*) est une demande officielle ou le document servant à la formuler. Ce mot peut aussi avoir un sens identique à celui du mot français (par exemple, l'application d'une couche de peinture).
- **character** (*ka-rak-te*) est le plus souvent un personnage dans un roman, un film, etc. Ce mot peut aussi, selon le contexte, avoir comme autres sens ceux du mot français caractère.
- **eventually** (*i-vèn-tchou-e-lé*) se réfère à un événement qui tôt ou tard finit par se produire, alors que « éventuellement » caractérise un événement possible mais incertain.
- **large** (*lââdj*) veut dire spacieux, et non pas large.
- **library** (*laï-bre-ri*) désigne une bibliothèque (l'institution, pas le meuble) et non un magasin où l'on peut acheter des livres, comme le mot librairie.
- **sensible** (*sèn-si-b'l*) veut dire sensé ou raisonnable. En français, sensible veut dire capable de ressentir ou vulnérable.

Pratiquer l'alphabet

Réciter l'alphabet est une autre bonne façon d'aborder la prononciation anglaise. La liste suivante contient les 26 letters (lè-tez) (lettres) de l'alphabet (al-febet') (alphabet), accompagnée chacune de sa prononciation. (Vous trouverez au chapitre 7 des indications sur la façon d'épeler les mots en anglais.)

a (*eï*)	**b** (*bi*)	**c** (*si*)	**d** (*di*)
e (*i*)	**f** (*èf*)	**g** (*dji*)	**h** (*eïtch*)
i (*aï*)	**j** (*djéï*)	**k** (*kéï*)	**l** (*èl*)
m (*èm*)	**n** (*èn*)	**o** (*ô*)	**p** (*pi*)
q (*kiou*)	**r** (*âe*)	**s** (*ès*)	**t** (*ti*)
u (*iou*)	**v** (*vi*)	**w** (*dae-bel-iou* [UK], *de-bel-iou* [US])	
x (*èx*)	**y** (*ouaï*)	**z** (*zèd* [UK], *zi* [US])	

Bien que l'anglais n'ait que 26 lettres, il comporte approximativement 44 sons différents ! (Et ces sons varient en fonction des accents régionaux.) Certaines lettres produisent plusieurs sons et à certaines voyelles peuvent correspondre des sons très différents ! Il peut donc être difficile de prononcer de nouveaux mots.

Les sections suivantes donnent quelques principes commodes et quelques règles pratiques pour la prononciation des sons anglais. (Je ne passe pas en revue les 44 sons, mais je vous signale les plus problématiques.)

TRUC

Pour parvenir à une prononciation claire et précise en anglais, il faut ouvrir votre **mouth** (*maoudz*) (bouche) et décontracter vos **lips** (*lips*) (lèvres), votre **jaw** (*djôô* [UK], *djââ* [US]) (mâchoire) et votre **tongue** (*taegn'* [UK], *tegn'* [US]) (langue). Ne soyez pas timide. Regardez dans la glace tandis que vous vous exercez et pensez à faire bouger et à étirer votre bouche pour que les sons sortent clairs et forts !

Prononciation des consonnes

Les **consonants** (*con'-se-n'nts*) (consonnes) de l'anglais s'écrivent comme celles du français, mais ne se prononcent pas toutes de la même manière.

Prononcer clairement les sons de consonne en anglais n'a rien de magique. C'est une opération mécanique. Si vous mettez les lèvres et la langue dans la bonne position, un son correct (presque à chaque fois) sortira de votre bouche, comme par miracle !

Deux sortes de consonnes : consonnes sonores et consonnes sourdes

La plupart des consonnes sont **voiced** (*voïst*) (sonores), ce qui veut dire que vous devez utiliser votre voix et positionner la bouche correctement pour les prononcer. Quelques sons de consonne sont **voiceless** (*voïs-lès*) (sourds), ce qui veut dire vous n'utilisez pas votre voix pour les prononcer (le son sort un peu comme un soupir).

Chaque consonne sourde a une partenaire sonore (une consonne qui se forme exactement de la même manière dans la bouche, mais en y ajoutant la voix). Par exemple, réalisez le son **p** *sourd* en fermant les lèvres et en poussant l'air vers l'extérieur pour produire le son. Il devrait ressembler à un souffle, un murmure. Pour prononcer son partenaire sonore, le son **b**, placez les lèvres exactement dans la même position que pour le son **p** et poussez l'air vers l'extérieur, mais cette fois, utilisez en même temps votre voix. Le son doit venir de la profondeur de la gorge.

Voici quelques paires de consonnes sourdes et sonores. (Piste 1)

f (*f*)	**v** (*v*)
k (*k*)	**g** (*g* comme dans le français gare)
p (*p*)	**b** (*b*)
s (*s*)	**z** (*z*)
t (*t*)	**d** (*d*)
sh (*ch* doux)	**j** (*j*)
th (voir paragraphe suivant)	*th* (voir paragraphe suivant)

Dans les quelques sections suivantes, je vous donne davantage de détails sur la prononciation des sons sourds et sonores. Si vous avez des difficultés à reconnaître et à prononcer ces consonnes, vous êtes arrivé au bon endroit du livre.

Le problématique th

Avez-vous du mal à prononcer la consonne th ? Cette consonne se retrouve partout en anglais. Et d'ailleurs, l'anglais comporte non pas un mais deux sons **th** ! Par exemple :

- Le son **th sonore** dans les mots **those** (*deouz* [UK], *dôôz* [US]) (ces), **other** (*ae-dee* [UK], *e-dee* [US]) (autre) et **breathe** (*briid'*) (respirer) est profond et requiert votre voix.
- Le son **th sourd** dans les mots **thanks** (*dzanks*) (merci), **something** (*saem'-dzign* [UK], *sem'-dzign* [US]) (quelque chose) et **bath** (*bââdz* [UK], *baadz* [US]) (bain) est doux comme un murmure.

Avec un peu de pratique et de concentration, vous prononcerez clairement les deux sons **th**. Je vous montre comment vous exercer dans le paragraphe suivant, continuez à lire.

Quand vous essayez de dire le mot **that** (*dat'*) (cela), ce que vous dites ressemble-t-il à **dat'** ou à **zat'** ? Ou quand vous essayez de dire le mot **think** (*dzin'k*) (penser), dites-vous **tin'k** ou **sin'k** ? Si oui, rassurez-vous, il n'y a pas que vous dans ce cas. Le problème est que vous gardez la langue à l'intérieur de la bouche, en arrière des incisives supérieures. Vous devez sortir un peu la langue pour produire le son **th**. Ou bien placer le bout de langue entre les dents (sans le mordre !) et le rétracter en émettant le son **th**.

Exercez-vous à dire ces mots qui commencent par le son th sonore profond :

- **there** (*dèe*) (là)
- **these** (*diiz*) (ces… ci)
- **they** (*dèè*) (ils ou elles)
- **this** (*dis*) (ce)
- **those** (*deouz* [UK], *dôôz* [US]) (ces… là)

Entraînez-vous maintenant à dire ces mots commençant par le th sourd :

- **thank you** (*dzan'k iou*) (merci)
- **thing** (*dzign*) (chose)
- **think** (*dzin'k*) (penser)
- **thirty-three** (*dzee-ti dzri*) (trente-trois)
- **Thursday** (*dzeez-di*) (jeudi)

Conversation

Monsieur et madame Abbott s'apprêtent à partir en vacances pour quelques jours. Ils essaient de décider quels bagages emporter pour le voyage. (Piste 2)

Mme Abbott : **I think we need three bags, but we have only these two.**

aï dzin'k oui niid' dzri bagz, baet oui h'av eoun-li diiz touou [UK]

aï dzin'k oui niid' dzri bagz, bet oui h'av ôôn-li diiz touou [US]

Je pense que nous avons besoin de trois valises, mais nous n'avons que ces trois-ci.

M. Abbott : **I thought about that. So I bought another bag on Thursday.**

aï dzôôt e-baout dat so aï bôôt' e-nae-de bag on dzeez-di [UK]

aï dzâât ebaout dat so aï bâât' e-ne-de bag on dzeez-di [US]

J'ai pensé à cela. Et alors j'ai acheté une autre valise jeudi.

Mme Abbott : **Thanks. There are so many things I want to bring.**

dzan'ks. dèe ââ sô mè-né dzignz aï ouan't tou brign'

Merci. Il y a tellement de choses que je veux apporter.

M. Abbott : **Do you need all those shoes — 33 pairs?**

dou iou niid' ôôl deouz chououz dee-ti dzri pèez [UK]

dou iou niid' ââl dôôz chououz dee-ti dzri pèez [US]

As-tu besoin de toutes ces chaussures – 33 paires ?

Mme Abbott : **Of course! They're absolutely essential!**

ov côôs dè'r ab-so-lou-tlé i-sèn-chel

Bien sûr ! Elles sont absolument indispensables !

Conversation

Jordie et Austin, deux amis étudiant à la même université, se rendent dans un magasin de disques d'occasion. (Piste 3)

Jordie : **I just bought a new sound system with a turntable.**

aï djaest bôôt'e niouou saound sis-tem ouid e teen-téï-b'l [UK]

aï djest bââť e niouou saound sis-tem ouid e teen-téï-b'l [US]

Je viens d'acheter un nouveau système audio avec un tourne-disque.

Austin : **Cool. Are you looking for some old records?**

cououl ââ iou lou-kign fe saem' eould rè-côôdz [UK]

cououl ââ iou lou-kign fe sem' ôôld rè-keedz [US]

C'est chouette. Cherches-tu des disques anciens ?

Jordie : **Definitely. I already have a small collection of rock and roll records, but I want more.**

dè-fi-ni-tlé aï ôl-rè-di h'av e smôl ke-lèk-ch'n ov rok en'd reoul rè-côôdz baet' aï ouân't môô [UK]

dè-fi-ni-tlé aï âl-rè-di h'av e smâl ke-lèk-ch'n ov râk en'd rôôl rè-keedz bet aï ouân't môô [US]

Absolument. J'ai déjà une petite collection de disques rock and roll, mais j'en veux d'autres.

Austin : **Personally, I prefer the early rhythm and blues. Do you like R and B?**

per-se-ne-lé aï pri-fee dii ee-lé ri-d'm an'd blououz dou iou laïk âr an'd bi

Personnellement, je préfère le genre rhythm and blues du début. Aimes-tu le R & B ?

Jordie : **Sure, I like a lot of different music: R and B, rock and roll, reggae, rap, heavy metal, and even classical.**

choue aï laïk e lot ov dif-fe-ren't miou-zik âr an'd bi rok an'd reoul rè-guè rap h'è-vé mè-tel an'd ii-v'n cla-si-k'l [UK]

choue aï laïk e lât ov dif-fe-ren't miou-zik âr an'd bi râk an'd rôôl rè-guè rap h'è-vé mè-tel an'd ii-v'n cla-si-k'l [US]

Bien sûr, j'aime toutes sortes de musiques différentes : R & B, rock, reggae, rap, heavy metal et même la musique classique.

Prononciation des voyelles

L'anglais comporte six voyelles – a, e, i, o, u et y – mais environ 15 sons de voyelle ! Malheureusement, l'anglais n'a pas de règles de prononciation fiables qui puissent vous aider à prononcer les voyelles et les combinaisons de voyelles des mots anglais écrits. La bonne nouvelle est qu'avec un peu de pratique, vous apprendrez à prononcer tous ces différents sons. La deuxième bonne nouvelle est que grâce à l'indication systématique de la prononciation, vous pourrez prononcer correctement toutes les voyelles des mots anglais que vous lirez dans ce livre.

La sous-section suivante donne un aperçu des différents types de sons de voyelle que comportent les mots anglais. Dans un deuxième temps, nous verrons la prononciation de toutes les voyelles et combinaisons de voyelles.

Différentes sortes de sons de voyelle

Comme l'explique la première section de ce chapitre, consacré aux principales différences entre la prononciation de l'anglais et celle du français, il existe deux grandes sortes de sons de voyelle en anglais : les sons de voyelle brefs et les sons de voyelle longs. Nous avons vu qu'un même son de voyelle peut produire des mots de sens différents selon qu'il est bref ou long. Exemples : **beat** (*biit*) (battre) et **bit** (*bit*) (morceau).

Les sons de voyelles brefs sont toujours simples, le son n'évolue pas au cours de sa prononciation. Exemples : **bit** (*bit*) (morceau), **duck** (*daek* [UK], *dek* [US]) (canard). En revanche, les sons de voyelle longs peuvent être simples (le même son est prolongé) ou diphtongués (deux sons de voyelle différents, mais contigus). Exemple de son de voyelle long et simple : **people** (*pii-pel*) (des gens) ; exemple de son de voyelle diphtonguée : **time** (*taïm*) (temps – le temps qui passe, pas celui qu'il fait). Notez au passage que l'association de deux voyelles (eo) peut produire un son de voyelle simple (*ii*), et qu'une seule voyelle (i) peut suffire à produire un son de voyelle diphtongué (*aï*).

Sons de voyelle brefs

Les short vowel sounds (*chort vaoul saoundz*) (sons de voyelle brefs) sont souvent prononcés un peu moins fort que les autres, et nettement moins fort lorsqu'ils figurent dans des syllables non accentuées. Exemples :

- **can** (*can*) (peut)
- **fun** (*faen* [UK], *fen* [US]) (amusement)
- **spell** (*spèl*) (épeler)
- **with** (*ouid'*) (avec)
- **foot** (*fout*) (pied)
- **bread** (*brèd*) (pain)
- **product** (*preou-dekt* [UK], *prôô-dekt* [US]) (produit)
- **village** (*vi-lidj*) (village)

Sons de voyelle longs et simples

Voici maintenant quelques exemples de sons de voyelle longs et simples :

- **scene** (*siin'*) (scène)
- **vote** (*vôôt* [US]) (voter)
- **leak** (*liik*) (fuite d'un fluide ou d'un secret)
- **bowling** (*bôô-lign* [US]) (bowling)

Sons de voyelle diphtongués

Deux sons de voyelle prononcés comme une seule syllabe. Pour prononcer une diphtongue en anglais, vous devez commencer par le premier son et glisser ensuite vers le deuxième son. Accentuez davantage le premier son, mais n'oubliez pas de prononcer aussi le second. Exercez-vous sur les exemples ci-après :

- **boy** (*boï*) (garçon)
- **now** (*naô*) (maintenant)
- **say** (*sèï*) (dire)
- **time** (*taïm'*) (temps)
- **vote** (*veout* [UK]) (voter)
- **bowling** (*beou-lign* [UK]) (bowling)

Prononciation des voyelles et combinaisons de voyelles

Ayant vu les différents sons de voyelle, voyons maintenant les sons produits par différentes voyelles, seules ou combinées. La relation entre l'écriture et la prononciation n'est pas simple. Il n'y a pas de lien clair entre une voyelle ou combinaison de voyelles écrites et les sons correspondants : seulement des tendances assorties d'exceptions (et c'est pourquoi le livre indique la prononciation de chaque mot).

- Une voyelle seule peut produire un son de voyelle bref : **duck** (*daek* [UK], *dek* [US]) (canard), un son de voyelle long : **arm** (*ââm*) (bras) ou un son diphtongué : **time** (*taïm*) (temps).
- Une voyelle doublée peut produire un son de voyelle bref : **blood** (*blaed* [UK], *bled* [US]) (sang) ou un son de voyelle long et simple : **root** (*rouout*) (racine).
- Deux voyelles différentes contiguës peuvent produire un son de voyelle bref : **bread** (*brèd*) (pain), un son de voyelle long et simple : **meat** (*miit*) (viande) ou un son de voyelle diphtongué : **steak** (*stéïk*) (steak).

Voyons maintenant les sons produits par chacune des voyelles a, e, i, o, u, seules ou combinées à d'autres :

La voyelle a

La voyelle a peut produire des sons de voyelle longs ou courts : un son de voyelle diphtongué (*éï* ou *èï*), un son de voyelle long et simple (*ââ* en anglais britannique prononcé *aa* en anglais américain ou encore *ôô* en anglais britannique devenant *ââ* en anglais américain). Elle produit aussi deux sons de voyelle brefs, le *a* dans des syllabes accentuées et le *e* (schwa) ou le *i* dans des syllabes non accentuées.

- Diphtongue : **ate** (*éït'*) (mangea), **came** (*kèïm'*) (vint), **day** (*dèï*) (jour), **late** (*léït*) (tard), **tomatoe** (*te-<u>méï</u>-tôô* [US]) (tomate). Pour prononcer cette diphtongue, commencez par le son *é* (ou *è*) et terminez par le son *i* dans une sorte de fondu enchaîné.
- *ââ* et *aa* : **father** (*<u>fââ</u>-de* [UK], *<u>faa</u>-de* [US]) (père), **bar** (*bââ*) (bar), **France** (*frâân's* [UK], *fraan's* [US]) (France), **tomatoe** (*te-<u>mââ</u>-teou* [UK]) (tomate)
- *ôô* et *ââ* : **bald** (*bôôld* [UK], *bââld* [US]) (chauve), **straw** (*strôô* [UK], *strââ* [US]) (paille), **talk** (*tôôk* [UK], *tââk* [US]) (parler), **thought** (*dzôôt* [UK], *dzâât* [US]) (pensée)
- *a* : **cat** (*cat*) (chat), **hand** (*h'an'd*) (main) et **bat** (*bat*) (chauve-souris)

- *e* et *i* : **analyze/analyse** (*a-nelaïz'*) (analyser), **delicate** (*dè-liket'*) (délicat), **hospital** (*h'os-pi-tel* [UK], *h'âs-pi-tel* [US]) (hôpital), **original** (*o-ri-dji-nel*) (original), **village** (*vi-lidj*) (village).

La voyelle e

La voyelle e peut produire un son **e long** (*ii*) lorsqu'elle est seule (**e**), doublée (**ee**) ou combinée à **i**, **a** et même **o** dans le mot **people** (**ei**, **ie**, **ea**, **eo**). Produisez le **e long** avec une sorte de sourire en tirant les lèvres en arrière. Faites durer le son, ne l'abrégez pas.

- **e** seul : **be** (*bii*) (être), **even** (*ii-ven*) (même), **evening** (*ii-v'nign*) (soir)
- **e** doublé : **bee** (*bii*) (abeille), **reed** (*riid*) (roseau), **eel** (*iil*) (anguille), **employee** (*èm-ploï-ii*) (employé), **see** (*sii*) (voir), **breeze** (*briiz*) (brise)
- **ei** : **receive** (*ri-siiv*) (recevoir)
- **ie** : **believe** (*bi-liiv*) (croire)
- **ea** : **reveal** (*ri-viil*) (révéler), **read** (*riid*) (lire), **sea** (*sii*) (mer), **heal** (*h'iil*) (guérir), **heat** (*h'iit*) (forte chaleur)
- **eo** : **people** (*pii-pel*) (personnes)

La voyelle e peut produire un son **e bref** (*è*) quand elle n'est associée à aucune autre voyelle, mais aussi quand elle précède un **a**. Pour le prononcer, ouvrez un peu la bouche et rétractez légèrement les lèvres comme en un sourire fugitif.

- **e** seul : **ten** (*tèn'*) (dix), **sell** (*sèl*) (vendre), **address** (*a-drès*) (adresse)
- **ea** : bread (*brèd*) (pain), **head** (*h'èd*) (tête) **ready**, (*rè-di*) (prêt)

Mais la voyelle **e** produit aussi le son neutre bref *e* (le schwa) dans les syllabes non accentuées. Et comme en français, ce *e* peut devenir muet :

- **problem** (*pro-blem* [UK]. *prâ-blem* [US]) (problème)
- **even** (*ii-ven* ou *ii-v'n*) (même)
- **idle** (*aï-del* ou *aï-d'l*) (oisif, inoccupé)

Exercez-vous à prononcer les **e longs** et **brefs** en répétant les phrases suivantes :

- **E long : We see three green trees.** (*oui sii dzrii griin triiz*) (Nous voyons trois arbres verts.)
- **E bref : Jenny went to sell ten red hens.** (*djè-ni ouèn't tou sèl tèn rèd h'ènz*) (Jenny est partie vendre dix poules rouges.)
- **Les deux sons : Please send these letters.** (*pliiz sèn'd diiz lè-tez*) (S'il te plaît envoie ces lettres.)

La voyelle i

La forme longue de la voyelle **i** anglaise ne produit pas le son auquel s'attendent les francophones, mais la diphtongue *aï*. Pour la prononcer, commencez par dire *a* et terminez par *i*, en passant doucement d'un son à l'autre. Exemples :

- **time** (*taïm*) (temps – celui qui passe, pas celui qu'il fait)
- **like** (*laïk*) (aimer)
- **arrive** (*e-raïv'*) (arriver)

Ce son peut s'écrire d'autres façons, comme par exemple dans les mots **height** (*h'aït*) (hauteur), **fly** (*flaï*) (mouche), **buy** (*baï*) (acheter), **lie** (*laï*) (mentir/mensonge) et **eye** (*aï*) (œil).

La forme brève du **i** se prononce à peu près comme le « i » des francophones. Pour prononcer le **i bref** anglais, détendez les lèvres en ouvrant un peu la bouche et gardez la langue dans le bas de la bouche. (Si la langue est placée trop haut, votre **i bref** ressemblera à un *ii*.) Exemples :

- **it** (*it*) (pronom personnel neutre)
- **his** (*h'iz*) (son ou sa)
- **this** (*dis*) (ce… ci)
- **bill** (*bil*) (addition au restaurant [UK], billet de banque [US])
- **sister** (*sis-tee*) (sœur)

Attendez-vous à ce qu'on vous regarde bizarrement si vous ne faites pas clairement la distinction entre le **i bref** (comme dans **it**) et le **i long** (comme dans **eat**). Ne dites pas **I need to live now** (*aï niid tou liv naou*) (il faut que je vive maintenant) si vous voulez dire **I need to leave now** (*aï niid tou liiv naou*) (il faut que je parte maintenant). Et faites attention de ne pas dire **Give me the keys** (*giv mi de kiiz*) (donne-moi les clés) si vous voulez dire **Give me a kiss** (*giv mi e kiss*) (donne-moi un baiser) !

Le **i bref** se retrouve, comme le schwa (*e*), dans la prononciation de syllabes non accentuées comportant un **a**.

- **village** (*vi-lidj*) (village)
- **garage** (*ga-ridj* [UK], *gue-rââj* [US]) (garage)

La voyelle o

Une particularité de la voyelle **o** est que sa forme longue comme sa forme courte se prononcent différemment en anglais britannique et en anglais américain.

Le o long

Le son **o long** est la diphtongue *eou* en anglais britannique et le son de voyelle prolongé *ôô* en anglais américain. Exemples :

- **rode** (*reoud'* [UK], *rôôd* [US]) (montait à cheval)
- **joke** (*djeouk* [UK], *djôôk* [US]) (blague)
- **phone** (*feoun'* [UK], *fôôn* [US]) (téléphone)
- **home** (*h'eoum* [UK], *h'ôôm* [US]) (chez soi)

En plus du schéma **o** + consonne + **e** final (exemples ci-dessus), les sons **o longs** se retrouvent avec d'autres orthographes :

- **no** (*neou* [UK], *nôô* [US]) (non ou pas de)
- **toe** (*teou* [UK], *tôô* [US]) (orteil)
- **sew** (*seou* [UK], *sôô* [US]) (coudre)
- **know** (neou [UK], *nôô* [US]) (savoir)
- **dough** (*deou* [UK], *dôô* [US]) (pâte)
- **boat** (*beout* [UK], *bôôt* [US]) (bateau)

Le o bref

Le **o** donne habituellement un son de voyelle brève quand il est placé entre deux consonnes. Il est alors prononcé en anglais britannique comme le « o » du mot français « obélisque » (*o*) et en anglais américain comme le « â » du mot français « mât » (*â*).

- **not** (*not* [UK], *nât* [US]) (ne… pas)
- **hot** (*h'ot* [UK], *h'ât* [US]) (très chaud)
- **stop** (*stop* [UK], *stâp* [US]) (arrêter)
- **a lot** (*e lot* [UK], *e lât* [US]) (beaucoup)
- **dollar** (*<u>do</u>-le* [UK], *<u>dâ</u>-le* [US]) (dollar)

o + seconde voyelle

Le **o** doublé (**oo**) donne deux sons de voyelle supplémentaires : *ou* (bref), *ouou* (long), et encore deux autres avec le mot **blood** : *ae* (*e* en anglais américain).

- *ou* : **good** (*goud*) (bon), **cook** (*couk*) (cuisinier/cuisinière), **foot** (*fout*) (pied), **book** (*bouc*) (livre)

- *ouou* : **moon** (*mououn*) (lune), **choose** (*tchououz*) (choisir), **food** (*fououd*) (nourriture), **room** (*rououm*) (pièce d'une maison)
- *ae* et *e* : **blood** (*blaed* [UK], *bled* [US]) (sang)

Le **o** suivi d'un **u** produit le son *ou* (bref) :

- *ou* : **could** (*coud*) (pouvait), **would** (*woud*) (voudrait)

Essayez de dire la phrase : **I would cook something good if I could**. (*aï woud couk saem-dzign* [US *sem-dzign*] *goud if aï coud*) (Je ferais cuire quelque chose de bon si je pouvais.)

N'OUBLIEZ PAS !

Don't put your foot in your mouth ! (*deoun't* [US *dôôn't*] *pout ioue fout in ioue maoudz*) (Ne mets pas le pied dans la bouche – expression idiomatique stigmatisant une gaffe.) Il est facile de confondre les mots **food** et **foot**. Ne dites pas **This foot tastes good** (*dis' fout téïst goud*) (Ce pied a bon goût) ni **I put my food in my shoe** (*aï pout maï fououd in maï chouou*) (J'ai mis ma nourriture dans ma chaussure) !

La voyelle u

La voyelle **u** se prononce tantôt avec le son de voyelle long *ouou*, tantôt avec le son de voyelle bref *ae*, qui devient *e* en anglais américain.

U prononcé ouou

- *ouou* avec **u** : **June** (*djououn*) (juin), **blue** (*blouou*) (bleu), et **use** (*ioouz*) (utiliser), **suit** (*siouout* [UK], *souout* [US]) (costume)
- *ouou* avec d'autres lettres : **do** (*douou*) (faire), **you** (*iouou*) (vous), **new** (*niouou* [UK], *nouou* [US]) (nouveau), **through** (*dzrouou*) (à travers), **shoe** (*chouou*) (chaussure)

U prononcé ae (e en anglais américain)

Le **u bref** est très fréquent en anglais. Sa prononciation est différente en anglais britannique et en anglais américain. L'anglais britannique utilise un son intermédiaire entre le « a » de « mat » et le « e » de que, je, me. L'anglais américain utilise le son neutre *e*.

- **up** (*aep* [UK], *ep* [US]) (en haut)
- **bus** (*baes* [UK], *bes* [US]) (autobus)
- **much study** (*maetch stae-di* [UK], *metch ste-di* [US]) (beaucoup d'étude)
- **suddenly** (*sae-den'-li* [UK], *se-den'-li* [US]) (soudainement)
- **under** (*aen'-dee* [UK], *en'-dee*) (sous)

Garder le rythme

Le rythme et la musique d'une langue lui confèrent sa vie et sa personnalité. Et c'est en grande partie grâce à ces éléments que l'anglais ressemble à de l'anglais ou que le français ressemble à du français. Le rythme de l'anglais est déterminé par ses schémas d'accentuation – l'accent tonique affectant certains mots ou certaines syllabes. Connaissant la façon d'utiliser le rythme de l'anglais et l'accent tonique, vous aurez une bien meilleure prononciation et votre anglais ressemblera davantage à celui d'un locuteur natif. Même quand la prononciation n'est pas correcte, il est plus facile de comprendre une phrase si le rythme est bon. Et vous comprendrez mieux l'anglais quand vous en connaîtrez le rythme. Les sections suivantes vous présentent le rythme de l'anglais et les schémas d'accentuation qui le caractérisent.

Battre la mesure

Il est facile de prendre le rythme anglais. Vous dites une mesure non accentuée suivie d'une mesure accentuée, comme ceci : **The cats will eat the mice** (*de cats ouil iit de maïs*) (Les chats mangeront les souris). En disant les phrases suivantes, maintenez un rythme régulier en battant la mesure avec le pied à chaque mot souligné, chaque battement de pied accompagnant la syllabe accentuée :

- **For Eng-lish rhy-thm, tap your feet.** (*fer' ign'-lich ri-dem, tap ioue fiit'*) (Pour le rythme de l'anglais, tapez du pied.)
- **Fast or slow just keep the beat.** (*fââst or sleou, djaest kiip de biit* [UK], *faast or slôô, djest kiip de biit* [US]) (Rapidement ou lentement, bats seulement la mesure.)

Essayez maintenant de garder le rythme dans les phrases suivantes tout en tapant du pied. (N'oubliez pas d'accentuer les syllabes soulignées.)

- **Cats eat mice.** (*cats iit maïs*) (Les chats mangent les souris.)
- **The cats will eat the mice.** (*de cats ouil îît de maïs*) (Les chats mangeront les souris.)

Si une phrase comporte plusieurs syllabes non accentuées les unes à la suite des autres, vous devez accélérer (un peu) pour garder le rythme. Essayez de dire la phrase suivante sans modifier le battement de pied :

- **The cats in the garden are going to eat up the mice.** (*de cats in de gââ-den ââ gô-ign tou iit aep de maïs* [UK], *de cats in de gââ-den ââ gô-ign tou iit ep de maïs* [US]) (Les chats dans le jardin vont manger les souris.)

Accentuation des mots importants

Comment savoir quels mots accentuer en anglais ? Accentuez ceux qui sont les plus importants ! Autrement dit, les mots qui apportent le plus d'informations dans la phrase.

Accentuez les mots suivants :

- adjectifs
- adverbes
- verbes principaux
- la plupart des mots servant aux questions
- négations
- noms

Mais n'accentuez pas les mots suivants :

- articles
- verbes auxiliaires (sauf à la fin d'une phrase)
- conjonctions
- prépositions
- pronoms (d'une manière générale)
- le verbe **to be** (*tou bii*) (être)

Le chapitre 2 donne plus d'informations sur les termes grammaticaux des deux listes précédentes. Consultez aussi la table des matières, qui vous renverra vers d'autres points de grammaire traités dans le livre.

Exercez-vous à prononcer les phrases suivantes en gardant un battement régulier et en accentuant les syllabes soulignées :

- **Where can I find a bank?** (*ouèe can aï faïnd a bank* [UK], *h'ouèe can aï faïnd a bank* [US]) (Où puis-je trouver une banque ?)
- **I'd like to have some tea, please.** (*aïd laïk te h'av' sam tii pliiz* [UK], *aïd laïk te h'av' sem tii pliiz* [US]) (J'aimerais prendre du thé, s'il te plaît.)
- **I need to see a doctor.** (*aï niid te sii e dok-te* [UK], *aï niid te sii e dâk-te* [US]) (J'ai besoin de voir un médecin.)

Naturellement, si vous avez réellement besoin de voir un médecin, vous ne penserez pas au rythme ! Mais si vous pratiquez régulièrement l'anglais en vous appliquant à respecter le rythme, votre prononciation fera d'énormes progrès et aidera les gens à vous comprendre.

Comment accentuer les bonnes syllabes ?

Ne vous torturez pas à essayer de décider sur quelles syllabes placer l'accent en anglais. Bien que l'accentuation donne au début l'impression d'être complètement aléatoire, il existe certains schémas réguliers qui peuvent rendre moins stressante l'application du **stress** (accent tonique). C'est promis ! Les règles et les conseils ci-après peuvent vous aider à comprendre la façon d'accentuer certains mots, et à voir ce qui peut provoquer un déplacement de l'accent tonique.

Quelques règles

Etes-vous décontenancé par cet accent tonique errant d'une syllabe à l'autre dans des mots comme **mechanize** (*mè-ke-naïz*) (mécaniser), **mechanic** (*mi-ca-nic*) (mécanicien) et **mechanization** (*mi-ke-ni-zéï-chen*) (mécanisation) ? Dans de nombreux mots, le suffixe (la terminaison) détermine la position de l'accent tonique. Le suffixe peut souvent vous dire aussi – en prime ! – si le mot est un nom, un verbe ou un adjectif. Voici quelques règles simples :

- Les substantifs qui se terminent en **-ment, -ion/-cion/-tion, -ian/-cian/-sian,** et en **-ity** sont accentués sur la syllabe qui précède le suffixe, comme dans les mots suivants :
    - **enjoyment** (*èn-djoï-m'nt*) (plaisir)
    - **opinion** (*e-pi-nien*) (opinion)
    - **reservation** (*ré-ze-véï-ch'n*) (réservation)
    - **possibility** (*po-si-bi-li-ti* [UK], *pâ-si-bi-li-ti* [US]) (possibilité)
- Les adjectifs qui se terminent en **-tial/-ial/-cial et -iou/-eous/-cious/-uous** sont accentués sur la syllabe qui précède le suffixe, comme dans les mots suivants :
    - **essential** (*i-sèn-chel*) (essentiel)
    - **usual** (*iou-jou-el*) (habituel)
    - **athletic** (*e-dzlè-tic*) (athlétique)
    - **curious** (*kioue-ri-es*) (curieux)
- Les mots qui se terminent en **-ize/-ise, -ate et en -ary** sont accentués sur l'avant-dernière syllabe avant le suffixe, comme dans les mots suivants :
    - **realize/realise** (*rî-e-laïz*) (se rendre compte de)
    - **graduate** (*grad-iou-éït'*) (obtenir un diplôme)
    - **vocabulary** (*vo-ca-biou-le-ri*) (vocabulaire)

Quelques conseils d'ordre général sur les schémas d'accentuation

Les exemples de cette section illustrent des schémas généraux d'accentuation qui peuvent vous aider à parier intelligemment sur l'accentuation d'un mot. Il ne s'agit pas de règles pures et dures. Elles ne s'appliquent pas dans 100 % des cas (ni même 98 %), mais vous pouvez vous en servir quand vous hésitez sur la façon d'accentuer un mot.

- De nombreux substantifs de deux syllabes sont accentués sur la première syllabe. Si vous n'êtes pas sûr de la place de l'accent dans un nom de deux syllabes, accentuez la première – et ce sera probablement correct. Voici quelques exemples :
  - **English** (*ign-lich*) (anglais)
  - **music** (*miouou-zik*) (musique)
  - **paper** (*péï-pe*) (papier)
  - **table** (*téï-bel*) (table)
- Accentuez la racine du mot, non le préfixe ou le suffixe, dans la majorité des verbes, des adjectifs et des adverbes. Par exemple :
  - **dislike** (*dis-laïk*) (détester)
  - **lovely** (*lae-v'li* [UK], *le-v'li* [US]) (adorable)
  - **redo** (*rii-douou*) (refaire)
  - **unkind** (*aen-kaïnd* [UK], *en-kaïnd* [US]) (désobligeant)
- Accentuez le premier mot de la majorité des substantifs composés – les noms composés de deux noms ou davantage et dont le sens diffère de celui de chacun des mots individuels. Par exemple :
  - **ice cream** (*aïs-criim*) (glace)
  - **notebook** (*neout-bouc* [UK], *nôôt-bouc* [US]) (carnet)
  - **sunglasses** (*saen-glââsez* [UK], *sen'-glaasez* [US]) (lunettes de soleil)
  - **week-end** (*ouiik-ènd*) (week-end)

Mots clés

alphabet	al-fa-bèt	alphabet
letter	lè-tee	lettre
consonant	con-se-n'nt	consonne
short vowel	chort va-oul	voyelle brève
long vowel	logn va-oul	voyelle longue
diphthong	dif-dʒogn	diphtongue
voiced	voïst	sonore
voiceless	voïs-lès	sourde

Chapitre 2

Directement au cœur de la grammaire anglaise

Dans ce chapitre :

- Construction d'une phrase simple
- Formulation des questions
- Utilisation des noms, des verbes, des adjectifs et des adverbes
- Expression du passé, du présent et du futur
- Les articles

La vue du mot « grammaire » vous donne-t-elle envie de fuir ou de mettre le livre de côté pour le reprendre un autre jour ? Je vous comprends. Mais ne laissez pas ce chapitre briser votre élan, car je ne vous asséneraі pas toutes les règles de grammaire accompagnées de leurs innombrables exceptions. Je vous fournis à la place les indications essentielles pour vous permettre de comprendre l'anglais. J'explique de la façon la plus claire possible les éléments principaux de la grammaire ; les explications sont brèves et avenantes et vous montrent comment mettre ces éléments en pratique.

Comme de nombreux aspects de la grammaire anglaise ressemblent à la grammaire du français, vous n'avez pas à faire d'efforts pour mémoriser toutes les règles. Prenez seulement bonne note des aspects de la grammaire anglaise qui diffèrent des usages de la grammaire française. Je vous signale au passage certaines différences ou ressemblances.

Ne vous croyez pas obligé, du fait que ce chapitre porte sur la grammaire, de le lire en entier (bien que ce soit utile de le parcourir pour savoir ce qu'il y a dedans). Quand vous parviendrez à des endroits du livre où j'attire votre attention sur ce chapitre, vous pourrez toujours vous y référer.

Bien sûr, si la grammaire est de loin votre sujet d'étude préféré, vous adorerez ce chapitre ! Mais dans tous les autres cas, vous verrez qu'il est d'une lecture facile et regorge d'informations utiles.

Construction de phrases simples

Vous vous demandez peut-être comment la construction d'une phrase en anglais peut être simple, surtout si vous faites partie des milliers de gens qui trouvent l'étude de la grammaire aussi réjouissante qu'une opération de chirurgie dentaire (sans vouloir offenser les dentistes, bien sûr).

Pourtant, la création d'une phrase simple en anglais peut être aussi simple que de compter jusqu'à trois : 1, 2, 3 – si vous utilisez trois éléments de base, qui sont :

- **subject** (*saeb-djèct* [UK], *seb-djèct* [US]) (sujet)
- **verb** (*veeb*) (verbe)
- **object** (*ob-djèct* [UK], *âb-djèct* [US]) (complément)

Le sujet d'une phrase peut être un **noun** (*naoun*) (substantif) ou un **pronoun** (*preou-naoun* [UK], *prôô-naoun* [US]), (pronom), le **verb** peut être au présent, au passé ou au futur, et l'**object** est un terme général pour, disons, le reste de la phrase !

Construire une phrase en anglais peut s'apparenter à l'utilisation d'une formule algébrique. Pour ceux qui ont la bosse des maths, voici une « formule » de phrase simple : **Subject + verb + object**. Voici un exemple de cette structure :

I speak English. (*aï spiik ign-lich*) (Je parle anglais.)

Vous pouvez communiquer des centaines – même des milliers – d'idées avec cette formule de phrase simple. Voici deux autres exemples :

- **English is easy.** (*ign-lich iz ii-zi*) (L'anglais c'est facile.)
- **We ate ice cream.** (*oui éït aïs criim*) (Nous avons mangé de la glace.)

Phrases négatives

Bien sûr, vous ne voulez pas toujours être affirmatif, et vous avez besoin de savoir comment construire aussi une phrase négative. La liste ci-après vous montre trois moyens simples pour former des phrases négatives en utilisant le mot **not** (*not* [UK], *nât* [US]) (ne… pas).

- Ajoutez **not** à une phrase simple *après* le verbe **to be : English is not difficult.** (*ign-lich iz not di-fi-kelt* [UK], *ign-lich iz nât di-fi-kelt* [US]) (L'anglais n'est pas difficile.)

- Ajoutez **do not** ou **does not** *avant* un verbe autre que **to be : She does not like hamburgers** (*chii daez not laïk h'am-be-guez* [UK], *chii dez nât laïk h'am-be-guez* [US]) (Elle n'aime pas les hamburgers.)
- Ajoutez **cannot** devant un verbe pour exprimer l'incapacité : **I cannot speak Chinese.** (*aï ca-not spiik tchaï-niiz*) (Je ne sais pas parler chinois.)

Vous trouverez d'autres indications sur les verbes **to be** et **to do** dans les sections sur les verbes et sur la formulation des questions, plus loin dans ce chapitre.

No par opposition à not

N'OUBLIEZ PAS !

La négation **no** ne s'utilise pas devant un *verbe* (comme en français, où la négation « non » ne s'utilise pas non plus devant un verbe). En revanche, vous pouvez, en anglais, rendre certaines phrases négatives en plaçant **no** devant un *nom*. L'exemple ci-après vous montre deux façons de dire la même phrase négative :

- **I *do not* have a car.** (*aï do not h'a-v' e cââ* [UK], *aï do nât h'a-v' e cââ* [US]) (Je n'ai pas de voiture.)
- **I have *no* car.** (*aï h'a-v' neou cââ* [UK], *aï h'a-v' nôô cââ* [US]) (Je n'ai pas de voiture.)

Utiliser les contractions comme un anglophone de naissance

Si vous voulez que votre anglais sonne davantage comme celui d'un Anglais ou d'un Américain – et pour que les gens vous comprennent mieux –, parlez en utilisant les contractions. Les contractions consistent à fondre deux mots en un seul, comme avec **I am** (*aï am*) (je suis), qui devient alors **I'm** (*aïm*) (je suis).

TRUC

Voici quelques-unes des contractions les plus courantes avec le verbe to be :

- **you are** (*iou ââ*) (tu es/vous êtes) → **you're** (*iou-e*) (tu es/vous êtes)
- **he is** (*h'ii iz*) (il est) → **he's** (*h'iiz*) (il est)
- **she is** (*chii iz*) (elle est) → **she's** (*chiiz*) (elle est)
- **it is** (*it iz*) (c'est) → **it's** (*its*) (c'est)
- **we are** (*oui ââ*) (nous sommes) → **we're** (*ouir*) (nous sommes)
- **they are** (*dèï ââ*) (ils/elles sont) → **they're** (*dèe*) (ils/elles sont)

Les négations sont presque toujours exprimées sous forme contractée elles aussi. Voici quelques-unes des plus courantes, mais notez que je ne vous indique pas de contraction pour **am not** (*am not*) (ne suis pas), parce qu'il n'y en a pas. À la place, on dit **I'm not** (*aïm not*) (je ne suis pas), en faisant la contraction de **I** et **am** :

- **he is not** (*h'ii iz not* [UK], *h'ii iz nât* [US]) (il/elle n'est pas) → **he isn't** (*h'ii izn't*) (il n'est pas)
- **you are not** (*iou ââ not* [UK], *iou ââ nât* [US]) (tu n'es pas ou vous n'êtes pas) → **you aren't** (*iou âân't*) (tu n'es pas/vous n'êtes pas)
- **I do not** (*aï douou not* [UK], *aï douou nât* [US]) (je ne… pas → **I don't** (*aï deoun't* [UK], *aï dôôn't* [US]) (je ne… pas)
- **he does not** (*h'ii daez not* [UK], *h'ii dez nât* [US]) (il ne… pas) → **he doesn't** (*h'ii daezn't* [UK], *h'ii dezn't* [US]) (il ne… pas)
- **I cannot** (*aï ca-not*) (je ne peux pas) → **I can't** (*aï câân't* [UK], *aï caan't* [US]) (je ne peux pas)

INFO CULTURELLE

En anglais américain, on utilise la contraction négative **don't have** (*dôôn't h'av* [US]) (n'ai pas) ou **doesn't have** (*dezn't h'av* [US]) (n'a pas) au lieu de **haven't** (*h'av'nt*) (n'ai pas) ou **hasn't** (*h'azn't*) (n'a pas). Aux Etats-Unis, vous entendrez la phrase **I don't have a car** (*aï dôôn't hav e câû* [US]) (Je n'ai pas de voiture) beaucoup plus souvent que la version britannique **I haven't a car** (*aï h'av'nt e câû*) (Je n'ai pas de voiture).

Questions, questions, questions

Contrairement aux Britanniques, auxquels leur culture impose une méticuleuse discrétion quant aux affaires d'autrui, les Américains posent sans cesse des questions, manifestant sans ambages leur curiosité, dont ils pensent qu'elle ne peut être interprétée que comme une marque d'intérêt pour la personne questionnée. Si vous devez vous rendre aux Etats-Unis, les sections qui suivent sont faites pour vous : vous comprendrez les questions, vous pourrez poser toutes celles que vous voudrez – et vous pourrez répondre à toutes les questions que les Américains vous poseront !

Questions « to be »

Les questions utilisant le verbe **to be** sont très fréquentes, comme **Are you hungry?** (*ââ iou h'aen-gri* [UK], *ââ iou h'en-gri* [US]) (As-tu/avez-vous faim ?) (Reportez-vous à la section « Verbes : communiquer des actes, des sentiments, des états », plus loin dans ce chapitre, pour plus d'informations sur le verbe to be.) Les questions **to be** commencent par une forme du verbe **to be**, suivie par le sujet de la phrase. En voici le schéma, illustré par les phrases suivantes :

- **Is she your sister?** (*iz chii ioue sis-tee*) (Est-elle ta sœur/votre sœur ?)
- **Are they American?** (*ââ dèï e-mè-ri-k'n*) (Sont-ils américains ?)

Une manière commode de formuler ce type de question consiste à imaginer une déclaration telle que : **You are my friend** (*iou ââ maï frèn'd*) (Tu es ou vous êtes mon ami(e)). Ensuite, vous inversez le sujet et le verbe, comme ceci : **Are you my friend?** (*ââ iou maï frèn'd*) (Es-tu ou êtes-vous mon ami(e) ?) Facile, non ? (Utilisez **am** avec **I**, **are** avec **you**, **we** et **they**, **is** avec **he**, **she** et **it**.)

Voici quelques autres exemples de phrases transformées en questions – et notez que vous n'êtes pas forcé de vous limiter au présent, vous pouvez aussi utiliser le temps dit **simple past** (*sim-p'l pââst*) (qu'il ne faut pas traduire par passé simple, car il rend notre passé simple mais aussi notre imparfait et en partie notre passé composé) :

– **The bus is late.**

de baes iz léït' [UK]

de bes iz léït' [US]

Le bus est en retard.

Is the bus late?

iz de baes léït' [UK]

iz de bes léït' [US]

Le bus est-il en retard ?

– **The film** [UK]/**the movie** [US] **was good.**

de film ouoz goud [UK]

de mouou-vi ouâz goud [US]

Le film était bon.

Was the film [UK]/**was the movie** [US] **good?**

ouoz de film goud [UK]

ouâz de mouou-vi goud [US]

Le film était-il bon ?

En répondant à une question du type to be, faites attention de mettre dans la réponse le verbe qui convient. Si on vous demande **Are you hungry?** (*ââ iou h'aen-gri* [UK], *ââ iou h'en-gri* [US]) (As-tu ou avez-vous faim ?), ne dites pas **Yes, I *do*** (*iès aï douou*) (Oui, je le fais) ou **Yes, I *are*** (*iès, aï ââ*) (Oui, je le sont). Dites **Yes, I am** (*iès aï am*) (Oui, je le suis). À la question **Is she your sister?** (*iz chii ioue sis-te* [UK], *iz chii iôô sis-te* [US]) (Est-elle ta sœur ou votre sœur ?), répondez **Yes, she is** (*iès chii iz*) (Oui, elle l'est).

Questions « to do »

D'autres questions très courantes sont celles qui commencent par **do** (*douou*) (faire). On utilise souvent le mot **do** ou le mot **does** pour commencer une question quand le verbe principal n'est pas **to be**, comme dans la question ***Do* you *speak* English?** (*douou iou spiik ign-lich*) (Parles-tu/parlez-vous anglais ?) (Utilisez do avec **I, you, we** et **they,** utilisez **does** avec **he**, **she** et **it**.)

Il est très facile de composer une question avec **to do**. Il suffit de placer le mot **do** ou **does** en tête de la phrase et voilà – vous avez une question ! Enfin, presque. Vous devez aussi mettre le verbe dans sa forme de base, comme dans les exemples ci-après :

– **He speaks my language.**

h'ii spiiks maï lan-goué-dj'

Il parle ma langue.

***Does* he speak my language?**

daez h'ii spiik maï lan-goué-dj' [UK]

dez h'ii spiik maï lan-goué-dj' [US]

Parle-t-il ma langue ?

– **You love me!**

iou laev mi [UK]

iou lev me [US]

Tu m'aimes/vous m'aimez !

***Do* you love me?**

dou iou laev mi [UK]

dou iou lev mi [US]

M'aimes-tu ?/m'aimez-vous ?

Pour formuler une question relative au passé, utilisez **did** (*did*) (fis/fit) – le passé de **do** – et le verbe principal dans sa forme de base, comme ceci : ***Did* she *read* this book?** (*did chi rîîd dis bouc*) (A-t-elle lu ce livre ?). Les exemples ci-après vous montrent comment une affirmation au passé peut devenir une question :

– **You liked the film.** [UK]

You liked the movie. [US]

iou laï-k't de film [UK]

iou laï-k't de mouou-vi [US]

Tu as/vous avez aimé le film.

***Did* you *like* the film?** [UK]

***Did* you *like* the movie?** [US]

did iou laïk de film [UK]

did iou laïk de mouou-vi [US]

As-tu/avez-vous aimé le film ?

Questions what, when, where et why

Beaucoup de questions – en anglais comme en français – commencent par un « mot de question » comme : que, où, quand, comment, etc. Les questions qui commencent par ces mots sont parfois appelées **information questions** (*in-fo-méï-ch'n kouèst-ch'nz*) (questions d'information) parce que la réponse fournit une information spécifique. Voici les mots d'interrogation les plus courants :

- **what** (*ouot* [UK], *h'ouât* [US]) (que)
- **when** (*ouèn* [UK], *h'ouèn* [US]) (quand)
- **where** (*ouèe* [UK], *h'ouèe* [US]) (où)
- **who** (*h'ouou*) (qui)
- **why** (*ouaï* [UK], *h'ouaï* [US]) (pourquoi)
- **how** (*h'aou*) (comment)
- **how many** (*h'aou mè-ni*) (combien [si la réponse est un nombre])
- **how much** (*h'aou maetch* [UK], *h'aou metch* [US]) (combien [dans les autres cas])

Si vous avez regardé les sections précédentes qui montrent comment poser des questions qui commencent par **to be** et **to do**, vous savez déjà quelque chose sur la façon de poser les questions d'information. Vous les posez en ajoutant simplement un mot de question à une question to be ou à une question to do. Les exemples ci-après montrent ce que je veux dire :

– **Is she crying?**

iz chi craï-ign

Pleure-t-elle ?

Why is she crying?

ouaï iz chi craï-ign [UK]

h'ouaï iz chi craï-ign [US]

Pourquoi pleure-t-elle ?

– **Do you love me?**

dou iou laev mi [UK]

dou iou lev mi [US]

M'aimes-tu/m'aimez-vous ?

How much do you love me?

h'aou maetch dou iou laev mi [UK]

h'aou metch dou iou lev mi [US]

Combien m'aimes-tu/m'aimez-vous ?

Examinez les questions d'information suivantes et observez la nature des informations demandées par la question :

– **_What_ is your name?**

ouot iz ioue néïm' [UK]

h'ouât iz ioue néïm' [US]

Quel est ton/votre nom ?

My name is _Sara_.

maï néïm' iz sa-ra

Mon nom est Sara.

– **_Where_ do you live?**

ouèe dou iou liv [UK]

h'ouèe dou iou liv [US]

Où habites-tu/habitez-vous ?

I live on *Mission Street*.

aï liv on' mi-ch'n striit

J'habite rue Mission.

– ***When*** **is the concert?**

ouèn iz de con-seet [UK]

h'ouèn iz de cân-seet [US]

Quand a lieu le concert ?

It's tonight *at 8:00 p.m.*

its te-naït at éït pi-èm

C'est ce soir à 20 heures.

– ***How much*** **does it cost?**

h'aou maetch daez it cost [UK]

h'aou metch dez it cost [US]

Combien cela coûte-t-il ?

It costs *20 dollars*.

it costs tou-èn-ti do-lez [UK]

it costs tou-èn-ti dâ-lez [US]

Cela coûte 20 dollars.

– ***Who*** **is going with you?**

h'ou iz go-ign ouid iou

Qui vient avec toi/vous ?

You **are!**

iou ââ

C'est toi/vous !

Vous pouvez poser des questions sur beaucoup d'autres choses en ajoutant simplement un mot spécifique après le mot de question **what**. Jetez un coup d'œil sur les exemples de question suivants (et leurs réponses) :

– ***What day*** **is it?**

ouot dèï iz it [UK]

h'ouât dèï iz it [US]

Quel jour sommes-nous ?

Saturday.

sa-te-di

Samedi.

– ***What time*** **is it?**

ouot taïm iz it [UK]

h'ouât taïm iz it [US]

Quelle heure est-il ?

10:00 a.m.

tèn éï-èm

10 heures du matin.

– ***What bus*** **do I take?**

ouot baes dou aï téïk [UK]

h'ouât bes dou aï téïk [US]

Quel bus dois-je prendre ?

Take bus # 4.

téïk baes naem-be foo [UK]

téïk bes nem-be foo [US]

Prends/prenez le bus n° 4.

– ***What school*** **do you attend?**

ouot skououl dou iou e-tèn'd [UK]

h'ouât skououl dou iou e-tèn'd [US]

Dans quel établissement études-tu/étudiez-vous ?

Mills College.

milz co-lèdj

À l'université Mills.

Des questions pour enrichir votre anglais

Parmi les questions en anglais les plus utiles (à part « Où est la banque ? » et « Où sont les toilettes ? »), je vous recommande les questions qui vous aident à découvrir davantage de choses sur l'anglais et à l'utiliser correctement. Voici quatre questions qui peuvent contribuer à améliorer votre anglais :

- **What does this mean?** (*ouot daez dis mean* [UK], *h'ouât dez dis mean* [US]) (Qu'est-ce que ça veut dire ?)
- **How do you say... in English?** (*h'aou dou iou say... in ign-lich*) (Comment dit-on... en anglais ?)
- **How do you spell...?** (*h'aou dou iou spèl*) (Comment écrit-on... ?)
- **How do you pronounce this?** (*h'aou dou iou pre-naou-n's dis*) (Comment prononce-t-on ceci ?)

Substantifs : personnes, lieux et objets

En anglais comme en français, les *substantifs* peuvent désigner des gens (comme Einstein ou la tante Alice), des lieux (comme le Grand Canyon et la Bretagne) ou des choses (comme des livres ou des circonstances générales). Les substantifs peuvent être au singulier ou au pluriel. (J'explique plus loin comment mettre les substantifs au pluriel en anglais.)

Voici une bonne nouvelle : vous pouvez utiliser l'article **the** avec des substantifs au singulier ou au pluriel. (Vous trouverez davantage d'indications sur la manière d'utiliser **the** et les articles singuliers **a** et **an** sous le titre « Les trois articles : **a, an, the** », plus loin dans ce chapitre.)

Voici une différence importante entre les substantifs anglais et les substantifs français. En français, les substantifs ont le plus souvent un genre. Mais en anglais, les **nouns** (*naounz*) (substantifs) ne sont ni **masculine** (*mas-kiou-lin*) (masculins) ni **feminine** (*fé-mi-nin*) (féminins). C'est l'une de ces choses qui sont plus faciles en anglais. Encore une bonne nouvelle !

Venons-en maintenant à la formation des pluriels. En anglais, les substantifs sont **singular** (*sin-guiou-lee*) (au singulier) ou **plural** (*plouou-rel*) (au pluriel). Par exemple, vous pouvez avoir un **boyfriend** (*boï-frènd*) (petit ami) ou de nombreux **boyfriends** (*boï-frèndz*) (petits amis) ! La terminaison courante de la plupart des substantifs au pluriel est -s ou -es, mais certains substantifs ont des pluriels fantaisistes.

Voici quelques règles pratiques qui vous aideront à former des pluriels **easy as pie** (*ii-zi az paï*) (faciles comme du pâté).

- Ajoutez **-s** à la plupart des substantifs qui se terminent par une voyelle ou une consonne, comme pour :
  - **days** (*dèïz*) (jours)
  - **words** (*ouedz*) (mots)
- Dans le cas des substantifs qui se terminent par une **consonant + y**, enlevez le **y** et remplacez-le par **-ies**, comme dans :
  - **parties** (*pââ-tiiz*) (partys)
  - **stories** (*stôô-riz*) (histoires)
- Ajoutez **-s** aux substantifs qui se terminent en **-s, -ss, -ch, -x, -y, -z**. Par exemple :
  - **buses** (*bae-s'z* [UK], *be-sez* [US]) (autobus au pluriel)
  - **kisses** (*ki-s'z*) (baisers)
  - **lunches** (*laen-ch'z* [UK], *len-ch'z* [US]) (déjeuners)
- Pour les noms qui finissent en **-f** ou **-fe**, remplacez la terminaison par **ves**. Par exemple :
  - **half** (*h'ââf* [UK], *h'aaf* [US]) (demi) → **halves** (*h'ââv'z* [UK], *h'aav'z* [US]) (demis)
  - **life** (*laïf*) (vie) → **lives** (*laïv'z*) (vies)
- Quelques substantifs ont la même forme au singulier et au pluriel. Par exemple :
  - **fish** (*fich*) (poisson) → **fish** (*fich*) (poissons)
  - **sheep** (*chiip*) (mouton) → **sheep** (*chiip*) (moutons)
- Quelques substantifs ont un pluriel complètement différent du singulier. Par exemple :
  - **foot** (*fout*) (pied) → **feet** (*fiit*) (pieds)
  - **man** (*man*) (homme) → **men** (*mèn*) (hommes)
  - **person** (*pee-s'n*) (personne) → **people** (*pii-p'l*) (personnes)
  - **woman** (*wou-men*) (femme) → **women** (*oui-min*) (femmes)

You et I : pronoms personnels

Les **pronouns** (*preou-naounz* [UK], *prôô-naounz* [US]) (pronoms) sont une formidable invention. Ces mots sont petits, mais ils peuvent porter deux fois leur taille et leur poids en remplaçant les noms. L'utilisation des pronoms en anglais ressemble à bien des égards à l'utilisation des pronoms en français.

Les **subject pronouns** (*saeb-dject preou-naounz* [UK], seb-dject prôô-naounz [US]) (pronoms personnels sujets) sont des pronoms qui se substituent au sujet d'une phrase. En voici la liste :

- **I** (*aï*) (je)
- **You** (*iou*) (tu/vous)
- **He** (*h'ii*) (il)
- **She** (*chii*) (elle)
- **It** (*it*) (pronom utilisé comme sujet pour représenter des entités qui ne sont ni masculines ni féminines)
- **We** (*oui*) (nous)
- **They** (*dèï*) (ils/elles/pluriel de it)

Il n'y a qu'une seule forme **you** en anglais, et il n'est pas nécessaire de distinguer entre un **you** informel (tu en français) et un **you** formel (vous en français). Il est donc parfaitement poli d'utiliser **you** aussi bien dans les situations formelles que dans les situations informelles.

Observez les couples de phrases ci-après et notez la façon dont le sujet de la première phrase est remplacé par un pronom dans la seconde phrase :

– ***Tommy* went to Brittany.**

to-mi ouèn't tou bri-te-ni [UK]

tâ-mi ouèn't tou bri-te-ni [US]

Tommy a été en Bretagne.

***He* went to Brittany.**

h'ii ouèn't tou bri-te-ni

Il a été en Bretagne.

– ***Paola* lives there.**

pao-la livz dèe

Paola y habite.

***She* lives there.**

chii livz dèe

Elle y habite.

– ***Brittany* is a beautiful country.**

bri-te-ni iz e biou-ti-foul caen-tri [UK]

bri-te-ni iz e biou-ti-foul ken-tri [US]

La Bretagne est un beau pays.

***It* is a beautiful country.**

it iz e biou-ti-foul caen-tri [UK]

it iz e biou-ti-foul ken-tri [US]

C'est un beau pays.

– ***Tommy* and *Paola* are friends.**

to-mi and pao-la ââ frèndz [UK]

tâ-mi and pao-la ââ frèndz [US]

Tommy et Paola sont amis.

***They* are friends.**

dèï ââ frèndz

Ils sont amis.

You (tu/vous) et **I** (je/moi) ensemble équivalent à **we**. En anglais comme en français, chaque fois que le sujet vous inclut en même temps que d'autres personnes, vous devez utiliser le pronom **we**, et non pas **they**. Par exemple :

– ***Joan* and *I* are sisters.**

djeoun and aï ââ sis-tez

Joan et moi sommes sœurs.

***We* are sisters.**

oui ââ sis-tez

Nous sommes sœurs.

– ***My wife, kids,* and *I* took a holiday.** [UK]

– ***My wife, kids,* and *I* took a vacation.** [US]

maï ouaïf kidz and aï touk e h'o-li-dè [UK]

maï ouaïf kidz and aï touk e ve-kéï-ch'n [US]

Ma femme, les enfants et moi avons pris des vacances.

We took a holiday. [UK]

We took a vacation. [US]

oui touk e h'o-li-dè [UK]

oui touk a ve-kéï-ch'n [US]

Nous avons pris des vacances.

TRUC

Vous n'aurez aucun mal à utiliser les pronoms personnels comme les anglophones de naissance. Gardez seulement à l'esprit les ressemblances et différences suivantes par rapport au français :

- Les formes verbales, en anglais, sont beaucoup moins différenciées qu'en français selon qu'il s'agit du singulier, du pluriel ou de la première, deuxième ou troisième personne. C'est pourquoi (comme d'ailleurs en français) le sujet – à une exception près – n'est jamais implicite. Il faut un sujet, nom ou pronom.
- Voici l'exception : le sujet est omis dans le cas de l'impératif, car alors le sujet est censé être **you**, par exemple : **Come here** (*caem h'ie* [UK], *kem h'ie* [US]) (Viens/venez ici), **Sit down** (*sit daoun*) (Assieds-toi/asseyez-vous) et **Help!** (*h'èlp*) (Au secours !).
- Utilisez le pronom **it** pour des animaux. Mais si vous connaissez le genre de l'animal, vous pouvez utiliser **he** ou **she**. Par exemple, si vous savez que **Molly** est une chatte, vous pouvez dire ***She's* very affectionate** (*chi'z vè-ri e-fèk-che-nit*) (Elle est très affectueuse).
- Utilisez le pronom **they** pour les animaux et les choses. Par exemple : si vous achetez des livres, vous pouvez dire **They are interesting** (*dèï ââ in-tris-tign*) (Ils sont intéressants).

Nous en avons terminé avec les pronoms utilisés comme sujets des verbes. L'utilisation des pronoms comme compléments est décrite au chapitre 10.

Vous d'abord

En anglais – comme en français – il est à la fois poli et grammaticalement correct de se mentionner en dernier quand **I** fait partie du sujet. C'est pourquoi vous devez dire **My friends and I...** (*maï frèndz end aï*) (Mes amis et moi...), et non pas **I and my friends...** (*aï and maï frèndz*) (Moi et mes amis...). Ou vous pouvez dire quelque chose comme **Lani, Julie, and I are friends** (*la-ni djouou-li end aï ââ frèndz*) (Lani, Julie et moi sommes des amis). Souvenez-vous : soyez courtois et laissez toujours passer les autres avant vous.

Verbes : communiquer des actes, des sentiments, des états

Un **verb** (*veeb*) (verbe) peut permettre à une phrase d'exprimer l'action, le sentiment ou l'état. Il s'agit alors d'un type de verbe principal (par opposition aux verbes auxiliaires). De tels verbes font le travail principal de la phrase. En voici des exemples :

- **We *ate* a pizza.** (*oui éït e pi-dza*) (Nous avons mangé une pizza.)
- **I *like* cheese pizza.** (*aï laïk tchiiz pi-dza*) (J'aime la pizza au fromage.)
- **Pizza *is* yummy!** (*pi-dza iz iae-mi* [UK], *pidza iz ie-mi* [US]) (La pizza, j'adore !)

Certains verbes peuvent aussi servir à « assister » des verbes principaux – on les appelle **auxiliary verbs** (*oog-zi-lie-ri veebz* [UK], *ââg-zi-lie-ri veebz* [US]) (verbes auxiliaires). Dans les phrases suivantes, les **auxiliary verbs** (en *italique*) assistent les verbes principaux **reading** et **give** :

- **You *are* reading this book.** (*iou ââ rii-dign dis bouc*) (Tu lis/vous lisez ce livre.)
- **It *can* give you some grammar tips.** (*it can giv iou saem gra-me tips* [UK], *it can giv iou sem gra-me tips* [US]) (Il peut t'apporter/vous apporter des conseils sur la grammaire.)

Les verbs peuvent être réguliers ou irréguliers dans leur conjugaison :

- **Regular verbs** (*rè-guiou-le veebz*) (verbes réguliers) : leur conjugaison est conforme à un schéma standard.
- **Irregular verbs** (*i-rè-guiou-le veebz*) (verbes irréguliers) : eh bien ! ce sont des verbes dont le schéma de conjugaison n'est pas régulier. (J'expliquerai ce que j'entends par là un peu plus loin.)

Verbes réguliers

La mémorisation de la conjugaison des verbes est en général fastidieuse, mais j'ai pour vous une excellente nouvelle : presque tous les verbes anglais sont réguliers au temps présent. (J'explique les temps dans la section « Attention au choix des temps en anglais », un peu plus loin dans ce chapitre.) Et mieux encore, ils se conjuguent exactement de la même manière sauf à la troisième personne du singulier (**he, she** et **it**).

A titre d'exemple, voici la conjugaison des verbes réguliers (très utiles) **to love** (*tou laev* [UK], *tou lev* [US]) (aimer) et **to kiss** (*tou kis*) (donner un baiser) :

Conjugaison	***Prononciation***
To love	
I love	*aï laev* [UK], *aï lev* [US]
you love	*iou laev* [UK], *iou lev* [US]
he/she loves	*h'ii/chii laevz* [UK], *h'ii/chii levz* [US]
it loves	*it laevz* [UK], *it levz* [US]
we love	*oui laev* [UK], *oui lev* [US]
they love	*dèï laev* [UK], *dèï lev* [US]
To kiss	
I kis	*aï kis*
you kiss	*iou kis*
he/she kisses	*h'ii/chii kisiz*
it kisses	*it kisiz*
we kiss	*oui kis*
they kiss	*dèï kis*

La seule particularité de la conjugaison d'un verbe régulier est la terminaison de la troisième personne du singulier. **He, she** et **it** sont des *singuliers*, mais la terminaison du verbe est une terminaison de *pluriels*. Soyez sur vos gardes ! Par ailleurs, ne vous laissez pas aller à ajouter **-s** ou **-es** à des verbes qui ont comme sujet des substantifs au pluriel ou les pronoms **we** et **they**.

Verbes irréguliers

Aujourd'hui est votre jour de chance, car pour l'instant je ne vous demande de mémoriser que deux verbes irréguliers : **to have** (*tou h'av*) (avoir) et **to be** (*tou bii*) (être). Voici la conjugaison, au présent, de ces deux verbes excentriques :

Conjugaison	***Prononciation***
To have	
I have	*aï h'a-v'*
you have	*iou h'a-v'*
he/she has	*h'ii/chii h'az*
it has	*it h'az*

we have	*oui h'a-v'*
they have	*dèï h'a-v'*

To be

I am	*aï am*
you are	*iou ââ*
he/she is	*h'ii/chii iz*
it is	*it iz*
we are	*oui ââ*
they are	*dèï ââ*

Être ou ne pas être : utilisation du verbe « to be »

Le verbe **to be** est un verbe très actif : il a énormément de choses à faire en anglais. Voici quelques informations sur quatre de ses différents métiers (pas nécessairement en ordre d'importance) :

Utilisez **to be** devant les substantifs et les adjectifs pour indiquer une identité ou un état :

- **Molly and Dixie *are* cats.** (*<u>mo</u>-li and <u>di</u>-ksi ââ cats* [UK], *<u>mâ</u>-li and di-ksi ââ cats* [US]) (Molly et Dixie sont des chats.)
- **It *is* a beautiful day.** (*it iz e <u>biouou</u>-ti-foul dèï*) (C'est un beau jour.)
- **I *am* lost.** (*aï am lost* [UK], *aï am lâst* [US]) (Je suis perdu.)

Utilisez **to be** comme **auxiliary verb** aux temps présent continu et passé continu. Voici deux exemples, le premier au présent continu et le second au passé continu :

- **The world *is* turning.** (*de oueld iz <u>tee</u>-nign*) (Le monde tourne.)
- **I *was* writing this book last year.** (*aï ouez <u>raï</u>-tign dis bouc lââst iee* [UK], *aï ouez <u>raï</u>-tign dis bouc laast iee* [US]) (J'écrivais ce livre l'année dernière.)

Utilisez **to be** comme **auxiliary verb** dans les cas où le futur est rendu par le verbe **going to** (*<u>gô</u>-ign tou*) (aller) :

- **You *are going* to speak English very well.** (*iou ââ <u>gô</u>-ign tou spiik <u>ign</u>-lich <u>vè</u>-ri ouèl*) (Tu vas/vous allez parler anglais très bien.)

- **The cats *are going* to sleep all day.** (*de cats ââ gô-ign tou sliip ôôl dèï* [UK], *de cats ââ gô-ign tou sliip ââl dèï* [US]) (Les chats vont dormir toute la journée.)

Je parle davantage des temps présent et passé continus, ainsi que des temps futurs, à la section suivante.

Utilisez **to be** pour indiquer un emplacement :

- **My home *is* in California.** (*maï h'eoum iz in ka-li-foo-nie* [UK], *maï h'ôôm iz in ka-li-foo-nie* [US]) (Mon pays est la Californie.)
- **The bus stop *is* over there.** (*de baes stop iz eou-ve dèe* [UK], *de bes stâp iz ôô-ve dèe* [US]) (L'arrêt du bus est là-bas.)

N'OUBLIEZ PAS !

En anglais, vous utilisez le verbe **to be** – non le verbe **to have** – pour indiquer l'âge. Dites **I *am* 25 years old** (*aï am touèn-ti faïv iiez eould* [UK], *aï am touèn-ti faïv iiez ôôld* [US]) (J'ai 25 ans) et non **I *have* 25 years** (*aï h'av touèn-ti faïv iiez*) (J'ai 25 ans), ce qui pourrait sous-entendre que vous devez encore passer 25 ans en prison !

Attention au choix des temps en anglais

Comme la plupart des langues, l'anglais dispose de nombreux temps répondant à des besoins spécifiques. La bonne nouvelle est que vous pouvez vous contenter de quelques temps de base pour exprimer à peu près tout ce que vous voulez. Dans cette section, je vous aide à éliminer la **tension** (*tèn-chen*) (tension) de ces **tenses** (*tèn-sez*) (temps) en vous donnant quelques règles simples d'utilisation du présent, du passé et du futur.

Pour commencer, examinez bien les exemples ci-après d'utilisation du verbe régulier **to walk** (*tou ouôôk* [UK], *tou ouâââk* [US]) (marcher) :

- Présent : **I walk to school every day.** (*aï ouôôk tou skououl èv-ri dèï* [UK], *aï ouâââk tou skououl èv-ri dèï* [US]) (Je marche jusqu'à l'école chaque jour.)
- Passé : **I walked to school yesterday.** (*aï ouôôk't tou skououl iès-te-dèï* [UK], *aï ouâââk't tou skououl iès-te-dèï* [US]) (J'ai marché jusqu'à l'école hier.)
- Futur : **I will walk to school again tomorrow.** (*aï ouil ouôôk tou skououl e-guéïn te-mo-reou* [UK], *aï ouil ouâââk tou skououl e-guéïn te-mâ-rôô* [US]) (Je marcherai de nouveau jusqu'à l'école demain.)

Le présent simple

Je vais vous donner deux présents pour le prix d'un : deux formes du temps présent pour la conversation de tous les jours. Le premier temps est le **simple present** (*sim-p'l prè-zen't*) (présent simple). Utilisez ce temps pour parler d'activités ou d'événements fréquents ou habituels. Par exemple, **I jog everyday** (*aï djog é-vri-dèï* [UK], *aï djâg é-vri-dèï* [US]) (Je cours tous les jours). **To be** est aussi utilisé pour exprimer un état dans lequel on se trouve ou pour citer un fait, comme **The sun is hot** (*de saen iz h'ot* [UK], *de sen iz h'ât* [US]) (Le soleil est chaud).

La liste suivante comporte quelques autres exemples de présent simple (en *italique*) :

- **It *rains* every day.** (*it raïnz é-vri-dèï*) (Il pleut chaque jour.)
- **Dixie *likes* milk.** (*di-ksi laïks milk*) (Dixie aime le lait.)
- **She *is* 3 years old.** (*chii iz dzri ieez eould* [UK], *chii iz dzri ieez ôôld* [US]) (Elle a trois ans.)

TRUC

Les adverbes **always** (*ôôl-ouèz* [UK], *ââl-ouèz* [US]) (toujours), **usually** (*iou-jou-e-li*) (habituellement) et **never** (*nè-vee*) (jamais) sont souvent utilisés avec le présent simple pour indiquer la fréquence ou la rareté d'activités courantes. Voici quelques exemples :

- **I *always* wake up at seven a.m.** (*aï ôôl-ouèz ouéïk aep at sè-ven éï-èm* [UK], *aï ââl-ouèz ouéïk ep at sè-ven éï-èm* [US]) (Je me réveille toujours à sept heures du matin.)
- **Really? I *never wake up* that early.** (*ri-e-li aï nè-ve ouéïk aep dat ee-li* [UK], *ri-e-li aï nè-ve ouéïk ep dat ee-li* [US]) (Vraiment ? Je ne me réveille jamais si tôt.)
- **I *usually sleep* until nine.** (*aï iou-joue-li sliip aen-til naïn* [UK], *aï iou-joue-li sliip en-til naïn* [US]) (Je dors habituellement jusqu'à neuf heures.)

Le présent continu

Le second temps présent que je vais vous montrer est le temps du **present continuous** (*prè-zen't ken-ti-niou-es*) (présent continu). Utilisez ce temps pour parler de choses qui se passent maintenant – en ce moment ou à ce moment-ci de votre vie. Par exemple :

- **It *is raining* right now.** (*it iz réï-nign raït naou*) (Il pleut en ce moment.)
- **Dixie *is drinking* milk.** (*di-ksi iz drin-kign milk*) (Dixie est en train de boire du lait.)
- **I *am learning* English.** (*aï am lee-nign ign-lich*) (J'apprends l'anglais.)

Pour ceux qui aiment les maths, voici la formule du présent continu : **to be + main verb + -ing**.

Et pensez à conjuguer correctement le verbe to be. Par exemple :

- **I am reading this book.** (*aï am rii-dign dis bouc*) (Je suis en train de lire ce livre.)
- **She is reading this book.** (*chii iz rii-dign dis bouc*) (Elle est en train de lire ce livre.)

Vous trouverez davantage de détails sur la conjugaison du verbe **to be** à la section « Verbes irréguliers ».

Si l'on vous pose une question au présent continu, répondez en utilisant le même temps. Voici quelques exemples de question et de réponse :

- **What are you doing?** (*ouot ââ iou dou-ign* [UK], *h'ouât ââ iou dou-ign* [US]) (Que fais-tu/faites-vous ?)
- **I am cleaning the house.** (*aï am clii-nign de h'aous*) (Je nettoie la maison.)
- **Where are you going?** (*ouèe ââ iou gô-ign* [UK], *h'ouèe ââ iou gô-ign* [US]) (Où vas-tu/allez-vous ?)
- **I am going to the shop** [UK]/**to the store** [US] (*aï am gô-ign tou de chop* [UK], *aï am gô-ign tou de stôôe* [US]) (Je vais au magasin.)

Veillez à ce que le sujet de la phrase soit effectivement en mesure d'effectuer l'action qui suit. Par exemple, si vous voulez dire **I'm reading a book** (*aïm rii-dign e bouc*) (Je suis en train de lire un livre), ne dites pas : **The book is reading** (*de bouc iz rii-dign*) (Le livre est en train de lire) ! En anglais (ou dans toute autre langue), c'est absurde : un livre ne sait pas lire !

Le simple past

« Oublie le passé ! » disent certains, mais quand il s'agit d'apprendre une langue, se souvenir du passé – ou plutôt des formes du temps passé – vous ouvre un univers de possibilités. En anglais, vous avez besoin du temps passé au moins aussi souvent que du présent, peut-être davantage.

Servez-vous du **simple past** (*sim-pel pââst* [UK], *sim-pel paast* [US]) (simple past – mot à mot « passé simple » – mais ce temps n'a pas les mêmes règles d'utilisation que le passé simple français) pour parler d'une action ou d'un événement commencés ET terminés dans le passé. Avec le **simple past**, vous utilisez souvent des mots indiquant le passé, comme **yesterday** (*iès-te-dèi*) (hier), **last week** (*lââst ouiik* [UK], *laast ouiik* [US]) (la semaine dernière), **in 1999** (*in naïn-tiin naïn-ti naïn*) (en 1999), et ainsi de suite.

Le **simple past** est formé des deux façons suivantes :

- En ajoutant **-ed** à la fin des verbes dont le passé est régulier.
- En utilisant la forme irrégulière du passé pour les autres verbes.

Verbes dont le passé est régulier

Temps passé ! (Pensez simplement : votre ami Ed est un type régulier.) Voici des exemples de temps passé régulier :

- **I called my mother last night.** (*aï côôld maï mae-de lââst naït* [UK], *aï cââld maï me-de laast naït* [US]) (J'ai appelé ma mère hier soir.)
- **She answered the phone.** (*chii ân-seed de feoun* [UK], *chii an-seed de fôôn* [US]) (Elle a répondu au téléphone.)
- **We talked for a long time.** (*oui tôôkt fer e loogn taïm* [UK], *oui tââkt fer e lââgn taïm* [US]) (Nous avons parlé longtemps.)

Si un verbe se termine par la voyelle **-e**, ajoutez simplement **-d**. Dans le cas des verbes qui se terminent par une consonne plus **y**, comme **study** (*stae-di* [UK], *ste-di* [US]) (étudier), le passé se forme en changeant le **y** en **i** et en ajoutant **-ed**, comme dans **studied** (*stae-did* [UK], *ste-did* [US]) (étudiai/étudia.../étudié) et **tried** (*traïd*) (essayai/essaya.../essayé).

Verbes dont le temps passé est irrégulier

Près d'une centaine de verbes courants ont des formes de temps passé irrégulières. Mais ne paniquez pas. Vous les découvrirez au fur et à mesure de votre lecture du livre. Et bientôt, vous les connaîtrez tous – c'est promis !

Et mieux encore, à l'exception du verbe **to be**, ils n'ont tous qu'une seule forme. Par exemple, le **simple past** de **have** est **had** (*h'ad*) (eus/eut/avais.../eu). Vous trouverez une liste complète des temps passés des verbes irréguliers à l'annexe A.

Dans les exemples suivants, qui vous réchaufferont le cœur, les verbes aux formes passées irrégulières sont en italique :

- **I *wrote* a love letter to my sweetheart.** (*aï oureout' e laev lè-te tou maï souit-h'âât* [UK], *aï ourôôt' e lev lè-te tou maï souit-h'âât* [US]) (J'ai écrit une lettre d'amour à mon/ma petit(e) ami(e).)
- **She/he *read* it and said "I love you".** (*chii/h'ii rèd it and sèd aï laev iou* [UK], *chii/h'ii rèd it and sèd aï lev iou* [US]) (Il/elle l'a lue et a dit « Je t'aime ».)

- **I *felt* very happy.** (*aï felt vè-ri h'a-pi*) (Je me suis senti(e) très heureux/heureuse.)

Le verbe **to be** présente deux formes au **simple past** : **was** et **were**.

- **I was** (*aï ouoz* [UK], *aï ouâz* [US]) (Je fus/j'étais/j'ai été)
- **You were** (*iou ouee*) (Tu fus/tu étais/tu as été/vous fûtes/vous étiez/vous avez été)
- **He/she/it was** (*h'ii/chii/it ouoz* [UK], *h'ii/chii/it ouâz* [US]) (Il/elle fut/était/a été)
- **We were** (*oui ouee*) (Nous fûmes/nous étions/nous avons été)
- **They were** (*dèi ouee*) (Ils/elles furent/étaient/ont été)

Le passé continu

Si vous savez former le temps du présent continu, vous pouvez facilement former aussi le **continuous past** (*ken-ti-niou-es pââst* [UK], *ken-ti-niou-es paast* [US]) (passé continu). Vous utilisez ce temps pour parler d'une chose qui s'est produite pendant un certain temps dans le passé. Par exemple :

- **It was raining last night.** (*it ouoz réï-nign lââst naït* [UK], *it ouâz réï-nign laast naït* [US]) (Il a plu la nuit dernière.)
- **We were walking in the rain.** (*oui ouee ouôô-kign in de réïn* [UK], *oui ouee ouââ-kign in de réïn* [US]) (Nous marchions sous la pluie.)

Voici pourquoi rien n'est plus facile que de former le passé continu : si vous savez former le présent continu avec le verbe **to be** + **-ing**, vous mettez simplement le verbe **to be** au temps passé, et – ça y est ! – vous avez créé le passé continu. Les deux exemples ci-après vous montrent ce que je veux dire :

- **I am living in the U.S.** (*aï am li-vign in di iou-ès*) (J'habite aux USA.)
- **I was living in my country last year.** (*aï ouoz li-vign in maï caen-tri lââst iee* [UK], *aï ouâz li-vign in maï ken-tri laast iee* [US]) (J'habitais dans mon pays l'année dernière.)

Le futur : will et going to

Vous disposez de deux façons également correctes de parler du futur, cependant les gens tendent à utiliser l'une ou l'autre selon le but recherché. (Je vous en dirai bientôt davantage sur ce point.)

Vous pouvez former le futur en utilisant le mot **will** (*ouil*) (voudrai/voudra/voudrons/voudrez) ou le verbe **to be + going to**. Voici deux exemples montrant comment utiliser chaque formule :

- **will** + verbe principal (dans sa forme de base) :
  - **I will tell you a story.** (*aï ouil tèl iou e stôô-ri*) (Je vous raconterai une histoire.)
  - **We will help you in a minute.** (*oui ouil help iou in e mi-nit*) (Nous vous aiderons dans une minute.)
- verbe **to be + going to** + verbe principal (dans sa forme de base) :
  - **I am going to tell you a story.** (*aï am go-ign tou tèl iou e sto-ri* [UK], *aï am go-ign tou tèl iou e stâ-ri* [US]) (Je vais vous raconter une histoire.)
  - **She is going to graduate next week.** (*chii iz go-ign tou gra-diou-éït' nèxt ouiik*) (Elle va obtenir son diplôme la semaine prochaine.)

Les anglophones de naissance utilisent presque toujours des contractions avec les temps du futur, et vous devriez en faire autant. Utilisez les contractions **I'll**, **you'll**, etc., pour le mot **will**. Pour **going to**, utilisez les contractions de **to be**, comme dans **I'm going to**, **you're going to**, **she's going to** et ainsi de suite. Pour plus d'informations sur les contractions, reportez-vous à la section « Utiliser les contractions comme un anglophone de naissance », plus haut dans ce chapitre.

Dans le langage informel, la plupart des Américains abrègent l'expression du futur **going to** de sorte qu'elle paraît être **gonna** (*gâ-ne*) (vai/vas/va). Bien que **gonna** ne soit pas vraiment un mot, les Américains l'utilisent souvent, comme ceci : **It's gonna rain soon**. (*its gâ-ne réïn sououn*) (Il va bientôt pleuvoir.)

L'adjectif vient-il avant ou après ?

L'anglais fait parfois les choses à l'envers. Par exemple, les adjectifs sont le plus souvent placés devant (et non après) les noms qu'ils qualifient. De sorte que vous décrivez alors quelque chose en détail avant de dire à quiconque ce que vous êtes en train de décrire ! Dans la phrase suivante, vous ne pouvez savoir au juste ce dont je parle avant la fin :

I have a big, brown, four-legged… (*aï h'av e big braoun fôô lègd*) (J'ai un(e) grand(e), marron, à quatre pieds/pattes/jambes…) **What? A dog? A horse? No, a table** (*ouot e dog e h'ôôs' neou e téï-bel* [UK], *h'ouât e dâg e h'ôôs' nôô e téï-bel* [US]) (Quoi ? Un chien ? Un cheval ? Non, une table.)

Mais si vous voulez, vous pouvez commencer la phrase avec le nom suivi du verbe **to be**, puis ajouter les adjectifs, comme dans :

My table is big, brown, and four-legged. (*maï téï-bel iz big braoun ènd fôô lègd*) (Ma table est grande, marron et à quatre pieds.)

Cela semble illogique ? Un peu, mais c'est anglais.

Les adjectifs : épicer ses propos

Les **adjectives** (*ad-jèk-tivz*) (adjectifs) servent à décrire des noms et des pronoms ou même d'autres adjectifs en disant d'autres choses sur eux. Ils ajoutent de la couleur, de la texture, de la qualité, de la quantité, du caractère et de la saveur à une phrase simple, « sans sel », insipide.

Voici une simple phrase sans aucun adjectif :

- **English for dummies is a book...** (*ign-lich fe dae-miz iz e bouc* [UK], *ign-lich fe de-miz iz e bouc* [US]) (*L'anglais pour les Nuls est un livre...*

Voyez comment les adjectifs (en *italique*) relèvent la phrase :

- **English for dummies is a *fun, helpful, basic English* language book.** (*ign-lich foe dae-miz iz e faen h'èlp-foul béï-zic ign-lich lan-goué-dj' bouc* [UK], *ign-lich foe de-miz iz e fen h'èlp-foul béï-zic ign-lich lan-goué-dj' bouc* [US]) (*L'anglais pour les Nuls* est un livre amusant, utile, sur la langue anglaise de base.)

Maintenant la phrase dit vraiment quelque chose.

En anglais, les adjectifs n'ont pas de forme particulière pour indiquer le nombre ou le genre : ils sont invariables. Par exemple, dans les deux phrases suivantes, observez que les adjectifs (en italique) ne changent pas malgré le genre et le nombre des noms qu'ils qualifient :

- **They are very *active* and *noisy* boys.** (*dèï ââ vè-ri ac-tiv ènd noï-zi boïz*) (Ce sont des garçons très actifs et bruyants.)
- **She is a very *active* and *noisy* girl.** (*chii iz e vè-ri ac-tiv and noï-zi gueel*) (C'est une fille très active et bruyante.)

Facile, non ? Il y a quand même une difficulté : vous devez résister à l'envie de donner aux adjectifs un genre et un nombre, comme en français !

Ajouter la couleur et la quantité

Les **colours** (*cae-lez* [UK]) (couleurs)/**colors** (*ke-lez* [US]) (couleurs) sont des adjectifs, et les **numbers** (*naem-bez* [UK], *nem-bez* [US]) (nombres) sont aussi des adjectifs. Les expressions suivantes vous indiquent les nombres de **one** (*ouan*) (un) à **twelve** (*touèlv*) (douze), ainsi que les mots pour quelques couleurs de base qui vous aideront à parler de façon, disons, plus colorée ! (Remarquez que le nombre est placé en tête, suivi de la couleur et du nom.)

- **I'd like one red apple.** (*aï'd laïk ouan' rèd a-pel*) (Je voudrais une pomme rouge.)

  ... two yellow bananas. (*touou iè-leou bi-nââ-nez* [UK], *touou iè-lôô be-naa-nez* [US]) (... deux bananes jaunes.)

  ... three blue cheeses. (*dzri blouou tchi-zez*) (... trois bleus.)

  ... four green leaves. (*fôô griin liivz*) (... quatre feuilles vertes.)

  ... five oranges. (*faïv o-réïn-djiz*) (... cinq oranges.)

  ... six pink roses. (*six pink reou-ziz* [UK], *six pink rôô-ziz* [US]) (... six roses roses.)

  ... seven purple grapes. (*sè-ven pee-p'l gréïps*) (... sept raisins noirs.)

  ... eight brown dogs. (*éït braoun dogz* [UK], *éït braoun dâgz* [US]) (... huit chiens marron.)

  ... nine grey [UK]/**gray** [US] **donkeys.** (*naïn grèï dogn-kiz* [UK], *naïn grèï dâgn-kiz* [US]) (... neuf ânes gris.)

  ... ten black cats. (*tèn blak cats*) (... dix chats noirs.)

  ... eleven white gardenias. (*i-lè-ven ouaït' gââ-di-niez*) (... onze gardénias blancs.)

  ... twelve gold coins. (*touèlv' gueould coïnz* [UK] *touèlv' gôôld coïnz* [US]) (... douze pièces d'or.)

Quand les noms deviennent des adjectifs

Les noms peuvent en anglais jouer le rôle d'un adjectif, quand ils sont utilisés pour décrire un autre nom. Par exemple, le mot **university** (*iou-ni-vee-si-ti*) (université) est un nom, mais dans la phrase suivante, il devient un adjectif : **My sister is a university professor** (*maï sis-te iz e iou-ni-vee-si-ti pre-fè-se*) (ma sœur est professeur d'université). Sa nouvelle fonction est de décrire le nom professeur.

Voici quelques autres exemples. Les mots en *italique* sont d'anciens noms transformés en adjectifs.

- **This is a language book.** (*dis iz e lan-goué-dj' bouc*) (Ceci est un livre de langue.)
- **I have a California address.** (*aï h'a-v' e ka-li-fôô-nie e-drès*) (J'ai une adresse californienne.)

Souvenez-vous que les adjectifs n'ont pas de forme plurielle, de sorte que quand un nom devient un adjectif, il perd sa forme plurielle – même s'il modifie un nom au pluriel : **These are language books** (*diiz ââ lan-goué-dj' boucs*) (Ce sont des livres de langue).

Qu'est-ce qui vient avant le nombre **one ? zero** (*zi-reou* [UK], *zi-rôô* [US]) (zéro).

Dire ce que vous ressentez

Les adjectifs peuvent décrire des **feelings** (*fii-lignz*) (des sentiments), des **emotions** (*i-meou-chenz* [UK], *i-môô-chenz* [US]) (des émotions et des états de santé d'ordre général). Les verbes to be et to feel (tou fiil) (ressentir) sont utilisés avec les types d'adjectif suivants :

- **She is happy/tired.** (*chii iz h'a-pi taï-ed*) (Elle est heureuse/fatiguée.)
- **I feel nervous/angry.** (*aï fiil nee-ves an-gri*) (Je me sens nerveux/je suis en colère.)
- **They are in love.** (*dèï ââ in laev* [UK], *dèï ââ in lev* [US]) (Ils s'aiment.)

Description du caractère et des capacités

On utilise des adjectifs pour décrire le caractère, les qualités et les capacités des gens. Utilisez le verbe **to be** avec cette sorte d'adjectif :

- **He's kind.** (*hiz caïnd*) (Il est bienveillant.)
  ... generous. (*djè-ne-res*) (... généreux.)
  ... selfish. (*sèl-fich*) (... égoïste.)
  ... intelligent. (*in-tè-li-djent*) (... intelligent.)
- **They're athletic.** (*dèï're e-dzlè-tic*) (Ils/elles sont athlétiques.)
  ... patriotic. (*pe-tri-o-tic* [UK], *pe-tri-â-tic* [US]) (... patriotes.)
  ... artistic. (*ââ-tis-tic*) (... artistiques.)
- **You're funny.** (*iour' fae-ni* [UK], *iour' fe-ni* [US]) (Tu es/vous êtes amusant(s).)
- **We're competitive.** (*ouir kem-pè-ti-tiv*) (Nous sommes compétitifs.)

Pour renforcer votre description, utilisez l'adverbe **very** (*vè-ri*) (très), placé devant l'adjectif. Par exemple :

- **It' a very hot day.** (*its e vè-ri h'ot dèï* [UK], *its e vè-ri h'ât dèï* [US]) (C'est une journée très chaude.)
- **She's very artistic** (*chii'z vè-ri ââ-tis-tic*) (Elle est très artistique.)

Pour en savoir plus sur les adjectifs descriptifs, consultez le chapitre 3.

Hard et hardly

Dans certains cas, si vous ajoutez **-ly** à un adjectif, vous obtenez un adverbe dont le sens est très différent. Par exemple, l'adjectif **late** () veut dire « en retard », mais l'adverbe **lately** () signifie « récemment ». Un autre exemple est celui de **hard** (*h'ââd*) (dur/difficile) et **hardly** (*h'ââd-li*) (à peine/presque pas).

L'adjectif **hard** signifie « difficile » ou « non mou ». Mais **hard** est aussi un adverbe qui veut dire « en faisant un gros effort » comme dans **She works hard** (*chii works h'ââd*) (Elle travaille dur). Un autre adverbe, **hardly**, veut dire « presque pas », comme dans **He hardly has any money** (*h'ii h'ââ-dli h'az è-ni mae-ni* [UK], *h'ii h'ââ-dli h'az è-ni me-ni* [US]) (Il n'a presque pas d'argent). Les gens confondent parfois les deux adverbes et utilisent **hardly** quand ils veulent dire **hard**. Les anglophones de naissance se taquinent parfois en posant la question : **Are you working hard** ou **hardly working?** (*ââ iou ouee-kign h'ââd oe h'ââ-dli ouee-kign*) (Travailles-tu dur ou à peine ?)

Les adverbes donnent du caractère aux verbes

Les **adverbs** (*ad-vebz*) (adverbes) contribuent au sens d'un verbe ou d'un adjectif. (Je parle davantage des verbes dans la section suivante.) Les adverbes peuvent indiquer comment ou de quelle manière quelque chose se fait.

Voici une phrase sans adverbe :

> **I play the piano.** (*aï plèï de pia-neou* [UK], *aï plèï de pia-nôô* [US]) (Je joue du piano.)

Ajoutez maintenant un adverbe et voyez comment la phrase prend un sens nouveau :

> **I play the piano badly.** (*aï plèï de pia-neou ba-dli* [UK], *aï plèï de pia-nôô ba-dli* [US]) (Je joue mal du piano.)

(Ce qui est exact, soit dit en passant.)

Les adverbes peuvent aussi indiquer combien de fois vous faites quelque chose, comme dans **I rarely practice the piano** (*aï rè-re-li prac-tis de pia-neou* [UK], *aï rè-re-li prac-tis de pia-nôô* [US]) (Je pratique rarement le piano). Et les adverbes peuvent aussi modifier les adjectifs, comme dans **My piano teacher**

is extremely patient (*maï pia-neou tee-tchee iz ix-trii-mli péï-chen't* [UK], *maï pia-nôô tee-tchee iz ix-trii-mli péï-chen't* [US]) (Mon professeur de piano est extrêmement patient).

La plupart des adverbes sont créés en ajoutant **-ly** à un adjectif. Par exemple, l'adjectif **slow** (*sleou* [UK], *slôô* [US]) (lent) devient l'adverbe **slowly** (*sleou-li* [UK], *slôô-li* [US]) (lentement). Voici quelques exemples de phrases :

- Adjectif : **The tortoise is slow.** [UK] (*de tôô-tes iz sleou*) **The turtle is slow.** [US] (*de tee-tel iz slôô*) (La tortue est lente.)
- Adverbe : **The tortoise walks slowly.** [UK] (*de tôô-tes ouôôks sleou-li*) **The turtle walks slowly.** [US] (*de tee-tel ouââks slôô-li*) (La tortue marche lentement.)

Voici un autre exemple utilisant les mots **happy** (*h'a-pi*) (heureux) et **happily** (*h'a-pi-li*) (heureusement).

- Adjectif : **The baby is happy.** (*de béï-bi iz h'a-pi*) (Le bébé est heureux.)
- Adverbe : **The baby plays happily.** (*de béï-bi plèïz h'a-pi-li*) (Le bébé joue avec bonheur.)

Certains adverbes et adjectifs sont des « clones », ce qui veut dire que les mots ne changent pas. Regardez par exemple le mot **fast** (*fââst*) dans les deux phrases suivantes :

- Adjectif : **He has a fast car.** (*h'i h'az e fââst cââ* [UK], *h'i h'az e faast cââ* [US]) (Il a une voiture rapide.)
- Adverbe : **He drives too fast.** (*h'i draï-v'z tou fââst* [UK], *h'i draï-v'z tou faast* [US]) (Il conduit trop vite.)

Un couple adjectif/adverbe inhabituel est **good** (*goud*) et **well** (*ouèl*). Vous pourriez être tenté de dire **good** et **goodly**, puisqu'après tout, le contraire est **bad** et **badly**. Mais au lieu de cela, l'adverbe « partenaire » de **good** est **well**, bien qu'il puisse arriver à des locuteurs natifs d'utiliser le mot **good** alors qu'ils devraient dire **well**. Voici un exemple d'utilisation correcte de ces deux mots :

- Adjectif : **Your English is good.** (*ioue ign-lich iz goud*) (Ton/votre anglais est bon.)
- Adverbe : **You speak very well.** (*iou spiik vè-ri ouèl*) (Tu parles/vous parlez très bien.)

Les trois articles : a, an et the

En anglais, lorsque quelqu'un mentionne « ces trois petits mots », il ou elle se réfère en général à ces trois petits mots d'amour qui mettent les cœurs en émoi : **I love you** (*aï laev iou* [UK], *aï lev iou* [US]) (Je t'aime/je vous aime). Dans cette section, je vous montre comment utiliser trois autres petits mots – les articles **a**, **an** et **the**. Ils peuvent aussi faire battre votre cœur – sous l'empire de la crainte.

Comme dans le cas de l'amour, certaines personnes ont peur de faire des erreurs et décident d'éviter complètement l'utilisation des articles. Mais l'anglais sans articles, c'est un peu comme… une vie sans amour. Eh bien, je dramatise un peu, mais vous m'avez compris, les articles ont une grande importance.

Vous trouverez ci-après une leçon abrégée, « Les articles en anglais », pour vous aider à comprendre quand et comment utiliser les articles sans crainte. Remarque : en anglais, les articles (comme les noms) n'ont pas de genre ; ce sont les mêmes pour le masculin et le féminin, comme dans les phrases : **The boy is tall** (*de boï iz tôl* [UK], *de boï iz tâl* [US]) (Le garçon est grand) et **The girl is tall** (*de gueel iz tôl* [UK], *de gueel iz tâl* [US]) (La fille est grande).

- **A** et **an** par opposition à **the** (très facile) : les articles **a** et **an** se placent seulement devant un nom d'objet dénombrable au singulier. **The** peut être utilisé devant des noms au singulier ou au pluriel :
  - **Molly is *a* cat.** (*mo-li iz e cat*) (Molly est une chatte.)
  - **She is *an* animal.** (*chii iz an a-ni-mel*) (C'est un animal.)
  - ***The* birds fear her.** (*de beedz fiee h'ee*) (Les oiseaux la craignent.)
- **A** par opposition à **an** (également très facile) : l'article a se place devant des noms ou leurs adjectifs commençant par une consonne. **An** est utilisé devant des noms ou leurs adjectifs commençant par un **h** muet (généralement des mots d'origine française) ou une voyelle :
  - **We saw *a* film** [UK]/***a* movie.** [US] (*oui sôô e film* [UK], *oui sââ e mouou-vi* [US]) (Nous avons vu un film.)
  - **He's *an* honest man.** (*h'iz en o-nest man* [UK], *h'iz en â-nest man* [US]) (C'est un homme honnête.)
- **The** par opposition à pas d'article (pas trop difficile) : **The** est utilisé devant les noms dénombrables ou non dénombrables dont on parle de façon spécifique. Aucun article n'est utilisé devant les noms non dénombrables dont on parle de façon générale :
  - ***The* coffee in Italy is delicious.** (*de co-fi in i-te-li iz dè-li-ches* [UK], *de câ-fi in i-te-li iz dè-li-ches* [US]) (Le café en Italie est délicieux.)

- **Coffee is popular in the U.S.** (*co-fi iz po-piou-le in di iou-ès* [UK], *câ-fi iz pâ-piou-le in di iou-ès* [US]) (Le café est très populaire aux USA.)

- **A/an** par opposition à **the** (un peu plus difficile) : les articles **a** et **an** s'utilisent devant les substantifs qui sont mentionnés pour la première fois. **The** est utilisé devant des noms qui ont déjà été mentionnés :
  - **I read *a* good book.** (*aï rèd e goud bouc*) (Je lisais un bon livre.)
  - ***The* book was about *an* artist.** (*de bouc ouez e-baout e nââ-tist*) (Le livre était au sujet d'un artiste.)
  - ***The* artist lives on *a* ranch.** (*di ââ-tist livz on e rân'ch* [UK], *di ââ-tist livz on e ran'ch* [US]) (L'artiste habite dans un ranch.)

- **The** (pas difficile) : l'article **the** s'emploie devant des noms de chaînes de montagne, de rivières, d'océans et de mers :
  - ***The* Pacific Ocean is huge.** (*de pe-ci-fic eou-chen iz h'iouou-dj'* [UK], *de pe-ci-fic ôô-chen iz h'iouou-dj'* [US]) (L'océan Pacifique est immense.)
  - ***The* Amazon is in South America.** (*di a-ma-zeoun iz in saoudz e-mé-ri-ke* [UK], *di a-ma-zôôn iz in saoudz e-mé-ri-ke* [US]) (L'Amazone est en Amérique du Sud.)

- **The** (pas difficile non plus) : l'article **the** s'utilise devant les noms de pays qui font référence à une forme de gouvernement ou un type d'union :
  - ***The* United States.** (*di iou-naï-ted stéï-t's*) (Les Etats-Unis.)
  - ***The* People's Republic of China.** (*de pii-pelz ri-pe-blic ev tchaï-ne*) (La République populaire de Chine.)

Jeux et activités

L'exercice de grammaire ci-dessous vous permettra de voir combien de mots d'interrogation vous avez mémorisés. Complétez les questions en indiquant le mot de question adéquat. Les réponses de la deuxième colonne vous mettront sur la voie.

1.	________ is she?	She's my friend.
2.	________ children do you have?	I have 3 children.
3.	________ do you live?	I live in Texas.
4.	________ you speak English?	Yes, I can.
5.	________ are you?	I'm fine thanks.
6.	________ is your name?	My name is Sam.
7.	________ does this cost?	It's five dollars.
8.	________ you like pizza?	Yes, I do!
9.	________ did you come here?	I came here last year.
10.	________ you in love?	No, I'm not.
11.	________ are you so happy?	Because I won the lottery!
12.	________ you born in the U.S.?	No, I wasn't.

Deuxième partie

Parlons un petit peu anglais

« Je sais bien que c'est une expression courante chez nous, mais tu viens de dire "Hasta la vista, baby!" à une bonne sœur ! »

Dans cette partie...

Rien qu'avec un tout petit peu d'anglais, vous pouvez faire beaucoup de choses ! Les chapitres de cette partie vous donnent quantité d'expressions faciles, de tous les jours, pour vous inciter à rencontrer les gens et leur parler. Vous y trouverez de simples salutations, ainsi que des façons de vous présenter et de démarrer des conversations amicales. Je vous montre aussi comment demander de l'aide, trouver votre chemin et parler au téléphone, sans crainte. Commencez où vous voudrez dans cette partie, et mettez-vous à parler !

Chapitre 3

Heureux de faire votre connaissance

Dans ce chapitre :

- Dire bonjour et au revoir
- Rencontrer des gens sans façons et de manière formelle
- Les prénoms chez les Américains et les Britanniques
- Décrire une personne

Vous pouvez aller loin avec un peu d'anglais. Dire un simple **hello** (*h'è-leou*) (bonjour) et ajouter quelques mots pour faire savoir qui vous êtes peut vraiment vous ouvrir les portes. Vous verrez aussi comment vous présenter et présenter vos amis, quand utiliser des expressions familières ou formelles, comment décrire les gens et quoi dire après les premiers mots de salutation.

Dire bonjour

Vous pouvez toujours saluer quelqu'un avec un simple **hello** (*h'è-leou*) (bonjour) ou **hi** (*haï*) (bonjour) ou choisir une expression mieux adaptée à la situation. Par exemple :

- **Good morning** (*goud môô-nign*) (bonjour). Vous pouvez le dire à tout moment de la matinée, avant midi.
- **Good afternoon** (*goud âfte-nououn*) (bonjour). À utiliser l'après-midi jusqu'à la tombée de la nuit.
- **Good evening** (*goud ii-v'nign*) (bonsoir). (À utiliser à partir de 5 ou 6 heures de l'après-midi ou après la tombée de la nuit.

Good night (*goud naït*) (bonne nuit) n'est pas une entrée en matière (même tard le soir). C'est une expression qui sert à dire **goodbye** (*goud-baï*) (au revoir) quand il fait nuit. Si vous rencontrez quelqu'un et le saluez en disant **good night**, cette personne dira : « Quoi, vous partez déjà ? Vous venez d'arriver ! »

Dire « Comment allez-vous ? »

Après avoir dit bonjour ou au lieu de dire bonjour, les gens posent souvent une question telle que **How are you ?** (*h'ao ââ iou*) (Comment allez-vous/vas-tu ?). La liste ci-après vous donne quelques salutations usuelles ainsi que des façons d'y répondre. Notez que la première salutation est très formelle ; les autres sont plus familières.

– **How are you doing?**

h'aou ââ iou dou-ign

Comment allez-vous/vas-tu ?

Very well, thank you. And how are you?

vè-ri ouèl, dzank iou ènd h'aou ââ iou

Très bien merci. Et comment allez-vous/vas-tu ?

– **How are you ?**

h'aou ââ iou

Comment allez-vous/vas-tu ?

Not bad. What about you?

not bad ouot e-baout iou [UK], *nât bad ouât e-bout iou* [US]

Pas mal. Et vous/toi ?

– **How's it going?**

h'aou'z it go-ign

Comment va ?

Great. How about you?

grèït h'aou e-baout iou

Tout à fait bien. Et vous/toi ?

– **How are things?**

h'aou ââ dzignz

Comment ça va ?

Fine. And you?

faïn and iou

Bien. Et toi/vous, comment ça va ?

Quand vous dites **How about *you?***, prononcez le mot **you** en l'accentuant. Et quand vous dites **And you?**, prononcez **you** avec une intonation plus aiguë à la fin. Par ailleurs, quand vous dites **How about you?** ou **What about you?**, prononcez **you** avec une légère élévation du ton au début et une intonation plus douce à la fin. Reportez-vous au chapitre 1 pour plus d'informations sur la prononciation, l'accentuation et l'intonation.

La salutation **How are *you doing?*** a le même sens que **How are you?**, de sorte que vous pouvez répondre aux deux questions de la même façon. Et notez bien que **How are you doing?** ne veut pas dire **What are you doing?** (*ouot ââ iou dou-ign* [UK], *h'ouât ââ iou dou-ign* [US]) (Que fais-tu/faites-vous ?). Très peu de gens rencontrent d'autres personnes dans la rue et leur disent : "**Hello** [UK]/**Hi** [US]. **What are you doing?**", parce que la réponse est évidente : « Eh bien, je marche dans la rue ! »

Quel que soit l'état dans lequel vous vous sentez lorsqu'on demande **How are you?**, la réponse la plus polie est **I'm fine, thanks. And you?** (*aïm faïn dzank's and iou*) (Ça va bien. Et vous ?). Presque tout le monde répond de cette façon, notamment dans les situations assez formelles et à l'égard d'étrangers ou de relations superficielles. Bien sûr, s'ils ont affaire à des amis ou même à des collègues de travail, les gens disent souvent ce qu'ils éprouvent réellement ! Par exemple :

- **terrific** (*te-ri-fic*) (formidable)
- **fantastique** (*fan-tas-tic*) (fantastique)
- **wonderful** (*ouen-de-foul*) (merveilleux)
- **okay** (*eou-kéï* [UK], *ôô-kéï* [US]) (bien)
- **so-so** (*seou-seou*) (à peu près bien)
- **not so good** (*not seou goud* [UK], *nât sôô goud* [US]) (pas très bien)
- **terrible** (*tèr-eb'l*) (très mal)

Dire **I'm great** (*aïm gréït*) (Je me sens très bien) ou **I'm wonderful** (Je vais merveilleusement bien) quand on vous demande **How are you?** est une bonne réponse, ni hautaine ni arrogante. Vous dites simplement à quel point vous vous sentez bien, et non que vous êtes une personne exceptionnelle. Et ne vous demandez pas si d'autres se sentiron moins bien par comparaison en apprenant que vous allez si bien. La plupart des gens aiment entendre qu'une autre personne est en pleine forme. Cela leur remonte le moral.

Conversation

Lori arrive au travail et salue sa collègue, Becky. (Piste 4)

Lori : **Good morning, Becky.**
goud môô-nign bè-ki
Bonjour, Becky.

Becky : **Hi, Lori. How's it going?**
haï lô-ri h'aou-zit go-ign
Bonjour Lori. Comment ça va ?

Lori : **Pretty good. How are you?**
pri-ti goud h'aou ââ iou
Assez bien. Et toi ?

Becky : **Well, I'm okay, but not great.**
ouèl aïm eou-kéï baet not gréït [UK]
ouèl aïm ôô-kéï bet nât gréït [US]
Eh bien, ça va, mais ça pourrait aller mieux.

Lori : **Oh? What's the matter?**
eou ouot's de ma-te [UK]
ôô h'ouât's de ma-te [US]
Oh ? Que se passe-t-il ?

Becky : **I'm a little sick.**
aïm e li-tel sik
Je suis un peu malade.

Lori : **I'm sorry to hear that.**
aïm so-ri tou h'ie dat [UK]
aïm sâ-ri tou h'ie dat [US]
Je suis désolée pour toi.

Becky : **Thanks. I'll be okay.**
dzanks aïl bi eou-kéï [UK]
dzanks aïl bi ôô-kéï [US]
Merci. Ça ira.

Quelques salutations familières ou argotiques

Beaucoup de gens utilisent des salutations **slang** (*slagn*) (une expression ou un mot d'argot). La liste ci-après donne quelques équivalents familiers ou argotiques de **How are you?**, accompagnés de réponses possibles. Le dernier exemple est une expression familière très contemporaine utilisée principalement par des jeunes gens.

– **What's up?**
ouots aep [UK]
h'ouâts ep [US]
Quoi de neuf ?

Not much. What's up with you?
not maetch ouots aep wid iou [UK]
nât metch h'ouâts ep wid iou [US]
Pas grand-chose. Quoi de neuf pour toi ?

– **What's happening?**
ouots h'a-pe-nign [UK]
h'ouâts h'a-pe-nign [US]
Que se passe-t-il ?

Not much. You?
not maetch iou [UK]
nât metch iou [US]
Pas grand-chose. Et toi ?

Des salutations telles que **What's up?** et **What's going on?** ont le même sens que **What are you doing?**. Vous pouvez répondre à ces questions en indiquant ce que vous faites en ce moment, comme **I'm studying** (*aïm stae-di-ign* [UK], *aïm ste-di-ign* [US]) (J'étudie) ou **I'm waiting for a friend** (*aïm ouéï-tign fôô re frènd*) (J'attends un ami/une amie). Mais souvent, les gens répondent aux questions telles que **What's up?** par **Not much** (*not maetch* [UK], *nât metch* [US]) (Pas grand-chose) ou **Nothing much** (*nae-dzign maetch* [UK], *ne-dzign metch* [US]) (Pas grand-chose). Ils peuvent ensuite continuer et indiquer ce qu'ils font réellement. Je reconnais que c'est un peu étrange, mais c'est souvent ce que font les gens.

Comment va ? (La réponse vous intéresse-t-elle vraiment ?)

Mes étudiants me disent souvent : « Les Américains paraissent aimables, mais il y a une chose qui m'étonne : pourquoi de nombreuses personnes disent-elles **Hi**. **How are you?** et continuent leur chemin avant que je puisse répondre ? N'est-ce pas vraiment impoli ? » Eh bien ! pas nécessairement. En fait, les gens disent souvent **Hi** ou **How are you?** en marchant dans la rue. Leur intention n'est pas de s'arrêter et de parler, mais cependant ils veulent vous dire **Hi**.

« C'est bien, disent mes étudiants, mais alors, qu'en est-il de **How are you?** Pourquoi poser cette question si en réalité ils n'ont pas envie de le savoir ? » Eh bien, j'avoue ne pas avoir d'explication magique de ce phénomène culturel, mais **How are you?** a fini par devenir presque synonyme de **Hi** ou **Hello** et n'a pas toujours besoin d'être suivi d'une réponse quand il est dit en passant. Vous pouvez simplement répondre par **Hi** ou **Fine**. **How are you?** et continuer votre chemin.

Conversation

Josh va rencontrer ses amis Sid et J.J. dans un café fréquenté par des jeunes gens. Il est accompagné de son ami Tony, qui habite dans une autre ville. (Piste 5)

Josh : **Hey, Sid and J.J.**
h'éï sid ènd djè-djèï
Salut, Sid et J.J.

J.J. et Sid : **Hey, what's up?**
h'éï ouots aep [UK]
h'éï h'ouât's ep [US]
Salut, quoi de neuf ?

Josh : **Do you guys know Tony? Tony, this is Sid.**
dou iou gaïz neou teou-ni teou-ni dis iz sid [UK]
dou iou gaïz nôô tôô-ni tôô-ni dis iz sid [US]
Vous connaissez Tony ? Tony, voilà Sid.

Tony : **Hey, Sid. How's it going?**
h'éï sid h'aou'z it gô-ign
Salut Sid. Comment ça va ?

Sid : **Pretty good. You?**
prè-ti goud iou
Plutôt bien. Et toi ?

Tony : **Not bad.**
not bad [UK]
nât bad [US]
Pas mal.

Josh : **And this is J.J.**
and dis iz djè-djèï
Et voilà J.J.

Tony : **Hey, J.J. Wassup?**
h'éï djè-djèï ouâs-sep [US]
Salut J.J. Quoi de neuf ?

J.J. : **Nothing much. Having some coffee. Good to meet you.**
nae-dzign maetch h'a-vign saem co-fi goud tou miit iou [UK]
ne-dzign metch h'a-vign sem câ-fi goud tou miit iou [US]
Pas grand-chose. Je prends un café.

Tony : **Same here.**
séïm h'ie
Nous c'est pareil.

Dire au revoir

Quand c'est l'heure de dire au revoir et de partir, il y a plusieurs façons de terminer poliment la conversation avant de s'en aller. Voici trois exemples :

- **I've got to go, now.** (*aïv got tou gueou naou* [UK], *aïv gât tou gôô naou* [US]) (Il faut que je parte, maintenant.)
- **I'd better go.** (*aïd bè-te gueou* [UK], *aïd bè-te gôô* [US]) (je ferais bien de partir.)
- **It was nice talking to you.** (*it ouoz naïs tôô-kign tou iou* [UK], *it ouâz naïs tââ-kign tou iou* [US]) (C'était sympa de parler avec vous/toi.)

Et vous dites ensuite :

- **Goodbye.** (*goud-baï*) (Au revoir.)
- **Bye.** (*baï*) (Au revoir.)
- **So long.** (*seou loogn* [UK], *sôô lââgn* [US]) (À un de ces jours.)
- **See you later.** (*si iou léï-te*) (À la prochaine.)

Les présentations

Avant de dire **It's nice to meet you** (*its naïs tou mîît iou*) (Heureux de faire ta/votre connaissance) – le titre du chapitre –, il faut avoir fait les présentations. Rencontrer des gens et apprendre quelques petites choses à leur sujet est non seulement amusant, mais c'est aussi une excellente façon de pratiquer et d'améliorer votre anglais. Cette section est donc entièrement consacrée aux présentations (formelles et informelles). Et s'il n'y a personne pour vous présenter, je vous indique comment vous présenter vous-même.

Se présenter

Peut-être êtes-vous invité à une party ou une barbecue. Naturellement, vous vous attendez à ce que votre hôte vous présente quand vous arrivez, mais au lieu de cela, il vous salue d'un geste depuis l'autre bout de la salle et vous dit de vous servir à boire. Vous vous trouvez alors avec un verre en main et vous vous demandez ce que vous allez faire ensuite.

Voici ce que je vous conseille : allez vous présenter aux autres. (À vrai dire, c'est le rôle de l'hôte, mais s'il est occupé, faites-le vous-même.) C'est parfaitement acceptable de se présenter soi-même. Et voici deux manières simples de le faire :

- **Hi. I'm ____.** (*h'aï aïm*) (Bonjour. Je suis ____.)
- **Hello. My name is ____.** (*h'è-leou maï néïm iz* [UK], *h'è-lôô maï néïm iz* [US]) (Bonjour. Je m'appelle ____.)

Ou si la situation exige un comportement plus formel, vous pouvez dire :

- **I'd like to introduce myself. I'm ____.** (*aïd laïk tou in-tre-dious maï-sèlf aïm*) (J'aimerais me présenter. Je m'appelle ____.)
- **I don't think we've met. I'm ____.** (*aï deoun't dzink ouiv mèt aïm* [UK], *aï dôôn't dzink ouiv mèt aïm* [US]) (Je ne pense pas que nous nous connaissions. Je m'appelle ____.)

L'autre personne réagit généralement en indiquant son nom. Mais si elle ne le fait pas, vous pouvez poursuivre par : **And what's your name?** (*and ouot's ioue néïm* [UK], *and ouât's ioue néïm* [US]) (Et comment vous appelez-vous ?)

Quand quelqu'un dit **It's nice to meet you** (*its naïs tou mîît iou*) (Je suis heureux de faire votre connaissance), répétez simplement sa réponse et ajoutez le mot **too** (*touou*) (pareillement). Il est encore plus simple de répondre de manière informelle en disant : **Same here.** (*séïm h'ie*) (pareillement.)

En tout cas, ne dites pas **Me too** (*mi touou*) (moi aussi) quand quelqu'un vous dit **It's nice to meet you**, parce que cela veut dire « Je suis heureux de faire ma connaissance, moi aussi ». C'est drôle, mais ce n'est pas exactement ce que vous voulez dire !

Présentation d'autres personnes

Vous devez parfois présenter vos amis ou vos proches à d'autres personnes. Les présentations qui suivent sont informelles, mais elles sont néanmoins courtoises :

- **This is ____.** (*dis iz*) (Voici ____.)
- **Meet my friend ____.** (*mîît maï frènd*) (Je vous/te présente mon ami/amie ____.)

Et quand les circonstances exigent une présentation formelle, utilisez l'une des deux méthodes suivantes :

- **Please let me introduce ____.** (*pliz lèt mi in-tre-dious*) (S'il vous plaît permettez-moi de vous présenter ____.)
- **I'd like you to meet ____.** (*aïd laïk iou tou miit*) (J'aimerais que vous fassiez la connaissance de ____.)

Parfois les personnes que vous présentez se connaissent déjà. Dans le doute, vous pouvez dire :

- **Have you met ____?** (*h'av iou mèt*) (Connaissez-vous/connais-tu ____ ?
- **Do you know ____?** (*dou iou neou* [UK], *dou iou nôô* [US]) (Connaissez-vous/connais-tu ____?)

INFO CULTURELLE

Maîtrise de la poignée de main

Let me shake your hand! (*lèt mi chéïk ioue h'an'd*) (Permettez-moi de vous serrer la main !) disent les gens qui veulent féliciter quelqu'un. **Let's shake on it!** veut dire que vous venez de conclure un accord ou de faire une affaire. Et bien sûr, chaque jour, des gens se serrent la main quand ils se rencontrent et parfois, quand ils se disent au revoir.

Toute personne peut tendre la main en premier pour un **handshake** (*h'an'd chéïk*) (poignée de main) – un homme ou une femme, un supérieur ou un employé. Et une poignée de main convenable suppose un contact légèrement ferme et environ cinq à sept secousses. Bien sûr, on échange aussi des poignées de main dans les pays francophones, mais les poignées de main typiques des Britanniques et des Américains diffèrent entre elles et avec celles des Français. Voici en tout cas des poignées de main que vous devez éviter de donner à des Américains :

- Utiliser seulement le bout des doigts d'une main molle peut impliquer que : je m'ennuie ; ça ne m'intéresse pas ; je suis très timide ; je suis presque mort.
- Serrer trop fort peut sembler vouloir dire : je commande, je fais de la musculation ; voyez comme je suis fort.
- Secouer trop longtemps et trop vigoureusement semble vouloir dire : je suis vraiment très, très content de vous rencontrer ; je suis nerveux ; je suis un robot – s'il vous plaît tournez le bouton pour que j'arrête.

Conversation

CD

Vous séjournez dans une famille aux États-Unis. Considéré comme un membre de la famille, vous appelez vos hôtes comme s'ils étaient vos parents ou frères et sœur. Sortant avec votre « mère » américaine, vous rencontrez une de vos amies. (Piste 6)

Vous : **Oh! Hi, Claudia!**
ôô h'aï <u>clôô</u>-dia
Tiens ! Bonjour Claudia !

Claudia : **Hi!**
h'aï
Bonjour !

Vous : **Have you met my mom?**
h'av iou mèt maï mom
Connais-tu ma maman ?

Claudia : **No, I haven't. Hi.**
nôô aï h'a-ven't h'aï
Non, je ne l'avais pas encore rencontrée. Bonjour.

Vous : **This is my mother, Karen. Mom, this is my friend, Claudia.**
dis iz maï me-der kè-ren mâm dis iz maï frènd clôô-dia
C'est ma mère, elle s'appelle Karen. Maman, c'est mon amie Claudia.

Claudia : **Hello. It's nice to meet you.**
h'è-lôô its naïs tou mîît iou
Bonjour. Très heureuse de vous connaître.

Karen : **Hi, Claudia. Nice to meet you, too.**
h'aï clôô-dia naïs tou mîît iou touou
Bonjour Claudia. Je suis heureuse de te connaître moi aussi.

Mots clés

introduce	in-tre-dious	présenter
let me introduce	let mi in-tre-dious	permettez-moi de vous présenter
to meet	tou mîît	faire la connaissance de
introduction	in-tre-daek-ch'n	présentation

INFO CULTURELLE

Quand la proximité est-elle excessive ? Eh bien, cela dépend d'où vous venez. Ce que l'on considère comme **personal space** (*pee-se-nel spéïs*) (espace personnel) et comme n'en faisant pas partie est d'ordre culturel. Les scientifiques qui étudient ce genre de question ont trouvé qu'aux États-Unis les gens tendent à conserver une distance de 12 à 18 pieds (de 31 à 46 cm) quand ils rencontrent quelqu'un ou discutent de manière informelle (c'est une bonne distance pour donner confortablement une poignée de main). Et observez ce qui se passe si vous vous rapprochez d'un Américain en parlant avec lui. Cette personne se recule-t-elle pour conserver la distance voulue ? Et si vous êtes trop loin (peut-être la bonne distance pour votre culture), l'autre personne se rapproche-t-elle pour combler le vide ? Ne soyez pas surpris si cela se produit, cette personne obéit seulement aux règles inconscientes de l'espace personnel.

Mots clés

personal space	pee-se-nel spéïs	espace personnel
space	spéïs	espace
close	cleous	près
far away	fââr e-ouéï	loin

Comment vous appelez-vous ?

Les noms américains reflètent la variété des origines de la société des États-Unis. Après tout, dans ce pays, les ancêtres des résidents et une bonne partie des résidents eux-mêmes viennent d'ailleurs – Europe, Asie et Afrique – de sorte que leurs noms – comme McMillan, Goldberg, Yamaguchi, Cisneros, Kwan, Mfume, Johnson, etc., traduisent l'arrière-plan multiculturel des États-Unis. Les noms sont importants et la présente section est entièrement consacrée à cette question : comment demander le nom de quelqu'un et communiquer le vôtre, comment utiliser les noms et les titres pour respecter les formes adaptées à une situation donnée, et quelques indications sur la façon dont les Américains obtiennent leurs noms.

Les noms des noms

Il semble qu'il y ait bien des façons de désigner les noms aux États-Unis. Par exemple, quand vous remplissez un formulaire, on vous demande votre **given name** (*gui-ven néïm*) (prénom), votre **surname** (*see-néïm*) (nom de famille), votre **nickname** (*nik-néïm*) (surnom), votre **married name** (*ma-rid néïm*) (nom d'épouse), votre **maiden name** (*méï-den néïm*) (nom de jeune fille) ou votre **user name** (*iou-ze néïm*) (nom d'utilisateur) !

Ne soyez pas affolé par cette pléthore de types de noms. Les indications suivantes vous aideront à vous y retrouver.

- Le **first name**, aussi appelé **given name**, est en général indiqué en premier (évidemment !). Les prénoms sont habituellement donnés par les parents ou d'autres membres de la famille. Certains prénoms ont une forme longue comme **Katherine** et une forme courte comme **Kathy** ou **Kate**. Beaucoup de prénoms américains proviennent de la Bible, de sorte que vous entendrez parfois utiliser le terme **Christian name** (*kris-tchen néïm*) (prénom). (Les Britanniques utilisent systématiquement ce terme à la place de **first name**.)
- Tout le monde n'a pas un **middle name** (*mi-del néïm*) (deuxième prénom) mais il est très courant d'en avoir un. Ce sont les parents ou quelqu'un d'autre qui choisissent ce nom. C'est parfois le prénom d'un ancêtre ou un nom de famille. Beaucoup de gens n'utilisent leur **middle name** ou son initiale que dans les relations officielles.
- Le **last name** (*lââst néïm* [UK], *laast néïm* [US]) (nom de famille) est le même nom que le **surname** (terme utilisé systématiquement par les Britanniques). Quand vous vous présentez, indiquez toujours votre nom de famille en dernier – jamais en premier. (Pour plus d'informations sur les noms de famille, consultez l'encadré « La révolution des noms de famille », plus loin dans ce chapitre.)
- Le gentil petit nom que votre famille vous donnait quand vous étiez enfant est le **nickname** – le mien était « Miss G. ». Ou peut-être quelqu'un à l'école ou au bureau vous a-t-il donné un nom intelligent comme « Le cerveau ». Les surnoms sont parfois formés en ajoutant -y ou -ie au prénom, comme dans **Joanie** ou **Joshy**. (Quelques formes diminutives de prénoms se terminent naturellement par **-y** ou **-ie** comme **Susie** ou **Tommy**. Ce ne sont pas alors vraiment des surnoms.) Pour susciter une conversation amusante, posez la question : **"Do you have a nickname?"**

Utilisez quelques-unes des expressions suivantes pour vous identifier ou pour parler des noms.

- **My first name is ____.** (*maï feest néïm iz*) (Mon prénom est ____.)
- **My middle name is ____.** (*maï mi-del néïm iz*) (Mon second prénom est ____.)
- **My last name is ____.** (*maï lââst néïm iz* [UK], *maï laast néïm iz* [US]) (Mon nom de famille est ____.)
- **My maiden name is ____.** (*maï méï-den néïm iz*) (Mon nom de jeune fille est ____.)
- **My son's name is ____.** (*maï saenz néïm iz* [UK], *maï senz néïm iz* [US]) (Le nom de mon fils est ____.)

- **I call my son ____.** (*aï côl maï saen* [UK], *aï câl maï sen* [US]) (J'appelle mon fils ___.)
- **It's short for ____.** (*its choot fôe* ____.) (C'est l'abréviation de ____.)
- **I'm named after ____.** (*aïm néïm'd ââf-te* [UK], *aïm néïm'd aaf-te* [US]) (Mon nom provient de ____.)

L'usage du prénom

Dans la société américaine informelle décontractée et dans des situations informelles, beaucoup de gens n'utilisent que les prénoms et se présentent en mentionnant seulement leur prénom. Par exemple, dans le travail ou la salle de classe, un patron ou un professeur dira : **You can call me by my first name.** (*iou can kôl mi baï maï feest néïm*) (Vous pouvez m'appeler par mon prénom.)

Quant aux Britanniques, ils utilisent plus facilement les prénoms que les Français, mais moins facilement que les Américains, champions du contact direct et informel.

Aux États-Unis, l'utilisation du seul prénom n'est pas considérée comme un manque de respect. Mais si vous vous sentez plus à l'aise en utilisant le nom de famille… faites-le. De nombreuses personnes ne connaissent même pas le nom de famille de gens de connaissance, et peuvent même sortir une première fois avec une personne sans connaître son nom de famille. Cela vous montre à quel point les Américains sont relaxes en ce qui concerne les noms.

Titres et termes de respect

Quand l'usage du prénom est trop informel et quand la situation exige un peu plus de tenue, vous aurez besoin de connaître quelques termes d'expression du respect. L'usage de **Ms**, **Mr** et **Mrs** à l'égard des personnes plus âgées que vous est considéré comme poli, ainsi que dans un contexte professionnel ou d'affaires. Utilisez toujours le terme **Dr** ou **Prof**. à moins que la personne vous prie de l'appeler par son prénom. Le tableau 3.1 vous donne une idée de quelques formules de politesse courantes.

Tableau 3.1 Formules de politesse

Titre	*Abréviation UK*	*Abréviation US*
Ms (*mis*) terme générique pour une femme	**Ms**	**Ms.**
Mister (*mis-tee*) Monsieur	**Mr**	**Mr.**

Titre	*Abréviation UK*	*Abréviation US*
Miss (*mis*) Mademoiselle	**Miss**	**Miss**
Missus (*mi-siz*) Madame	**Mrs**	**Mrs.**
Doctor (*doc-te* [UK], *dâc-te* [US]) Docteur	**Dr**	**Dr.**
Professor (*pre-fès-se*) Professeur	**Prof.**	**Prof.**

Différence entre nommer et appeler quelqu'un

Tout d'abord on **name** (*néïm*) quelqu'un, et ensuite on **call** (*côl* [UK], *câl* [US]) cette personne par ce nom (ou par son **nickname**).

Tout simplement, **to name** veut dire donner un nom à quelqu'un ; **to call** veut dire utiliser (ou dire) son nom pour attirer son attention. **To name** et **to call** sont deux verbes réguliers (voir le chapitre 2 pour plus d'informations sur les verbes réguliers). Pour d'autres usages du verbe **call**, voir le chapitre 7.

To name est souvent utilisé au temps passé. Par exemple, **My father named me** (*maï fââ-de néï-m'd mi* [UK], *maï faa-de néï-m'd mi* [US]) (Mon père me donna mon nom). Il est aussi utilisé en même temps qu'un autre verbe, et il est alors à l'infinitif, comme dans **She wants to name the baby Sam** (*chii ouânts tou néïm de béï-bi sam*) (Elle veut appeler le bébé Sam). (Vous trouverez d'autres indications sur les formes verbales et les temps au chapitre 2.) Voici quelques autres exemples utilisant le verbe to name :

- **They named the baby Natalia.** (*dèï néï-m'd de béï-bi na-ta-lia*) (Ils appelèrent le bébé Natalia.)
- **After we name the baby, we'll celebrate.** (*ââf-te oui néïm de béï-bi ouil sé-le-bréït* [UK], *aaf-te oui néïm de béï-bi ouil sé-le-bréït* [US]) (Après avoir donné un nom au bébé, nous ferons la fête.)

To call est surtout utilisé au présent comme dans **They call the baby Natalia** (*dèï côl de béï-bi na-ta-lia* [UK], *dèï câl de béï-bi na-ta-lia* [US]) (Ils appellent le bébé Natalia). Voici quelques autres phrases utilisant **to call** :

- **We call our son by his nickname.** (*oui côl oue saen baï h'iz nik-néïm* [UK], *oui câl oue sen baï h'iz nik-néïm* [US]) (Nous appelons notre fils par son surnom.)
- **His name is Hans, but we call him Hansy.** (*h'iz néïm iz h'an's baet oui côl h'im h'an-si* [UK], *h'iz néïm iz h'an's bet oui câl h'im h'an-si* [US]) (Son nom est Hans, mais nous l'appelons Hansy.)

La révolution des noms de famille

Dans le passé, les femmes abandonnaient presque toujours leur **family name** (ou **maiden name**) pour prendre le nom de leur mari. Beaucoup de femmes le font encore mais, aujourd'hui, les femmes conservent souvent leur propre nom de famille ou le combinent avec le nom de leur mari. Et parfois, un homme ajoute le nom de sa femme à son propre nom au moment de son mariage. Enfin quelque chose d'autre !

Conversation

CD

Aaron inscrit son fils à l'école. Ils sont dans le bureau de l'école et parlent avec la réceptionniste qui leur pose quelques questions obligatoires. (Piste 7)

Réceptionniste : **Last name please?**
lââst néïm pliiz [UK]
laast néïm pliiz [US]
Nom de famille s'il vous plaît ?

Aaron : **Bremer.**
bréé-me
Bremer.

Réceptionniste : **First name?**
feest néïm?
Prénom ?

Aaron : **Aaron.**
èe-ren
Aaron.

Réceptionniste : **And your son's name?**
and ioue saenz néïm [UK]
and ioue senz néïm [US]
Et le prénom de votre fils ?

Aaron : **A.J.**
éï-djéï

Réceptionniste : **A.J.?**

éï-djéï

A.J. ?

Aaron : **Sorry, that's short for Aaron Junior. His name is also Aaron Bremer.**

so-ri dats choot fe èè-ren djiou-nie h'iz néïm iz ôl-seou èe-ren bré-me [UK]

sâ-ri dats choot fe èè-ren djou-nie h'iz néïm iz âl-sôô èe-ren bré-me [US]

Désolé, c'est le diminutif d'Aaron Junior. Il s'appelle également Aaron Bremer.

Réceptionniste : **I see. Then, he was named after you?**

aï sii dèn h'i ouoz néï-m'd ââf-te iou [UK]

aï sii dèn h'i ouâz néï-m'd aaf-te iou [US]

Oh, je vois, il a donc reçu le même nom que vous.

Aaron : **Yes, but we call him A.J.**

iès baet oui côl h'im éï-djéï [UK]

iès bet oui câl h'im éï-djéï [US]

Oui, mais nous l'appelons A.J.

Réceptionniste : **So you're Aaron and he's A.J.?**

seou ioue èe-ren and h'iz éï-djéï [UK]

sôô ioue èe-ren and h'iz éï-djéï [US]

Alors vous vous appelez Aaron et il s'appelle A.J. ?

Aaron : **Yes, but everyone just calls me Daddy!**

iès baet é-vri-ouan djaest côlz mi da-di [UK]

iès bet é-vri-ouan djest câlz mi da-di [US]

Oui, mais tout le monde m'appelle tout simplement « Papa ».

Mots clés

surname	see-néïm	nom de famille
nickname	nic-néïm	surnom
maiden name	méï-den néïm	nom de jeune fille
married name	ma-rid néïm	nom d'épouse
to name	tou néïm	donner un nom à quelqu'un
to call	tou côôl [UK], to câål [US]	appeler quelqu'un par son nom
my name is	maï néïm iz	mon nom est/je m'appelle
what's your name?	ouots ioue néïm [UK], h'ouâts ioue néïm [US]	comment t'appelles-tu/vous appelez-vous ?

Comment décrire les gens – petits, grands, gros ou minces

Si vous avez besoin de dire à quelqu'un la façon de vous repérer à l'aéroport ou si vous voulez décrire les atouts physiques de votre bien-aimé(e), il vous sera utile de connaître quelques mots descriptifs pour informer votre interlocuteur. Voici quelques mots pour décrire les gens de toute taille, forme, couleur de peau ou de cheveux – et vous-même :

- **small** (*smôôl* [UK], *smâål* [US]) (petit(e))
- **thin** (*dzin'*) (mince)
- **skinny** (*ski-ni*) (maigrichon/maigrichonne)
- **average** (*a-vridj*) (dans la moyenne)
- **medium build** (*mii-diem'bild*) (proportions moyennes)
- **big** (*big*) (grand)
- **large** (*lââdj*) (grand)
- **heavy** (*h'è-vi*) (lourd(e))

N'OUBLIEZ PAS !

Affubler une personne très grosse des adjectifs **fat** (*fat*) (gras) ou **chubby** (*tchae-bi* [UK], *tche-bi* [US]) (potelé) est un manque de tact voire une impolitesse. Les mots convenables sont **large** ou **heavy**. Notez aussi que **thin** et **slender** (élancé) sont parfaitement acceptables, mais que **skinny** est peu flatteur.

Les yeux et les cheveux

Certains disent des Britanniques – et même des Américains ! – qu'ils se ressemblent tous. Peut-être lisez-vous vous aussi sur un visage une expression caractéristique d'un de ces deux pays. Mais il y a de nombreux traits qui distinguent les individus entre eux, comme la couleur des cheveux ou des yeux, la taille (et la manière de suivre les dernières tendances de la mode !). Vous pouvez utiliser ces attributs pour décrire les gens.

Les mots ci-après vous aideront à décrire la couleur des cheveux d'une personne :

- **black** (*blac*) (noirs)
- **brown** (*braoun'*) (bruns ou châtains)
- **red** (*rèd*) (roux)
- **blond** (*blon'd*) (blonds)
- **strawberry blond** (*strôô-bè-ri blon'd* [UK], *strââ-bè-ri blon'd* [US]) (blond fraise)
- **grey** [UK], **gray** [US] (*grèï*) (gris ou grisonnants)
- **white** (*ouaït* [UK], *h'ouaït* [US]) (blancs)

Vous pouvez utiliser les mots suivants pour décrire le type de cheveux d'une personne :

- **straight** (*strèït*) (raides)
- **wavy** (*ouèï-vi*) (ondulés)
- **curly** (*kee-li*) (bouclés)
- **kinky** (*kin-ki*) (crépus)
- **bald/balding** (*bôôld bôol-dign* [UK], *bââld bââl-dign* [US]) (chauve)

  C'est vrai, le dernier type ne décrit pas vraiment un type de cheveux, mais plutôt leur absence.

Pour décrire la couleur des yeux d'une personne, utilisez les mots suivants :

- **brown** (*braoun'*) (marron)
- **hazel** (*h'éï-zel*) (noisette)
- **green** (*griin'*) (verts)
- **blue** (*blouou*) (bleus)

Les mots suivants décrivent des traits particuliers :

- **beard** (*bi-ed*) (barbe)
- **freckles** (*frè-kelz*) (taches de rousseur)
- **tattoo** (*te-touou*) (tatouage)
- **mustachio** [UK], **mustache** [US] (*mes-tââ-chieou* [UK], *mes-tââch* [US]) (moustache)
- **piercing** (*pie-sign*) (percing)

Atteindre de nouvelles hauteurs

Vous connaissez sans doute votre **height** (*h'aït*) (taille) en mètre, car vous utilisez le système métrique. Mais les Britanniques et les Américains utilisent peu le système métrique, et vous pouvez être obligé de donner votre **height** en **inches** (*in-chiz*) (pouces) et en **feet** (*fiit*) (pieds).

(1 **foot** = 12 **inches** = 0,3048 m ; 1 **inch** = 2,54 cm)

Voici quelques façons d'indiquer sa taille :

- **I'm five feet, ten inches.** (*aïm faïv fiit tèn in-chiz*) (Je mesure cinq pieds dix pouces.)
- **I'm five feet, ten.** (*aïm faïv fiit tèn*) (Je mesure cinq pieds, dix.)
- **I'm five, ten.** (*aïm faïv tèn*) (Je mesure cinq, dix.)

Pour vous mesurer en pieds et en pouces, vous pouvez faire des conversions mathématiques ou utiliser un **yardstick** (*iââd-stic*) (règle à mesurer) ou un **tape measure** [UK], **measuring tape** [US] (*téïp mè-jee* [UK], *mè-jee-rign téïp* [US]) (ruban à mesurer).

Et à quoi bon connaître vos mensurations en unités anglo-américaines (si ce n'est par pure curiosité) ? Précisément parce que si vous devez remplir un formulaire (par exemple en vue d'obtenir un permis de conduire aux États-Unis), vous pouvez avoir à indiquer votre taille. Le formulaire peut aussi vous demander votre poids, bien entendu en **pounds** (*paoundz*) (livres).

Pour le cas où vous auriez à faire rapidement des conversions de mesures, voici quelques facteurs de conversion approximatifs :

- 1 pouce = environ 25 mm
- 1 pied = environ 30 cm
- 1 yard = environ 0,9 m
- 1 livre = environ 0,45 kg

Mots clés

size	saïz	taille
shape	chéïp	forme
height	h'aït	taille
weight	ouéït [UK], h'ouéït [US]	poids
feet	fiit	pieds
inches	in-chiz	pouces

Jeunes et vieux

Bien que ce ne soit pas toujours poli de demander l'âge des gens (consultez le chapitre 4 pour plus de détails sur le sujet), il arrive de parler d'âge dans certaines situations. Et avec vos **peers** (*pi-ez*) (pairs), ceux qui en sont à la même étape de la vie, c'est généralement acceptable. Bien sûr, c'est toujours convenable de demander à des enfants quel âge ils ont – et ils sont ravis de vous le dire ! Si vous voulez demander son âge à quelqu'un, vous pouvez dire :

- **How old are you?** (*h'aou eould ââe iou* [UK], *h'aou ôôld ââe iou* [US]) (Quel âge avez-vous ?)
- **May I ask your age?** (*mèï aï ââsk ioue éïdj* [UK], *mèï aï aask ioue éïdj* [US]) (Puis-je vous demander votre âge ?)

Et voici quelques façons d'indiquer l'âge d'une autre personne ou le vôtre :

- **I'm 30 years old.** (*aïm dee-ti ieez eould* [UK], *aïm dee-ti ieez ôôld* [US]) (J'ai 30 ans.)

- **She's a five-year old.** (*chiz e faïv ieer eould* [UK], *chiz e faïv ieer ôôld* [US]) (Elle a 5 ans.)
- **He's in his 50s.** (*h'iiz in' h'iiz fif-tiz*) (Il a la cinquantaine.)

En anglais, c'est le verbe **to be** (*tou bi*) (être) qui est utilisé pour exprimer l'âge – non le verbe **to have** (*tou h'av*) (avoir). Les Britanniques et les Américains ne disent pas qu'ils **have years** (*h'av ieez*) (ont des années) ; ils disent **I am ___ years old** (*aï am ieez eould* [UK], *aï am ieez ôôld* [US]) (Je suis âgé de ___ ans). Vous trouverez d'autres utilisations du verbe to be au chapitre 2.

Si vous ne savez pas ou s'il n'est pas nécessaire d'indiquer un âge avec précision, vous pouvez désigner une tranche d'âge au moyen d'une expression générale. Voici quelques termes usuels et leur signification :

- **Infant** (*in-fent*) (Nouveau-né)
- **Baby** (*béï-bi*) (Bébé de 1 à 2 ans)
- **Toddler** (*to-dle* [UK], *tâ-dle* [US]) (Bébé commençant à marcher)
- **Child** (*tchaïld*) (Enfant de 2 à 12 ans)
- **Adolescent** (*a-de-lè-s'nt*) (De 12 à 14 ans)
- **Teenager** (*tiin'-éï-djee*) (De 13 à 19 ans)
- **Young adult** (*iaegn e-daelt* [UK], *iegn e-delt* [US]) (Une personne de plus de 20 ans)
- **Adult** (*a-daelt* [UK], *a-delt* [US]) (Une personne physiquement mûre ou ayant atteint la majorité légale)
- **Middle age** (*mi-del éïdj*) (Typiquement, une personne entre 40 et 50 ans)
- **Senior** (*si-nioe*) (Senior, une personne de plus de 65 ans)
- **Elderly person** (*èl-de-lé pee-sen*) (Une personne très âgée)

Les gens des pays développés ayant des vies plus longues, plus saines et plus actives, les notions de **middle age** et de **old age** se sont modifiées. Beaucoup de personnes sont aussi actives – ou presque – à la cinquantaine, la soixantaine ou même comme septuagénaires que lorsqu'elles étaient plus jeunes. Bien qu'on entende parfois le mot **old** appliqué à une très vieille personne, il est en général plus courtois d'utiliser le mot **elderly**.

Vous trouverez au chapitre 2 d'excellents adjectifs pour décrire les personnalités, tels que drôle, aimable, intelligent, artiste, etc.

Conversation

Rebecca et son amie Deb vont à l'aéroport pour accueillir l'amie de Rebecca, Sue, et Anna, la petite fille de Sue. Deb ne connaît ni Sue ni Anna, et Rebecca les décrit.

Rebecca : **They should arrive soon.**

dèï choud e-raïv sououn

Elles devraient arriver bientôt.

Deb : **What do they look like?**

ouot dou dèï louk laïk [UK]

ouât dou dèï louk laïk [US]

Comment sont-elles ?

Rebecca : **Sue is medium height with short blond hair.**

sou iz mii-diem h'aït ouid choet blond h'èe

Sue est de taille moyenne avec des cheveux blonds courts.

Deb : **How about Anna?**

h'aou e-baout an-na

Et comment est Anna ?

Rebecca : **She's a very cute 6-year old and has long brown hair.**

chiz e vè-ri kiouout six ier eould and h'az lôôgn braoun h'èe [UK]

chiz e vè-ri kiouout six ier ôôld and h'az lââgn braoun h'èe

[US]

C'est une enfant adorable de 6 ans et elle a de longs cheveux bruns.

Deb : **Do they have tattoos?**

dou dèï h'av te-tououz

Ont-elles des tatouages ?

Rebecca : **Of course not!**

ev côôs not [UK]

ev côôs nât [US]

Bien sûr que non !

Deb : **Just joking.**
djaest <u>djeou</u>-kign [UK]
djest <u>djôô</u>-kign [US]
Je plaisantais.

Rebecca : **But Anna has pierced ears.**
baet <u>an</u>-na h'az pi-esd i-eez
Mais Anna a les oreilles percées.

Deb : **That's pretty common.**
dats <u>prè</u>-ti <u>co</u>-men' [UK]
dats <u>prè</u>-ti <u>câ</u>-men' [US]
C'est assez courant.

Rebecca : **Hey! Here they come!**
h'éï h'ie dèï caem' [UK]
h'éï h'ie dèï kem' [US]
Tiens ! Les voici !

Deb : **And look, Sue got a tattoo!**
and louk sou got e te-<u>touou</u> [UK]
and louk sou gât e te-<u>touou</u> [US]
Et regarde, Sue a un tatouage !

Jeux et activités

Ayant découvert de nombreuses expressions pour faire la connaissance des gens, les saluer et les décrire, essayez de faire correspondre les questions suivantes aux réponses appropriées.

Questions :

1.	**Hey, what's up?** (*h'éï ouots aep* [UK], *h'éï h'ouâtz ep* [US]) (Quoi de neuf ?)
2.	**Hello. How are you today?** (*hè-leou h'aou ââe iou tou-dèï* [UK], *hè-lôô h'aou ââe iou tou-dèï* [US]) (Bonjour, comment va ?)
3.	**My name is George. What's yours?** (*maï néïm iz djordj ouots iouez* [UK], *maï néïm iz djordj h'ouâts iouez* [US]) (Je m'appelle George. Et toi/vous ?)
4.	**What does your mum** [UK]/**mom** [US] **look like?** (*ouot daez ioue maem louk laïk* [UK], *h'ouât dez ioue mâm louk laïk* [US]) (À quoi ressemble ta maman ?)
5.	**Have you met my sister, Madonna?** (*h'av iou mèt maï sis-te ma-do-na*) (Connais-tu/connaissez-vous ma sœur, Madonna ?)

Réponses :

A.	**I'm Sharon.** (*aïm cha-ren*) (Je m'appelle Sharon.)
B.	**Nothing much. What's up with you?** (*nae-dzign maetch ouots aep ouid iou* [UK], *ne-dzign metch h'ouâtz ep ouid iou* [US]) (Pas grand-chose. Quoi de neuf pour toi ?)
C.	**She's short, with red hair and green eyes.** (*chiz choet ouid rèd h'èe and griin aïz*) (Elle est petite, avec des cheveux roux et des yeux verts.)
D.	**No, we haven't met.** (*neou oui h'a-ven't mèt* [UK], *nôô oui h'a-ven't mèt* [US]) (Non, nous ne nous connaissons pas.)
E.	**I'm fine, thank you. And you?** (*aïm faïn' dzank iou an'd iou*) (Je vais bien, merci. Et toi/vous ?)

Chapitre 4

Parler de choses et d'autres

Dans ce chapitre :

- Le temps qu'il fait
- Des sujets sans grande importance
- La famille
- Répondre à des étrangers
- Comment éviter les sujets délicats

Les Américains adorent converser avec des inconnus ; ils diffèrent en cela des Français et des Britanniques, beaucoup plus réservés. Les Américains entament des discussions dans les autobus et les avions ainsi que dans les magasins d'alimentation ou de vêtements – à vrai dire, à peu près n'importe où. En général, ils sont avenants – et peut-être le silence les rend-il mal à l'aise. Quelle qu'en soit la raison, le fait est qu'aux États-Unis, vous serez à coup sûr impliqué dans le **small talk** (*smôl tôôk* [UK], *smâl tââk* [US]) (bavardage aimable).

C'est un excellent moyen pour découvrir de nouveaux mots et de nouvelles expressions, pratiquer l'anglais et apprendre toutes sortes de choses sur les gens et leur culture – et c'est entièrement gratuit ! Dans ce chapitre, je vous montre comment **to chat** (*tou tchat*) (bavarder). Je passe en revue différents sujets de conversation (comme le temps, les intérêts, la famille, etc.), et j'attire votre attention sur les sujets à éviter dans certaines circonstances. Je donne aussi quelques conseils sur la façon de parler avec des inconnus et vous indique comment vous débarrasser des importuns.

Briser la glace avec des questions simples

Après avoir été présenté à quelqu'un, vous pouvez prolonger la conversation en sachant poser quelques questions simples. (Vous reconnaîtrez sans doute quelques questions du chapitre 2.) Rappelez-vous qu'en anglais, la même forme du **you** sert dans les contextes formels ou informels, et s'adresse à une ou plusieurs personnes. Voici quelques exemples :

- **Do you speak English?** (*dou iou spiik ign-lich*) (Parlez-vous anglais ?)
- **What's your name?** (*ouots ioue néïm'* [UK], *h'ouâts ioue néïm'* [US]) (Comment vous appelez-vous/t'appelles-tu ?)
- **Where are you from?** (*ouèr âe iou from'* [UK], *h'ouèr âe iou frâm'* [US]) (De quel pays êtes-vous/es-tu ?)

Les questions suivantes peuvent aussi vous aider à mieux connaître quelqu'un (mais n'oubliez pas de lire la section « Sujets tabous » plus loin dans ce chapitre, avant de poser de telles questions) :

- **Are you married?** (*âe iou ma-rid*) (Êtes-vous/es-tu marié(e) ?)
- **Do you have children?** (*dou iou h'ave tchil-dren*) (Avez-vous/as-tu des enfants ?)
- **How old are you?** (*h'aou eould âe iou* [UK], *h'aou ôôld âe iou* [US]) (Quel âge avez-vous/as-tu ?)

Vous trouverez au chapitre 2 de plus amples informations sur la formulation de questions utilisant les mots **what**, **where** et **how**.

Pardon, comment dites-vous ?

Quand vous apprenez une nouvelle langue, vous pouvez avoir besoin de demander à vos interlocuteurs de répéter ou de clarifier ce qu'ils viennent de dire. Les questions suivantes vous aideront à poursuivre la conversation :

- **Excuse me?** (*ix-kiouz mi*) (Pardon ?)
- **I don't understand.** (*aï deoun't aen-de-stan'd* [UK], *aï dôôn't en-de-stan'd* [US]) (Je ne comprends pas.)
- **Pardon?** (*pââ-den*) (Pardon ?)
- **Say that again, please.** (*sèï dat e-guéïn pliiz*) (Répétez cela, s'il vous plaît/répète cela, s'il te plaît.)
- **What did you say?** (*ouot did iou sèï* [UK], *h'ouât did iou séï* [US]) (Qu'avez-vous/qu'as-tu dit ?)

TRUC

Dans les pays de langue anglaise, comme en France d'ailleurs, **excuse me** est utilisé aussi non comme question, mais comme exclamation pour demander une permission (de passer tout près de quelqu'un) ou après avoir heurté accidentellement une autre personne.

Quelques formules courtoises

Où que vous alliez dans le monde, il est bon d'emmener avec vous quelques expressions courtoises et universelles, telles que **Please** (*pliiz*) (S'il vous/te plaît) et **Thank you** (*dzank iou*) (Merci). Ces expressions peuvent amorcer d'agréables interactions et une assistance amicale. La réponse la plus courante à **Thank you** est **You're welcome** (*ioue <u>ouèl</u>-caem* [UK], *ioue <u>ouèl</u>-kem* [US]) (Je vous en prie). Mais vous entendrez dire aussi **No problem** (*neou <u>pro</u>-blem* [UK], *nôô <u>prâ</u>-blem* [US]) (Pas de problème), **Don't mention it** (*deoun't <u>mèn</u>-chen it* [UK], *dôôn't <u>mèn</u>-chen it* [US]) (Il n'y a pas de quoi) et **My pleasure** (*maï <u>plè</u>-je*) (Le plaisir est pour moi).

Conversation

Sirkka monte dans un autobus bondé, et elle doit se glisser sur un siège à côté d'une autre passagère. Ce faisant, elle heurte accidentellement cette autre personne.

Sirkka : **Excuse me. I'm sorry.**
ix-<u>kiouz</u> mi aïm so-ri [UK]
ix-<u>kiouz</u> mi aïm sâ-ri [US]
Excusez-moi. Je suis désolée.

Passagère : **That's okay.**
dats eou-<u>kèï</u> [UK]
dats ôô-<u>kéï</u> [US]
Il n'y a pas de mal.

Sirkka : **The bus is crowded!**
de baes iz <u>craou</u>-did [UK]
de bes iz <u>craou</u>-did [US]
Le bus est bondé !

Passagère : **Yes, it is. Please sit here.**
iès it iz pliiz sit h'ie
Oui, en effet. Asseyez-vous donc ici.

Sirkka : **Thank you.**
dzank iou
Merci.

Passagère : **You're welcome.**
ioue ouèl-kaem [UK]
ioue ouèl-kem [US]
C'est la moindre des choses.

Après quelques minutes, Sirkka et cette femme entament une petite conversation.

Passagère : **Where are you from?**
ouèe ââe iou from [UK]
h'ouèe ââe iou frâm [US]
De quel pays êtes-vous ?

Sirkka : **I'm from Finland.**
aïm from fin-len'd [UK]
aïm frâm fin-len'd [US]
Je suis finlandaise.

Passagère : **I visited Finland once.**
aï vi-zi-t'd fin-len'd ouaens [UK]
aï vi-zi-t'd fin-len'd ouens [US]
J'ai visité la Finlande une fois.

Sirkka : **Pardon? What did you say?**
pââ-d'n ouot did iou sèï [UK]
pââ-d'n h'ouât did iou sèï [US]
Pardon ? Qu'avez-vous dit ?

Passagère : **I've been to Finland.**
aïv biin tou fin-len'd
J'ai été en Finlande.

Sirkka : **Really? Do you speak any Finnish?**
ri-e-li dou iou spiik é-ni fi-nich
Vraiment ? Parlez-vous un peu finnois ?

Passagère : **No. I'm sorry, I don't.**
neou aïm so-ri aï deoun't [UK]
nôô aïm sâ-ri aï dôôn't [US]
Non. Désolée. Je ne le parle pas.

Parler du temps qu'il fait

Le **weather** (*ouè-dee*) (le temps) a un effet sur tout le monde, et il n'est donc pas surprenant qu'il soit le sujet de conversation le plus courant. En fait, on se réfère parfois aux conversations superficielles en disant **talking about the weather** (*tôô-kign e-baout de ouè-dee* [UK], *tââ-kign e-baout de ouè-dee* [US]) (parler de la pluie et du beau temps), car les conversations informelles (comme celles sur le temps qu'il fait) sont légères, impersonnelles et universelles.

Bien sûr, pour parler du temps, vous devez connaître quelques mots et expressions appropriés. Vous pouvez facilement discuter du temps en utilisant le pronom **it** (*it*) (il), comme dans **It is sunny today** (*it iz sae-ni tou-dèï* [UK], *it iz se-ni tou-dèï* [US]) (Il y a du soleil aujourd'hui). Dans cette phrase, le mot it ne se réfère pas à un nom spécifique ; il se réfère au temps en général. Notez que les anglophones utilisent presque toujours la contraction **it's** (*its*) (il fait/il y a). (Reportez-vous au chapitre 2 pour plus de détails sur les contractions.)

Voici quelques exemples utilisant **it's** et le vocabulaire du temps qu'il fait :

- **It's hot.** (*its hot* [UK], *its hât* [US]) (Il fait très chaud.)
- **It's cold.** (*its keould* [UK], *its côôld* [US]) (Il fait froid.)
- **It's warm.** (*its ouôôm* [UK], *its ouââm* [US]) (Il fait chaud.)
- **It's dry.** (*its draï*) (Il fait un temps sec.)
- **It's raining.** (*its réï-nign*) (Il pleut.)
- **It's snowing.** (*its sneou-ign* [UK], *its snôô-ign* [US]) (Il neige.)
- **It's windy.** (*its ouin-di*) (Il y a du vent.)
- **It's humid.** (*its h'iouou-mid*) (Il fait un temps humide.)
- **It's cloudy.** (*its claou-di*) (Il y a des nuages.)
- **It's sunny.** (*its sae-ni* [UK], *its se-ni* [US]) (Il y a du soleil.)

Le temps dont l'on discute typiquement est le temps qu'il fait aujourd'hui. C'est pourquoi la plupart des commentaires sur le temps, comme les exemples précédents, utilisent le verbe **is** – le présent singulier du verbe **to be** (*tou bii*) (être). Mais si vous voulez parler du temps qu'il faisait ou fera, suivez les recommandations suivantes :

- Pour le temps qu'il faisait hier, utilisez **was** (*ouoz* [UK], *ouâz* [US]) (était), le passé singulier du verbe **to be**. Par exemple : **It was cold yesterday.** (*it ouoz keould iès-te-dèï* [UK], *it ouâz côôld iès-te-dèï* [US]) (Il faisait froid hier.)

- Pour le temps de demain, utilisez le verbe **will be** (*ouil bi*) (sera), le futur de **to be**. Par exemple : **It will be cloudy tomorrow**. (*it ouil bi claou-di tou-mo-reou* [UK], *it ouil be claou-di tou-mâ-rôô* [US]) (Il y aura des nuages demain.)
- En parlant du temps qu'il fera, les gens disent souvent **I hope** (*aï h'eoup* [UK], *aï h'ôôp* [US]) (J'espère) ou **It might** (*it maït*) (Il pourrait), parce que personne ne peut être sûr à 100 % du temps qu'il fera demain – pas même les météorologues ni les voyantes.

Pour plus d'informations sur les temps du verbe **to be**, consultez le chapitre 2.

INFO CULTURELLE

It's raining buckets! (*its réï-nign bae-kits* [UK], *its réï-nign be-kits* [US]) (Il pleut à verse !) est une expression que vous pourrez entendre quand il pleut particulièrement fort. Une expression encore plus étrange est : **It's raining cats and dogs!** (*its réï-nign cats and dogz*) (Il pleut des chats et des chiens !) Voilà qui serait un spectacle !

Expressions pour amorcer la conversation sur le temps

Le temps est un sujet non personnel, de sorte qu'il convient parfaitement pour amorcer une conversation informelle, particulièrement avec des inconnus. Voici quelques façons courantes d'aborder le temps (et les réponses) souvent utilisées pour amorcer la conversation.

– It's a beautiful day, isn't it?

it's a biou-ti-foul dèï iz-ent it

C'est une belle journée, n'est-ce pas ?

Yes, it is!

iès it iz

Oui, en effet !

– It sure is hot today, isn't it?

it chououe iz hot tou-dèï iz-ent it [UK]

it chououe iz hât tou-dèï iz-ent it [US]

Il fait vraiment chaud aujourd'hui, n'est-ce pas ?

It sure is!

it chououe iz

Oui vraiment !

– **Nice weather don't you think?**

naïs ouè-dee deou-n't iou dzink [UK]

naïs ouè-dee dôô-n't iou dzink [US]

C'est le beau temps, pas vrai ?

Yes I do.

iès aï dou

Oui en effet.

POINT DE GRAMMAIRE

Les amorces de conversation informelle finissent souvent par une petite question à la suite de la proposition principale. Si vous voulez utiliser une question finale, souvenez-vous que lorsque la proposition principale est affirmative : **It's a nice day…** (*its e naïs dèï*) (C'est une belle journée…), la question est négative : **… isn't it?** (*iz-n't it*) (… n'est-ce pas ?) En revanche, si la proposition principale est négative : **It's not very warm today…** (*its not vé-ri ouôôm tou-dèï* [UK], *its nât vé-ri ouââm tou-dèï* [US]) (Il ne fait pas bien chaud aujourd'hui), la question est affirmative : **… is it?** (*iz it*) (… n'est-ce pas ?)

Conversation

Maureen attend le bus à l'arrêt d'autobus. L'homme qui attend à côté d'elle sourit et amorce une conversation.

L'homme : **It's very hot today, isn't it?**

its vé-ri h'ot tou-dèï iz-ent it [UK]

its vé-ri h'ât tou-dèï iz-ent it [US]

Il fait très chaud aujourd'hui, n'est-ce pas ?

Maureen : **It sure is. And it's humid.**

it chououe iz and its h'iou-mid

Oui vraiment. Et il fait humide.

L'homme : **I hope it's not so hot tomorrow.**

aï h'eoup its not seou h'ot to-mo-reou [UK]

aï h'ôôp its nât sôô h'ât to-mâ-rôô [US]

J'espère qu'il ne fera pas aussi chaud demain.

Maureen : **It may be a little cooler.**

it mèï bi e li-tel couou-lee

Il pourrait faire un peu plus frais.

L'homme : **Good. I don't like hot weather.**

goud aï deou-n't laïk hot ouè-dee [UK]

goud aï dôô-n't laïk hât ouè-dee [US]

Tant mieux. Je n'aime pas la chaleur.

Les saisons

Si les îles Britanniques ont quatre **seasons** (*sii-zenz*) (saisons) comme le reste de l'Europe, quelques régions des Etats-Unis (comme la Floride, la Californie du Sud et certaines parties du Sud-Ouest) sont tellement chaudes qu'elles paraissent n'avoir qu'une saison : l'été ! Voici les noms des quatre saisons :

- **spring** (*sprign*) (printemps)
- **summer** (*sae-me* [UK], *se-me* [US]) (été)
- **autumn** [UK] (*ôô-tem*), **fall** [US] (*fâl*) (automne)
- **winter** (*ouin-tee*) (hiver)

Si vous voulez connaître le temps d'une certaine région ou pendant une certaine partie de l'année, vous pouvez poser l'une des questions suivantes (remarquez la contraction **what's** pour **what is**) :

- **What's the weather like in Chicago?** (*ouots de ouè-dee laïk in chi-ca-gueou* [UK], *ouâts de ouè-dee laïk in chi-ca-gôô* [US]) (Quel temps fait-il à Chicago ?)
- **What's it like in the summer?** (*ouots it laïk in de sae-me* [UK], *ouâts it laïk in de se-me* [US]) (Comment est-ce en été ?)

Conversation

Yang habite à Taiwan, et il a prévu d'aller à San Francisco en Californie. Il n'y est jamais allé et il se renseigne sur le temps auprès d'un ami américain. (Piste 8)

Yang : **I'm going to San Francisco soon.**

aïm gueou-ign tou san fran-sis-cô sououn [UK]

aïm gôô-ign tou san fran-sis-cô sououn [US]

Je vais aller bientôt à San Francisco.

L'Américain : **Great idea.**
greït aï-die
Excellente idée.

Yang : **Have you ever been there?**
h'av iou è-vee biin dèe
Y as-tu jamais été ?

L'Américain : **Sure, it's a wonderful city.**
chououe its e ouaen-de-foul ci-ti [UK]
chououe its e ouen-de-foul ci-ti [US]
Bien sûr, c'est une ville merveilleuse.

Yang : **What's the weather like?**
ouots de ouè-de laïk [UK]
h'ouâts de ouè-de laïk [US]
Comment est le temps ?

L'Américain : **Usually cold and windy.**
iou-joue-li keould and ouin-di [UK]
iou-joue-li côôld and ouin-di [US]
Habituellement il fait froid et il y a du vent.

Mots clés

it's hot	its h'ot [UK], its h'ât [US]	il fait très chaud
cold	keould [UK], côôld [US]	froid
weather	ouè-de	temps qu'il fait
season	sii-zen	saison
small talk	smôl tôôk [UK], smâl tââk [US]	conversation informelle
to chat	tou tchat	bavarder
it's raining	its réï-nign	il pleut

Si le temps ne te convient pas…

Il arrive que l'on dise **We're going to get some weather** (*oui ââe gô-ign tou guèt saem ouè-de* [UK], *oui ââe gô-ign tou guèt sem ouè-de* [US]) (Il va faire un temps). Qu'est-ce à dire ? Ne fait-il pas déjà un temps ? Bien sûr ! Cette expression veut dire que la pluie ou un orage est en route, en supposant que les prédictions météo soient correctes. Dans l'Est des États-Unis, le temps peut changer rapidement, et l'on dit en plaisantant : **If you don't like the weather, wait five minutes!** (*if iou deoun't laïk de ouè-de ouèït faïv mi-nits* [UK], *if iou dôôn't laïk de ouè-de ouèït faïv mi-nits* [US]) (Si le temps ne te convient pas, attends cinq minutes !)

Entretenir la conversation

Le temps est un excellent sujet pour démarrer la conversation, mais au bout d'un certain temps, vos interlocuteurs américains voudront aborder des sujets qui leur tiennent davantage à cœur, comme la famille, leurs activités, leurs intérêts et l'actualité – tout en traitant de ces questions avec un certain détachement. (Naturellement, certains sujets d'actualité ne peuvent guère être traités à la légère, et les gens en discutent souvent avec passion.) Les sections suivantes examinent divers thèmes abordés aisément lors de rencontres avec des Américains, mais qui pourraient être considérés par des Britanniques comme faisant partie de la sphère privée et, à ce titre, difficiles, voire impossibles à aborder avec un inconnu.

Où habitez-vous ?

Aussitôt après avoir fait connaissance avec des Américains, vous pouvez vous attendre à ce qu'ils vous demandent d'où vous venez. Et quand vous connaîtrez mieux une personne, vous voudrez probablement échanger vos adresses et numéros de téléphone. Voici les questions correspondantes en anglais :

- **Where do you live?** (*ouèe dou iou liv* [UK], *h'ouèe dou iou liv* [US]) (Où habitez-vous ?)
- **What's your address?** (*ouots ioue e-drès* [UK], *h'ouâts ioue e-drès* [US]) (Quelle est votre adresse ?)
- **Can I have your phone number?** (*can aï h'av ioue feoun naem-be* [UK], *can aï h'av ioue fôôn nem-be* [US]) (Puis-je avoir votre numéro de téléphone ?)

Pour répondre, vous pourrez utiliser l'une de ces expressions :

- **I live in Dallas, Texas.** (*aï liv in da-les tè-xes*) (J'habite à Dallas, Texas.)
- **I live in a flat** [UK], **I live in an appartment** [US]. (*aï live in e flat* [UK], *aï liv in en e-pââ̂t-m'nt* [US]) (J'habite dans un appartement.)
- **I live at 220 Forest Road.** (*aï liv at tou touèn-ti fo-rèst reoud* [UK], *aï live at tou touèn-ti fâ-rèst rôôd* [US]) (J'habite 220 rue Forest.)

De nos jours, les gens échangent leurs adresses e-mail plus souvent que leurs adresses personnelles. En anglais, quand vous indiquez votre adresse e-mail, dites le symbole @ comme **at** (*at*) (à) et prononcez le point **dot** (*dot* [UK], *dât* [US]) (point).

Le chapitre 5 contient davantage d'informations sur les lieux et les adresses.

Votre accent vous trahit

Aux États-Unis, vous n'aurez aucun mal à poursuivre une conversation, parce qu'à coup sûr, dès que vous sortez un mot, quelqu'un remarque votre **accent** (*ak-sent*) (accent) et demande : **Where are you from?** (*ouèe ââe iou from* [UK], *h'ouèe ââe iou frâm* [US]) (De quel pays êtes-vous ?)

Ensuite, on vous demandera probablement **How long have you been here?** (*h'aou logn h'av iou biin h'ie* [UK], *h'aou lâgn h'av iou biin h'ie* [US]) (Depuis combien de temps êtes-vous ici ?) et ensuite on essaiera de savoir pourquoi vous êtes venu, combien de temps vous restez, etc. Une enquête officieuse auprès de mes étudiants révèle que 99 fois sur 100, la première question que les gens leur posent est : **Where are you from?** Les gens sont curieux d'apprendre quelque chose sur vous, votre pays et votre culture. Ne soyez donc pas surpris d'entendre souvent cette question.

Conversation

CD

Vous êtes assis dans un autobus quand une jeune fille appelée Lindsey monte et s'assoit sur le siège à côté de vous. Elle sourit et commence à vous parler. (Piste 9)

Lindsey : **Hello.**
h'è-leou
Bonjour.

Vous : **Hi.**
h'aï
Bonjour.

Lindsey : **Nice day, huh?**
naïs dèï h'ae [UK]
naïs dèï h'e [US]
Il fait beau, hein ?

Vous : **Yes, it is.**
iès it iz
Oui, en effet.

Lindsey : **May I ask where you're from?**
mèï aï ââsk ouèe iou ââ from [UK]
mèï aï aask h'ouèe iou ââ frâm [US]
Puis-je vous demander de quel endroit vous êtes ?

Vous : **I'm from Strasbourg, France.**
aïm from stras-beeg frââns [UK]
aïm frâm stras-beeg fraans [US]
Je suis de Strasbourg, en France.

Lindsey : **I've never been there.**
aïv nè-ve biin dèe
Je n'y suis jamais allée.

Vous : **You should go. It's a beautiful city.**
iou choud gueou its e biou-ti-foul si-ti [UK]
iou choud gôô its e biou-ti-foul si-ti [US]
Vous devriez y aller. C'est une ville magnifique.

Lindsey : **Are you here on holiday?** [UK]
Are you here on vacation? [US]
ââ iou h'ie on h'o-li-dèï [UK]
ââ iou h'ie on ve-kéï-chen [US]
Êtes-vous ici en vacances ?

Vous :	**No, I'm a student.** *neou aïm e <u>stiou</u>-dent* [UK] *nôô aïm e <u>stou</u>-dent* [US] Non, je suis un étudiant.
Lindsey :	**Me too. What are you studying?** *mi touou ouot âe iou <u>stae</u>-di-ign* [UK] *mi touou h'ouât âe iou <u>ste</u>-di-ign* [US] Moi aussi. Qu'est-ce que vous étudiez ?
Vous :	**Engineering. And you?** *in-dji-<u>nii</u>-rign and iou* Je fais des études d'ingénieur, et vous ?
Lindsey :	**I'm a theatre major.** *aïm e <u>dzi</u>-éï-te <u>méï</u>-dje* J'étudie le théâtre.
Vous :	**Here is my stop.** *h'ie iz maï stop* [UK] *h'ie iz maï stâp* [US] Voilà mon arrêt.
Lindsey :	**It was nice talking to you.** *it ouoz naïs <u>tôô</u>-kign tou iou* [UK] *it ouâz naïs <u>tââ</u>-kign tou iou* [US] C'était un plaisir de parler avec vous.
Vous :	**Same here.** *séïm h'ie* Pour moi aussi.

Sujets de conversation : Le travail et les études

Pour la majorité des gens, le travail et les études occupent la majeure partie de la journée, de sorte que ces activités sont presque partout des sujets de conversation courants, surtout aux États-Unis. Quand vous rencontrez un Américain pour la première fois, vous pouvez sans hésiter lui poser les questions suivantes :

- **What kind of work do you do?** (*ouot caïnd ev oueek dou iou dou* [UK], *h'ouât caïnd ev oueek dou iou dou* [US]) (Quel genre de travail faites-vous ?)
- **Where do you work?** (*ouèe dou iou oueek* [UK], *h'ouèe dou iou oueek* [US]) (Où travaillez-vous ?)
- **What school are you going to?** (*ouot scououl âe iou gueou-ign tou* [UK], *h'ouât scououl âe iou gôô-ign tou* [US]) (Où étudiez-vous ?)
- **What are you studying?** (*ouot ââ iou stae-di-ign* [UK], *h'ouât ââ iou ste-di-ign* [US]) (Qu'est-ce que vous étudiez ?)

POINT DE GRAMMAIRE

En anglais, quand vous indiquez une profession, vous pouvez dire **I'm a teacher** (*aïm e tii-tche*) (Je suis professeur) ou **She is an artist** (*chii iz en ââ-tist*) (Elle est artiste). Utilisez l'article **a** ou **an**. (Souvenez-vous : les articles n'ont pas de genre en anglais ; ils sont neutres. Allez au chapitre 2 s'il vous faut plus de détails.)

Pour plus de pratique sur la discussion des professions, allez au chapitre 14.

Mots clés

address	e-dress	adresse
phone number	feoun naem-be [UK], fôôn nem-be [US]	téléphone
to live	tou liv	vivre/habiter
to work	tou oueek	travailler
to study	tou stae-di [UK], tou ste-di [US]	étudier
school	scououl	école/établissement d'enseignement

Exprimer les goûts et les préférences

La question simple et pratique **Do you like...?** (*dou iou laïk*) (Aimez-vous... ?) peut entretenir une conversation sur vos intérêts, vos goûts, vos musiques préférées, etc. Voici quelques questions avec des réponses :

– Do you like jazz?

dou iou laïk djaz

Aimes-tu/aimez-vous le jazz ?

Yes I do.

iès aï dou

Oui je l'aime.

– Do you like computer games?

dou iou laïk kem-piou-te guéïmz

Aimes-tu/aimez-vous les jeux sur ordinateur ?

No, not much.

neou not maetch [UK]

nôô nât metch [US]

Non, pas beaucoup.

– Do you like cats?

dou iou laïk cats

Aimes-tu/aimez-vous les chats ?

Not really. I prefer dogs.

not ri-e-li aï pri-fee dogz [UK]

nât ri-e-li aï pri-fee dâgz [US]

Pas vraiment, je préfère les chiens.

Une autre question pratique pour relancer une conversation informelle est : **How do you like...?** (*h'aou dou iou laïk*) (Que penses-tu/pensez-vous de... ?) Cette question demande votre opinion ou votre sentiment sur quelque chose, alors que la question **Do you like...?** exige seulement **yes** ou **no** comme réponse. Voici quelques questions de ce type avec des réponses :

– How do you like this town?

h'aou dou iou laïk dis taoun

Que penses-tu/pensez-vous de cette ville ?

I like it. It's great!

aï laïk it its gréït

Elle me plaît. Elle est magnifique !

– **How do you like your psychology class?**

h'aou dou iou laïk ioue saï-co-le-dji clââs [UK]

h'aou dou iou laïk ioue saï-câ-le-dji claas [US]

Que pensez-vous de votre cours de psychologie ?

It's interesting.

its in-te-res-tign

C'est intéressant.

– **How do you like my haircut?**

haou dou iou laïk maï h'èe-caet [UK]

haou dou iou laïk maï h'èe-ket [US]

Que penses-tu/pensez-vous de ma coupe de cheveux ?

Hmm. It's very short.

h'm its vé-ri choot

H'm. Ils sont coupés très court.

Vous trouverez au chapitre 15 davantage d'exemples d'utilisation du verbe **to like** pour exprimer vos goûts.

Vous ne pouvez pas encore parler beaucoup en anglais ? Mais vous voulez engager des conversations ? Voici un procédé facile à utiliser : quand quelqu'un vous pose une question, répondez et retournez la question au moyen de l'une de ces expressions :

- **And you?** (*and iou*) (Et toi/vous ?)
- **How about you?** (*h'aou e-baout iou*) (Et toi/vous ?)
- **What about you?** (*ouot e-baout iou* [UK], *h'ouât e-baout iou* [US]) (Et toi/vous ?)

Entraînez-vous au moyen de ces quelques couples de questions/réponses :

– **Are you a student?**

âe iou e stiou-dent [UK]

âe iou e stou-dent [US]

Es-tu/êtes-vous un étudiant/une étudiante ?

Yes, I am. What about you?

iès aï am ouot e-baout iou [UK]

iès aï am h'ouât e-baout iou [US]

Oui. Et toi/vous ?

– **Do you have any pets?**

dou iou h'av è-ni pèts

As-tu/avez-vous des animaux ?

Yes, two cats. How about you?

iès touou cats h'aou e-baout iou

Oui, deux chats. Et toi/vous ?

– **Have you seen the statue of Liberty?**

h'av iou siin de sta-tiou ev li-be-ti

As-tu/avez-vous vu la statue de la Liberté ?

Not yet. And you?

not iètand iou [UK]

nât iètand iou [US]

Pas encore. Et toi/vous ?

Parler de la famille

La plupart des Américains aiment parler de la **family** (*fa-mi-li*) (famille). Vous apprendrez beaucoup de choses sur la culture, la société et même l'histoire américaine (sans suivre de cours ni lire d'interminables ouvrages) simplement en interrogeant les gens sur leur famille. Voici quelques mots pour commencer :

- **mum** [UK], **mom** [US] (*maem* [UK], *mâm* [US]) (maman)
- **dad** (*dad*) (papa)
- **parents** (*pa-rents*) (parents)
- **children/kids** (*tchil-dren kidz*) (enfants)
- **daughter** (*dôô-te* [UK], *dââ-te* [US]) (fille)
- **son** (*saen* [UK], *sen* [US]) (fils)

- **sister** (*sis-te*) (sœur)
- **brother** (*brae-de* [UK], *bre-de* [US]) (frère)
- **siblings** (*saï-blignz*) (frères et sœurs)

Et voici les noms d'autres **relatives** (*rè-le-tivz*) (parents/membres de la famille) :

- **aunt** (*âânt*) (tante)
- **uncle** (*aen-kel* [UK], *en-kel* [US]) (oncle)
- **cousin** (*cae-zin* [UK], *ke-zin* [US]) (cousin/cousine)
- **niece** (*niis*) (nièce)
- **nephew** (*nè-fiou*) (neveu)
- **grandmother** (*gran-mae-de* [UK], *gran-me-de* [US]) (grand-mère)
- **grandfather** (*gran-fââ-de* [UK], *gran-faa-de* [US]) (grand-père)
- **stepmum** [UK], **stepmom** [US] (*stèp-maem* [UK], *stèp-mâm* [US]) (belle-mère : épouse du père remarié)
- **stepdad** (*stèp-dad*) (beau-père : époux de la mère remariée)
- **stepchild** (*stèp-tchaïld*) (enfant de l'époux/épouse)

A quelle tribu appartiens-tu ?

Les conversations informelles varient beaucoup selon les pays. Par exemple, en Afrique, on m'a souvent demandé : **What tribe do you belong to?** (*ouot traïb dou iou bi-logn tou* [UK], *h'ouât traïb dou iou bi-lâgn tou* [US]) (A quelle tribu appartiens-tu ?)

D'origine européenne (et n'appartenant à aucune tribu), j'étais surprise par la question, mais ceux qui m'interrogeaient étaient encore plus surpris quand je disais : « Je n'appartiens à aucune tribu. » Ils pensaient : « Comment peux-tu ne pas appartenir à une tribu ? » Bien sûr, beaucoup de gens aux USA appartiennent à des tribus, car il y a aux Etats-Unis des centaines de tribus autochtones.

N'OUBLIEZ PAS !

Combien de **parents** avez-vous ? Attention… En anglais, seuls votre **mum** **[UK]/mom** [US] et votre **dad** sont vos **parents**. Vos **relatives** sont tous les autres membres de votre famille. En français, « parents » s'applique selon le contexte à ceux et à celles désignés par l'anglais **parents** ou **relatives**.

Il vous est facile de parler de la famille quand vous connaissez quelques questions simples. À des Américains que vous venez de rencontrer (non à des Britanniques !), vous pouvez demander sans hésiter :

- **Do you have any children?** (*dou iou h'av è-ni tchil-dren'*) (Avez-vous des enfants ?)
- **Where does your family live?** (*ouèe daez ioue fa-mi-li liv* [UK], *h'ouèe dez ioue fa-mi-li liv* [US]) (Où habite votre famille ?)

Et aux personnes que vous connaissez déjà, vous pouvez demander :

- **How are your parents?** (*h'aou ââ ioue pa-rents*) (Comment vont vos parents ?)
- **How's your husband?** (*h'aouz ioue haez-bend* [UK], *h'aouz ioue h'ez-bend* [US]) (Comment va votre mari ?)
- **How's your wife?** (*h'aouz ioue ouaïf*) (Comment va votre femme ?)
- **How old are your children now?** (*h'aou eould ââe ioue tchil-dren naou* [UK], *h'aou ôôld ââe ioue tchil-dren naou* [US]) (Quel âge ont vos enfants maintenant ?)

POINT DE GRAMMAIRE

La famille est une unité (un seul groupe de personnes), de sorte que le mot famille est suivi d'un verbe au singulier, comme dans **My family is in Brittany** (*maï fa-mi-li iz in bri-te-ni*) (Ma famille est en Bretagne). Mais le pronom pour le mot famille est le pluriel **they** (*dèï*) (ils/elles), lequel demande un verbe au pluriel comme dans **They are coming to visit me** (*dèï ââ cae-mign tou vi-zit mii* [UK], *dèï ââ ke-mign tou vi-zit mii* [US]) (Ils vont venir me voir). Pourquoi le mot **family** est-il ainsi ? Mystère, mais c'est comme ça !

Si vous entendez des gens parler des **in-laws** (*in' lôôz* [UK], *in lââz* [US]) (beaux-parents), ils ne se réfèrent pas à des lois ou à des avocats. Ils se réfèrent aux **parents** (père et mère) de leur mari ou de leur femme. Ainsi, les parents de votre époux/épouse sont votre **mother-in-law** (*mae-de in' lôô* [UK], *me-de in' lââ* [US]) (belle-mère) et votre **father-in-law** (*fââ-de in' lôô* [UK], *faa-de in' lââ* [US]) (beau-père). Et vous êtes de ce fait leur **daughter-in-law** (*dôô-te in' lôô* [UK], *dââ-te in' lââ* [US]) (belle-fille) ou leur **son-in-law** (*saen in' lôô* [UK], *sen in' lââ* [US]) (beau-fils).

INFO CULTURELLE

Aux Etats-Unis, beaucoup de gens vivent dans des familles nucléaires (familles restreintes aux parents et à leurs enfants). D'autres vivent dans des familles étendues (familles comportant les parents, les enfants, les grands-parents et peut-être d'autres proches habitant tous la même maison). Les familles nucléaires habitent souvent loin – parfois à des milliers de kilomètres – des autres membres de la famille. La notion d'indépendance, la possibilité financière de déménager et la concentration des jobs dans certaines villes contribuent à la dispersion à travers cet immense pays des **family members** (*fa-mi-li mèm-bez*) (membres de la famille/parents).

Mots clés

mother	mae-de [UK], me-de [US]	mère
father	fââ-de [UK], faa-de [US]	père
stepchild	stèp-tchaïld	enfant du mari ou de l'épouse
relative	rè-le-tiv	parent (autre que le père ou la mère)
husband	h'aez-bend [UK], h'ez-bend [US]	mari
wife	ouaïf	épouse
in-law	in' lôô [UK], in' lââ [US]	par alliance
family members	fa-mi-li mèm-bez	membres de la famille/parents

Parler avec des inconnus

Les États-Unis sont l'un des pays où il est le plus facile de débuter une conversation avec des inconnus. Ne soyez pas surpris si une personne totalement inconnue vous sourit et vous dit **Hi**. C'est parfaitement normal.

Et que devez-vous faire si un inconnu vous dit **Hi** en vous croisant dans la rue ou se trouve à côté de vous dans la queue du supermarché ? Facile. Souriez simplement et dites **Hi**, vous aussi.

Vous pouvez, aux États-Unis, pratiquer votre anglais avec un inconnu, même si vous ne connaissez pas bien la langue. Établissez simplement un contact visuel avec une personne près de vous, souriez ou inclinez la tête, et dites **Hello** (*h'è-leou* [UK], *h'è-lôo* [US]) (Bonjour).

Les gens ne commencent généralement une conversation informelle qu'après avoir établi brièvement un contact visuel. Mais si vous ne voulez pas continuer à bavarder après qu'un inconnu vous a dit **Hi**, cessez simplement le contact visuel. Votre langage corporel dit que vous désirez mettre fin à l'échange. La plupart des gens respectent ce comportement.

N'OUBLIEZ PAS !

Je sais que vous allez peut-être me prendre pour une mère poule, mais ceci est important ! Bavarder avec des inconnus est normal ; les Américains le font tout le temps. Mais jamais – au grand jamais – ne donnez à un inconnu votre numéro de téléphone ou votre adresse, et ne montez jamais dans la voiture d'un inconnu. La personne peut être sincère et vous faire une offre authentique d'assistance, mais vous ne pouvez pas en être sûr(e), ne prenez donc pas le risque.

Quand des inconnus deviennent trop « amicaux »

Il arrive que même un inconnu bien intentionné devienne trop amical, vous donnant l'impression d'être un animal traqué. Vous pouvez l'ignorer et vous en aller ou si vous ne pouvez pas vous éloigner (si vous êtes dans un autobus par exemple), voici plusieurs choses que vous pouvez faire :

- **Be direct and assertive** (*bi di-rèct and as-see-tiv*) (Soyez direct et décidé). Si un inconnu vous demande d'aller chez vous, dites : **No!** (*neou* [UK], *nôô* [US]) (Non !)
- **Lie if you want to** (*laï if iou ouant tou*) (Mentez si vous voulez). Si un inconnu vous demande où vous habitez, dites : **No speak English!** Ce n'est pas grammaticalement correct, et c'est ce qu'il faut.

Si l'inconnu persiste, entrez dans un magasin ou un bureau, parlez à quelqu'un du problème et demandez de l'aide. (Le chapitre 16 vous donne davantage d'idées sur la manière de vous débarrasser des inconnus.)

Conversation

Sirkka, une jeune fille finlandaise, voyage dans un autobus quand un homme monte dans l'autobus et s'assoit à côté d'elle. Il amorce une conversation avec elle. Il paraît normal au début, mais Sirkka se sent bientôt incommodée quand l'homme commence à poser des questions inappropriées.

L'homme : **Hi.**
h'aï
Bonjour.

Sirkka : **Hello.**
h'è-leou [UK]
h'è-lôô [US]
Bonjour.

L'homme :	**What's your name?** *ouots ioue néïm* [UK] *h'ouâts ioue néïm* [US] Comment vous appelez-vous ?
Sirkka :	**It's Sirkka.** *its sir-ca* Je m'appelle Sirkka.
L'homme :	**Are you from around here?** *ââ iou from e-<u>raound</u> h'ie* [UK] *ââ iou frâm e-<u>raound</u> h'ie* [US] Êtes-vous de par ici ?
Sirkka :	**No, I'm from Finland.** *neou aïm from <u>fin</u>-lend* [UK] *nôô aïm frâm <u>fin</u>-lend* [US] Non, je viens de Finlande.
L'homme :	**Do you have a place to stay?** *dou iou h'av e pléïs tou stèï* Habitez-vous ici ?
Sirkka :	**Uh... yes, I do.** *ee iès aï dou* Euh... oui.
L'homme :	**Where are you staying?** *ouèe ââ iou <u>stè</u>-ign* [UK] *h'ouèe ââ iou <u>stè</u>-ign* [US] Où habitez-vous ?
Sirkka :	**I don't give out my address.** *aï deoun't giv aout maï e-<u>drès</u>* [UK] *aï dôôn't giv aout maï e-<u>drès</u>* [US] Je ne donne pas mon adresse.

Sujets tabous

Aïe ! Avez-vous dit ce qu'il ne fallait pas ? Avez-vous **put your foot in your mouth** (*pout ioue fout in' ioue maoudz*) (mis votre pied dans la bouche/commis une gaffe) ? Savoir ce dont il ne faut pas parler est aussi important que de savoir de quoi parler – ce peut même être plus important ! Bien qu'on puisse se montrer très curieux des autres aux États-Unis, il y a des limites, et il est impoli de s'enquérir de l'âge d'une personne, surtout si elle semble plus vieille que vous.

Les questions suivantes sont considérées comme trop personnelles pour être posées lors de conversations informelles ou à des inconnus :

- **How old are you?** (*h'aou eould ââe iou* [UK], *h'aou ôôld ââe iou* [US]) (Quel âge avez-vous ?)
- **How much money do you make?** (*h'aou maetch mae-ni dou iou méïk* [UK], *h'aou metch me-ni dou iou méïk* [US]) (Combien d'argent gagnez-vous ?)
- **Are you pregnant?** (*ââ iou prèg-nent*) (Êtes-vous enceinte ?)
- **Why don't you have children?** (*ouaï deount iou h'av tchil-dren* [UK], *h'ouaï dôônt iou h'av tchil-dren* [US]) (Pourquoi n'avez-vous pas d'enfants ?)
- **Why are you divorced?** (*ouaï ââ iou di-vôôst* [UK], *h'ouaï ââ iou di-vôôst* [US]) (Pourquoi êtes-vous divorcé/divorcée ?)
- **Why aren't you married?** (*ouaï âân't iou ma-rid* [UK], *h'ouaï âân't iou ma-rid* [US]) (Pourquoi n'êtes-vous pas marié/mariée ?)
- **How much do you weigh?** (*h'aou maetch dou iou ouèï* [UK], *h'aou metch dou iou ouèï* [US]) (Combien pesez-vous ?)

Naturellement, entre bons amis et avec vos intimes, vous pouvez parler de presque n'importe quoi. Mais si vous n'êtes pas sûr, vous pouvez vous servir de l'une de ces expressions pour amorcer une question :

- **Do you mind if I ask...?** (*dou iou maïnd if aï ââsk* [UK], *dou iou maïnd if aï aask* [US]) (Pourrais-je vous demander... ?)
  - **... your age?** (*ioue éïdj*) (... ton/votre âge ?)
  - **... how old you are?** (*h'aou eould iou ââe* [UK], *h'aou ôôld iou ââe* [US]) (... quel est votre âge ?)
- **May I ask...?** (*mèï aï ââsk* [UK], *mèï aï aask* [US]) (Puis-je demander... ?)
  - **... if you are married?** (*if iou ââ ma-rid*) (... si vous êtes marié/mariée?)
  - **... where you live?** (*ouèe iou liv* [UK], *h'ouèe iou liv* [US]) (… Où vous habitez ?)

TRUC

Que faire si quelqu'un vous pose une question personnelle à laquelle vous ne voulez pas répondre ? Voici quelques réponses rapides et efficaces (mais amicales) :

- **I'd rather not say.** (*aïd râ̂-de not sèï* [UK], *aïd d raa-de nât sèï* [US]) (Je préférerais ne pas le dire.)
- **It's personal.** (*its pee-se-nel*) (C'est personnel.)
- **It's private.** (*its praï-vet*) (C'est personnel.)
- **It's a secret.** (*its e sii-cret*) (C'est un secret.)

Mots clés

pregnant	prèg-nent	enceinte
married	ma-rid	marié/mariée
divorced	di-vôôst	divorcé/divorcée
private	praï-vet	privé/personnel
personal	pee-se-nel	personnel
secret	sii-cret	secret

Le cinquième amendement

Quand un Américain ne veut pas répondre à une question personnelle, il peut dire, amicalement : **I take the fifth!** (*aï téïk de fifdz*) (J'invoque le cinquième !) Qu'est-ce que cela veut dire ? Eh bien, il se réfère au cinquième amendement de la Constitution américaine, qui dit en substance que personne ne peut être contraint (dans toute affaire criminelle) à témoigner contre soi-même. En d'autres termes, vous pouvez refuser de répondre à une question qui peut vous faire apparaître comme coupable. Vous pourriez entendre cette expression dans une série télévisée ou la reproduction théâtrale d'un procès.

Si vous utilisez cette expression en plaisantant, les gens seront impressionnés non seulement parce que vous connaissez cette formule, mais aussi parce que « **taking the fifth** » implique que vous cachez des secrets !

Jeux et activités

Faites semblant d'être un météorologue. Indiquez la situation du temps aux États-Unis en remplissant les espaces des phrases suivantes. Par exemple : **It's raining in Ohio**.

1. It's ______ in Nevada.
2. It's ______ in New York.
3. Texas is ______.
4. It's not ______ in Georgia.
5. It's ______ and ______ in Arizona.
6. Ohio is ______ and ______.

Chapitre 5

Où suis-je ? – Demander son chemin

Dans ce chapitre :

- Trouver des endroits classiques
- Demander de l'aide
- Comprendre les indications

Recherchant un bureau de poste dans un pays lointain, j'ai agité mes cartes postales devant un passant, en disant " bureau de poste " en anglais, parce que je ne connaissais pas un mot de la langue de ce passant. Pas étonnant qu'il ne se soit pas arrêté. Ce n'était pas très poli. Et comme vous pouvez l'imaginer, j'ai eu du mal à me rendre où je voulais aller.

Quand vous serez dans un pays anglophone à la recherche d'un **post office** (*peoust o-fis* [UK], *pôôst o-fis* [US]) (bureau de poste), vous n'aurez pas ce problème. Comment puis-je le savoir ? Parce qu'en ce moment vous êtes en train de lire ce chapitre, qui vous fournit de nombreuses expressions utiles et de nombreuses manières de demander de l'aide, de comprendre les **directions** (*di-rèk-chenz*) (indications) et de trouver l'endroit où vous voulez vous rendre – comme la banque, les toilettes, la plage et même le bureau de poste.

Excusez-moi

En voyage ou quand vous cherchez votre chemin dans un lieu inconnu, vous pouvez avoir à demander des indications à quelqu'un. C'est parfaitement normal d'approcher une personne dans la rue ou de rentrer dans un magasin et de parler à un vendeur. Et les gens seront plus disposés à vous venir en aide si vous connaissez quelques expressions courtoises pour attirer l'attention, comme :

- **Excuse me.** (*ix-kiououz mi*) (Excusez-moi.)
- **Pardon me.** (*pââ-den mi*) (Pardon.)
- **Can you help me.** (*can iou h'èlp mi*) (Pourriez-vous m'aider ?)

Maintenant que vous savez attirer l'attention de quelqu'un, vous trouverez comment demander votre chemin dans les sections suivantes.

Bathrooms, restrooms, toilets, johns and loo

Quand « il faut y aller », demandez **Where's the ladies' room?** (*ouèez de léï-diz roum* [UK], *h'ouèez de léï-diz roum* [US]) (Où sont les toilettes pour femmes ?) ou **Where's the mens' room?** (*ouèez de mènz roum* [UK], *h'ouèez de mènz roum* [US]) (Où sont les toilettes pour hommes ?). Ce sont des mots polis, socialement acceptables que vous pouvez utiliser quand vous avez besoin d'aller aux toilettes. Mais ne dites pas **Where is the toilet?** Quelle qu'en soit la raison, ces mots paraissent un peu crus pour des oreilles américaines, qui préfèrent entendre les expressions plus indirectes **bathroom** et **restroom**, bien qu'il ne s'agisse ni de prendre un bain ni de se reposer ! Quant au mot **john** (*djoon* [UK], *djâân* [US]), l'argot américain pour toilettes, il est un peu plus distingué, mais ne convient nullement à un contexte formel.

Pour être complet, signalons l'équivalent familier britannique **loo** (*louou*), qui semble être une abréviation et une adaptation du français « lieu d'aisance ».

Demander des indications

Où que vous soyez dans le monde, vos besoins fondamentaux restent les mêmes. Vous avez besoin de **food** (*fououd*) (nourriture), d'une place **to sleep** (*pléïs tou sliip*) (endroit pour dormir), de **money** (*mae-ni* [UK], *me-ni* [US]) (argent) et de **bathroom** (*bââdz-rououm* [UK], *baadz-rououm* [US]) (salle de bains/toilettes aux USA). D'accord, vous pouvez avoir d'autres besoins – comme l'amitié, l'amour, le bonheur et une bonne paire de chaussures de marche. Mais avant de trouver un ami ou l'amour, vous avez probablement besoin de **to eat** (*tou iit*) (manger) ou **use the restroom** (*iouz de rèst-roum*) (utiliser les toilettes), de sorte que savoir comment **ask for directions** (*ââsk foe di-rèk-chenz* [UK], *aask foe di-rèk-chenz* [US]) (demander des indications) est indispensable.

Après avoir obtenu l'attention de quelqu'un, vous pouvez demander à trouver l'endroit que vous cherchez. Par exemple :

- **How can I get to a bank?** (*h'aou can aï guèt tou e bank*) (Où puis-je trouver une banque ?)
- **Where's the supermarket?** [UK], **Where is the grocery store?** [US] (*ouèe iz de <u>souou</u>-pe-mââ-kit* [UK], *h'ouèe iz de <u>grôô</u>-se-ri stôôe* [US]) (Où se trouve le supermarché ?)
- **Is there a public lavatory nearby?** [UK], **Is there a public restroom nearby?** [US] (*iz dèe a <u>pae</u>-blic <u>la</u>-ve-tri <u>nie</u>-baï* [UK], *iz dèe a <u>pae</u>-blic <u>rest</u>-rououm <u>nie</u>-baï* [US]) (Y a-t-il des toilettes publiques près d'ici ?)
- **How do I find___?** (*h'aou dou aï faïnd*) (Où puis-je trouver___ ?)
- **Please direct me too___.** (*pliiz di-<u>rèct</u> mi tou*) (Indiquez-moi s'il vous plaît le/la/un/une___.)

Naturellement, vos besoins les plus immédiats et les plus pressants dépendent de votre situation spécifique, et vous pouvez avoir à modifier les questions ci-dessus. Si, par exemple, vous escaladez les montagnes Rocheuses, vous ne demanderez probablement pas **How do I get to a bank?** Vous voudrez plutôt savoir **How do I get down from here?** (*h'aou dou aï guèt daoun from h'ie* [UK], *h'aou dou aï guèt daoun frâm h'ie* [US]) (Comment est-ce que je redescends d'ici ?).

La liste suivante contient des mots et des expressions à utiliser quand vous cherchez à aller quelque part :

- **Excuse me, where is...** (*ix-<u>kiououz</u> mi ouèe iz* [UK], *ix-<u>kiououz</u> mi h'ouèe iz* [US]) (Pardon, où se trouve...)
  - **... the motorway?** [UK], **... the freeway?** [US]) (*de <u>meou</u>-te-ouèï* [UK], *de <u>free</u>-ouèï* [US]) (... l'autoroute ?)
  - **... the main part of town?** (*de méïn pâât ev taoun*) (… la partie principale de la ville ?)
  - **... the bus station?** (*de baes <u>stéï</u>-chen* [UK], *de bes <u>stéï</u>-chen* [US]) (… la station d'autobus ?)
  - **... a good restaurant?** (*e goud <u>rès</u>-te-rânt*) (… un bon restaurant ?)
  - **... a pharmacy?** (*e <u>fââ</u>-me-si*) (… une pharmacie ?)
  - **... Carnegie Hall?** (*<u>cââ</u>-ne-gui h'ôôl* [UK], *<u>cââ</u>-ne-gui hââl* [US]) (… Carnegie Hall ?)

Mots clés

public lavatory [UK], public restroom [US]	pae-blic la-ve-tri [UK], pe-blic rèst-roum [US]	toilettes publiques
supermarket [UK], grocery store [US]	sou-pe-mââ-kit [UK], grôô-se-ri stôôe [US]	supermarché
bank	bank	banque
pharmacy	fââ-me-si	pharmacie
ladies' room	léi-diz roum	toilettes pour dames
mens' room	mènz roum	toilettes pour hommes
post office	peoust o-fis [UK], pôôst o-fis [US]	bureau de poste

Dans la bonne direction

En obtenant des indications, vous pourrez entendre les mots suivants :

- **straight** (*stréït*) (tout droit)
- **right** (*raït*) (à droite)
- **left** (*lèft*) (à gauche)
- **on the corner of** (*on de côô-ne ov*) (au coin de)
- **block** (*bloc* [UK], *blâc* [US]) (pâté de maisons/groupe d'immeubles)
- **traffic light** [UK], **stoplight** [US] (*tra-fic laït* [UK], *stâp-laït* [US]) (feux)
- **stop sign** (*stop saïgn* [UK], *stâp saïgn* [US]) (panneau de stop)
- **intersection** (*in-te-sèk-chen*) (croisement)
- **road** (*reoud* [UK], *rôôd* [US]) (route)
- **street** (*striit*) (rue)
- **avenue** (*a-ve-nou*) (avenue)

Conversation

Xavier cherche une librairie pour y acheter L'anglais pour les Nuls (publié par First), et il veut ensuite aller à la plage pour se relaxer et lire son nouveau livre. Il arrête un passant. (Piste 10)

Xavier : **Excuse me. Can you help me?**

ix-kiououz mi can iou h'èlp mi

Excusez-moi. Pouvez-vous m'aider ?

Passant : **I'll try.**

aïl traï

J'essaierai.

Xavier : **I'm looking for a bookshop** [UK]

I'm looking for a bookstore [US]

aïm lou-kign foe e bouc-chop [UK]

aïm lou-kign foe e bouc-stôôe [US]

Je cherche une librairie.

Passant : **There is a great one on College Avenue.**

dèe iz e gréït ouaen on' cô-lidj a-ve-nou [UK]

dèe iz e gréït ouen on' câ-lidj a-ve-nou [US]

Il y en a une excellente, avenue de l'Université.

Xavier : **Good. How do I get there?**

goud h'aou dou aï guèt dèe

Bon. Comment puis-je y aller ?

Passant : **Go up this street one block and turn right on College Avenue.**

gueou aep dis striit ouaen bloc and teen raït on co-lidj a-ve-niou [UK]

gôô ep dis striit ouen blâc and teen raït on câ-lidj a-ve-nou [US]

Continuez sur cette rue jusqu'au prochain croisement et tournez à droite dans l'avenue de l'Université.

Xavier : **Okay. One block; turn right.**

eou-kéï ouaen bloc teen raït [UK]

ôô-kéï ouen blâc teen raït [US]

Bien. Jusqu'au prochain croisement ; à droite.

Passant : **Then go up College Avenue two blocks to River Road.**

dèn gueou aep co-lidj a-ve-nou touou blocs tou ri-ve reoud [UK]

dèn gôô ep câ-lidj a-ve-nou touou blâcs tou ri-ve rôôd [US]

Ensuite continuez dans l'avenue de l'Université pendant deux pâtés de maisons jusqu'à la rue de la Rivière.

Xavier : **River road?**

ri-ve reoud [UK]

ri-ve rôôd [US]

Rue de la Rivière ?

Passant : **Yes. The bookshop is on the corner. You can't miss it** [UK]

Yes. The bookstore is on the corner. You can't miss it [US]

iès de bouc-chop iz on' de côô-ne iou câân't mis it [UK]

iès de bouc-stôô iz on' de côô-ne iou caan't mis it [US]

Oui. La librairie est au coin. Vous ne pouvez pas la rater.

Xavier : **Thanks.**

dzanks

Merci.

Passant : **My pleasure.**

maï plè-jee

De rien.

Utilisation des prépositions de lieu : Next to, across, in front of, etc.

Les prépositions de lieu vous disent où une chose est située par rapport à autre chose. Par suite, comme vous vous en doutez, il est à peu près impossible de comprendre ou de donner des itinéraires sans ces prépositions – vous seriez perdu... littéralement ! Par exemple, la préposition **next to** (*nèxt tou*) (à côté de) dans la phrase **My house is next to the bakery** (*maï h'aous iz nèxt tou de béï-ke-ri*) (Ma maison est à côté de la boulangerie) vous indique que ma maison et la boulangerie sont côte à côte (et que probablement je mange trop de pâtisseries fraîchement démoulées !). Voici quelques prépositions très courantes utilisées pour donner des indications de lieu :

- **before** (*bi-foe*) (avant)
- **after** (*âââf-te* [UK], *aaf-te* [US]) (après)
- **near** (*nie*) (près)
- **next to** (*nèxt tou*) (à côté de)
- **across from** (*e-cros from* [UK], *e-cros frâm* [US]) (de l'autre côté de)
- **in front of** (*in fron't ov*) (devant)
- **around the corner** (*e-raound de côô-ne*) (après avoir tourné le coin)
- **on the right** (*on de raït*) (sur la droite)
- **on the left** (*on de lèft*) (sur la gauche)
- **in the middle** (*in de mi-del*) (au milieu)
- **at the end** (*at di ènd*) (au bout)

Conversation

CD

Paul est à Hawaï pour la première fois et veut essayer de faire du surf, mais il n'a pas de planche de surf (ni aucune expérience, d'ailleurs). Il demande à quelqu'un de l'aider à trouver une boutique de surf pour y acheter une planche. (Piste 11)

Paul : **Excuse me. Is there a surf shop nearby?**

ix-kiououz mi iz dèe e seef chop nie-baï [UK]

ix-kiououz mi iz dèe e seef châp nie-baï [US]

Excusez-moi. Y a-t-il une boutique de surf près d'ici ?

Hawaïen : **There is one a few blocks away.**

dèe iz ouaen e fiou blocs e-ouèï [UK]

dèe iz ouen e fiou blâcs e-ouèï [US]

Il y en a une quelques rues plus loin.

Paul : **How do I get there?**

h'aou dou aï guèt dèe

Comment puis-je y aller ?

Hawaïen : **Turn right at the intersection; then keep going; after the third light you'll see the surf shop.**

teen raït at di in-te-sèk-chen dèn kiip gueou-ign âââf-te de dzeed laït ioul sii de seef chop [UK] *teen raït at di in-te sèk-chen dèn kiip gôô-ign aaf-te de dzeed laït ioul sii de seef châp* [US]

Tournez à droite au croisement ; puis continuez ; après le troisième feu vous verrez la boutique de surf.

Paul : **Is it on the right or the left side of the street?**

iz it on de raït oe de lèft saïd ov de striit

Est-elle sur le côté droit ou le côté gauche de la rue ?

Hawaïen **The right... in the middle of the block.**

de raït in de mi-del ov de bloc [UK]

de raït in de mi-ddel ov de blâc [US]

Le côté droit... au milieu du pâté de maisons.

Paul : **Okay, thanks.**

eou-kéï dzanks [UK]

ôô-kéï dzanks [US]

Bien. Merci.

TRUC

Ayez sur vous un petit carnet (et un crayon ou un stylo) afin de demander aux gens de dessiner une carte quand ils vous donnent des indications. Dites seulement : **Can you draw a map, please?** (*can iou drôô e map pliiz* [UK], *can iou drââ a map pliiz* [US]) (Pouvez-vous me dessiner une carte s'il vous plaît ?)

INFO CULTURELLE

La plupart des Américains étant très heureux de donner des indications pour aider un visiteur étranger, ne craignez pas de les déranger. Cherchez seulement quelqu'un qui n'ait pas l'air très pressé – et qui ne semble pas être un touriste lui ausi. (Bonne chance à San Francisco et à New York !)

Les verbes de direction : Follow, take et turn

On utilise habituellement certains verbes pour indiquer un chemin. Les verbes de « direction » suivants peuvent vraiment **take you places** (*téïk iou pléï-siz*) (vous conduire à plein d'endroits) :

- **To follow** (*tou fo-leou* [UK], *tou fo-lôô* [US]) (suivre)
- **To turn** (*tou teen*) (tourner)
- **To take** (*tou téïk*) (prendre)

POINT DE GRAMMAIRE

Follow et **turn** sont des verbes *réguliers* (qui se terminent en **-ed** au passé). Cependant, **take** est un verbe *irrégulier*, avec **took** et **taken** comme formes du passé. Allez au chapitre 2 et à l'annexe A pour plus d'informations sur les verbes irréguliers.

Utilisation du verbe « to follow »

Follow peut avoir deux sens quand vous parlez de chemin à suivre. Une signification est de suivre quelqu'un. Par exemple vous pouvez entendre **Follow me. I'll show you where it is.** (*fo-leou mi aïl cheou iou ouèe it iz* [UK], *fo-lôô mi aïl chôô iou h'ouèe it iz* [US]) (Suivez-moi. Je vais vous montrer où c'est.)

Une autre signification est de poursuivre dans une direction particulière comme dans :

- **Follow this road for a few miles.** (*fo-leou dis reoud foe e fiou maïlz* [UK], *fo-lôô dis rôôd foe e fiou maïlz* [US]) (Suivez cette route pendant quelques miles.)
- **This road follows the coast.** (*dis reoud fo-leouz de keoust* [UK], *dis rôôd fo-lôôz de côôst* [US]) (Cette route suit la côte.)

Empruntez le verbe « to take »

Si une personne vous donne des indications au moyen du mot **take**, ce peut être pour vous suggérer de voyager sur une route spécifique ou vous dire le chemin qu'il prend habituellement. Les exemples suivants illustrent ces deux usages du mot **take** :

- **Take this road for two blocks.** (*téïk dis reoud foe touou blocs* [UK], *téïk dis rôôd foe touou blâcs* [US]) (Prenez cette route jusqu'au deuxième croisement.)
- **I usually take highway 80 to Salt Lake City.** (*aï iou-joue-li téïk h'aï-ouèï éï-ti tou sôlt léïk si-ti* [UK], *aï iou-joue-li téïk h'aï-ouèï éï-ti tou sâlt léïk si-ti* [US]) (Je prends d'habitude la route 80 jusqu'à Salt Lake City.)

Vous trouverez d'autres usages du verbe to take pour les voyages au chapitre 12.

Utilisation du verbe « to turn »

Turn right (*teen raït*) (tourner à droite), **turn left** (*teen lèft*) (tourner à gauche) ou **turn around** (*teen e-raound*) (faire demi-tour) – Aller autrement que tout droit ! Quand vous tournez, vous changez de direction, et quand vous **turn around** (*teen e-raound*) (faites demi-tour) vous retournez dans la direction d'où vous venez (mais ne le faites pas sur l'autoroute !).

Parfois, une rue peut **turn into** (*teen in-touou*) (devient) une autre rue, ce qui veut dire en fait que la rue change de nom. En pareil cas, **turn into** équivaut à **becomes** (*bi-caemz* [UK], *bi-kemz* [US]) (devient).

Voici quelques exemples d'utilisation de **turn** :

- **Turn right at First Street.** (*teen raït at feest striit*) (Tournez à droite à rue Première.)
- **Mission Street turns into Water Street after the light.** (*mi-chen striit teenz in-tou ouôô-te striit ââf-te de laït* [UK], *mi-chen striit teenz in-tou ouââ-te striit aaf-te de laït* [US]) (La rue Mission devient rue de l'Eau après le feu.)
- **She went the wrong way, so she turned around.** (*chii ouènt de rogn ouaï seou chii teen'd e-raound* [UK], *chii ouènt de rogn ouaï sôô chii teen'd e-raound* [US]) (Elle s'est trompée de chemin et donc elle a fait demi-tour.)

INFO CULTURELLE

Aux États-Unis, les **pedestrians** (*pi-dès-tri-enz*) (piétons) ont la priorité – techniquement. Ne soyez donc pas surpris si des conducteurs s'arrêtent et attendent que vous traversiez la rue. Mais ne supposez pas qu'ils s'arrêteront – certains ne le font pas. Les voitures roulant sur le **right-hand side** (*raït h'and saïd*) (côté droit) de la route, vous devez regarder vers la gauche pour voir le **oncoming traffic** (*on-cae-mign tra-fic* [UK], *on-ke-min tra-fic* [US]) (trafic approchant) le plus proche de vous. Si en revanche vous êtes en Grande-Bretagne, où les voitures roulent sur le **left-hand side** (*lèft h'and saïd*) (côté gauche) vous devez regarder vers la droite.

Mieux encore, suivez les conseils de ma mère : regardez des deux côtés avant de traverser la rue, restez dans le **pedestrian crossing** [UK], **crosswalk** [US] (*pi-dès-tri-en cro-sign* [UK], *cros-ouââk* [US]) (passage pour piétons) et traversez en ayant le feu vert !

Mots clés

pedestrian	pi-dès-tri-en	piéton
pedestrian crossing [UK], crosswalk [US]	pi-dès-tri-en cro-sign [UK], cros-ouââk [US]	passage pour piétons
traffic	tra-fic	trafic
highway	h'aï-ouèï	grande route/autoroute
to turn	tou teen	tourner
to take	tou téik	prendre
to follow	tou fo-leou [UK], tou fo-lòò [US]	suivre

Aller au nord – ou au sud ?

Certaines personnes ont un excellent sens de l'orientation. Elles savent toujours où est le **north** (*noodz*) (nord), le **south** (*saoudz*) (sud), le **east** (*iist*) (est) et le **west** (*ouèst*) (ouest). Ma grand-mère était ainsi, et pour indiquer un chemin, elle disait **go west on** cette rue-ci et **turn south on** cette rue-là. Eh bien ! J'ai grandi sur la côte de Californie, où **going west** (*go-ign ouèst*) (aller à l'ouest) vous met dans l'océan Pacifique ! Et où **going south** (*go-ign saoudz*) (aller au sud) est le fait des oiseaux migrateurs en hiver. J'avais besoin d'une boussole pour suivre les indications données par ma grand-mère !

Bien que tout le monde sache que le soleil se lève à l'est et se couche à l'ouest, vous pouvez toujours être **turned around** (*teen'd e-raound*) (désorienté) quand vous êtes dans un nouvel environnement. Et donc si quelqu'un qui vous indique un chemin dit **go east** et si vous n'êtes pas sûr de la direction à prendre, demandez simplement :

- **Do you mean left?** (*dou iou miin lèft*) (Voulez-vous dire à gauche ?)
- **Do you mean right?** (*dou iou miin raït*) (Voulez-vous dire à droite ?)
- **Is that right or left?** (*iz dat raït oe lèft*) (Est-ce à droite ou à gauche ?)

Pour plus d'informations sur la façon de **getting from one place to another** (*gue-tign from ouaen pléïs tou e-nae-de* [UK], *guè-tign frâm ouen pléïs tou e-ne-de* [US]) (aller d'un endroit à un autre) – en utilisant les transports en commun ou une voiture de location – allez au chapitre 12.

Conversation

Paul a trouvé la boutique de surf, et il a maintenant sa nouvelle planche de surf attachée sur le toit du 4x4 qu'il a pris en location. Mais il n'a aucune idée de l'endroit où se trouve la plage. Il s'arrête et demande le chemin. (Au chapitre 16, vous découvrirez comment se passe la première expérience de surf de Paul.)

Paul : **Excuse me, sir. Which way to the beach?**

ix-kiououz mi see ouitch ouèï tou de biitch [UK]

ix-kiououz mi see h'ouitch ouèï tou de biitch [US]

Excusez-moi, Monsieur. Le chemin de la plage ?

L'homme : **Get on the freeway going east. You'll see freeway signs about a mile down this road.**

guèt on de frii-ouèï gueou-ign iist ioul sii frii-ouèï saïnz e-baout e maïl daoun dis reoud [UK]

guèt on de frii-ouèï gôô-ign iist ioul sii frii-ouèï saïnz e-baout e maïl daoun dis rôôd [US]

Allez prendre l'autoroute vers l'est. Vous verrez des panneaux d'autoroute à environ un mile sur cette route.

Paul : **Okay**

eou-kèï [UK]

ôô-kèï [US]

Bien.

L'homme : **Follow the freeway a few miles, and then take the Harbor Road exit.**

fo-leou de frii-ouèï e fiou maïlz and dèn téïk de h'ââ-be reoud èg-zit [UK]

fâ-lôô de frii-ouèï e fiou maïlz and dèn téïk de h'ââ-be rôôd èg-zit [US]

Suivez l'autoroute quelques miles, puis prenez la sortie Harbor Road (route du Port).

Paul : **Then which way do I go?**
dèn ouitch ouèï dou aï gueou [UK]
dèn h'ouitch ouèï dou ai gôô [US]
Ensuite quel chemin dois-je prendre ?

L'homme : **Go south.**
gueou saoudz [UK]
gôô saoudz [US]
Allez au sud.

Paul : **South?**
saoudz
Au sud ?

L'homme : **Yes, turn right and stay on Harbor Road to the end.**
iès teen raït and stèï on h'ââ-be reoud tou di ènd [UK]
iès teen raït and stèï on h'ââ-be rôôd tou de ènd [US]
Oui, tournez à droite et restez sur Harbor Road jusqu'au bout.

Paul : **Does Harbor Road take me to the beach?**
daez h'ââ-be reoud téïk mi tou de biitch [UK]
dez h'ââ-be rôôd téïk mi tou de biitch [US]
Harbor Road me conduit à la plage ?

L'homme : **Yes, Harbor Road ends at the beach. You can't miss it.**
iès h'ââ-be reoud èndz at de biitch iou câân't mis it [UK]
iès h'ââ-be rôôd èndz at de biitch iou caan't mis it [US]
Oui Harbor Road finit à la plage. Vous ne pouvez pas la rater.

Paul : **Thanks a lot.**
dzanks e lot [UK]
dzanks e lât [US]
Merci bien.

Jeux et activités

Vous avez invité des amis américains à vous rejoindre à une fête de fin d'étude organisée à l'école où vous suivez des cours d'anglais. Vous avez écrit les indications en français, mais vous devez les traduire en anglais pour vos amis, lesquels, comme beaucoup d'anglophones, ne parlent qu'une langue : l'anglais.

Prendre l'autoroute vers le sud. ____________________

Sortir à Harvest Road. ____________________

Aller tout droit pendant trois miles. ____________________

Tourner à gauche au feu. ____________________

Continuer pendant trois pâtés de maisons. ____________________

Tourner à droite à Oak Street. ____________________

Après le tournant continuer jusqu'à la rue suivante. ____________________

L'école est à l'angle. ____________________

Elle est en face de la bibliothèque. ____________________

Chapitre 6

Appelle-moi

Dans ce chapitre :

- Appeler et répondre au téléphone
- Noter et laisser des messages
- Surmonter des difficultés au téléphone
- Obtenir de l'aide de l'opérateur

Un **phone** (*feoun* [UK], *fôôn* [US]) (téléphone) n'est qu'une invention pratique dont vous vous êtes servi toute votre vie ou presque, n'est-ce pas ? Peut-être avez-vous un téléphone portable pour pouvoir parler quand et où vous en avez envie. Parler au téléphone (dans votre langue, faut-il préciser) est votre seconde nature. Mais quand vous avez besoin de faire ou de recevoir un **call** (*côôl* [UK], *cââl* [US]) (appel téléphonique) en anglais, c'est une autre histoire.

Vos mains sont-elles moites ? Votre voix s'affaiblit-elle ? Oubliez-vous soudain ce que vous vouliez dire ? Allez-vous même jusqu'à éviter d'utiliser le téléphone ? Ouais, moi aussi – c'est ce que je ressens quand je dois téléphoner dans un autre pays. Mais n'ayez pas peur d'utiliser le téléphone ; prenez le combiné, faites le numéro et dites **Hello?** (*h'è-leou* [UK], *h'è-lôô* [US]) (Allô). Que faites-vous ensuite ? Continuez à lire et vous le saurez.

Ce chapitre peut vous aider à parler au téléphone avec moins de stress et de meilleurs résultats. Il comporte les mots et les expressions les plus couramment utilisés en téléphonant ainsi que quelques bons trucs pour aider les autres à mieux vous comprendre. Il vous donne aussi des indications sur la façon de prendre et de donner des **messages** (*mè-si-djiz*) (messages), sur ce qu'il faut dire quand vous avez fait un **wrong number** (*rogn naem-be* [UK], *nem-be* [US]) (faux numéro), et sur la façon d'obtenir de l'aide d'un **information operator** (*in-fe-méï-chen o-pe-réï-te* [UK], *in-fe-méï-chen â-pe-réï-te* [US]) (opératrice du service de renseignements téléphoniques).

Drin, drin ! Répondre au téléphone

Que dit-on en anglais quand on **answer the phone** (*âân-se de feoun* [UK], *aan-se de fôôn* [US]) (répond au téléphone) ? Eh bien ! il y a différentes possibilités, mais la réaction standard et la plus courante que vous entendrez quand quelqu'un répond au téléphone est simplement **Hello** (*h'è-leou* [UK], *h'è-lôô* [US]) (Allô) ou **Hello?** (*h'è-leou* [UK], *h'è-lôô* [US]) (Allô ?) comme une question, en accentuant la seconde syllabe.

Vous pourrez aussi entendre l'une des réponses suivantes :

- **Yes?** (*iès*) (Oui ?)
- **Einstein residence, Albert speaking.** (*aïn-staïn rè-zi-dens ôôl-beet spii-kign* [UK], *aïn-staïn rè-zi-dens ââl-beet spii-kign* [US]) (Vous êtes chez les Einstein, Albert à l'appareil.)

Parfois les gens répondent avec leur prénom et le mot **here** (*h'ie*) (ici) comme dans **Bill here** (*bil h'ie*) (ici Bill). Mais en répondant au téléphone, tenez-vous en à un simple *Hello*. Répondre par **Yes** ou *Bill* peut sembler un peu froid ou impersonnel (et vous ne vous appelez vraisemblablement pas Bill).

Faire un appel

Disons que vous êtes obligé de **make a call** (*méïk e côôl* [UK], *méïk e cââl* [US]) (faire un appel) parce que vous ne pouvez convaincre, ni forcer aucun de vos amis anglophones à le faire à votre place. Le téléphone **rings** (*rignz*) (sonne), et quelqu'un répond et dit **Hello?**

C'est votre tour. Laquelle des choses suivantes allez-vous faire maintenant ?

- **Paniquer et hang up** (*h'agn aep* [UK], *h'agn ep* [US]) (raccrocher).
- **Dire Fine, thank you.** (*faïn dzank iou*) (Bien, merci).
- **Dire Who is this?** (*h'ou iz dis*) (Qui est à l'appareil ?)
- Dire **Hello?** en espérant que l'autre personne va parler de nouveau ?
- Aucune de ces options.

Espérons que vous choisissez la dernière possibilité, car si vous faites l'une des autres choses, la personne **on the other end** (*on di ae-de ènd* [UK], *on di e-de ènd* [US]) (à l'autre bout) pourrait penser que vous êtes impoli. Et en tout cas ne paniquez pas – après tout, ce n'est qu'un coup de téléphone. Dites simplement **Hello**, parlez calmement et identifiez-vous de l'une des manières suivantes :

- **This is** (votre nom) (*dis iz*) (Ici______.) Dites cela si la personne qui répond vous connaît.
- **My name is _____.** (*maï néïm iz*) (Mon nom est ______.) Dites cela si la personne qui répond ne vous connaît pas.

Ensuite, demandez la personne à qui vous voulez parler, de la manière suivante :

- **Is ____ there?** (*iz ___ dèe*) (____ est-il/elle ici ?)
- **May/can I speak to ____?** (*mèï/can aï spiik tou*) (Pourrais-je/puis-je parler à ____ ?)

Maintenant, que dit la personne à l'autre bout ? Cela dépend. Imaginez que vous appeliez votre ami Devin. Vous dites **Hello. Is Devin here?** (*h'è-leou iz dè-vin h'ie* [UK], *h'è-lôô iz dè-vin h'ie* [US]) (Allô est-ce que Devin est là ?). Il peut y avoir ensuite différents scénarios :

- Devin répond et dit :
  - **This is Devin.** (*diz iz dè-vin*) (Ici Devin.)
  - **Speaking.** (*spii-kign*) (Lui-même.)
- Ce n'est pas Devin qui répond, mais il est à la maison. La personne qui répond dit :
  - **Just a minute.** (*djaest e mi-nit* [UK], *djest e mi-nit* [US]) (Un instant.)
  - **Hold on a minute. Who's calling please?** (*h'eould on a mi-nit h'ouz côô-lign pliiz* [UK], *hôôld on a mi-nit h'ouz cââ-lign pliiz* [US]) (Attendez un instant. Qui est à l'appareil ?)
- Devin est ici, mais il ne peut répondre au téléphone pour l'instant. La personne qui répond peut dire :
  - **Devin can't come to the phone now. Can I have him call you back?** (*dè-vin câân't caem tou de feoun naou can aï h'av h'im côôl iou bac* [UK], *dè-vin caan't kem tou de fôôn naou can aï h'av h'im cââl iou bac* [US]) (Devin ne peut pas venir au téléphone maintenant. Puis-je lui demander de vous rappeler ?)
  - **Can he call you back? He's busy.** (*can h'i côôl iou bac hiz bi-zi* [UK], *can h'i cââl iou bac hiz bi-zi* [US]) (Peut-il vous rappeler, il est occupé.)

Si Devin n'est pas à la maison, vous pouvez désirer laisser un message. Reportez-vous à la section « Laisser un message », plus loin dans ce chapitre.

N'OUBLIEZ PAS !

Si un **caller** (*côô-le* [UK], *cââ-le* [US]) (appelant) dit **Who is this?** (*h'ou iz dis*) (Qui est à l'appareil ?) il fait preuve d'une mauvaise éducation. En revanche, si vous appelez quelqu'un et si vous ne vous identifiez pas, il est parfaitement normal que la personne qui répond demande **Who is this?** ou **Who's speaking?** (*h'ouz spii-kign*) (Qui est à l'appareil ?).

TRUC

Vous devez passer un coup de téléphone ? Si vous avez le temps, pourquoi ne pas faire une répétition ? Écrivez les questions que vous voulez poser et les choses que vous voulez dire. Puis répétez-les à haute voix plusieurs fois. (Les gens autour de vous vous verront parler à vous-même et vous trouveront un peu bizarre, mais ne vous en inquiétez pas – faites-le quand même.)

Mots clés

telephone	té-le-feoun [UK], té-le-fôôn [US]	téléphone
phone	feoun [UK], fôôn [US]	téléphone
cell phone	sèl-feoun [UK], sèl-fôôn [US]	téléphone portable
the other end	di ae-de ènd [UK],] di e-de ènd [US	l'autre bout
to make a call	tou méï e côôl [UK], tou méïk e cââl [US]	donner un coup de téléphone
to receive a call	tou ri-siv e côôl [UK], tou ri-siv e cââl [US]	recevoir un coup de téléphone

Verbes téléphoniques : to ring [UK], to call [US], to phone, et quelques autres

En anglais américain, les verbes les plus courants pour décrire l'action de téléphoner sont **to call** (*tou côôl* [UK], *tou cââl* [US]) (appeler) et **to phone** (*tou feoun* [UK], *tou fôôn* [US]) (appeler par téléphone). Les Britanniques disent **to ring** (*tou rign*) (appeler par téléphone), un mot inusité dans ce sens aux États-Unis. Les verbes **to call** et **to phone** sont des verbes réguliers. En revanche, *to ring* est un verbe irrégulier dont les formes passées sont **rang** (*ragn*) (appela) et **rung** (*raegn*) (appelé). Voir le chapitre 2 pour plus d'informations sur les verbes réguliers et irréguliers.

Essayez ces expressions auprès de vos amis :

- **Ring me sometime.** (*rign mi saem-taïm* [UK]) (Appelle-moi quand tu pourras.)

- **Call me sometime.** (*cââl mi sem-taïm* [US]) (Appelle-moi quand tu pourras.)
- **Okay, I'll give you a ring this weekend.** (*eou-kèï aïl giv iou e rign dis ouiik-ènd* [UK]) (D'accord, je t'appellerai ce week-end.)
- **Okay, I'll phone you this weekend.** (*eou-kèï aïl feoun iou dis ouiik-ènd* [UK], *ôô-kèï aïl fôôn iou dis ouiik-ènd* [US]) (D'accord, je t'appellerai ce week-end.)

N'OUBLIEZ PAS !

Ne dites pas **call to**, comme dans **I'll call to you tomorrow** (*aïl côôl tou iou tou-mô-reou* [UK], *aïl cââl tou iou tou-mâ-rôô* [US]) (J'appellerai à toi demain). **Call to** (*côôl tou* [UK], *cââl tou* [US]) (appeler) veut dire crier le nom de quelqu'un ou le prononcer fort pour attirer son attention. Dites seulement **I'll ring you tomorrow** [UK], ou **I'll call you tomorrow** [US].

To ring (*tou rign*) (téléphoner à [UK], sonner [UK et US]) ou **beep** (*biip*) (sonner) s'il s'agit d'un téléphone portable est le bruit que fait le téléphone, comme dans **The phone is ringing. Someone please answer it!** (*de feoun iz rign-ign saem-ouaen pliiz âân-ser it* [UK], *de fôôn iz rign-ign sem-ouen pliiz aan-ser it* [US]) (Le téléphone sonne. Que quelqu'un réponde s'il vous plaît.)

To answer (*tou âân-se* [UK], *tou aan-se* [US]) (répondre) est le verbe signifiant que l'on accepte un appel téléphonique ou que l'on prend le combiné, comme dans **I called her house, but nobody answered** (*aï cââld h'ee h'aous baet neou-bo-di âân-seed* [UK], *aï cââld h'ee h'aous bet nôô-bâ-di aan-seed* [US]) (J'ai appelé chez elle, mais personne n'a répondu.)

INFO CULTURELLE

Une personne qui prévoit de vous téléphoner peut utiliser l'une de ces expressions familières :

- **I'll give you a ring.** (*aïl giv iou e rign*) (Je vais t'appeler/vous appeler.)
- **I'll give you a buzz.** (*aïl giv iou e baez* [UK], *aïl giv iou e bez* [US]) (Je vais t'appeler/vous appeler.)

Mots clés

to phone	tou feoun [UK], tou fôôn [US]	téléphoner
to ring [UK]	tou rign	appeler au téléphone
to ring [UK US]	tou rign	sonner
to answer (the phone)	tou âân-se de feoun [UK], tou aan-se de fôôn [US]	répondre (au téléphone)
to hang up	tou h'agn aep [UK], tou h'agn ep [US]	raccrocher

« N » comme Nancy : comment épeler les mots

En parlant anglais, il est fréquent de **spell out** (*spèl aout*) (épeler) les mots difficiles à comprendre. Parfois, même si l'on parle lentement et en faisant attention, l'autre personne ne comprend pas ce que vous dites, et donc il peut vous être bien utile de connaître vos **ABCs** (*éï-bi-siiz*) (alphabet).

Conversation

CD

Tran Vu donne un coup de téléphone. Il a numéroté, et le téléphone sonne.

Autre personne : **Hello?**
h'è-leou [UK]
h'è-lôô [US]
Allô ?

Tran Vu : **Hello. This is Tran Vu.**
h'è-leou dis iz tran vou [UK]
h'è-lôô dis iz tran vou [US]
Allô. Ici Tran Vu.

Autre personne : **What? Who is this?**
ouot h'ou iz dis [UK]
h'ouât h'ou iz dis [US]
Quoi ? Qui est-ce ?

Tran Vu : **Tran Vu. This is Tran Vu.**
tran vou dis iz tran vou
Tran Vu. Ici Tran Vu.

Autre personne : **I'm sorry. What did you say?**
aïm so-ri ouot did iou sèï [UK]
aïm sâ-ri h'ouât did iou sèï [US]
Pardon. Que disiez-vous ?

Tran Vu : **This is Tran Vu – T-R-A-N-V-U. My name is Tran Vu.**
dis iz tran vou ti âe éï èn vi iou maï néïm iz tran vou
Ici Tran Vu T-R-A-N-V-U. Mon nom est Tran Vu.

Autre personne : **Sorry. I still didn't catch your name. Say that again.**
so-ri aï stil did'nt catch ioue néïm sèï dat e-guéïn [UK]
sä-ri aï stil did'nt catch ioue néïm sèï dat e-guéïn [US]
Désolé. Je n'ai toujours pas saisi votre nom. Dites-le encore.

Si la personne à l'autre bout ne vous comprend pas, ne prenez pas le prochain avion pour rentrer dans votre pays et ne renoncez pas définitivement à vous servir du téléphone. Recommencez plutôt lentement et épelez votre nom en utilisant le tableau ci-après. Cette façon d'épeler est particulièrement utile quand vous dites des lettres qui se ressemblent comme **B, C, D, E, G, P, T, V** et **Z** (les Britanniques prononcent cette dernière lettre *zèd*, mais les Américains disent *zii* [US]). Pour apprendre à prononcer les lettres de l'alphabet anglais, consultez le chapitre 1.

Notez que ce tableau ne fournit pas l'alphabet complet, parce que certaines lettres, comme le **W** (*dae-bel iou* [UK], *de-bel iou*) sont faciles à comprendre et sont rarement confondues avec d'autres lettres.

A as in apple	*éï az in a-pel*	A comme pomme
B as in boy	*bi az in boï*	B comme garçon
C as in cat	*si az in cat*	C comme chat
D as in dog	*di az in dog* [UK], *di az in dâg* [US]	D comme chien
E as in elephant	*ii az in è-le-fent*	E comme éléphant
F as in Frank	*èf az in frank*	F comme Frank
G as in George	*dji az in djôôdj* [UK], *dji az in djââdj* [US]	G comme George
H as in Hank	*éïtch az in h'ank*	H comme Hank
J as in John	*djéï az in djon* [UK], *djéï az in djân* [US]	J comme John
M as in Mary	*èm az in ma-ri*	M comme Marie
N as in Nancy	*èn az in nan-si*	N comme Nancy
P as in Paul	*pi az in pôôl* [UK], *pi az in pââl* [US]	P comme Paul
R as in Robert	*âr az in ro-bet* [UK], *âr az in râ-bet* [US]	R comme Robert
S as in Sam	*ès az in sam*	S comme Sam
T as in Tom	*ti az in tom* [UK], *ti az in tâm* [US]	T comme Tom
U as in unicorn	*iou az in iou-ni-côôn*	U comme licorne
V as in Victor	*vi az in vic-te*	V comme Victor
Z as in zebra	*zèd az in zii-bra* [UK], *zii az in zii-bra* [US]	Z comme zèbre

Conversation

Voici de nouveau la conversation de Tran Vu, cette fois en utilisant la méthode pour épeler son nom.

Autre personne : **Sorry. I still didn't catch your name. Say that again.**

so-ri aï stil di-den't catch ioue néïm [UK]

sâ-ri aï stil di-den't catch ioue néïm [US]

Désolé. Je n'ai toujours pas compris votre nom. Répétez-le.

Tran Vu : **Let me spell it. My first name is Tran: T as in Tom, R as in Robert, A as in apple, N as in Nancy. My last name is Vu: V as in Victor, U as in unicorn.**

lèt mi spèl it maï feest néïm iz tran ti az in tom âr az in ro-bet éï az in a-pel èn az in nan-si maï lâást néïm iz vou vi az in vic-te iou az in iou-ni-côôn [UK]

lèt mi spèl it maï feest néïm iz tran ti az in tâm âr az in râ-bet éï az in a-pel èn az in nan-si maï laast néïm iz vou vi az in vic-te iou az in iou-ni-côôn [US]

Je vais épeler. Mon prénom est Tran : T comme Tom, R comme Robert, A comme pomme, N comme Nancy. Mon nom de famille est Vu : V comme Victor, U comme licorne.

Autre personne : **Oh! Tran Vu!**

eou tran vou [UK]

ôô tran vou [US]

Oh ! Tran Vu !

Tran Vu : **Yes. Tran Vu.**

iès tran vou

Oui. Tran Vu.

Autre personne : **Hi, Mr. Vu. How can I help you?**

h'aï mis-te vou h'aou can aï h'èlp iou

Bonjour Monsieur Vu. Que puis-je faire pour vous ?

TRUC

Vous pouvez vous demander pourquoi la méthode utilise autant de prénoms comme Nancy. La raison est que ces prénoms ne se confondent pas facilement avec d'autres mots. Voici un autre avantage de cette méthode : la lettre E se prononce en français d'une manière très différente de la manière anglaise. Même si vous ne prononcez pas la lettre E correctement quand vous dites **E as in Elephant**, l'autre personne captera le mot éléphant, et comprendra ainsi qu'il s'agit d'un E.

Vous trouverez d'autres indications sur la prononciation en anglais au chapitre 1.

Si vous ne comprenez pas ce que dit quelqu'un, vous pouvez vous aussi lui demander d'épeler des mots. Dites simplement :

- **Please spell that.** (*pliiz spèl dat*) (Veuillez épeler s'il vous plaît.)
- **Can you spell that, please?** (*can iou spèl dat pliiz*) (Pouvez-vous épeler s'il vous plaît ?)
- **Will you please spell that for me?** (*ouil iou pliiz spèl dat fe mi*) (Voulez-vous s'il vous plaît m'épeler ce mot ?)

Laisser un message

Quand vous appelez quelqu'un, vous pouvez avoir de la chance et atteindre une véritable personne, mais souvent vous obtenez une **answering machine** (*<u>âân</u>-se-rign me-<u>chiin</u>* [UK], *<u>aan</u>-se-rign me-<u>chiin</u>* [US]) (répondeur) ou le **voice mail** (*voïs méïl*) (boîte vocale) qui vous dit **Please leave me a message** (*pliiz liiv mi e <u>mè</u>-sidj*) (Merci de me laisser un message) ou **Leave me a message** (*liiv mi e <u>mè</u>-sidj*) (Laissez-moi un message). Dans cette section je vous donne quelques idées sur la façon d'opérer avec les boîtes vocales et sur la façon de laisser des messages à de véritables personnes.

En attendant le beep : répondeurs et boîtes vocales

« Allô, vous êtes chez Sharon, Peewee et Pookie. » (Peewee et Pookie sont des chats.) « Ils sont ici, mais pas moi. Donc s'il vous plaît laissez-moi un message après le beep. » C'est le message enregistré d'une de mes amies. Je l'aime car il est court et intelligent, mais tous les messages ne sont pas aussi concis. Beaucoup sont trop longs ou complètement inintelligibles, et certains consistent en d'interminables mesures de la musique que vous aimez le moins. Ne vous inquiétez pas si vous ne pouvez pas comprendre le message vocal. Quand il est (enfin) terminé, laissez simplement un message. Par exemple :

> **This is Sam. My number is 252-1624. Please give me a call. Thank you. Goodbye.** (*dis iz sam maï <u>naem</u>-be iz tou faïv tou oaen six tou foe* [UK], *dis iz sam maï <u>nem</u>-be iz tou faïv tou ouen six tou foe* [US]) (Ici Sam. Mon numéro est 252-1624. Rappelle-moi s'il te plaît/rappelez-moi s'il vous plaît. Merci. Au-revoir.)

Bien sûr, si vous appelez un ami/une amie qui connaît votre numéro de téléphone, vous lui laissez simplement le message. Vous n'avez plus alors qu'à attendre qu'il ou elle vous rappelle.

Appeler une entreprise peut être quelque peu différent des appels personnels, parce que vous pouvez tomber sur un **message machine** ou un **voice mail** qui vous fournit un menu d'options déroutantes en anglais. Même une personne maîtrisant parfaitement l'anglais peut avoir du mal à s'y retrouver. Voici donc un truc : essayez d'appuyer sur 0. Parfois, ce geste vous relie à une véritable personne. Naturellement, vous pouvez réécouter les options jusqu'à ce que vous ayez compris celle qui vous convient – bonne chance !

Cartes téléphoniques – une bonne invention

De nos jours, presque tout un chacun utilise des **phone cards** (*feoun cââdz* [UK], *fôôn cââdz* [US]) (cartes téléphoniques) pour des appels longue distance lors d'un déplacement. Ce procédé est commode, assez rapide et généralement moins cher que les appels par d'autres moyens. Ces cartes sont vendues dans de nombreux endroits. Quand vous en avez besoin, vous pouvez demander **Where can I buy a phone card?** (*ouèe can aï baï e feoun cââd* [UK], *h'ouèe can aï baï e fôôn cââd* [US]) (Où pourrais-je acheter une carte téléphonique ?).

Demander à quelqu'un de prendre un message

La situation suivante vous est probablement familière : vous appelez quelqu'un qui n'est pas là, et vous demandez à la personne qui répond au téléphone de faire en sorte que votre ami(e) **call you back** (*côôl iou bac* [UK], *cââl iou bac* [US]) (vous rappelle) ou si vous pouvez **leave a message** (*liiv e mè-sidj*) (laisser un message). Ce n'est pas différent en anglais quand vous êtes dans cette situation – faites la même chose, en utilisant quelques-unes des expressions proposées dans cette section.

Dire les numéros de téléphone américains– la manière correcte

En Amérique du Nord, si vous dites 42-75-713 ou 4-2757-13, la personne qui écoute ne reconnaîtra pas un numéro de téléphone. Mais si vous dites 427-5713, pas de problème ! Un **phone number** (*feoun naem-be* [UK], *fôôn nem-be* [US]) (numéro de téléphone) se compose de trois chiffres, d'une pause, et de quatre autres chiffres.

Dites les trois premiers chiffres individuellement, comme ceci : **four-two-seven** (*fôôe touou sè-ven*) (quatre-deux-sept), et non quatre cent vingt-sept ni quatre vingt-sept. Quant aux quatre derniers chiffres, vous pouvez les dire individuellement ou – dans l'exemple précédent – **fifty-seven thirteen** (*fif-ti sè-ven dee-tiin*) (cinquante sept treize). Mais attention ! Quand vous commencez à dire **13** (*dee-tiin*) (treize), certaines personnes peuvent s'attendre à ce que vous disez 30 (*dee-ti*) (trente) et commencer à écrire ou numéroter 30 avant que vous n'ayez fini.

Pour inclure un **area code** (*èe-rie keoud* [UK], *èe-rie côôd* [US]) (code zone) dites **area code 307**, faites une pause d'une seconde, et continuez par le reste du numéro.

Conversation

CD

Valérie Dupont appelle son amie Lynn, mais c'est sa camarade de chambre qui répond. (Piste 12)

Camarade de Lynn : **Hello?**

h'è-leou [UK]

h'è-lôô [US]

Allô ?

Valérie Dupont : **Hello. This is Valérie Dupont.**

h'è-leou dis iz va-le-ri dou-pon [UK]

h'è-lôô dis iz va-le-ri dou-pon [US]

Allô. Ici Valérie Dupont.

Camarade de Lynn : **Excuse me?**

ix-kiououz mi

Pardon ?

Valérie Dupont : **This is Valérie Dupont. Valérie Dupont.**

dis iz va-le-ri dou-pon va-le-ri dou-pon

C'est Valérie Dupont. Valérie Dupont.

Camarade de Lynn : **Oh, yes. Hello Valérie.**

eou iès h'è-leou va-le-ri [UK]

ôô iès h'è-lôô va-le-ri [US]

Oh, oui. Bonjour Valérie.

Valérie Dupont : **Is Lynn there?**

iz lin' dèe

Est-ce que Lynn est là ?

Camarade de Lynn : **No. But she'll be back this afternoon. Would you like to leave a message?**

neou baet chil bi bac dis ââf-te-noun woud iou laïk tou liiv e mè-sidj [UK]

nôô bet chil be bak dis aaf-te-noun woud iou laïk tou liiv e mè-sidj [US]

Non. Mais elle sera de retour cet après-midi. Veux-tu/voulez-vous laisser un message ?

Valérie Dupont : **Yes. Please ask her to call Valérie.**

iès pliiz ââsk h'ee tou côôl va-le-ri [UK]

iès pliiz aask h'ee tou cââl va-le-ri [US]

Oui. S'il te plaît/s'il vous plaît demande-lui/demandez-lui d'appeler Valérie.

Camarade de Lynn : **Okay**

eou-kèï [UK]

ôô-kèï [US]

Bien.

Valérie Dupont : **My phone number is 423-9876**

maï feoun naem-be iz fôe tou dzri naïn éït sè-ven six [UK]

maï fôôn nem-be iz fôe tou dzri naïn éït sè-ven six [US]

Mon numéro de téléphone est 423-9876.

Camarade de Lynn : **Okay. I'll give her the message.**
eou-kèï aïl giv h'ee de mè-sidj [UK]
ôô-kèï aïl giv h'ee de mè-sidj [US]
Bon. Je lui transmettrai le message.

Valérie Dupont : **Thank you very much. Bye.**
dzank iou vè-ri maetch baï [UK]
dzand iou vè-ri metch baï [US]
Merci beaucoup. Au revoir.

Camarade de Lynn : **Bye.**
baï
Au revoir.

Voici quelques variantes de la façon de prendre et de laisser un message.

- La personne qui **takes the message** peut dire :
  - **Can I take a message?** (*can aï téïk e mè-sidj*) (Puis-je prendre un message ?)
  - **Do you want me to have him call you back?** (*dou iou ouant mi tou h'av h'im côôl iou bac* [UK], *dou iou ouant mi tou h'av him cââl iou bak* [US]) (Voulez-vous/veux-tu que je lui demande de vous/te rappeler ?)
- La personne qui **leaves a message** peut dire :
  - **May I leave a message?** (*mèï aï liiv e mè-sidj*) (Puis-je laisser un message ?)
  - **Could you give her a message?** (*coud iou giv h'ee e mè-sidj*) (Pourriez-vous/pourrais-tu lui transmettre un message ?)
  - **Would you tell him I called?** (*woud iou tèl h'im aï côôld* [UK], *woud iou tèl h'im aï cââld* [US]) (Pourriez-vous/pourrais-tu lui dire que j'ai appelé ?)

POINT DE GRAMMAIRE

Les mots **could** (*coud*) (pourrais/pourriez…) et **would** (*woud*) (voudrais/voudriez… passé de **will**) sont des formes courtoises de **can** et **will** (*ouil*) (le verbe auxiliaire du futur). On utilise en général **could** et **would** envers des personnes qu'on ne connaît pas très bien.

Mots clés

to take a message	tou téik e mè-sidj	prendre un message
to leave a message	tou liiv e mè-sidj	laisser un message
to give her a message	tou giv h'ee e mè-sidj	lui donner un message
tell him I called	tèl h'im aï côôld [UK], tèl h'im aï cââld US	dis-lui/dites lui que j'ai appelé
call someone back	côôl saem-ouaen bac [UK], cââl sem-ouen bac [US]	rappeler quelqu'un
return someone's call	ri-teen saem-ouaenz côôl [UK], ri-teen sem-ouenz cââl [US]	retourner l'appel de quelqu'un

Excusez-moi ! – Faire un faux numéro

Quand vous faites une erreur de numérotation et obtenez un **wrong number** (*rogn naem-be* [UK], *rogn nem-be* [US]) (faux numéro), vous avez probablement l'habitude de vous excuser, de raccrocher et d'essayer de nouveau. Je vous montre comment faire la même chose, mais en anglais. Si vous constatez que vous avez fait un faux numéro, dites simplement :

- **Oops, sorry.** (*ououps so-ri* [UK], *ououps sâ-ri* [US]) (Aïe, désolé.)
- **I think I dialed the wrong number. Sorry.** (*aï dzink aï daïeld de rogn naem-be so-ri* [UK], *aï dzind aï daïeld de rogn nem-be sâ-ri*) (Je pense avoir fait un faux numéro. Excusez-moi.)

Par ailleurs, quelqu'un peut avoir fait votre numéro par erreur. Si l'appelant demande quel numéro il a obtenu, ne donnez pas votre numéro de téléphone. Au lieu de cela, demandez à la personne quel numéro elle a fait. Rappelez-vous : ne donnez jamais votre numéro de téléphone à un inconnu, même si la personne a vraiment fait une erreur.

Conversation

Esther, qui fait des études aux Etats-Unis, est chez elle avec ses deux enfants dans l'appartement qu'ils ont loué quand le téléphone sonne. (Piste 13)

Esther : **Hello?**
h'è-leou [UK]
h'è-lôô [US]
Allô ?

Appelant : **Hello. Is Cory home?**
h'è-leou iz co-ri h'eoum [UK]
h'è-lôô iz câ-ri h'ôôm [US]
Allô. Cory est-elle à la maison ?

Esther : **Excuse me?**
ix-kiououz mi
Pardon ?

Appelant : **Is Cory there?**
iz co-ri dèe [UK]
iz câ-ri dèe [US]
Cory est-elle là ?

Esther : **There's no Cory here.**
dèez neou co-ri h'ie [UK]
dèez nôô câ-ri h'ie [US]
Il n'y a pas de Cory ici.

Appelant : **Hmm. What number is this?**
h'm ouot naem-be iz dis [UK]
h'm h'ouât nem-ve iz dis [US]
H'm. Quel numéro avez-vous ?

Esther : **What number did you call?**
ouot naem-be did iou côôl [UK]
h'ouât nem-be did iou cââl [US]
Quel numéro avez-vous appelé ?

Appelant :	**I called 333-6789.** *aï côôld dzri dzri dzri six sè-ven éït naïn* [UK] *aï cââld dzri dzri dzri six sè-ven éït naïn* [US] J'ai appelé le 333-6789.
Esther :	**I think you dialed the wrong number.** *aï dzink iou daï-eld de rogn naem-be* [UK] *aï dzink iou daï-eld de rogn nem-be* [US] Je pense que vous avez fait un mauvais numéro.
Appelant :	**Oh. Sorry to bother you.** *eou so-ri tou bo-de iou* [UK] *ôô sâ-ri tou bâ-de iou* [US] Oh. Désolé de vous déranger.
Esther :	**That's alright. Goodbye.** *dats ôôl-raït goud-baï* [UK] *dats ââl-raït goud-baï* [US] Ce n'est rien. Au revoir.
Appelant :	**Bye.** *baï* Au revoir.

Allô, opératrice ?

Une compagnie de téléphone américaine a pour slogan : quand vous avez besoin d'aide, trouvez-la rapidement dans les **Yellow Pages** (*iè-leou péï-djis* [UK], *iè-lôô péi-djiz* [US]) (Pages Jaunes), c'est-à-dire les pages commerciales du **phone book** (*feoun bouc* [UK], *fôôn bouc* [US]) (annuaire téléphonique). L'annuaire téléphonique est d'un grand secours pour trouver des numéros de téléphone, mais même les anglophones de naissance n'arrivent pas toujours à les trouver rapidement – si même ils les trouvent ! C'est alors que de véritables personnes – les opérateurs/opératrices du téléphone – peuvent vous venir en aide.

Renseignements téléphoniques : 411

Vous êtes aux Etats-Unis et vous avez besoin d'un numéro de téléphone, d'une adresse ou d'un code zone ? Faites le 411 et un agent des renseignements répondra et vous aidera. Ces agents demandent souvent **What city?** (*ouot si-ti* [UK], *h'ouât si-ti* [US]) (Quelle ville ?) voulant dire « Quelle ville voulez-vous appeler ? ». En général, l'opérateur/opératrice vous donne le numéro de téléphone électroniquement. Il peut être difficile à saisir, et vous devriez être prêt à le noter avec un crayon et un papier.

Gérer les appels importuns

Juste quand vous vous mettez à table avec votre famille, le téléphone sonne. C'est une entreprise qui veut vous vendre un abonnement à un journal ou un carnet de coupons de réduction. L'appel peut aussi venir d'une organisation qui veut que vous fassiez un don à une association de bienfaisance ou qui sollicite votre opinion dans une enquête. Beaucoup de ces appels concernent de bons produits et de justes causes – mais ce n'est pas toujours le cas ! Dans le cas d'un appel sans intérêt, vous pouvez utiliser l'une des formules brèves suivantes – et raccrocher !

- **I'm not interested.** (*aïm not in-te-rès-ted* [UK], *aïm nât in-te-rès-ted* [US]) (Cela ne m'intéresse pas.)
- **I don't give money over the phone.** (*aï deount giv mae-ni eou-ve de feoun* [UK], *aï dôônt giv me-ni ôô-ve de fôôn* [US]) (Je ne donne pas d'argent par téléphone.)
- **Sorry. No speak English!** (*so-ri neou spiik ign-lich* [UK], *sâ-ri nôô spiik ign-lich* [US]) (Je ne parle pas anglais !)

Et si un appelant persiste à vous déranger, appelez la police. Le harcèlement téléphonique est illégal aux USA.

Pour recevoir de l'aide de l'opératrice « 0 »

Si vous êtes aux Etats-Unis, vous pouvez en tapant « 0 » atteindre un/une **long-distance operator** (*logn dis-tens o-pe-réï-te* [UK], *lâgn dis-tens o-pe-réï-te* [US]) (opérateur/opératrice longue distance) qui peut vous aider à faire des **long-distance calls** (*logn dis-tens côôlz* [UK], *lâgn dis-tens cââlz* [US]) (appels longue distance), vous connecter avec un opérateur dans un autre pays, et recevoir des **emergency calls** (*i-mee-djen-si côôlz* [UK], *i-mee-djen-si cââlz* [US]) (appels d'urgence). Ces opérateurs répondent en général par le nom de leur compagnie de téléphone, comme **Ameritech** ou **Pacific Bell**.

Mots clés

operator	o-pe-réï-te [UK], â-pe-réï-te [US]	opérateur/opératrice
directory assistance	daï-rèk-te-ri e-sis-tens	renseignements téléphoniques
yellow pages	iè-leou péï-djiz [UK], iè-lôô péï-djiz [US]	pages jaunes
wrong number	rogn naem-be [UK], rogn nem-be [US]	faux numéro
phone bill	feoun bil [UK], fôôn bil [US]	facture de téléphone
phone card	feou cââd [UK], fôôn caad [US]	carte téléphonique

Jeux et activités

Essayez de trouver les mots manquants dans la conversation téléphonique suivante. Forrest a appelé son ami Colin, et quelqu'un vient de répondre au téléphone.

Bye, there, phone number, This is, are you, Hello, leave, message, fine, Forrest, 487-7311, call

1. Camarade de chambre de Colin : ________?
2. Forrest : Hi. ________ Forrest.
3. Camarade de chambre de Colin : Hi Forrest. How ________?
4. Forrest: I'm ________, thanks. Is Colin ________?
5. Camarade de chambre de Colin : No. Do you want to ________ a message?
6. Forrest: Yes, please. Just tell him that ________ called.
7. Forrest: And ask him to ________ me back.
8. Camarade de chambre de Colin : Okay. What's your ________?
9. Forrest: It's ________.
10. Camarade de chambre de Colin : Okay. I'll give him your ________.
11. Forrest: Thanks ________.

Troisième partie

En visite

« Nous apprenons toujours la langue et Martin, quand il ne connaît pas un mot, se fait comprendre en le mimant. Il a essayé d'acheter un siège de toilette l'autre jour, et ils ont failli le jeter dehors. »

Dans cette partie...

Vous trouverez ce qu'il vous faut pour emmener votre anglais en voyage. Elle est conçue pour le voyageur qui a besoin de connaître un peu la langue ainsi que quelques notions culturelles pour passer la douane sans encombre, sauter dans un autobus ou utiliser d'autres moyens de transport, s'enregistrer à un hôtel, aller au restaurant et, bien sûr, changer de l'argent qu'il dépensera dans les magasins.

Chapitre 7

L'argent, l'argent, l'argent

Dans ce chapitre :

- Monnaies américaine et britannique
- Changer de l'argent
- Automates bancaires
- Cartes de crédit

On dit que l'argent ne fait pas le bonheur. C'est probablement vrai, mais vous avez quand même besoin d'argent pour payer des choses essentielles. Et quand vous voyagez loin de chez vous, vous aurez moins de soucis (et vous vous amuserez davantage !) si vous savez comment vous procurer et utiliser la devise appropriée. Ce chapitre vous apporte le vocabulaire et les informations nécessaires pour comprendre la monnaie britannique et la monnaie des Etats-Unis, accéder à vos comptes bancaires et satisfaire vos besoins financiers les plus élémentaires quand vous êtes loin de chez vous. (Consultez les chapitres 8, 9 et 10 pour plus d'informations sur les achats, les pourboires et le paiement d'une addition.)

Dollars et cents

La devise américaine se décompose en **dollars** (*<u>dô</u>-lez* [UK], *<u>dâ</u>-lez* [US]) (dollars) de papier et en **cents** (*sènts*) (cents) sous forme de pièces. Toute la monnaie papier américaine a le même aspect – elle est verte ! Les billets ont tous la même taille, et tous figurent des présidents américains. Mais bien sûr ils n'ont pas tous le même montant. Les **bills** (*bilz*) (billets de banque) américains comportent les dénominations suivantes :

- **ones** (*ouaenz* [UK], *ouenz* [US]) (un)
- **fives** (*faïvz*) (cinq)
- **tens** (*tènz*) (dix)
- **twenties** (*<u>touèn</u>-tiz*) (vingt)

- **fifties** (*fif-tiz*) (cinquante)
- **one hundred** (*ouaen h'aen-dred* [UK], *ouen h'en-dred* [US]) (cent)
- **five hundred** (*faïv h'aen-dred* [UK], *faïv h'en-dred* [US]) (cinq cents)

INFO CULTURELLE

Si quelqu'un dit **It costs five bucks** (*it costs faïv baecs* [UK], *it câsts faïv beks* [US]) (Ça coûte cinq bucks), il ne parle pas d'un cerf mâle (aussi appelé **a buck**) ; il parle de dollars ! **A buck** (*e baek* [UK], *e bek* [US]) (un dollar) est le terme populaire pour un dollar. Une autre expression populaire est **that green stuff** (*dat griin staef* [UK], *dat griin stef* [US]) (cette chose verte) – pour se référer de façon générale à l'argent sous forme de billets. Si vous voulez utiliser cette expression, n'oubliez pas le mot **that**.

Les différents **coins** (*coïnz*) (pièces) représentent des **cents** (¢). Cent cents équivalent à un dollar. La liste suivante vous donne une idée générale des noms des pièces et de leur valeur.

- **penny** (*pè-ni*) (penny) 1¢
- **nickel** (*ni-kel*) (cinq cents) 5¢
- **dime** (*daïm*) (dix cents) 10¢
- **quarter** (*kouôô-te* [UK], *kouââ-te* [US]) (vingt-cinq cents) 25¢

Voici une autre façon d'écrire des cents : **$.05** pour **5 cents**, **$.10** pour **10 cents**, etc. On écrit les montants en dollars comme suit : **$10** ou **$10.00**. Utilisez un **decimal point** (*dè-si-mel poïnt*) (point décimal), non une virgule, pour indiquer les cents.

INFO CULTURELLE

Si vous utilisez un billet de 100 dollars (et parfois un billet de 20 ou 50 dollars), ne soyez pas surpris si l'employé du magasin inspecte le billet pour s'assurer qu'il est vrai. Il est tenu de vérifier l'authenticité du billet.

POINT DE GRAMMAIRE

Quand vous dites **This is ten dollars** (*dis iz tèn do-lez* [UK], *dis iz tèn dâ-lez* [US]) (c'est dix dollars), le mot **dollars** est un nom au pluriel, et donc il se termine par s. Mais quand vous dites **This is a ten-dollar bill** (*dis iz e tèn do-le bil* [UK], *dis iz e tèn dâ-le bil* [US]) (C'est un billet de dix dollars), où est passé le s du mot **dollar** ? La réponse est simple. Dans la seconde phrase, **dollar** n'est pas un substantif, mais un adjectif décrivant le mot **bill**. En anglais, les adjectifs n'ont pas de terminaison indiquant le pluriel même s'ils portent sur des noms au pluriel. (Vous trouverez plus d'informations sur les noms et les adjectifs au chapitre 2.)

Pounds et pence

Pour **pay cash** (*pèï cach*) (payer en liquide), les Britanniques utilisent, à la différence des Américains, des **bank notes** (*bank neouts*) (billets de banque) et éventuellement des **coins** (*coïnz*) (pièces), mais non des **bills**. Pour eux, le mot **bills** se réfère à des factures, non à l'un des moyens servant à les régler.

Et depuis la décimalisation de leur **currency** (*cae-ren-si*) (monnaie), les Britanniques décomposent directement les **pounds** (*paoundz*) (livres) en **pence** (*pèns*) (pence, pluriel de **penny**), sans passer par le stade intermédiaire des **shillings** (*chi-lignz*) (shillings). Désormais, **one pound is worth 100 pence** (*ouaen paound iz oueedz ouaen h'aen-dred pèns* [UK], *ouen paound iz oueedz ouen h'en-dred pèns* [US]) (une livre vaut cent pence), ce qui simplifie les calculs.

Si les anglophones n'ont pas tous la même monnaie et des mots un peu différents pour parler d'argent, ils représentent en revanche les montants en argent selon les mêmes conventions : le **currency sign** (*cae-ren-si saïgn*) (signe monétaire) précède immédiatement le montant, lequel comporte s'il y a lieu un **decimal point** (*dè-si-mel poïnt*) (point décimal) et non une virgule :

Mots clés

pound	paound	livre
dollar	do-le [UK], dâ-le [US]	dollar
note [UK]	neout	billet (de banque)
bill [US]	bil	billet (de banque)
paper money	péï-pe mae-ni [UK], péï-pe me-ni [US]	billets
pence	pèns	pence
cents	sènts	cents
coin	coïnz	pièces
denomination	di-no-mi-néï-chen [UK], di-nâ-mi-néï-chen [US]	dénomination

- **A ten-pound note** (*e tèn paound neout* [UK], *e tèn paound nôôt* [US]) (un billet de dix livres).
- **The price is £12.52** (*de praïs iz touèlv paoundz fif-ti tou*) ou (*de praïs iz touèlv paounds and fif-ti tou pèns*) (le prix est 12,52 livres).

- **Her flight from Dublin to Nice cost her only €25.00.** (*h'ee flaït from dae-blin tou niis cost h'ee on-li touèn-ti faïv iou-reouz* [UK], *h'ee flaït from de-blin tou niis câst h'ee on-li touèn-ti faïv iou-rôôz* [US]) (Son vol de Dublin à Nice ne lui a coûté que 25 euros.)

Changer de l'argent

S'il vous est possible d'utiliser des **euros** (*iou-reouz* [UK], *iou-rôôz* [US]) (euros) sans restriction en Irlande et aussi pour régler certains achats en Grande-Bretagne, vous devez obligatoirement payer en **US currency** (*iou ès cae-ren-si* [UK], *iou ès ke-ren-si* [US]) (devise US) ce que vous achetez aux États-Unis. Il vous faut donc savoir où vous pouvez changer de l'argent et comment réaliser la **transaction** (*tren-zac-chen*) (transaction).

Dans les grandes villes, vous pouvez changer de l'argent dans les bureaux de change et les grands hôtels. Vous pouvez aussi changer de l'argent dans les aéroports et les banques, bien que toutes les banques n'acceptent pas les devises étrangères. Voici les expressions qui vous aideront à réaliser l'opération :

- **Where can I exchange money?** (*ouèe can aï ix-tchéïnj mae-ni* [UK], *h'ouèe can aï ix-tchéïnj me-ni* [US]) (Où puis-je changer de l'argent ?)
- **Where can I find a bank?** (*ouèe can aï faïnd e bank* [UK], *h'ouèe can aï faïnd e bank* [US]) (Où puis-je trouver une banque ?)
- **Do you change foreign currency here?** (*dou iou tchéïnj fo-rign cae-ren-si h'ie* [UK], *dou iou tchéïnj fâ-rign ke-ren-si h'ie* [US]) (Changez-vous des devises étrangères ici ?)

Vous voudrez aussi connaître le **exchange rate** (*ix-tchéïnj réït*) (taux de change) et apprendre si vous devez en outre payer une commission. Vous pourrez ensuite réaliser la transaction au moyen des phrases suivantes :

- **What is the exchange rate today?** (*ouot iz di ix-tchéïnj réït tou-dèï* [UK], *h'ouât iz di ix-tchéïnj réït tou-dèï* [US]) (Quel est le taux de change aujourd'hui ?)
- **Do you charge a fee?** (*dou iou tchâârj e fii*) (Prenez-vous une commission ?)
- **I'd like to exchange money, please** (*aïd laïk tou ix-tchéïnj mae-ni pliiz* [UK], *aïd laïk tou ix-tchéïnj me-ni pliiz* [US]) (Je voudrais changer de l'argent s'il vous plaît.)

Mots clés

to exchange	tou ix-tchéïnj	changer
exchange rate	ix-tchéïnj réït	taux de change
currency	cae-ren-si [UK], ke-ren-si [US]	devise
fee	fii	commission

À la banque

Quand vous entrez dans une banque, vous trouvez généralement une zone délimitée par une corde où les gens font la queue pour aborder le prochain **teller** (*tè-le*) (guichetier) disponible. Quand ce sera votre tour, il dira :

- **Next!** (*nèxt*) (Suivant !)
- **May I help you?** (*mèï aï h'èlp iou*) (Que puis-je faire pour vous ?)

Ensuite avancez et expliquez ce dont vous avez besoin. Les phrases suivantes doivent permettre de satisfaire la plupart de vos besoins bancaires, à part le change, évoqué dans la section précédente.

- **I'd like to change some traveller's cheques** [UK]/**traveler's checks** [US]. (*aïd laïk tou tchéïnj saem tra-v'lez tchèks* [UK], *aïd laïk tou tchéïnj sem tra-v'lez tchèks* [US]) (Je voudrais changer des chèques de voyage.)
- **I need to cash a cheque** [UK]/**check** [US]. (*aï niid tou cach e tchèk*) (J'ai besoin d'encaisser un chèque.)
- **I want to make a deposit.** (*aï ouââant tou méïk e di-po-zit* [UK], *aï ouââant tou méïk e di-pâ-zit* [US]) (Je veux faire un dépôt.)
- **I'd like to open an account.** (*aïd laïk tou eou-pen en e-caount* [UK], *aïd laïk tou ôô-pen en e-caount* [US]) (Je voudrais ouvrir un compte.)

Pour plus d'informations sur des expressions comme I'd like, I want, et d'autres expressions du même genre, allez au chapitre 3.

Conversation

Pierre arrive de France et attend son tour à la banque pour changer son argent en dollars US. (Piste 14)

Caissier : **Next! What can I do for you today?**

nèxt ouot can aï dou fe iou tou-dèï [UK]

nèxt h'ouât can aï dou fe iou tou-dèï [US]

Suivant ! Que puis-je faire pour vous ?

Pierre : **Do you exchange foreign currency?**

dou iou ix-tchéïnj fo-rign cae-ren-si [UK]

dou iou ix-tchéïnj fâ-rign ke-ren-si [US]

Changez-vous des devises étrangères ?

Caissier : **Yes. Some currencies. What do you have?**

iès saem cae-ren-siz ouot dou iou h'av [UK]

iès sem ke-ren-siz h'ouât dou iou h'av [US]

Oui. Certaines devises. Qu'est-ce que vous avez ?

Pierre : **Euros. Can you exchange that?**

iou-reous can iou ix-tchéïnj dat [UK]

iou-rôôs can iou ix-tchéïnj dat [US]

Des euros. Pouvez-vous les changer ?

Caissier : **Yes, I can. How much would you like?**

iès aï can h'aou maetch woud iou laïk [UK]

iès aï can h'aou metch woud iou laïk [US]

Oui. Combien voulez-vous ?

Pierre : **I'd like to get 200 dollars. What's the exchange rate today?**

aïd laïk tou guèt tou h'aen-dred do-lez ouots di ix-tchéïnj réït tou-dèï [UK]

aïd laïk tou guèt tou h'en-dred dâ-lez h'ouâts de ix-tchéïnj réït tou-dèï [US]

Je voudrais recevoir 200 dollars. Quel est le taux de change aujourd'hui ?

Caissier : **1.218.**

ouaen poïnt tou ouaen éït [UK]

ouen poïnt tou ouen éït [US]

1,218.

Pierre a compté son argent et maintenant le caissier lui demande en quelles dénominations il veut les dollars.

Caissier : **How would you like your money? Are fifties okay?**

h'aou woud iou laïk ioue mae-ni âe fif-tiz eou-kèï [UK]

h'aou woud iou laïk ioue me-ni âe fif-tiz ôô-kèï [US]

Comment voulez-vous votre argent ? Des billets de cinquante vous conviennent-ils ?

Pierre : **Two fifties and the rest in twenties, please.**

touou fif-tiz and de rèst in touèn-tiz pliiz

Deux de cinquante et le reste en billets de vingt, s'il vous plaît.

Caissier : **Okay, here's your money and your receipt.**

eou-kèï h'iez ioue mae-ni and ioue ri-siit [UK]

ôô-kéï h'iez ioue me-ni and ioue ri-siit [US]

Bien, voici votre argent et votre reçu.

Pierre : **Thank you. Good-bye.**

dzank iou goud baï

Merci. Au revoir.

Mots clés

cash a cheque [UK]/ a check [US]	cach e tchèk	encaisser un chèque
open an account	eou-pen en e-caount [UK], ôô-pen en e-caount [US]	ouvrir un compte
make a deposit	méïk e di-po-zit [UK], méïk e di-pâ-zit [US]	faire un dépôt
teller	tè-le	guichetier
traveller's cheques [UK], traveler's checks [US]	tra-vlez tchèks	chèques de voyage

N'oubliez pas de compter votre argent et de vérifier votre **receipt** (*ri-siit*) (reçu) avant de quitter la banque pour vous assurer que vous avez le bon montant en dollars. Et conservez tous vos reçus de la banque pour pouvoir les vérifier avec votre compte en rentrant chez vous.

Automates bancaires

Les **Automated Teller Machines** (*o-te-méï-ted tè-le me-chiinz* [UK], *â-te-méï-ted tè-le me-chiinz* [US]) (Guichets automatiques de banque) ou **ATMs** (*éï-ti-èmz*) (GAB) se trouvent désormais un peu partout dans le monde, et en tout cas dans tous les pays anglophones. Aux États-Unis, ces appareils sont installés dans les lieux les plus divers, jusque dans certains théâtres. En utilisant des **ATMs** avec votre **credit card** (*cri-dit cââd*) (carte de crédit) ou votre **bank card** (*bank cââd*) (carte bancaire) vous accédez de la manière la plus simple à votre argent et vous le dépensez tout aussi simplement !

Vous ne verrez pas beaucoup de différences quant à la manière dont fonctionnent les différents **ATMs** du monde entier. En Amérique du Nord, certains **ATMs** sont bilingues, et vous donnent le choix entre l'anglais ou l'espagnol, l'anglais ou le chinois, etc, en fonction des caractéristiques démographiques du lieu. Il n'est donc pas exclu de trouver un GAB parlant français en milieu anglophone ! Voici en tout cas une liste pas à pas de ce que vous pouvez voir sur l'écran de l'appareil et la façon d'interpréter ce que vous voyez. (Note : les termes utilisés peuvent varier, mais cette liste vous donne une idée générale de ce que vous pouvez rencontrer.)

1. **Please insert your card.** (*pliiz in-seet ioue cââd*) (Veuillez insérer votre carte.)

   A ce stade, vous pouvez avoir la possibilité de choisir une autre langue, si l'appareil est bilingue.

2. **Enter your PIN (or secret code) and then press Enter.** (*èn-te ioue pin oe sii-cret keoud and dèn près èn-tee* [UK], *èn-te ioue pin oe sii-cret côôd and dèn près èn-tee* [US]) (Entrez votre PIN (ou code secret) puis appuyez sur Enter.)

3. **Choose the type of transaction that you want to make.** (*tchouz de taïp ev tran-sac-chen dat iou ouâânt tou méïk*) (Choisissez le type de transaction que vous voulez faire.) Par exemple :

   – **Withdraw cash** (*ouid-drôô cach* [UK], *ouid-drââ cach* [US]) (Retirer de l'argent)

   – **Deposit** (*di-po-zit* [UK], *di-pâ-zit* [US]) (dépôt)

   – **Account balance** (*e-caount ba-lens*) (Solde du compte)

   – **Transfer/Electronic payment** (*trans-fee i-lèk-tro-nic pèï-ment* [UK], *trans-fee i-lèk-trâ-nic pèï-ment* [US]) (Virement/règlement électronique)

Si vous choisissez de retirer de l'argent, il vous sera ensuite demandé de préciser sur quel compte vous voulez faire le retrait : **checking account** (*tchè-kign e-caount*) (Compte chèque), **savings account** (*séï-vignz e-caount*) (Compte épargne), ou **credit card** (*cri-dit câäd*) (carte de crédit).

Quand vous avez fait votre choix, vous devez choisir parmi différents montants de retrait, échelonnés par exemple entre **$20** et **$300** ou taper le montant désiré.

Faites attention si vous tapez un montant en livres et pences ou en dollars et cents. Si vous voulez **$200** ne tapez pas seulement 200, car le montant apparaissant sur l'écran serait **$2.00**, soit 2 dollars !

4. Après avoir choisi ou tapé un montant, vous voyez apparaître successivement les commandes suivantes :

   You entered $200.00. Is that correct? Yes or No? (*iou èn-teed tou h'aen-dred do-leez iz dat ke-rèct iès oe neou* [UK], *iou èn-teed tou h'en-dred dâ-leez iz dat ke-rèct iès oe nôô* [US]) (Vous avez demandé 200 dollars. Est-ce correct ? Oui ou Non ?)

   Your request is being processed. (*ioue ri-kouèst iz bi-ign preou-sèsd* [UK], *ioue ri-kouèst iz bi-ign prôô-sèsd* [US]) (Votre demande est en cours de traitement.)

Mots clés

to choose	tou tchouz	choisir
to enter	tou èn-tee	entrer
to remove	tou ri-mouv	retirer
to press	tou près	appuyer
to withdraw	tou ouid-drôô [UK], tou ouid-drââ [US]	retirer
card	câäd	carte
cash	cach	espèces
checking	tchè-kign	chèque (compte)
savings	séï-vignz	épargne
balance	ba-lens	solde

Please remove your cash. (*pliiz ri-mouv ioue cash*) (S'il vous plaît retirez votre argent.)

Would you like another transaction? Yes or No? (*woud iou laïk e-nae-de tran-zac-chen* [UK], *woud iou laïk e-ne-de tran-zac-chen* [US]) (Voulez-vous faire une autre opération ?)

Please remove your card and receipt. (*pliiz ri-mouv ioue cââd and ri-siit*) (S'il vous plaît retirez votre carte et votre reçu.)

Utilisation des cartes de crédit

Les cartes de crédit ou de débit peuvent grandement vous faciliter la vie – et les voyages ! Elles vous donnent un accès instantané à toutes sortes de produits et de services, ainsi qu'à votre argent. Mais les cartes de paiement ne sont pas acceptées partout, et certains commerçants n'acceptent que des cartes bien précises.

Et vous pouvez sans doute laisser vos chéquiers chez vous, les chèques tirés sur des banques étrangères étant rarement acceptés en paiement.

Conversation

Jacqueline se trouve dans un magasin et se renseigne sur les formes de paiement acceptables. (Piste 15)

Jacqueline : **Do you take credit cards?**
dou iou téïk cri-dit cââdz
Prenez-vous les cartes bancaires ?

Clerk: **Yes, Visa and MasterCard.**
iès vi-ze and mââs-te cââd [UK]
iès vi-ze and maas-te cââd [US]
Oui, Visa et MasterCard.

Jacqueline : **No Discover card?**
neou dis-cae-ve cââd [UK]
nôô dis-ke-ve cââd [US]
Pas la carte Discover ?

Clerk: **No, I'm sorry.**
neou aïm so-ri [UK]
nôô aïm sâ-ri [US]
Non, je suis désolé.

Jacqueline : **Can I use my bank card?**
can aï iouz maï bank cââd
Puis-utiliser ma carte bancaire ?

Clerk: **Does it say Visa or MasterCard on it?**
daez it sèï vi-ze oe mââs-te cââd on it [UK]
dez it sèï vi-ze oe maas-te cââd on it [US]
Y a-t-il marqué Visa ou MasterCard sur la carte ?

Jacqueline : **No, it doesn't.**
neou it daez-n't [UK]
nôô it dez-n't [US]
Non.

Clerk: **I'm sorry. I can't accept it.**
aïm so-ri aï cââant e-ksèpt it [UK]
aïm sâ-ri aï caant e-ksèpt it [US]
Je suis désolé/désolée. Je ne peux pas l'accepter.

Jacqueline : **May I write a cheque** [UK]/**check** [US]?
mèï aï raït e tchèk
Puis-je faire un chèque ?

Clerk: **Is it local?**
iz it leou-kel [UK]
iz it lôô-kel [US]
Est-il sur une banque locale ?

Jacqueline : **No, it's from my bank in France.**
neou its from maï bank in frââns [UK]
nôô its frâm maï bank in fraans [US]
Non c'est un chèque de ma banque en France.

Clerk: **I'm sorry. We only take local cheques** [UK]/**checks** [US].
aïm so-ri oui eoun-li téïk leou-kel tchèks [UK]
aïm sâ-ri oui ôôn-li téïk lôô-kel tchèks [US]
Je regrette. Nous prenons seulement des chèques sur les banques locales.

Jacqueline : **Well, may I pay with cash?**

ouèl mèï aï pèï ouid cach

Bon, puis-je payer en espèces ?

Clerk: **Did you say cash? Of course, we always take cash!**

did iou sèï cach ev côôs oui ôôl-ouèz téïk cach [UK]

did iou sèï cach ev côôs oui ââl-ouèz téïk cach [US]

Vous avez dit en espèces ? Bien sûr, nous prenons toujours les espèces.

Deux prépositions pour payer : by et with

Quand le vendeur ou le caissier vous demande comment vous voulez payer, répondez par la préposition **by** (*baï*) (par) ou par la préposition **with** (*ouid*) (avec). Ces prépositions connectent le mot **pay** (*pèï*) (payer) avec la forme de paiement. Voici des exemples :

- **I'll pay by cheque** [UK]/**check** [US]. (*aïl pèï baï tchèk*) (Je paierai par chèque.)

  ... by credit card. (*baï cri-dit câând*) (... par carte de crédit.)
- **I'll pay with a cheque** [UK]/**check** [US]. (*aïl péï ouid e tchèk*) (Je paierai avec un chèque.)

  ... with a credit card. (*ouid e cri-dit câând*) (... avec une carte de crédit.)

  ... with cash. (*ouid cach*) (... en espèces.)

Note : Vous pouvez dire aussi **I'll pay in cash** (*aïl pèï in cach*) (Je paierai en espèces), mais non **by cash** (*baï cach*) (par espèces).

POINT DE GRAMMAIRE

Avez-vous remarqué l'article **a** faisant suite à **with** ? Utilisez un article quand le nom qui suit est un nom d'entité dénombrable (ce qui veut dire qu'on peut le mettre au pluriel). Le mot **cash** est un nom d'entité non dénombrable (ce qui veut dire qu'il n'en existe pas de forme au pluriel), de sorte qu'il n'a pas besoin d'article. (Pour plus d'informations sur les noms dénombrables et indénombrables, voyez le chapitre 10. Et pour plus de détails sur les articles, voyez le chapitre 2.)

Deux verbes qui paient : to accept et to take

Accept (*e-ksèpt*) (accepter) et **take** (*téïk*) (prendre) sont deux verbes utilisés pour décrire la forme de paiement admise par un commerce. **Accept** est un verbe régulier, et **take** est irrégulier. Dans les exemples suivants d'expressions courantes, remarquez la façon d'utiliser **accept** et **take** :

- **Do you accept Visa?** (*dou iou e-ksèpt vi-ze*) (Acceptez-vous Visa ?)
- **We take major credit cards.** (*oui téïk méï-djee cri-dit cââdz*) (Nous prenons les principales cartes de crédit.)
- **We accept all forms of payment.** (*oui e-ksèpt ôôl foomz ev péï-ment* [UK], *oui e-ksèpt ââl foomz ev péï-ment* [US]) (Nous acceptons toutes les formes de paiement.)

Pour voir les formes passées de **to take**, allez à l'annexe A. Et découvrez d'autres façons d'utiliser le verbe **to take** aux chapitres 5, 6, et 9.

Jeux et activités

Quel est votre sens de l'argent ? Voici un moyen de répondre à cette question. Identifiez les billets et les pièces du dessin ci-dessous qui correspondent aux mots monétaires suivants :

ten-dollar bill, quarter, 45 cents, 50 dollars, penny, 2 twenties, nickel, $.30, $30, 5 bucks, 50¢

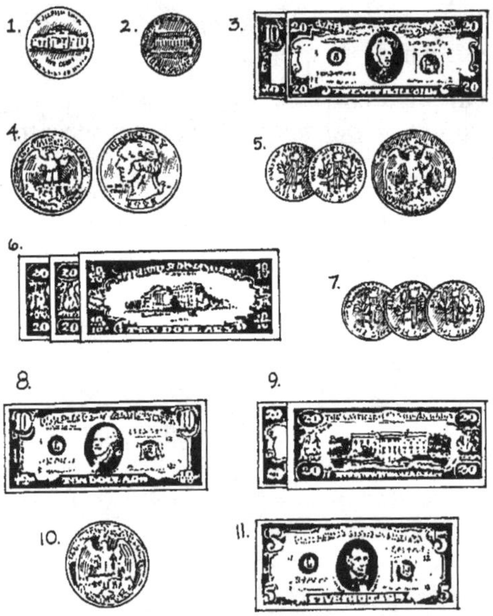

1.______________________ 6.______________________

2.______________________ 7.______________________

3.______________________ 8.______________________

4.______________________ 9.______________________

5.______________________ 10.______________________

6.______________________ 11.______________________

Chapitre 8

Séjourner à l'hôtel

Dans ce chapitre :

- Choisir un hôtel ou un motel
- Réserver une chambre
- Indiquer des dates
- Enregistrement à l'arrivée et au départ
- Pronoms possessifs et adjectifs

Parfois, le meilleur moment de l'arrivée dans un lieu inconnu est celui où l'on se présente à l'hôtel et où l'on dépose ses bagages. Que vous préfériez la sécurité d'avoir organisé à l'avance votre séjour ou trouver directement votre logement en arrivant, vous serez plus à l'aise si vous connaissez déjà certains mots et expressions de base. (Bien sûr, vous pouvez emporter ce livre avec vous et le consulter en cas de besoin.)

Dans ce chapitre, vous apprenez comment trouver et réserver une chambre, parler au personnel d'un hôtel ou d'un motel, et comprendre les services fournis par les hôtels. Vous y verrez aussi des informations sur les pronoms et les adjectifs possessifs.

Choisir entre un hôtel ou un motel aux États-Unis

Aussi bien dans un hôtel que dans un motel, vous pouvez bénéficier d'une chambre confortable avec une salle de bains, d'un service agréable et souvent d'une piscine. La principale différence entre les hôtels et les motels est la gamme des services et des aménagements offerts – et bien sûr le prix.

Les hôtels sont plus chers parce qu'ils sont **full-service** (*foul see-vis*) (service complet), ce qui veut dire qu'ils comportent en général un restaurant et un bar, un service de valet et de concierge, des moyens informatiques, et souvent un bureau ou centre d'affaires où vous pouvez faire des copies et envoyer des fax.

Bed and breakfast

Si vous rercherchez une manière différente de vous loger, vous pouvez décider de séjourner dans un **bed-and-breakfast** (*bèd and brèk-fest*) (chambre d'hôte) ou **B&B** (*bii and bii*). Ce type de logement se trouve parfois dans une ancienne ferme ou une ancienne demeure, magnifiquement restaurées, et le petit-déjeuner est fourni inclus dans le prix. Mais n'oubliez pas que les **B&Bs**, surtout aux États-Unis, sont assez coûteux, et que vous pouvez avoir à partager la salle de bains avec d'autres visiteurs. En outre, s'agissant des États-Unis, le type et l'ampleur du petit-déjeuner peut varier considérablement. Certains de ces **B&Bs** offrent un petit-déjeuner de style britannique, extrêmement copieux et varié, d'autres offrent seulement quelques pâtisseries, du jus de fruits, du thé et du café, un peu comme ce que les Britanniques appellent **continental breakfast** (*ken-ti-nen-tel brèk-fest*). Les **B&Bs** sont souvent parfaits pour des séjours romantiques, mais peuvent être moins bien adaptés aux besoins de familles avec des enfants.

Où que vous séjourniez – du motel le plus élémentaire jusqu'au five-star hotel (*faïv star h'eou-tèl* [UK], *faïv star hôô-tèl* [US]) (hôtel cinq étoiles), les options en matière de chambre et les prix peuvent varier considérablement. Et donc, avant votre décision finale, vérifiez les prix en posant les questions suivantes :

- **What is the price range of your rooms?** (*ouot iz de praïz réïnj ev ioue rououmz* [UK], *h'ouât iz de praïs réïnj ev ioue rououmz* [US]) (Quelle est la gamme de prix des chambres ?)
- **What type of accommodations do you have?** (*ouot taïp ev e-co-mo-déï-chenz dou iou h'av* [UK], *h'ouât taïp ev e-co-mo-déï-chenz dou iou h'av* [US]) (Quel type de chambre avez-vous ?)

Si les prix sont supérieurs à ce que vous voulez payer, vous pouvez demander **Do you have anything less expensive?** (*dou iou h'av é-ni-dzign lès ix-pèn-siv*) (Avez-vous quelque chose de moins cher ?)

Faire une réservation

Si vous voulez être sûr d'avoir un endroit pour dormir la nuit (et la plupart des gens le veulent après un long voyage), vous devez réserver une chambre à l'avance. La plupart des hôtels et motels, aux États-Unis, ont des **toll-free numbers** (*teoul frii naem-bez* [UK], *tôôl frii nem-bez* [US]) (numéros d'appel gratuits) – habituellement des numéros 1-800 – que vous pouvez appeler à l'avance pour réserver une chambre.

Les expressions suivantes vous aideront à entamer le processus de réservation :

- **I'd like to make a reservation for June 15.** (*aïd laïk tou méïk e ri-se-véï-chen foe djioun fif-tiin* [UK], *aïd laïk tou méïk e ri-se-véï-chen foe djoun fif-tiin* [US]) (Je voudrais faire une réservation pour le 15 juin.)
- **Do you have any vacancies for the night of July 8?** (*dou iou h'av é-ni véï-ken-siz foe de naït of djiou-laï éït* [UK], *dou iou h'av é-ni véï-ken-siz foe de naït of djou-laï éït* [US]) (Avez-vous des chambres disponibles pour la nuit du 8 juillet ?
- **I'd like to reserve a room for two people for August 22.** (*aïd laïk tou ri-seev e rououm foe touou pii-pel foe ôô-guest touèn-ti tou* [UK], *aïd laïk tou ri-seev e rououm foe touou pii-pel foe ââ-guest touèn-ti tou* [US]) (Je voudrais réserver une chambre pour deux personnes pour le 22 août.)

Voyez la section « Exprimer la date par des nombres ordinaux », plus loin dans ce chapitre, pour voir comment indiquer les dates.

Pour finaliser votre réservation, l'hôtel a encore besoin des informations suivantes :

- **arrival date** (*e-raï-vel déït*) (date d'arrivée)
- **departure date** (*di-pââ-tche déït*) (date de départ)
- **number of people staying in the room** (*naem-be ev pii-pel stéï-ign in de rououm* [UK], *nem-be ev pii-pel stéï-ign in de rououm* [US]) (nombre de personnes occupant la chambre)
- **credit card number** (*cri-dit cââd naem-be* [UK], *cri-dit cââd nem-be* [US]) (numéro de carte de crédit)
- **special needs** (*spè-chel niidz*) (besoins particuliers) tels que lit de petit enfant, accessibilité par chaise roulante et régime alimentaire.

Si vous attendez d'arriver à votre destination pour rechercher un endroit où dormir, vous pouvez demander aux gens du pays de vous recommander un hôtel ou un motel, aller à un centre d'informations ou simplement regarder autour de vous. Si vous voyez un signe disant **vacancy** (*véï-ken-si*) (places disponibles), des chambres sont disponibles. Mais un signe **no vacancy** (*neou véï-ken-si* [UK], *nôô véï-ken-si* [US]) (pas de place) veut dire que l'hôtel ou le motel est **full or booked** (*foul oe bouk'd*) (plein ou entièrement réservé). Si vous ne voyez pas de signe, entrez et posez la question : **Do you have any vacancies?** (*dou iou h'av é-ni véï-ken-siz*) (Avez-vous de la place ?)

S'il y en a, vous pouvez demander le prix en posant une question de la section précédente. S'il n'y en a pas, demandez à l'employé de la réception de vous recommander un autre hôtel ou motel. Voici comment faire :

- **Could you recommend another hotel/motel?** (*coud iou rè-ke-mènd e-nae-de h'eou-tèl meou-tèl* [UK], *coud iou rè-ke-mènd e-ne-de h'ôô-tèl môô-tèl* [US]) (Pouvez-vous recommander un autre hôtel/motel ?
- **Do you know where I can find a vacancy?** (*dou iou neou ouèe aï can faïnd e véï-ken-si* [UK], *dou iou nôô h'ouèe aï can faïnd e véï-ken-si* [US]) (Savez-vous où je peux trouver de la place ?)

Exprimer la date par des nombres ordinaux

Imaginez que vous arriviez à votre hôtel après un long voyage pour découvrir que vous avez une réservation – mais pour le mois suivant ! Vous pouvez augmenter vos chances de trouver une chambre en arrivant en indiquant votre date d'arrivée très clairement et très exactement lors de la réservation. En anglais, les dates sont écrites dans cet ordre : **month/day/year** (*maendz dèï i-ee* [UK], *mendz dèï i-ee* [US]) (mois/jour/année).

Par exemple, la date 3/1/2002 est le 1er mars 2004, non le 3 janvier 2004. En parlant, vous pouvez exprimer la date de l'une des façons suivantes :

- **March first, two thousand and four** (*mââtch feest touou dzaou-zend and foe*) (Premier mars 2004)
- **The first of March, two thousand four** (*de feest ev mââtch touou dzaou-zend and foe*) (Le premier mars 2004)

Cela peut prendre un peu de temps pour s'habituer à voir et à écrire le mois en premier, mais vous y penserez chaque fois que vous verrez une date telle que 5/15/01. Bien sûr, il n'y a pas de 15e mois !

Pour exprimer une date telle que 3/1/2001, vous utilisez des nombres ordinaux – des nombres comme premier, second, troisième, etc. qui indiquent un ordre ou une séquence. Voici des règles simples sur la façon de dire les nombres ordinaux en anglais :

- Pour les nombres se terminant par 1 (sauf 11) dites **first**.
- Pour les nombres se terminant par 2 (sauf douze) dites **second**.
- Pour les nombres se terminant par trois, dites **third**.
- Pour 11, 12, 13, et tous les autres nombres, ajoutez la terminaison **-th**.

Pour plus de précision sur les nombres ordinaux consultez le tableau 9.1, qui contient les nombres ordinaux les plus courants utilisés dans les dates.

Tableau 9.1	Nombres ordinaux	
Nombre ordinal	***Prononciation***	***Traduction***
first (1st)	*feest*	premier
second (2nd)	*sè-kend*	second
third (3rd)	*dzeed*	troisième
fourth (4th)	*fôôdz*	quatrième
fifth (5th)	*fifdz*	cinquième
sixth (6th)	*sixdz*	sixième
seventh (7th)	*sè-vendz*	septième
eighth (8th)	*éït*	huitième
ninth (9th)	*naïndz*	neuvième
tenth (10th)	*tèndz*	dixième
eleventh (11th)	*i-lè-vendz*	onzième
twelfth (12th)	*touèlvdz*	douzième
thirteenth (13th)	*deer-tiindz*	treizième
fourteenth (14th)	*foue-tiindz*	quatorzième
fifteenth (15th)	*fif-tiindz*	quinzième
sixteenth (16th)	*six-tiindz*	seizième
seventeenth (17th)	*sè-ven-tiindz*	dix-septième
eighteenth (18th)	*éï-tiindz*	dix-huitième
nineteenth (19th)	*naïn-tiindz*	dix-neuvième
twentieth (20th)	*touèn-ti-edz*	vingtième
twenty-first (21st)	*touèn-ti feest*	vingt et unième
thirtieth (30th)	*dee-ti-edz*	trentième
one-hundredth (100th)	*ouaen h'aen-dreddz* [UK], *ouen h'en-dreddz* [US]	centième

Conversation

Nettie Abbott appelle le bureau des réservations d'un hôtel pour faire une réservation pour elle-même et son mari, Charlie. (Piste 16)

Réception : **Mattison Hotel. How can I help you?**

ma-ti-sen h'eou-tel h'aou can aï h'èlp iou [UK]

ma-ti-sen h'ôô-tel h'aou can aï h'èlp iou [US]

Hôtel Mattison. Que puis-je faire pour vous ?

Nettie : **Hello. I'd like to make a reservation for February 9th and 10th.**

h'è-leou aïd laïk tou méïk e ri-se-véï-chen foe fè-broue-ri naïndz and tèndz [UK]

h'è-lôô aïd laïk tou méïk e ri-se-véï-chen foe fè-broue-ri naïndz and tèndz [US]

Bonjour. Je voudrais faire une réservation pour le 9 et le 10 février.

Réception : **How many adults will there be, ma'am?**

h'aou mé-ni e-daelts ouil dèe bii ma-am [UK]

h'aou mé-ni e-delts ouil dèe bii ma-am [US]

Combien y aura-t-il d'adultes, Madame ?

Nettie : **Two.**

touou

deux

Réception : **Any children?**

é-ni tchil-dren

Des enfants ?

Nettie : **Oh my, no! Our children are grown.**

eou maï neou aoue tchil-dren âe greoun [UK]

ôô maï nôô aoue tchil-dren âe grôôn [US]

Oh sûrement non ! Nos enfants sont grands !

Réception : **Do you want a smoking or non-smoking room?**

dou iou ouânt e smeou-kign rououm oe non smeou-kign rououm [UK]

	dou iou ouânt e smôô-kign rououm oe non smôô-kign rououm [US]
	Voulez-vous une chambre fumeur ou non-fumeur ?
Nettie :	**Non-smoking.**
	non-smeou-kign [UK]
	non-smôô-kign [US]
	Non fumeur.
Réception :	**I can give you a room with a queen or king-size bed.**
	aï can giv iou e rououm ouid e kouiin oe kign-saïz bèd
	Je peux vous donner une chambre avec un grand lit ou un très grand lit.
Nettie :	**We'll take the king.**
	ouil téïk de kign
	Nous prendrons le très grand.
Réception :	**Okay. That room will be $85 per night.**
	eou-kèï dat rououm ouil bii éï-ti faïv do-lez pee naït [UK]
	ôô-kèï dat rououm ouil bee éï-ti faïv dâ-lez pee naït [US]
	Bon. Cette chambre coûte 85 dollars par nuit.
Nettie :	**That's fine.**
	dats faïn
	C'est bon.
Réception :	**I need a credit-card number to hold your reservation.**
	aï niid e cri-dit cââd naem-be tou h'eould ioue ri-se-véï-chen [UK]
	aï niid e cri-dit cââd nem-be tou h'ôôld ioue ri-se-véï-chen [US]
	J'ai besoin d'un numéro de carte de crédit pour maintenir votre réservation.
Nettie :	**Okay. Here it is.**
	eou-kèï h'ie it iz [UK]
	ôô-kèï h'ie it iz [US]
	D'accord. Le voici.

Les anglophones utilisent les termes **ma'am** (*ma-am*) (Madame) et **sir** (*see*) (Monsieur) comme termes de respect. Vous entendrez ces mots dans des commerces orientés service. Le terme **Miss** (*mis*) (Mademoiselle) est souvent utilisé en s'adressant à une jeune fille ou une jeune femme.

Mots clés

hotel	h'eou-tèl [UK], hôô-tèl [US]	hôtel
motel	meou-tèl [UK], môô-tèl [US]	motel
room	rououm	chambre
bed-and-breakfast	bèd and brèk-fest	chambre d'hôte
price range	praïs réindj	gamme de prix
accommodations	ac-co-mo-déï-chenz	logement et services

Lits pour reines et rois

Quels que soient votre taille, vos besoins ou préférences, il y a un lit pour vous. Le petit lit d'une personne s'appelle un twin (*touin*) (petit lit d'une personne), si vous doublez sa taille vous obtenez un **double** (*dae-bel* [UK], *de-bel* [US]) (lit double) ; encore plus grand, et c'est un **queen** (*kouiin*) (reine/grande taille), et s'il est encore plus grand et plus long c'est un **king** (*kign*) (roi/très grande taille). Ces appellations s'utilisent aussi bien aux États-Unis que dans les Îles Britanniques, mais la plupart des chambres des hôtels et motels d'Amérique du Nord, où tout est plus grand, ont **two queen-sized beds** (*tou kouiin-saïzd bèds*) (grands lits). Mais vous pouvez obtenir d'autres options ou combinaisons de lits dans une pièce. Faites l'expérience d'un **king-sized bed** (*kign-saïzd bèd*) (très grand lit), il est immense !

Enregistrement

L'heure de **check-in** (*tchèk-in*) (enregistrement) dans la plupart des hôtels et motels est aux alentours de **2 or 3 p.m.** (*tou oe dzrii pi èm*) (14 ou 15 heures). Bien sûr, vous pouvez vous enregistrer à n'importe quelle heure, mais il n'est pas garanti que votre chambre soit prête jusqu'à l'heure de **check-in** spécifiée.

Le **reception counter** [UK] (*ri-sèp-chen caoun-te*)/**front desk** [US] (*front dèsk* [UK], *frânt dèsk* [US]) (la réception) est en général l'endroit approprié pour trouver des informations sur la région, y compris des cartes, des brochures sur les restaurants, les musées et d'autres lieux intéressants. Le personnel des hôtels est en général soucieux de répondre à vos questions et de faire des suggestions. Ce sont ces personnes que vous devez appeler si vous découvrez que vous avez besoin de quelque chose – **extra towels** (*ix-tra taouelz*) (des serviettes supplémentaires), **a hair dryer** (*e h'ee draïe*) (un sèche-cheveux), **an iron** (*an aïen*) (un fer à repasser), etc.

Conversation

CD

Nettie et Charlie Abbott sont arrivés à l'hôtel. Monsieur Abbott s'occupe de l'enregistrement tandis que madame Abbott va voir le **lobby** (*lo-bi* [UK], *lâ-bi* [US]) (hall d'entrée) et le restaurant.

Réception : **May I help you?**

mèï aï h'èlp iou

Puis-je vous aider ?

M. Abbott : **Yes, I want to check in. My wife and I have reservations for tonight and tomorrow night.**

iès aï ouânt tou tchèk in maï ouaïf and aï h'av ri-se-véï-chenz foe tou-naït and tou-mo-reou naït [UK]

iès aï ouânt tou tchèk in maï ouaïf and aï h'av ri-se-véï-chenz foe tou-naït and tou-mâ-rôô naït [US]

Oui, je veux m'enregistrer. Ma femme et moi avons des réservations pour cette nuit et la nuit de demain.

Réception : **Your name, sir?**

ioue néïm see

Votre nom, Monsieur ?

M. Abbott : **Charles Abbott.**

tchââlz a-bet

Charles Abbott.

Réception : **Yes, your room is ready.**

iès ioue rououm iz rè-di

Oui, votre chambre est prête.

M. Abbott :	**That's wonderful.**
	dats ouaen-de-foul [UK]
	dats ouen-de-foul [US]
	C'est merveilleux.
Réception :	**Here's your room key, and I'll call a porter to get your bags.**
	h'iez ioue rououm kii and aïl côôl e pôô-te tou guèt ioue bagz [UK]
	h'iez ioue rououm kii and aïl cââl e pôô-te tou guèt ioue bagz [US]
	Voici la clé de votre chambre, et je vais appeler un porteur pour chercher vos bagages.
M. Abbott :	**Thank you.**
	dzank iou
	Merci.

Mots clés

reservation	ri-se-véï-chen	réservation
arrival	e-raï-vel	arrivée
vacancy	véï-ken-si	place
a room	e rououm	une chambre
queen-size bed	kouiin-saïz bèd	grand lit
king-size bed	kign-saïz bèd	très grand lit

Possession

Il ne faut pas être possessif en matière amoureuse, mais quand vous parlez anglais, être possessif (c'est-à-dire utiliser des pronoms et des adjectifs possessifs) est une bonne chose. Les possessifs servent à indiquer ce qui appartient aux uns et aux autres. (Voyez le chapitre 2 pour un tour d'horizon de la grammaire anglaise.)

Les **possessive adjectives** (*pe-zè-siv e-djèk-tivz*) (adjectifs possessifs) se placent devant les noms et indiquent la possession – ils indiquent à qui ou à quoi le nom appartient. Voici les adjectifs possessifs :

- **my** (*maï*) (mon/ma/mes)
- **your** (*ioue*) (votre/vos)
- **her** (*h'ee*) (son/sa/ses – dans le cas d'un possesseur féminin)
- **his** (*h'iiz*) (son/sa/ses – dans le cas d'un possesseur masculin)
- **its** (*its*) (son/sa/ses – dans le cas d'un possesseur neutre)
- **our** (*aoue*) (notre/nos)
- **their** (*dèe*) (leur/leurs)

En anglais, les adjectifs possessifs (comme tous les adjectifs) sont invariables, que les noms soient au singulier ou au pluriel. Vous le comprendrez mieux en regardant les phrases suivantes :

- **These are her bags.** (*diiz âe h'ee bagz*) (Ceux-ci sont ses bagages.)
- **This is her suitcase.** (*dis iz hee siout-kéïs*) (Ceci est sa valise.)

Le choix du bon adjectif possessif peut être un peu délicat au début. Vous devez utiliser l'adjectif possessif qui se réfère au possesseur (contrairement au français, où l'adjectif possessif choisi est celui qui correspond à l'entité possédée). Autrement dit, si le possesseur est féminin, utilisez le mot **her** pour montrer la possession, même si ce qui est possédé est masculin. Voici des exemples relatifs à Nettie et Charles Abbott (les voyageurs de ce chapitre) :

- **Nettie travels with her husband.** (*nèt-ti tra-velz ouid hee haez-bend* [UK], *nèt-ti tra-velz ouid hee hez-bend* [US] (Nettie voyage avec son mari.)
- **His wife made a reservation.** (*h'iz ouaïf méïd e ri-se-véï-chen*) (Sa femme a fait une réservation.)

Les **possessive pronouns** (*pe-zè-siv preou-naounz* [UK], *pe-zè-siv prôô-naounz* [US]) (pronoms possessifs) montrent à qui ou à quoi appartient un nom précédemment mentionné. Ils se placent au début ou à la fin d'une phrase et peuvent être le sujet ou le complément. Voici les différents pronoms possessifs :

- **mine** (*maïn*) (le mien/la mienne/les miens/les miennes)
- **yours** (*iouez*) (le vôtre/la vôtre/les vôtres)
- **hers** (*h'eez*) (le sien/la sienne/les siens/les siennes – possesseur féminin)

- **his** (*h'iz*) (le sien/la sienne/les siens/les siennes – possesseur masculin)
- **ours** (*a-ouez*) (le nôtre/la nôtre/les nôtres)
- **theirs** (*dèez*) (le leur/la leur/les leurs)

Comme les adjectifs possessifs, les pronoms possessifs n'ont pas de forme au pluriel. Le -s dans les mots yours, hers, ours, et theirs implique la possession. Voici quelques exemples :

- **This luggage is yours.** (*dis lae-guidj iz iouez* [UK], *dis le-guidj iz iouez* [US]) (Ces bagages sont les vôtres.)
- **Mine is still in the car.** (*maïn iz stil in de cââ*) (Les miens sont toujours dans la voiture.)

Conversation

Un porteur de l'hôtel arrive pour porter les bagages de Nettie et Charlie dans leur chambre. (Piste 17)

Porteur : **Are these your bags?**

ââe diiz ioue bagz

Ce sont vos bagages ?

Nettie : **Yes, they're ours. This is my husband's bag, and these three are mine.**

iès dèïr aouez dis iz maï h'aez-bendz bag and diiz dzrii ââ maïn [UK]

iès dèïr aouez dis iz mai h'ez-bendz bag and diiz dzrii ââ maïn [US]

Oui ce sont les nôtres. Ceci est le sac de mon mari, et ces trois-ci sont les miens.

Charlie : **Be careful with hers. They're filled with her best shoes!**

bii kée-foul ouid h'eez dèe fild ouid h'ee bèst chououz

Faites attention aux siens. Ils sont remplis de ses meilleures chaussures !

Nettie : **And be careful with his. They're filled with his favorite travel magazines!**

and bii kée-foul ouid h'iiz dèe fild ouid h'iiz féï-v'rit ma-gue-ziinz

Et faites attention au sien. Il est rempli de ses magazines préférés !

Porteur : **No problem. I'll lift them on to my cart.**
neou pro-blem aïl lift dèm on tou maï câât [UK]
nôô prâ-blem aïl lift dèm on tou maï câât [US]
Pas de problème. Je vais les mettre sur mon chariot.

Charlie : **Your shoes!**
ioue chououz
Tes chaussures !

Nettie : **Your magazines!**
ioue ma-gue-zinz
Tes magazines !

Porteur : **Oh! My back!**
eou maï bac [UK]
ôô maï bac [US]
Oh ! Mon dos !

Les pourboires

Il est habituel de donner des pourboires au personnel des hôtels et des motels. Si le service est exceptionnel, vous pouvez toujours donner **a generous tip** (*e djé-ne-res tip*) (un pourboire généreux), mais n'oubliez pas que s'abstenir est considéré comme mal élevé. Voici donc quelques conseils pour que vous sachiez à qui donner des pourboires et approximativement de quels montants.

- **porter/bellhop** (*pôô-te bèl-hop* [UK], *pôô-te bèl-hâp* [US]) (porteur) **$1** par bagage
- **Valet attendant** (*va-lèè e-tèn-dent*) (coursier) **$2–$5**
- **Housekeeper/maid** (*h'aous-kii-pe méïd*) (femme de chambre) **$1–$2** par jour
- **Room service** (*rououm see-vis*) (service dans la chambre). Service de 15 % inclus ; **$l** à la personne qui livre.

Pour plus d'informations sur les monnaies britannique et américaine, reportez-vous au chapitre 7.

Mots clés

reception counter [UK]	ri-sèp-chen caoun-te	réception
front desk [US]	front dèsk	réception
a tip	e tip	un pourboire
porter	pôô-te	porteur
bellhop	bèl-hop [UK], bèl-hâp [US]	porteur
luggage	lae-guidj [UK], le-guidj [US]	bagages
bags	bagz	sacs/valises

Distinguer entre There, Their, et They're

Ces petits mots vous causent-ils des ennuis ? N'ayez crainte – les anglophones de naissance les confondent parfois accidentellement, eux aussi. La raison est que la prononciation est pratiquement la même. Ils diffèrent cependant quant au sens, à la fonction et, comme vous le voyez, l'écriture. Le tableau 9.2 vous donne plus d'informations sur les différences. Notez que le mot **there** (*dèe*) (il/là) a deux fonctions.

Tableau 9.2 — There, Their, and They're

Mot	*Fonction ; sens*	*Exemple de phrase*
There	Adverbe ; à ou vers un lieu spécifique	**Our bags are over there** (*aoue bagz ae eou-ve dèe* [UK], *aoue bagz ae ôô-ve dèe* [US]) (Nos bagages sont là-bas)
There	Pronom ; sert à amorcer une déclaration	**There is (there's) a charge for room service** (*dèe iz – dèèz – e tchââj foe rououm see-vis*) (Le service dans la chambre est facturé)
Their	Adjectif possessif ; deux possesseurs ou plus	**Their bags are heavy** (*dèe bagz âe h'è-vi*) (Leurs bagages sont lourds)
They're	Contraction (**They + are**) combinaison d'un pronom personnel et d'un verbe ; ils/elles/ ce sont	**They are checking into a motel** (*dèï âe tchè-kign in-tou e meou-tèl* [UK], *dèï âe tchè-kign in-tou e môô-tèl* [US]) (Ils prennent une chambre dans un motel)

Les chapitres 2 et 3 donnent plus d'explications sur les contractions.

Les petits suppléments, ce qui est gratuit et ce qui ne l'est pas

Les services supplémentaires entraînent souvent des dépenses supplémentaires sur votre note d'hôtel. Des services tels que **laundry service** (*lôôn-dri see-vis* [UK], *lâân-dri see-vis* [US]) (blanchisserie), **room service** (*rououm see-vis*) (service dans la chambre), **Internet time** (*in-te-nèt taïm*) (temps internet), et parfois même les appels téléphoniques locaux – normalement gratuits aux États-Unis – vous seront facturés. Et faites attention à ces snacks appétissants du **minibar** (*mi-ni-bââ*) (minibar), ils sont chers !

C'est pourquoi, afin d'éviter de grosses surprises, étudiez la brochure de l'hôtel ou les indications affichées dans la chambre pour découvrir les suppléments que vous devrez payer – et combien ils coûtent ! Cependant, des choses comme le **wake-up service** (*ouéïk aep see-vis* [UK], *ouéïk ep see-vis* [US]) (réveil), un **crib** (*crib*) (berceau/lit d'enfant), des **towels** (*taou-elz*) (serviettes de toilette), **pillows** (*pi-leouz* [UK], *pi-lôôz* [US]) (oreillers), et **blankets** (*blan-kits*) (couvertures) supplémentaires sont presque toujours gratuits où que vous alliez.

Quitter l'hôtel

Dans la plupart des hôtels et des motels, le **check-out time** (*tchèk aout taïm*) (l'heure limite de libération de la chambre) est 11 heures ou midi. Quand vous rendez la chambre, vous payez votre note, y compris tout service supplémentaire utilisé. Après, si vous ne partez pas tout de suite, vous pouvez généralement laisser vos bagages pour la journée derrière le comptoir de réservation ou dans un local spécial de stockage.

TRUC

Aux États-Unis, la note inclut une taxe hôtelière locale allant de 7 à 20 % selon la ville. La moyenne est d'environ 10 %. En Europe, comme pour d'autres prestations de services, la note comporte une TVA.

Conversation

CD

Nettie et Charlie sont restés deux nuits à l'hôtel et ont apprécié le restaurant et les autres services. Ils sont maintenant prêts à partir. (Piste 18)

Réception : **Yes, sir. How can I help you?**
iès see h'aou can aï h'èlp iou
Oui, Monsieur. Que puis-je faire pour vous ?

Charlie : **We'd like to check out. The name is Abbott.**
ouid laïk tou tchèk aout de néïm is a-bet
Nous voulons rendre la chambre. Notre nom est Abbott.

Réception : **What was your room number, sir?**
h'ouot ouez ioue rououm naem-be see [UK]
h'ouât ouez ioue rououm nem-be see [US]
Quel était votre numéro de chambre, Monsieur ?

Charlie : **Room 240.**
roum tou fôô-ti
Chambre 240.

Réception : **Was everything alright?**
ouoz é-vri-dzign ôôl-raït [UK]
ouâz é-vri-dzign ââl-raït [US]
Est-ce que tout allait bien ?

Charlie : **Yes, it was very nice.**
iès it ouez vé-ri naïs
Oui, c'était très bien.

Réception : **How would you like to pay?**
h'aou woud iou laïk tou pèï
Comment voulez-vous payer ?

Charlie : **By credit card. Do you take MasterCard?**
baï cri-dit cââd dou iou téïk mââs-te cââd [UK]
baï cri-dit cââd dou iou téïk maas-te cââd [US]
Par carte de crédit. Prenez-vous MasterCard ?

Réception : **Yes, we do.**
iès oui dou
Oui.

Charlie : **May we leave our bags here for the day?**
mèï oui liiv oue bagz h'ie fôô de dèï
Pouvons-nous laisser nos bagages ici pour la journée ?

Réception : **Certainly. We'll put them in our locked storage room.**

see-ten-li ouil pout dem in oue lokt stôô-ridj rououm [UK]

see-ten-li ouil pout dem in oue lokt stââ-ridj rououm [US]

Bien sûr. Nous allons les mettre dans le local spécial qui ferme à clé.

Charlie : **Thanks.**

dzanks

Merci.

Jeux et activités

Tracez une ligne reliant chaque mot ou expression de la liste numéro 1 à un mot ou une expression de même sens dans la liste 2.

List #1	List #2
porter	vacancy
bags	top quality
five star	luggage
full	leave the hotel
rooms available	bellhop
check out	no vacancy

Choisissez maintenant le mot correct pour compléter la phrase en utilisant ces mots : **there, their, theirs, they're**. Note : Vous pouvez avoir à utiliser plusieurs fois le même mot.

1. **_____ looking for _____ luggage.**
2. **Is that _____ luggage over _____?**
3. **No, that's not _____.**
4. **Oh, _____ it is!**

Chapitre 9

Les restaurants et les repas

Dans ce chapitre :

- Les mots pour les aliments et les repas
- Réserver une table au restaurant
- Comprendre le menu
- Commander les plats et la boisson

Quand on pense à la meilleure cuisine du monde, celle des pays anglophones ne vient pas aussitôt à l'esprit. Vous vous demandez peut-être même si « cuisine » est un mot qui convient aux aliments associés avec les États-Unis, comme les hamburgers, les hot dogs, les potatoe chips et les pizzas congelées (certes, la pizza est italienne – mais la pizza congelée est très américaine !).

Heureusement, dîner au restaurant dans un pays anglophone, et même aux États-Unis, implique bien d'autres expériences que celle du fast food. Dans les métropoles des îles Britanniques comme dans celles d'Amérique du Nord, des émigrés de tous les coins du monde ont apporté leurs traditions, et influencé les habitudes alimentaires régionales, comme aux USA **Cajun** (*<u>kéï</u>-djen*) (Cajun) et **Tex-Mex** (*tèx mèx*) (cuisine d'inspiration mexicaine au Texas). Vous trouverez plus loin dans ce chapitre des expressions qui vous aideront à sélectionner des plats en anglais, en Amérique du Nord et en Europe. Eh oui, je vous parlerai aussi un peu des fast-foods !

La faim et la soif

Pour quand votre estomac vous dit qu'il est temps de manger et quand vous avez besoin d'étancher votre soif, voici quelques expressions qui vous aideront à obtenir quelque chose **to eat** (*tou iit*) (à manger) ou **to drink** (*tou drink*) (à boire).

- **I'm hungry.** (*aïm h'aen-gri* [UK], *aïm h'en-gri* [US]) (J'ai faim.)
- **I'm thirsty.** (*aïm dzees-ti*) (J'ai soif.)
- **Let's eat.** (*lèts iit*) (Mangeons.)

POINT DE GRAMMAIRE

Utilisez le verbe **to be** (*tou bii*) (être) – non pas **to have** (*tou h'av*) (avoir) – avec les adjectifs **hungry** et **thirsty**. En outre, l'anglais utilise **to be** au lieu de **to have** pour indiquer l'âge. Par exemple, dites **I am 20 years old** (*aï am touèn-ti iiez eould* [UK], *aï am touèn-ti iiez ôôld* [US]) (J'ai 20 ans). (Voyez le chapitre 3 pour d'autres idées sur la façon d'exprimer l'âge.)

Des mots affamés

I'm hungry (*aïm h'aen-gri* [UK], *aïm h'en-gri* [US]) (J'ai faim) est direct et précis – vous voulez manger ! Mais d'autres expressions courantes ne sont pas si évidentes. Par exemple, vous pourriez dire **I'm so hungry, I could eat a horse!** (*aïm seou h'aen-gri aï coud iit e h'ôôs* [UK], *aïm sôô h'en-gri aï coud iit a h'ôôs*) (j'ai tellement faim, je pourrrais manger un cheval). Vous pouvez dire aussi **I'm starving** (*aïm stââ-vign*) (je meurs de faim) ou **I'm famished** (*aïm fa-micht*) (je suis affamé). En tout cas, tout le monde sait que vous voulez à manger, maintenant.

Traditionnellement, le moment du repas est un moment social – à moins que vous ne deviez vous sauver pour aller travailler ou que vous n'ayez qu'une pause déjeuner très brève – et vous devriez passer un peu de temps à table, profitant de la compagnie de ceux avec qui vous prenez les repas. Le style de vie accéléré change la façon dont beaucoup de gens mangent, mais même pour des Américains, trois bons repas par jour représentent encore la norme. Les sections suivantes vous parlent des repas de la journée. Avez-vous faim ?

Qu'y a-t-il au petit-déjeuner ?

Si vous avez faim le matin, vous pouvez demander **What's for breakfast?** (*ouots foe brèk-fest* [UK], *h'ouâts foe brèk-fest* [US]) (Qu'y a-t-il au petit-déjeuner ?). **Breakfast** veut dire littéralement **break the fast** (*brèïk de fââst* [UK], *brèïk de faast* [US]) (rompre le jeûne), mais en pays anglophone, le petit-déjeuner est un repas tellement populaire que certains restaurants affichent **"Breakfast served all day!"** (*brèk-fest seev'd ôôl dèï* [UK], *brèk-fest seev'd ââl dèï* [US]) (Petit-déjeuner servi toute la journée !).

Voici quelques ingrédients solides typiques d'un petit-déjeuner anglo-américain :

- **bacon** (*béï-ken*) (bacon)
- **cereal** (*sii-riel*) (céréales)
- **eggs** (*ègz*) (des œufs)
- **French toast** (*frènch teoust* [UK], *frènch tôôst* [US]) (pain grillé)
- **pancakes** (*pan-kéïks*) (crèpes)
- **sausage** (*so-sidj* [UK], *sâ-sidj* [US]) (saucisson/saucisse)
- **toast** (*teoust* [UK], *tôôst* [US]) (toast)
- **waffles** (*ouo-felz* [UK], *ouâ-felz* [US]) (gaufres)

Et voici quelques boissons de petit-déjeuner :

- **coffee** (*co-fii* [UK], *câ-fii* [US]) (café)
- **juice** (*djious* [UK], *djous* [US]) (jus de fruits)
- **tea** (*tii*) (thé)

Comment voulez-vous vos œufs ?

Un comédien pourrait répondre en plaisantant à cette question et demander « sur une assiette ! ». Mais vous devez être un peu plus spécifique – et probablement moins drôle – en commandant vos œufs. Voici quelques possibilités courantes :

- **fried** (*fraïd*) (sur le plat)
- **omelette** [UK], **omelet** [US] (*om-lèt* [UK], *âm-lèt* [US]) (omelette)
- **poached** (*peou-tch't* [UK], *pôô-tch't* [US]) (pochés)
- **scrambled** (*scram-beld*) (brouillés)

Aux États-Unis, vous serez confronté à de multiples variétés d'œufs sur le plat :

- **Sunny-side up** (*sae-ni saïd aep* [UK], *se-ni saïd ep* [US]) (le jaune – le soleil – n'est pas cuit).
- **Sunny-side down** (*sae-ni saïd daoun* [UK], *se-ni saïd daoun* [US]) (l'œuf est retourné pendant sa cuisson).
- **Over easy** (*eou-ve ii-zi* [UK], *ôô-ve ii-zi* [US]) (le jaune est encore assez liquide).
- **Medium** (*mii-diem*) (moyen : le jaune est encore un peu liquide).
- **Hard** (*h'ââd*) (le jaune est complètement cuit).

Malgré toutes ces possibilités, beaucoup de gens ne prennent qu'une tasse de café vite faite et un morceau de toast pour le petit-déjeuner durant la semaine. Mais le week-end, ils dorment souvent tard et prennent alors un **brunch** (*braench* [UK], *brench* [US]) (brunch). Le brunch est souvent servi dans le style buffet avec tous les articles typiques du breakfast et en plus **omelettes** [UK]/**omelets** [US] (*om-lèts* [UK], *âm-lèts* [US]) (omelettes) et d'autres plats à base d'œufs, des hors-d'œuvres, **fruit** (*frouout*) (des fruits), **pastries** (*péïs-triz*) (des pâtisseries), **muffins** (*mae-finz*) (des muffins), et peut-être **champagne** (*cham-péïgn*) (du champagne).

Qu'y a-t-il pour le déjeuner ?

Entre midi et une heure, c'est le moment de dire **Let's have lunch!** (*lèts h'av laench* [UK], *lès h'av lench* [US]) (Déjeunons !). La plupart des gens arrêtent leur travail pour attraper quelque chose à manger ou réchauffent un plat au four à micro-ondes du bureau, puis retournent au travail. Mais pour d'autres, un repas de midi chaud et convivial est le repas principal de la journée.

Voici la composition d'un déjeuner typique :

- **salad** (*sa-led*) (salade)
- **sandwich** (*san-douitch*) (sandwich)
- **soup** (*sououp*) (potage)
- **microwaveable meal** (*maï-crô-ouéï-ve-bel miil*) (repas à réchauffer au micro-ondes)

Vous pouvez (en général) utiliser **to eat** (*tou iit*) (manger) ou bien **to have** (*tou h'av*) (prendre) pour parler de nourriture. Par exemple, **Let's eat lunch** (*lèts iit laench* [UK], *lèts iit lench* [US]) (Déjeunons) et **Let's have lunch** (*lèts h'av laench* [UK], *lèts h'av lench* [US]) (Déjeunons) ont le même sens. Et vous pouvez utiliser **to drink** (*tou drink*) (boire) ou **to have** pour parler de boire quelque chose : **I drink coffee every morning** (*aï drink co-fii é-vri moo-nign* [UK], *aï drink câ-fi é-vri moo-nign* [US]) (Je bois du café chaque matin) et **I have coffee every morning** (*aï h'av co-fii é-vri moo-nign* [UK], *aï h'av câ-fii é-vri moo-nign* [US]) (Je prends du café chaque matin). **Eat, have** et **drink** sont tous des verbes irréguliers. (Consultez les tables des verbes irréguliers dans l'annexe A pour voir leur conjugaison.)

En français, il est correct de dire « Je prends mon petit-déjeuner à 7 heures », mais en anglais, vous ne pouvez pas dire **I take breakfast at 7 a.m.** Vous devez utiliser les verbes **to eat** ou **to have** décrits dans le paragraphe précédent. Vous pouvez utiliser **take** quand vous parlez de nourriture dans certaines situations, comme quand vous commandez un plat : **I'll take the**

salmon. (*aïl téïk de sa-men*) (Je prendrai le saumon). Ou au bureau : **Let's take a break.** (*lèts téïk e bréïk*) (Faisons une pause). Pour en savoir plus sur l'usage de **take** dans de telles circonstances, lisez la section « Verbes pour commander : **to have** et **to take** », plus loin dans ce chapitre, et regardez aussi le chapitre 14.

Qu'y a-t-il pour dîner ?

Le soir, vous pouvez demander **What should we have for dinner?** (*ouot choud oui h'av foe di-ne* [UK], *h'ouât choud oui h'av foe di-ne* [US]) (Que devons-nous manger au dîner ?). Dans les pays de langue anglaise, et surtout en Amérique du Nord, le repas du soir commence nettement plus tôt qu'en Europe continentale et surtout que dans les pays latins, vers 5 ou 6 heures du soir. Le repas du soir est le principal repas de la journée, et ce peut être le seul repas que les membres d'une famille prennent ensemble.

Un dîner typique inclut un **main course** (*méïn côôs*) (plat principal) tel que :

- **casserole** (*ca-se-reoul* [UK], *ca-se-rôôl* [US]) (cassolette)
- **fish** (*fich*) (poisson)
- **meat** (*miit*) (viande)
- **pizza** (*pi-dza*) (pizza)
- **poultry** (*peoul-tri* [UK], *pôôl-tri* [US]) (volaille)
- **spaghetti** (*spe-guè-ti*) (spaghetti)

Et un ou plusieurs des accompagnements suivants :

- **bread** (*brèd*) (pain)
- **potatoes** (*pe-téï-tez*) (pommes de terre)
- **rice** (*raïs*) (riz)
- **salad** (*sa-led*) (salade)
- **vegetables** (*vè-dje-te-blez*) (légumes verts)

Au chapitre 10, vous trouverez le vocabulaire spécifique des légumes (et aussi des fruits).

Dans certaines régions des États-Unis, par exemple dans certains États du Sud-Ouest, les gens prennent un repas principal à midi, suivi d'un repas plus léger – appelé **supper** (*sae-pe* [UK], *se-pe* [US]) (dîner léger) – le soir. Bien sûr, si vous avez faim entre les repas, vous pouvez toujours prendre un petit **snack** (*snac*) (snack).

Quand vous **set the table** (*sèt de téï-bel*) (mettez la table) pour le dîner, voici les articles de base dont vous avez besoin en anglais :

- **silverware** (*sil-ve-ouèe*) (couverts)
  - **forks** (*fôôx* [UK], *fââx* [US]) (fourchettes)
  - **knives** (*naïvz*) (couteaux)
  - **spoons** (*spouounz*) (cuillers)
- **dishes** (*di-chiz*) (vaisselle)
  - **bowls** (*beoulz* [UK], *bôôlz* [US]) (plats/coupes/bols)
  - **cups** (*caeps* [UK], *keps* [US]) (tasses)
  - **glasses** (*glââ-sez* [UK], *glaa-sez* [US]) (verres)
  - **plates** (*pléïts*) (assiettes)
- **other items** (*ae-de aï-temz* [UK], *e-de aï-temz* [US]) (autres articles)
  - **placemats** (*pléïs-mats*) (dessous d'assiette)
  - **saltcellar** [UK], **salt shaker** [US]) (*sôlt-sè-le* [UK], *sâlt chéï-ke* [US]) (salière)
  - **pepper pot** [UK], **pepper shaker** [US]) (*pè-pe pot* [UK], *pè-pe chéï-ke* [US]) (poivrier)
  - **tablecloth** (*téï-bel clodz* [UK], *téï-bel clâdz* [US]) (nappe)

La conversation suivante vous permettra de pratiquer les termes utilisés à table et vous fera découvrir quelques expressions à utiliser si quelque chose manque.

Finger food

Quand est-il convenable de manger avec ses doigts ? Quand vous mangez du **finger food** (*fign-ee fououd*) (aliments à prendre avec les doigts), bien sûr ! **Finger food** est un classement officieux d'aliments que vous pouvez prendre avec les mains sans commettre un faux pas. Appartiennent à cette catégorie **fried chicken** (*fraïd tchi-ken*) (poulet frit), **pizza** (*pi-dze*) (pizza), **bacon** (*béï-ken*) (bacon), et les **appetizers** (*a-pi-taï-zez*) (accompagnements d'apéritif). Dans le doute, regardez comment font les autres ou demandez **Is this finger food?** (*iz dis fign-ee fououd*) (peut-on le manger avec les doigts ?). Mais si vous n'êtes pas à l'aise en mangeant avec les doigts, vous pouvez habituellement utiliser votre fourchette et un couteau.

Conversation

La famille Grebe (des Britanniques) est sur le point de se mettre à table pour dîner. Les deux filles, Lindsey et Melissa, ont mis la table.

Mrs Grebe: **The food is ready. Let's sit down.**
de fououd iz <u>rè</u>-di lèts sit daoun
Le repas est prêt. Asseyons-nous.

Mr Grebe: **Wait a second. Where are the plates?**
ouéït e <u>sè</u>-kend ouèe ââ de pléïts [UK]
ouéït e <u>sè</u>-kend h'ouèe ââ de pléïts [US]
Une seconde. Où sont les assiettes ?

Melissa: **Lindsey, you forgot the plates!**
<u>lind</u>-zèï iou fe-<u>got</u> de pléïts [UK]
<u>lind</u>-zèï iou fe-<u>gât</u> de pléïts [US]
Lindsey, tu as oublié les assiettes !

Lindsey: **No, I didn't. You did!**
neou aï <u>did</u>-n't iou did [UK]
nôô aï <u>did</u>-n't iou did [US]
Non je ne les ai pas oubliées, c'est toi !

Mrs Grebe: **Here are some plates. Now, let's eat.**
h'ie ââ saem pléïts naou lèts iit [UK]
h'ie ââ sem pléïts naou lèts iit [US]
Voici des assiettes. Maintenant mangeons.

Mr Grebe: **I don't have a fork.**
aï deoun't h'av e fôôc [UK]
aï dôôn't h'av e fôôc [US]
Je n'ai pas de fourchette.

Melissa: **I'll get you one.**
aïl guèt iou ouaen [UK]
aïl guèt iou ouen [US]
Je vais t'en chercher une.

Mrs Grebe: **And I'm missing a spoon.**
and aïm mi-sign e spououn
Et il me manque une cuiller.

Lindsey: **Oops! Here's a spoon.**
ououps h'iez e spououn
Ouille ! Voilà une cuiller.

Mr Grebe: **Wait a minute! No napkins?**
ouéït e mi-nit neou nap-kinz [UK]
ouéït e mi-nit nôô nap-kinz [US]
Une minute ! Pas de serviettes ?

Aller au restaurant

Dining out (*daï-nign aout*) (Aller au restaurant) vous donne l'occasion de choisir parmi les cuisines de tous les pays, et de goûter aussi les plats et la culture du pays anglophone où vous vous trouvez. Cette section peut vous aider à vous sentir à l'aise quand quelqu'un dit **Let's go out to eat!** (*lèts gueou aout tou iit* [UK], *lèts gôô aout tou iit* [US]) (Allons au restaurant !).

Même les jours de semaine, les restaurants prisés peuvent être complets. Si vous voulez une table, il vaut mieux appeler et réserver. Sinon, préparez-vous à attendre.

Conversation

Vlada et son mari Mike (des Américains) veulent essayer un nouveau restaurant. Le restaurant a bénéficié de chroniques enthousiastes et ils décident d'appeler pour réserver. (Piste 19)

Réception : **Hello, Clouds Restaurant.**
h'è-leou claoudz rès-te-râgn [UK]
h'è-lôô claoudz rès-te-râgn [US]
Allo, restaurant Clouds.

Mike : **I'd like to make a reservation for Monday night.**
aïd laïk tou méïk e ri-ze-véï-chne foe maen-dè naït [UK]
aïd laïk tou méïk e ri-ze-véï-chen foe men-dè naït [US]
Je voudrais faire une réservation pour lundi soir.

Réception : **I'm sorry, we're closed Monday nights.**
aïm so-ri ouir cleouz'd maen-dè naït [UK]
aïm sâ-ri ouir clôôz'd men-dè naït [US]
Je suis désolé(e), nous sommes fermé le lundi soir.

Mike : **How about Sunday?**
h'aou e-baout saen-dè [UK]
h'aou e-baout sen-dè [US]
Et dimanche ?

Réception : **Sunday is fine. What time?**
saen-dè iz faïn ouot taïm [UK]
sen-dè iz faïn h'ouât taïm [US]
Dimanche c'est bon. Quelle heure ?

Mike : **Seven-thirty.**
sè-ven dzee-ti
Sept heures et demie

Réception : **How many people?**
h'aou mé-ni pii-pel
Combien de personnes ?

Mike : **Two.**
touou
Deux.

Réception : **And your name?**
and ioue néïm
Et votre nom ?

Mike : **Mike Moran**
maïk mo-ran
Mike Moran

Réception : **Okay, Mr Moran. That's two at 7:30 for this Sunday.**

eou-kéï mis-te mo-ran dats touou at sè-ven dzee-ti fe dis saen-dè [UK]

ôô-kéï mis-te mo-ran dats touou at sè-ven dzee-ti fe dis sen-dè [US]

D'accord M. Moran. Deux personnes à 7 h 30 dimanche prochain.

TRUC

Dans beaucoup de restaurants, le **host** (*h'eoust* [UK], *h'ôôst* [US]) (le maître d'hôtel) ou une **hostess** (*h'eous-tes* [UK], *h'ôôs-tes* [US]) (hôtesse d'accueil) prend votre nom et vous conduit à votre table. Mais en Amérique, si vous ne voyez personne pour vous accueillir et si vous voyez un signe disant **Please seat yourself** (*pliiz siit ioue-sèlf*) (Choisissez vous-même votre place), n'hésitez pas et prenez la table que vous voulez.

Conversation

Joanne vient d'arriver en ville et est entrée dans un restaurant où il y a du monde, espérant trouver une place.

Host: **Good evening. Two for dinner?**

goud iiv-nign touou fe di-ne

Bonsoir. Deux personnes pour dîner ?

Joanne: **No, just one.**

neou djaest ouaen [UK]

nôô djest ouen [US]

Non, une seulement.

Host: **Do you have a reservation?**

dou iou h'av e ri-ze-véï-chen

Avez-vous réservé ?

Joanne: **No, I'm afraid I don't.**

neou aïm e-fréïd aï deoun't [UK]

nôô aïm e-fréïd aï dôôn't [US]

Non, malheureusement pas.

Host: **Then I'll put your name on our waiting list.**
dèn aïl pout ioue néïm on aoue ouéï-tign list
Alors je vais mettre votre nom sur notre liste d'attente.

Joanne: **How long will it be?**
h'aou logn ouil it bii
Cela prendra combien de temps ?

Host: **About 20 minutes.**
e-baout touèn-ti mi-nits
Environ 20 minutes.

Joanne: **Okay, I'll wait. My name is Joanne.**
eou-kèï aïl ouéït maï néïm iz djôô-an
Bien, je vais attendre. Je m'appelle Joanne.

Host: **I'll call you as soon as I have a free table.**
aïl côôl iou az sououn az aï h'av e frii téï-bel [UK]
aïl câûl iou az sououn az aï h'ave e frii téï bel [US]
Je vous appelle dès que j'ai une table libre.

N'OUBLIEZ PAS !

Dans un café américain, il est généralement considéré comme mal élevé de s'asseoir à une table occupée (mais où il reste de la place) – même si c'est le seul endroit disponible. La coutume peut sembler idiote, peut-être, mais c'est ainsi le plus souvent. Vous pourrez cependant rencontrer quelques exceptions à cette règle non écrite, dans les cafétérias d'établissements scolaires ou de bureaux, où vous pouvez demander **Is this seat taken?** (*iz dis siit téï-ken*) (Cette place est-elle prise ?) si vous apercevez une chaise disponible à une table.

Mots clés

to seat	tou siit	s'asseoir
to wait	tou ouéït	attendre
to dine out	tou daïn aout	dîner au restaurant
to make a reservation	tou méïk e ri-ze-véï-chen	faire une réservation

Commander à partir du menu

Choisir ce que vous voulez à partir du menu peut être toute une aventure. Dans un restaurant proposant une cuisine d'Europe continentale, vous pourrez reconnaître des plats qui vous sont familiers (bien qu'ils puissent être considérablement modifiés). Cependant, certains plats peuvent avoir des noms créatifs, de sorte qu'il est impossible de savoir de quoi ils se composent – sauf si vous le demandez. Voici quelques façons de poser cette question, ainsi que quelques autres, utilisables pour commander.

- **Excuse me. What's this?** (*ix-kiououz mi ouots dis* [UK], *ix-kiououz mi h'ouâtz dis* [US]) (Pardon. Qu'est-ce que c'est que ça ?)
- **Can you tell me about this item?** (*can iou tèl mi e-baout dis aï-tem*) (Pouvez-vous me dire quelque chose sur ce plat ?)
- **Which items are vegetarian?** (*ouitch aï-temz ââ vé-dji-tée-rien*) (Quels plats sont végétariens ?)

Pour presque tous les plats que vous commandez – même le plat principal – vous disposez de plusieurs possibilités, comme le degré de cuisson de la viande, le type de préparation des pommes de terre, le type de sauce pour la salade, et ainsi de suite. Les sections suivantes vous aideront à découvrir les options disponibles, et à demander ce qui vous convient.

Viande

Voici quelques-unes des options :

- **beef** (*biif*) (bœuf)
- **lamb** (*lam*) (agneau)
- **pork** (*pôôc*) (porc)

Le serveur peut aussi vous demander **How do you want your meat?** (*haou dou iou ouânt ioue miit*) (Quelle cuisson pour la viande ?) pour pouvoir dire au chef combien de temps il doit cuire votre bœuf. Vous avez le choix entre les réponses suivantes :

- **medium** (*mii-diem*) (à point)
- **rare** (*rèe*) (bleu)
- **well done** (*ouèl daen* [UK], *ouèl den* [US]) (bien cuit)

Si vous hésitez entre plusieurs possibilités, demandez **medium-rare** (*mii-diem rèe*) (saignant) ou **medium-well** (*mii-diem ouèl*) (entre à point et bien cuit).

Pommes de terre

Et voici quelques options pour les pommes de terre :

- **baked potatoes** (*béïk't pe-téï-teouz* [UK], *béïk't pe-téi-tôôz* [US]) (pommes de terre au four), servies avec l'un des ingrédients suivants (mais si vous hésitez entre eux, prenez-les tous les trois !) :
  - **sour cream** (*saoue criim*) (crème fraîche)
  - **butter** (*bae-te* [UK], *be-te* [US]) (beurre)
  - **chives** (*tchaïvz*) (ciboulette)
- **French fries** (*frènch fraïz*) (pommes frites)
- **mashed potatoes** (*macht pe-téï-teouz* [UK], *macht pe-téï-tôôz* [US]) (purée de pommes de terre)

Sauce de salade (Salad dressing)

Les restaurants britanniques assaisonnent la salade à leur manière, un peu fade, et ne vous demandent pas votre avis. Mais lors d'un premier séjour aux États-Unis, soyez sur vos gardes, vous pourriez avoir des surprises.

- **blue cheese** (*blouou tchiiz*) (à base d'un fromage genre Roquefort)
- **French** (*frènch*) (« française », sauce onctueuse un peu sucrée, d'une couleur indéfinissable, au goût répugnant pour un palais français)
- **Italian** (*i-ta-lien*) (sauce à l'huile et au vinaigre de vin, relevée avec un peu d'ail)
- **Ranch** (*râântch* [UK], *raantch* [US]) (moins sucrée et nettement plus relevée que **French**, et pouvant comporter une dizaine d'ingrédients parmi lesquels de la moutarde et de l'ail)
- **Thousand Island** (*dzaou-zend aï-lend*) (des Mille Îles – même commentaire que pour **French**, sauf la couleur, qui est rose)

Boissons

TRUC

Tandis que les Britanniques boivent de l'eau fraîche sans plus, et leur bière parfois presque tiède, les Américains ont un faible pour les boissons glacées. Dans tout restaurant américain, dès que vous prenez place à table, un serveur se précipite pour remplir votre (grand) verre de glaçons presque sans eau. Si l'eau ne vous suffit pas ou si vos dents supportent mal la congélation, vous pouvez demander :

- **milk** (*milc*) (du lait)
- **soda** (*seou-de* [UK], *sôô-de* [US]) (un soda)
- **hot coffee/tea** (*h'ot co-fii/tii* [UK], *h'ât câ-fii/tii* [US]) (du café/thé chaud)

- **alcoolic beverages** (*al-co-h'o-lic bè-vri-djez* [UK], *al-câ-h'â-lic bè-vri-djez* [US]) (des boissons alcoolisées)

Let's eat (*lèts iit*) (Mangeons) est une phrase courante applicable au petit déjeuner, au déjeuner ou au dîner. Mais **let's drink** (*lèts drinc*) (buvons) se réfère habituellement à l'absorption d'alcool. Si donc vous dites **I want to drink** (*aï ouânt tou drinc*) (je veux boire), cela implique que vous voulez boire de l'alcool – et peut-être même vous saouler un peu !

Conversation

Joanne est finalement assise dans le restaurant rempli de monde, et la serveuse est venue prendre sa commande. (Piste 20)

Serveuse : **Hi. I'm Sara, I'll be your server.**
h'aï aïm sa-re aïl bii ioue see-ve
Bonjour, je m'apelle Sara et c'est moi qui vous sers.

Joanne : **Hi, Sara.**
h'aï sa-re
Bonjour Sara.

Serveuse : **Ready to order?**
rè-di tou ôô-de
Prête à commander ?

Joanne : **Yes, I'll have the poached salmon with rice.**
iès aïl h'av de peou-tch't sa-men ouid raïs [UK]
iès aïl h'av de pôô-tch't sa-men ouid raïs [US]
Oui, je prendrai le saumon poché avec du riz.

Serveuse : **That comes with soup or salad.**
dat caemz ouid sououp oe sa-led [UK]
dat kemz ouid sououp oe sa-led [US]
Il est prévu avec du potage ou une salade.

Joanne : **I'll take the salad.**
aïl téïk de sa-led
Je prendrai la salade.

Serveuse : **And what kind of dressing for you?**
and ouot caïnd ev dr<u>è</u>-sign foe iou [UK]
and h'ouât caïnd ev dr<u>è</u>-sign foe iou [US]
Et quel sorte de sauce pour vous ?

Joanne : **Ranch.**
râântch [UK]
raantch [US]
Ranch.

Serveuse : **Something to drink?**
<u>saem</u>-dzign tou drinc [UK]
<u>sem</u>-dzign tou drinc [US]
Quelque chose à boire ?

Joanne : **I'd like a glass of Chardonnay, please.**
aïd laïk e glââs ev <u>chââ</u>-de-nèï pliiz [UK]
aïd laïk e glass ev <u>chââ</u>-de-nèï pliiz [US]
Je voudrais un verre de chardonnais, s'il vous plaît.

Serveuse : **Okay. I'll be right back with some bread and your wine.**
eou-<u>kèï</u> aïl bii raït bac ouid saem brèd and ioue ouaïn [UK]
ôô-<u>kèï</u> aïl bii raït bac ouid sem brèd and ioue ouaïn [US]
Bien. Je reviens tout de suite avec du pain et le vin.

Conversation avec la personne qui sert

Un serveur expérimenté ne doit pas venir trop souvent à votre table pendant un repas, mais rester vigilant pour le cas où vous auriez besoin de lui. Si vous avez besoin de quelque chose de votre serveur pendant que vous mangez, il devrait être assez facile d'attirer son attention. (Je cherche habituellement à établir un contact visuel et à agiter la main, mais n'hésitez pas à demander à un autre serveur de vous envoyer le vôtre s'il ne vous a pas remarqué.) Vous pouvez dire ensuite **Excuse me. May I please have** (*ix-<u>kiououz</u> mi mèï aï pliiz h'av*) (Pardon. Pourrais-je avoir) suivi d'une ou plusieurs choses de cette liste :

- **more water** (*moe <u>ouôô</u>-te* [UK], *moe <u>ouââ</u>-te* [US]) (plus d'eau)
- **some coffee** (*saem <u>co</u>-fii* [UK], *sem <u>câ</u>-fii* [US]) (du café)

- **another glass of wine** (*e-nae-de glââs ev ouaïn* [UK], *e-ne-de glaas ev ouaïn* [US]) (un autre verre de vin)
- **the bill** [UK]/**check** [US]) (*de bil* [UK], *de tchèk* [US]) (l'addition)

Les verbes pour commander : to have et to take

Le serveur/la serveuse et son client peuvent l'un et l'autre utiliser les verbes **to have** (*tou h'av*) (avoir) et **to take** (*tou téïk*) (prendre). La serveuse vous dit typiquement **I'll take your order** (*aïl téïk ioue ôô-de*) (Je vais prendre votre commande) ou demande **What will you have ?** (*ouot ouil iou h'av* [UK], *h'ouât ouil iou h'av* [US]) (Que prendrez-vous ?). Le client répond habituellement avec le verbe **to have**, par exemple **I'll have the steak** (*aïl h'av de stèïk*) (Je prendrai le steak).

Mais si la personne qui sert vous offre un choix, le client répond habituellement par le verbe **to take**, qui en pareil cas signifie choisir, comme dans **I'll take the rice** (*aïl téïk de raïs*) (Je prendrai le riz). **Have** et **take** sont l'un et l'autre des verbes irréguliers. (Consultez les verbes irréguliers dans l'annexe A pour voir leurs formes du passé.) Vous trouverez d'autres indications sur le verbe **to take** dans les chapitres 5, 6 et 9 (le chapitre actuel).

Mots clés

to order	tou ôô-de	commander
menu	mè-niou	menu
server	see-ve	serveur/serveuse
waiter	ouéï-te	serveur
waitress	ouéï-tres	serveuse

La fin du repas et l'addition

Assez rapidement après que vous aurez fini de manger, la personne qui sert devrait arriver pour enlever les assiettes et vous demander si vous désirez un dessert et/ou un café. Jetez un coup d'œil sur la conversation suivante pour y trouver quelques expressions utilisables à la fin du repas.

Conversation

Vlada et Mike ont fini leur repas, et la serveuse arrive pour enlever les assiettes.

Serveuse : **All finished here?**
ôôl fi-nicht h'ie [UK]
ââl fi-nicht h'ie [US]
Complètement fini, ici ?

Vlada : **Yes, thank you. It was delicious.**
iès dzank iou it ouez dè-li-ches
Oui, merci. C'était délicieux.

Serveuse : **Would you like to see a dessert menu?**
woud iou laïk tou sii e di-zeet mè-niou
Voulez-vous voir la carte des desserts ?

Mike : **Definitely.**
dè-fi-ni-tli
Absolument.

Serveuse : **Here you are. And can I get you some tea or coffee?**
h'ie iou ââ and can aï guèt iou saem tii oe co-fii [UK]
h'ie iou ââ and can aï guèt iou sem tii oe câ-fii [US]
Voici. Et prendrez-vous du thé ou du café ?

Mike : **Yes, please. A cup of coffee.**
iès pliiz e caep ev co-fii [UK]
iès pliiz e kep ev câ-fii [US]
Oui, s'il vous plaît. Un café.

Serveuse : **Cream 'n' sugar?**
criim 'n chou-gue
Crème et sucre ?

Mike : **Excuse me? What kind of sugar?**
ix-kiououz mi ouot caïnd ev chou-gue [UK]
ix-kiououz mi h'ouât caïnd ev chou-gue [US]
Pardon ? Quel genre de sucre ?

Serveuse : **I mean do you want cream and sugar for your coffee.**

aï miin dou iou ouânt criim and <u>chou</u>-gue foe ioue <u>co</u>-fii [UK]

aï miin dou iou ouânt criim and <u>chou</u>-gue foe ioue <u>câ</u>-fii [US]

Je veux dire voulez-vous de la crème et du sucre avec le café ?

Mike : **No thanks, just black.**

neou dzancs djaest blac [UK]

nôô dzancs djest blac [US]

Non merci, du café noir.

Après quelques minutes, la serveuse revient avec le café et prend la commande du dessert.

Serveuse : **Here's your coffee, sir. Have you decided on dessert?**

h'iez ioue <u>co</u>-fii see h'av iou di-<u>saï</u>-ded on di-<u>zeet</u> [UK]

h'iez ioue <u>câ</u>-fii see h'av iou di-<u>saï</u>-ded on di-<u>zeet</u> [US]

Voici votre café, Monsieur. Avez-vous choisi le dessert ?

Vlada : **Can you recommend something? They all sound good.**

can iou rè-ke-<u>mènd</u> saem-dzign dèï ôôl saound goud [UK]

can iou rè-ke-<u>mènd</u> sem-dzign dèï ââl saound goud [US]

Pouvez-vous recommander quelque chose ? Ils semblent tous bons.

Serveuse : **The Chocolate Mousse is my favorite.**

de <u>tcho</u>-clet mous iz maï <u>féï</u>-vrit [UK]

de <u>tchâ</u>-clet mous iz maï <u>féï</u>-vrit [US]

La mousse au chocolat est mon dessert préféré.

Vlada : **Okay. We'd like to share one.**

eou-<u>kèï</u> ouid laïk tou chèe ouaen [UK]

ôô-<u>kèï</u> ouid laïk tou chèe ouen [US]

Très bien. Nous voudrions en partager une.

Serveuse : **Okay. One Chocolate Mousse with two forks, right?**

eou-<u>kèï</u> ouaen <u>tcho</u>-clet mous ouid touou fôôx raït [UK]

ôô-<u>kèï</u> ouen <u>tchâ</u>-clet mous ouid touou fôôx raït [US]

Bon. Une mousse au chocolat avec deux fourchettes, c'est bien ça ?

Mike: **Perfect.**

pee-fèct

Parfait.

Si vous aimez les sucreries, on dit en anglais que vous avez **a sweet tooth** (*e souit tououdz*) (une dent sucrée). Si vous voulez quelque chose de sucré à la fin du repas, ces desserts courants sont faits pour vous :

- **cake** (*kéïk*) (gâteau)
- **cookies** (*cou-kiz*) (biscuits)
- **custard** (*caes-ted* [UK], *kes-ted* [US]) (flan)
- **ice cream** (*aïs criim*) (glace)
- **pie** (*paï*) (tarte/pâté)
- **sherbet** (*chee-bet*) (sorbet)

Quand la dernière bouchée de dessert est avalée et que vous avez fini de boire votre café, la serveuse apporte **the bill** (*de bil* [UK]) (l'addition) ou **the check** (*de tchèk* [US]) (l'addition). C'est le décompte des plats et des boissons, plus la **tax** (*tax*) (taxe). Pour éviter tout embarras à la fin du repas, demandez toujours quelles formes de paiement le restaurant accepte en faisant la réservation ou avant de vous asseoir. Certains restaurants n'acceptent pas les chèques ni certaines cartes de crédit. (Le chapitre 8 donne plus de précisions sur le paiement de l'addition.)

INFO CULTURELLE

Le sac pour le chien

Dans les restaurants américains les portions sont souvent gigantesques, et c'est pourquoi il n'est pas inconvenant d'emmener chez vous ce que vous n'avez pas terminé ou de demander un **doggie bag** (*do-gui bag* [UK], *dâ-gui bag* [US]) (sac pour le chien). En fait, c'est une pratique courante – même dans les restaurants chics. Au début, le **doggie bag** était vraiment pour le chien ; quelques restes de viande pour Spot. Mais désormais, pour la plupart des gens, le repas pris au restaurant un soir est le déjeuner du lendemain. Deux repas pour le prix d'un ! Pour emmener les restes chez vous, vous pouvez dire :

- **May I have a doggie bag ?** (*mèï aï h'av e do-gui bag* [UK], *mè¨aï h'av e dâ-gui bag* [US]) (Puis-je avoir un sac pour le chien ?)
- **I'd like to take this home.** (*aïd laïk tou téïk dis h'eoum* [UK], *aïd laïk tou téïk dis h'ôôm* [US]) (Je voudrais emmener ceci chez moi.)

INFO CULTURELLE

Aux États-Unis, un pourboire est attendu. En fait, un **tip** (*tip*) (pourboire) ou **gratuity** (*gre-tiouou-i-ti* [UK], *gre-touou-e-ti* [US]) (pourboire) de 15 à 20 % de l'addition avant taxe est standard. Bien sûr, vous pouvez toujours laisser plus d'argent pour un excellent service (ou moins pour un service médiocre). Dans le cas d'un grand nombre de personnes, un pourboire de 15 à 20 % est automatiquement inclus dans l'addition.

Mots clés

dessert	di-zeet	dessert
the bill [UK]	de bil	l'addition
the check [US]	de tchèk	l'addition
tax	tax	taxe
gratuity	gre-tiouou-i-ti [UK], gre-touou-e-ti [US]	pourboire
doggie bag	do-gui bag [UK], dâ-gui bag [US]	sac pour le chien

Pour les gens pressés

Les restaurants **fast food** (*fââst fououd* [UK], *faast fououd* [US]) (fast-food) et les **takeaways** [UK] (*téïk-e-ouèï*) (traiteurs/plats à emporter)/**takeouts** [US]) (même sens) existent partout dans le monde, et vous êtes sans doute familiarisé avec le type de nourriture et de service en question. Mais dans un fast-food américain, vous pouvez être surpris par la variété du choix des plats et surtout par les portions gigantesques. Par exemple, un **small** (*smôôl* [UK], *smââl* [US]) (petit) soda aux USA peut être comme un **large** (*lââdj*) (grand) soda en France. Et si vous commandez un grand soda – attention – vous pouvez avoir besoin de l'aide de tous vos amis pour le finir ! Les **hamburgers** (*h'am-be-guez*) (hamburgers) peuvent eux aussi être beaucoup plus gros que ce à quoi vous êtes habitué, et une grande portion de **fries** (*fraïz*) (pommes frites) peut ressembler à un repas complet !

Commander – en anglais – dans un fast-food peut être un peu déroutant, surtout si le restaurant est bondé et si la personne qui prend la commande parle vite. Mais ne perdez pas votre sang-froid, relaxez-vous et demandez à la personne qui est derrière le comptoir de parler plus lentement et de vous expliquer ce que vous ne comprenez pas.

Conversation

Godfrey est dans un restaurant fast-food et commande à déjeuner. La personne qui prend sa commande parle très vite. Godfrey ressent la pression, mais il veut savoir exactement ce qu'il est en train de commander, et il prend le temps de poser des questions. (Piste 21)

Employé : **Next. What would you like?**
nèxt ouot woud iou laïk [UK]
nèxt h'ouât woud iou laïk [US]
Suivant. Que voulez-vous ?

Godfrey : **I'll have a cheeseburger.**
aïl h'av e tchiiz-be-guee
Je prendrai un hamburger au fromage.

Employé : **You want everything on that?**
you ouânt é-vré-dzign on dat
Vous voulez tout dessus ?

Godfrey : **Everything? What's everything?**
é-vré-dzign ouots é-vré-dzign [UK]
é-vré-dzign h'ouâts é-vré-dzign [US]
Tout ? C'est quoi, tout ?

Employé : **Mayonnaise, lettuce, tomatoes, onions, and pickles.**
mèï-e-nèïz lè-tis te-mââ-tez, ae-nienz and pi-kelz [UK]
mèï-e-nèïz lè-tis te-méï-tez, e-nienz and pi-kelz [US]
Mayonnaise, laitue, tomates, oignons et pickles.

Godfrey : **No onions, please.**
neou ae-nienz pliiz [UK]
nôô e-nienz pliiz [US]
Pas d'oignons, s'il vous plaît.

Employé : **Anything else?**
é-ni-dzign èls
Autre chose ?

Godfrey : **I'll have an orange soda.**
aïl h'av en o-réïnj seou-de [UK]
aïl h'av een o-réïnj sôô-de [US]
Je prendrai un soda à l'orange.

Employé : **What size? Small, medium, or large?**
ouot saïz smôôl mii-diem oe lââdj [UK]
h'ouât saïz smââl mii-diem oe lââdj [US]
Quelle taille ? Petit, moyen ou grand ?

Godfrey : **Small, please.**
smôôl pliiz [UK]
smââl pliiz [US]
Petit, s'il vous plaît.

Employé : **"Fear t'go?"**
fie t'gueou [UK]
fie t'gôô [US]
Pour ici ou pour emporter ?

Godfrey : **What? Excuse me?**
ouot ix-kiououz mi [UK]
h'ouât ix-kiououz mi [US]
Quoi ? Pardon ?

Employé : **For here or to go?**
foe h'ie oe tou gueou [UK]
foe h'ie oe tou gôô [US]
Pour ici ou pour emporter ?

Godfrey : **To go.**
tou gueou [UK]
tou gôô [US]
Pour emporter.

Employé : **That's five eighty five.**
dats faïv éï-ti faïv
C'est cinq quatre-vingt cinq.

Jeux et activités

Vous décidez d'aller dîner dans un petit restaurant. Vous commandez un steak, de la purée de pommes de terre, un potage de légumes, une salade verte, du café et un verre d'eau. Avant de commencer à manger, examinez tout ce qu'il y a sur la table et trouvez ce qui manque.

A____________________

B____________________

C____________________

D____________________

E____________________

F____________________

G____________________

H____________________

I____________________

J____________________

Chapitre 10

Faire ses achats

Dans ce chapitre :

- Les achats alimentaires
- Poids et mesures anglo-américains
- Entités dénombrables et non dénombrables
- L'habillement
- Trouver la bonne taille
- Pronoms personnels

Quelles que soient les circonstances dans lesquelles vous voyagez ou vous habitez en pays anglophone, vous serez amené à faire des achats. Que vous soyez à la recherche de souvenirs à offrir à vos amis au retour, en train d'essayer des vêtements d'un nouveau style ou d'acheter ce qu'il faut pour le repas du soir, faire des achats est toujours une bonne occasion de pratiquer votre anglais.

Dans ce chapitre, je vous donne toutes les informations dont vous avez besoin pour réussir vos emplettes, trouver les articles que vous voulez, demander de l'aide et comprendre les tailles et les prix. De plus, je vous informe sur la politique de retour (généralement très libérale) des magasins américains, conforme à l'expression « le client a toujours raison ». Prenez votre argent ou votre carte bancaire, et allez faire les courses !

Direction le supermarché

Dans la plupart des villes américaines, vous trouverez de petits **grocery stores** (*greou-se-ri stôez* [UK], *grôô-se-ri stôez* [US]) (magasins d'alimentation), souvent appelés **corner markets** (*côô-ne mââ-kits*) (magasins de quartier/littéralement marchés du coin) ou **mom and pop stores** (*mom and pop stôez* [UK], *mâm and pâp stôez* [US]) (petit commerce/littéralement boutique de maman et papa). Ces magasins appartiennent souvent à une famille, et vous pouvez y trouver un peu de tout, mais pas une grande variété de marques.

Si vous désirez une plus grande sélection et éventuellement des réductions de prix, dirigez-vous vers le **supermarket** (*souou-pe-mââ-kit*) (supermarché), où vous trouverez une variété surprenante de marques et de choix, et des étagères entières consacrées à un seul article comme la sauce pour les pâtes ou le papier toilette !

Trop de choix

Êtes-vous décontenancé par les choix infinis des supermarchés américains ? Les Américains le sont souvent eux aussi. Aller au supermarché pour acheter un **quart of milk** (*kouôôt ev milc* [UK], *kouâât ev milc* [US]) (quart de gallon de lait [soit un peu moins d'un litre, mais le gallon US étant plus petit que le gallon impérial britannique, un **quart of milk** serait un peu plus d'un litre de lait en Grande-Bretagne, où l'on parle plutôt de **pint of milk** (*païnt ev milc*) (huitième de gallon de lait, soit un peu plus d'un demi-litre]) peut être une opération redoutable. Il n'y a pas seulement du lait, mais du **whole milk** (*h'eoul milc* [UK], *h'ôôl milc* [US]) (lait entier), **2% fat milk** (*tou pe-sènt fat milc*) (lait à 2 % de matière grasse), **organic milk** (*ôe-ga-nic milc*) (lait bio) et ainsi de suite. Si donc vous voulez un article de base tel que de la simple sauce tomate ou du beurre de cacao ordinaire, recherchez sur l'emballage les mots **original flavor** (*e-ri-dji-n'l fléï-vee*) (goût d'origine) ou **plain** (*pléïn*) (simple).

Vous pouvez avoir à mettre en œuvre des talents de détective quand vous arrivez dans un grand supermarché et quand vous vous lancez à la recherche des articles désirés. Mais si vous n'avez pas envie de jouer les détectives, vous pouvez toujours demander à un employé de vous aider. Voici quelques expressions essentielles pour demander de l'aide – et n'oubliez pas de commencer par **Excuse me** (*ix-kiououz mî*) (Excusez-moi) ou **Pardon me** (*pââ-den mî*) (Pardon) :

- **Where can I find ____?** (*ouèe can aï faïnd* [UK], *h'ouèe can aï faïnd* [US]) (Où puis-je trouver ____ ?)
- **Where is/are the ______?** (*ouèe iz/ââ de* [UK], *h'ouèe iz/ââ de* [US]) (Où est/sont le/les ____ ?)
- **Do you sell ____?** (*dou iou sèl*) (Vendez-vous du/des ____ ?)

Naviguer dans les allées

Avant d'entrer dans les **aisles** (*aïlz*) (allées), prenez un **trolley** [UK]/**shopping cart** [US]) (*tro-li* [UK], *châ-pign cäât* [US]) (chariot) ou un **basket** (*bââs-kit* [UK], *baas-kit* [US]) (panier) pour emporter quelques articles. Au-dessus de chaque allée se trouve un écriteau indiquant les catégories de produits qui s'y trouvent.

La circulation des chariots dans les allées suit le même schéma que la circulation dans les rues – en tenant la gauche ou la droite, selon le pays où vous vous trouvez. Et tout comme dans la rue, vous devez faire attention aux « conducteurs irresponsables » !

Conversation

Sue a besoin de quelques produits alimentaires. Elle fait habituellement ses courses dans un magasin de quartier, mais aujourd'hui elle va dans un grand supermarché et demande à un employé de l'aider.

Sue : **Pardon me. Do you carry canned salmon?**

pââ-de mi dou iou ca-ri can'd saa-men

Pardon. Avez-vous du saumon en boîte ?

(Les Britanniques disent **tinned salmon** (*tin'd saa-men*).)

Employé : **I think so. It would be on aisle 12 next to the canned tuna.**

aï dzinc seou it woud bi on aïl touèlv nèxt tou de can'd tiou-ne [UK]

aï dzinc sôô it woud bi on aïl touèlv nèxt tou de can'd tou-ne [US]

Je pense que oui. Ce serait dans l'allée 12 à côté du thon en boîte.

(Les Britanniques diraient **tinned tunny** (*tin'd tae-ni*).)

Sue : **And where can I find the eggs?**

and ouèe can aï faïnd di ègz [UK]

and h'ouèe can aï faïnd di ègz [US]

Et où puis-je trouver les œufs ?

Employé : **They're in the dairy section on aisle 6.**

dèïr in de dèe-ri sèc-chen on aïl six

Ils sont au rayon laiterie dans l'allée 6.

Sue : **Thank you.**

dzank iou

Merci.

Employé : **My pleasure.**

maï plè-je

Il n'y a pas de quoi.

Mots clés

shopping	cho-pign [UK], châ-pign [US]	les achats
supermarket	souou-pe-mââ-kit	supermarché
grocery store	greou-se-ri stôe [UK], grôô-se-ri stôe [US]	magasin d'alimentation
market	mââ-kit	marché
trolley [UK],	tro-li	chariot
shopping cart [US]	châ-pign cââ t	chariot
basket	bââs-kit	panier
aisle	aïl	allée

Achat de fruits et de légumes

Aux États-Unis, vous trouverez entre autres dans le rayon **produce** (*pre-diouous*) (produits agricoles) du supermarché **citrus fruit** (*si-tres frouout*) (des agrumes) de Floride et de Californie, **bananas** (*be-nââ-nez* [UK], *be-naa-nez* [US]) (des bananes) du Mexique, **crisp apples** (*crisp a-pelz*) (des pommes croquantes) de l'État de Washington. Selon la saison et le lieu géographique, vous trouverez plus (ou moins) de variétés.

Voici quelques-uns des fruits les plus courants :

- **apple** (*a-pel*) (pomme)
- **banana** (*be-nââ-ne* [UK], *be-naa-ne* [US]) (banane)
- **grapes** (*gréïps*) (raisins)
- **lemon** (*lè-men*) (citron)
- **lime** (*laïm)* (citron vert)
- **mango** (*man-gueou* [UK], *man-gôô* [US]) (mangue)
- **melon** (*mè-len*) (melon)
- **orange** (*o-réïnj* [UK], *â-réïnj* [US]) (orange)
- **papaya** (*pe-paï-e*) (papaye)
- **peach** (*piitch*) (pêche)

- **pear** (*pèe*) (poire)
- **pineapple** (*paï-na-pel*) (ananas)
- **strawberry** (*strôô-be-ri* [UK], *strââ-be-ri* [US]) (fraise)

Comme dans tous les pays développés pourvus d'une riche agriculture, les supermarchés des Etats-Unis regorgent de fruits et légumes frais de toutes sortes. Les États-Unis cultivent beaucoup de légumes – en fait, la vallée centrale de la Californie, la région qui s'étend sur presque toute la longueur de l'État, est surnommée le « saladier », parce qu'une partie importante des légumes du pays y est cultivée.

Voici quelques-uns des légumes les plus courants :

- **bean** (*biin*) (haricot)
- **broccoli** (*bro-ke-li* [UK], *brâ-ke-li* [US]) (brocoli)
- **cabbage** (*ca-bidj*) (choux)
- **carrot** (*ca-ret*) (carotte)
- **celery** (*sè-le-ri*) (céleri)
- **cucumber** (*kiouou-caem-be* [UK], *kiouou-kem-be* [US]) (concombre)
- **lettuce** (*lè-tis*) (laitue)
- **mushroom** (*maech-roum* [UK], *mech-roum* [US]) (champignon)
- **onion** (*o-nien* [UK], *â-nien* [US]) (oignon)
- **pea** (*pii*) (pois)
- **pepper** (*pè-pe*) (poivron)
- **potato** (*pe-téï-teou* [UK], *pe-téï-tôô* [US]) (pomme de terre)
- **squash** [US] (*skouoch* [UK], *skouâch* [US]) (courge)
- **vegetable marrow** [UK] (*vè-dje-te-b'l ma-reou* [UK], *vè-dje-te-b'l ma-rôô* [US]) (courge)
- **courgette** [UK] (*coue-jèt*) (courgette)
- **zucchini** [US] (*zouou-kii-ni*) (courgette)
- **tomato** (techniquement un fruit) (*te-mââ-teou* [UK], *te-méï-tôô* [US]) (tomate)

TRUC

Même si vous n'avez pas besoin d'acheter des **groceries** (*greou-se-riz* [UK], *grôô-se-riz* [US]) (articles d'alimentation), allez voir à l'intérieur d'un supermarché. Promenez-vous dans les allées pour voir les produits auxquels vous n'êtes pas habitué. Vous pouvez demander à un employé ce qu'est un article inconnu. Dites simplement : **Excuse me. What's this?** (*ix-kiououz mi ouots dis* [UK], *ix-kiououz-mi h'ouâts dis* [US]) (Excusez-moi. Qu'est-ce que c'est ?)

Noms dénombrables et noms non dénombrables

Vous pouvez parler de certaines choses en en précisant le nombre, vous pouvez les compter. Par exemple, vous pouvez dire **one apple** (*ouaen a-pel* [UK], *ouen a-pel* [US]) (une pomme), ou **two apples** (*touou a-pelz*) (deux pommes) parce le mot apple est un nom dénombrable.

Mais parfois vous ne pouvez pas associer de nombre à certains objets comme **salt** (*sôôlt* [UK], *sââlt* [US]) (du sel) et **lettuce** (*lè-tis*) (de la laitue). Vous ne pouvez pas dire **two salts** (*touou sôôlts* [UK], *touou sââltz* [US]) (deux sels) et bien que vous puissiez parler en français de trois laitues, vous ne pouvez pas dire en anglais **three lettuces** (*dzri lè-ti-siz*). Ces objets alimentaires sont désignés par des noms non dénombrables, une catégorie de noms bien plus fréquente en anglais qu'en français.

Pour exprimer une quantité de ces objets non dénombrables, vous pouvez utiliser les mots **some** (*saem* [UK], *sem* [US]) (un peu de), **any** (*è-ni*) (du), **a little** (*e li-tel*) (un peu de), **a lot of** (*e lot ov* [UK], *e lât ov* [US]) (beaucoup de), mais non pas **a** ou **an**. (Consultez le chapitre 2 pour plus de détails sur les articles.) Si vous voulez indiquer un nombre exact d'un objet non dénombrable, vous devez insérer devant un nom dénombrable pour vous tirer d'affaire. Par exemple, puisque vous ne pouvez pas dire **four milks** (*fôe milcs*) (quatre laits), dites à la place **four glasses of milk** (*fôô glââ-siz ev milc* [UK], *fôô glaa-siz ev milk* [US]) (quatre verres de lait). Vous ne pouvez pas compter le lait, mais vous pouvez compter les verres.

Dans l'expression **four glasses of milk**, remarquez la préposition **of** entre le nom dénombrable et le nom non dénombrable ; cette préposition est indispensable pour relier les deux noms dans ce type d'expression. En voici quelques autres exemples :

- **a tin of soup** [UK]/**a can of soup** [US] (*e tin ev sououp* [UK], *e can ev sououp* [US]) (une brique de potage)
- **three boxes of cereals** (*dzri bo-xiz ev sii-rielz*) (trois paquets de céréales)
- **two bottles of soda** (*touou bo-telz ev seou-da* [UK], *touou bâ-telz ev sôô-da* [US]) (deux bouteilles de soda)

Le tableau suivant liste d'autres noms non dénombrables portant sur des aliments, ainsi que les noms dénombrables que vous pouvez utiliser pour indiquer des quantités spécifiques :

Noms non dénombrables	*Noms dénombrables associés*
milk	**pint** [UK]/**quart or gallon** [US]) (*milc païnt kouôôt oe ga-len* [UK], *milc païnt kouâât oe ga-len* [US]) (pinte [UK] = 0,568 litre ; quart [US] = 0,946 litre ; gallon [US] = 3,79 litres de lait)
butter	**packet** [UK]/**carton or stick** [US] (*bae-te pa-kit cââ-ten oe stic* [UK], *be-te pa-kit cââ-ten oe stic* [US]) (paquet de beurre)
yogurt	**pot** [UK]/**carton or pint** [US]) (*ieou-guet pot cââ-ten oe païnt* [UK], *iôô-guet pât cââ-ten oe païnt* [US]) (pot/carton ou pinte [US] = 0,473 litre de yaourt)
wine	**bottle** (*ouaïn bo-tel* [UK], *ouaïn bâ-tel* [US]) (bouteille de vin)
beer	**tin** [UK]/**can** [US]) (*tin can*) (canette de bière)
coffee	**pound/cup** (*paound caep* [UK], *paound kep* [US]) (livre = 454 grammes /tasse de café)
tea	**box/cup** (*tii box caep* [UK], *tii bâx kep* [US]) (paquet/tasse de thé)
salt	**grain/box** (*sôlt gréïn box* [UK], *sâlt gréïn bâx* [US]) (grain/paquet de sel)
celery	**stalk** (*sè-le-ri stôôc* [UK], *sè-le-ri stââc* [US]) (branche de céleri)
lettuce	**head** (*lè-tis*) (laitue – nom dénombrable en français)

Poids et mesures

Si une affiche d'un magasin US dit **potatoes 50¢ per pound** (*pe-téï-teouz fif-ti sènts pee paound* [UK], *pe-téï-tôôz fif-ti sènts pee paound* [US]) (pommes de terre 50 cents la livre, quel est exactement le prix ? Et dans le cas d'un **quart of milk** (*kouôôt ev milc* [UK], *kouâât ev milc* [US]) (quart de gallon de lait) ? Bien que la majeure partie du monde emploie le système métrique, les États-Unis continuent d'utiliser des mesures telles que la livre, le gallon et le quart dans les transactions de tous les jours (après avoir tenté à maintes reprises – sans grande conviction et sans y parvenir – de passer au système métrique).

Il n'est pas bien difficile de convertir des **pounds (lbs)** en **kilograms (kilos)** – divisez simplement les livres par deux pour obtenir un nombre approximatif de kilos. Pour être plus exact, **1 kilo** équivaut à **2.205 lbs** et **1 lbs** équivaut à

0.454 kilo. Ces facteurs de conversion vous serviront aussi bien en Grande-Bretagne qu'aux États-Unis, où l'on utilise les mêmes mesures de poids. Ainsi, le poids de la viande y est mesuré en **pounds**, et ce sont bien les mêmes **pounds**.

Malheureusement, les mesures de volume utilisées de part et d'autre de l'Atlantique portent les mêmes noms, mais ne correspondent pas aux mêmes volumes. Comment un **quart** se compare-t-il à un **litre** [UK]/**liter** [US] ? C'est encore assez facile, si vous parvenez à vous souvenir que c'est un peu plus d'un litre en Grande-Bretagne où **1 quart = 1.136 liters**, et un peu moins d'un litre aux USA où **1 quart = 0.946 liters**. Fort heureusement, les rapports entre **gallon**, **quart** et **pint** sont les mêmes pour tout le monde, de sorte qu'aux USA, un **gallon** est un peu moins que quatre litres, un **quart** un peu moins qu'un litre, et une **pint** un peu moins qu'un demi-litre, tandis qu'en Grande-Bretagne un **gallon** est un peu plus que quatre litres, un **quart** un peu plus qu'un litre et une **pint** un peu plus qu'un demi-litre.

Voici maintenant quelques rapports entre les mesures de volume, qui vous seront utiles pour appliquer des recettes de cuisine écrites en anglais :

- **3 teaspoons (tsp) = 1 tablespoon (tbsp)**
- **2 cups = 1 pint (pt)**
- **2 pints = 1 quart**
- **4 quarts = 1 gallon**

Les caisses enregistreuses

Quand vous avez **checked off** (*tchèkt of*) (coché) tous les articles de votre **shopping list** (*cho-pign list* [UK], *châ-pign list* [US]) (liste d'achats) dirigez-vous vers la **check-out line** (*tchèk aout laïn*) (file d'attente de la caisse) pour payer vos achats. En général, vous videz votre chariot et vous placez les articles sur le **counter** (*caoun-te*) (comptoir).

TRUC

Avez-vous toujours l'impression d'avoir choisi la file d'attente la plus lente ? Si oui, vous vous sentirez chez vous dans les files d'attente des supermarchés. Pendant que vous attendez, vous pouvez pratiquer votre anglais en bavardant avec l'acheteur/l'acheteuse devant ou derrière vous.

Et voici deux particularités des supermarchés américains : quand votre tour est venu de payer, la personne qui place vos articles dans un sac (il y en a toujours une) peut vous demander quel genre de sac vous voulez, et si vous avez besoin d'aide pour porter vos achats jusqu'à votre voiture. Et si vous utilisez une carte bancaire pour payer vos achats, l'employé peut vous demander si vous voulez du **cash back** (*cach bac*) (recevoir de l'argent en liquide). (Vous pouvez en général obtenir de **$20** à **$50** avec votre carte bancaire.) Voici quelques-unes des expressions que vous pourrez entendre dans la file d'attente des caisses :

- **Paper or plastic?** (*péï-pe oe plas-tic*) (Papier ou plastique ?)
- **Do you want help out?** (*dou iou ouânt h'èlp aout*) (Voulez-vous de l'aide pour aller à votre voiture ?)
- **Do you want cash back?** (*dou iou ouânt cach bac*) (Voulez-vous de l'argent liquide ?)

INFO CULTURELLE

Si vous n'avez que quelques articles et si la personne devant vous a un chariot rempli, ne soyez pas surpris si elle vous offre de vous laisser passer en disant : **You can go ahead** (*iou can gueou e-hèd* [UK], *iou can gôô e-hèd*) (Vous pouvez passer devant). C'est un geste de courtoisie courant, mais non la règle. Si cela se produit, dites simplement **Thank you** (*dzanc iou*) (Merci) et passez devant.

Conversation

Charles arrive à une file d'attente de sortie et est salué par le caissier.

Caissier :	**Hi. How are you today?** *h'aï h'aou ââ iou tou-dèï* Bonjour. Comment allez-vous aujourd'hui ?
Charles :	**Fine, how about you?** *faïn h'aou e-baout iou* Bien, et vous ?
Caissier :	**Pretty good. Is this cash or charge?** *prè-ti goud iz dis cach oe tchââdj* Pas mal. Espèces ou carte bancaire ?
Charles :	**Cash.** *cach* Espèces.
Emballeur :	**Paper or plastic?** *péï-pe oe plas-tic* Papier ou plastique ?

Charles : **Paper please.**
péï-pe pliiz
Papier, s'il vous plaît.

Caissier : **Your total is $42.73.**
ioue teou-tel iz foe-ti tou do-lez sè-ven-ti dzri [UK]
ioue tôô-tel iz foe-ti tou dâ-lez sè-ven-ti dzri [US]
Votre total est 42,73 dollars.

Emballeur : **Do you want help out?**
dou iou ouânt h'èlp aout
Voulez-vous de l'aide pour porter vos sacs ?

Charles : **No thanks. That's okay.**
neou dzancs dats eou-kèï [UK]
nôô dzancs dats ôô-kèï [US]
Non merci. C'est bon.

Caissier : **Here's your change and receipt.**
h'iez ioue tchéïnj and ri-siit
Voici votre monnaie et votre reçu.

Charles : **Thank you.**
dzanc iou
Merci.

Caissier : **Have a good day.**
h'av e goud dèï
Bonne journée.

Charles : **Thanks. You too.**
dzancs iou touou
Merci. À vous aussi.

Mots clés

check-out line	tchèk aout laïn	file d'attente de la sortie
cash register	cach rè-djis-te	caisse enregistreuse
shopping list	cho-pign list [UK], châ-pign list [US]	liste d'achats
item	aï-tem	article
cash back	cach bac	argent liquide sur carte bancaire

Juste ma taille : acheter des vêtements

Que vous fassiez des achats dans des **boutiques** (*bouou-tiics*) (boutiques de mode), des **gift shops** (*gift chops*) (boutiques de cadeaux) ou des **malls** (*môôlz* [UK], *mââlz* [US]) (centres commerciaux), votre expédition sera beaucoup plus amusante et satisfaisante si vous connaissez quelques expressions et si vous suivez quelques recommandations relatives à ce genre d'achat. Vous trouverez dans cette section de nombreuses informations pratiques et des expressions simples pour réaliser vos opérations, demander l'aide d'une **salesperson** (*séïlz-pee-sen*) (vendeur/vendeuse) ou simplement pour qu'on vous laisse regarder à votre guise.

Je regarde seulement

Dans les grands **department stores** (*di-pâât-ment stôez*) (grands magasins) vous pouvez errer des semaines (bon, disons de nombreuses minutes) sans voir un vendeur ni une vendeuse. Mais si vous avez la chance d'en voir un/une, vous pouvez demander **Excuse me, can you help me?** (*ix-kiououz mi can iou h'èlp mi*) (Excusez-moi, pouvez-vous m'aider ?)

Dans les magasins plus petits, un vendeur ou une vendeuse viendra probablement vous voir tout de suite et vous posera l'une de ces questions : **May I help you?** (*mèï aï h'èlp iou*) (Puis-je vous aider ?) ou **Do you need help to find anything?** (*dou iou niid h'èlp tou faïnd è-ni-dzign*) (Avez-vous besoin d'aide pour trouver quelque chose ?). Peut-être voulez-vous simplement **browse** (*braouz*) (regarder à loisir). Dans ce cas, dites simplement **No thanks. I'm just looking** (*neou dzancs aïm djaest lou-kign* [UK], *nôô dzancs aïm djest lou-kign* [US]) (Non merci, je regarde seulement).

S'habiller

On trouve des vêtements du style Western dans le monde entier. Les mots **jeans** (*djiinz*) et **T-shirt** (*ti-cheet*) sont aussi des mots français. Vous trouverez dans cette section d'autres noms anglais d'articles vestimentaires et de types de chaussures.

Voici quelques mots pour les **women's clothes** (*oui-mènz cleoudz'z* [UK], *oui-mènz clôôdz'z* [US]) (vêtements de femme) :

- **dress** (*drès*) (robe)
- **blouse** (*blaouz*) (corsage)
- **skirt** (*skeet*) (jupe)
- **suit** (*siouout* [UK], *souout* [US]) (tailleur)
- **trouser suit** [UK] (*traou-se siouout* [UK]) (tailleur avec pantalon)
- **pantsuit** [US] (*pant-souout* [US]) (tailleur avec pantalon)
- **nightgown** (*naït-gaoun*) (chemise de nuit)
- **underwear** (*aen-de-ouèe* [UK], *en-de-ouèe* [US]) (sous-vêtements)

Et voici quelques mots désignant des men's clothes (mènz cleoudz'z [UK], mènz clôôdz'z) (vêtements d'homme) :

- **dress shirt** (d*rès cheet*) (chemise habillée)
- **sports shirt** (*spôôts cheet*) (chemise de sport)
- **sports jacket** (*spôôts dja-kit*) (veste de sport)
- **tie** (*taï*) (cravate)
- **vest** [UK] (*vèst*) (tricot porté sous la chemise)
- **undershirt** [US] (*aen-de-cheet*) (tricot porté sous la chemise)

Les termes ci-après s'utilisent aussi bien pour les femmes que pour les hommes :

- **pants** [UK] (*pants*) (caleçon)
- **pants** [US] (*pants*) (pantalon)
- **trousers** [UK] (*traou-zez*) (pantalon)
- **slacks** (*slacs*) (pantalon informel)
- **jacket** (*dja-kit*) (veste)
- **coat** (*keout* [UK], *côôt* [US]) (manteau)

- **suit** (*siouout* [UK], *souout* [US]) (costume)
- **shirt** (*cheet*) (chemise)
- **shorts** (*chôôts*) (short)
- **swimsuit** (*souim-siouout* [UK], *souim-souout* [US]) (maillot de bain)
- **sweatshirt** (*souèt-cheet*) (tricot de sport à manches longues)
- **robe** (*reoub* [UK], *rôôb* [US]) (robe de chambre ou robe d'avocat etc.)
- **pyjamas** [UK] (*pe-djââ-mez*) (pyjama)
- **pajamas** [US] (*pe-djaa-mez*) (pyjama)

Les listes qui précèdent mentionnent certaines différences entre les vocabulaires vestimentaires britannique et américain. L'habillement est l'un des domaines où le langage courant diffère notablement d'un bord à l'autre de l'Atlantique. Outre le mot **pants** qui veut dire caleçon pour les Britanniques et pantalon pour les Américains, citons le mot **jumper**, maillot couvrant la partie supérieure du corps d'un Britannique, équivalent du mot **sweater** doté du même sens pour tout le monde. Pour un Américain, un **jumper** est une robe sans manches portée au-dessus d'un corsage ou d'un sweater, autrement dit une robe-chasuble.

Vous avez sans doute remarqué le « s » indicatif du pluriel à la fin de mots tels que **pants, trousers, slacks, pyjamas, shorts...** alors que les équivalents français sont au singulier. Le point commun de ces mots est qu'ils désignent des vêtements qui recouvrent plus ou moins les jambes, et à ce titre sont considérés comme constitués de deux parties symétriques, la gauche et la droite, indissociables : on ne peut pas mettre ces mots au singulier. Mais comment dire « trois pantalons » ? Réponse : **three pairs of trousers** (ou **three pairs of pants**).

En ce qui concerne les chaussures, voici les modèles que vous trouverez dans le magasin de chaussures de votre quartier :

- **dress shoes** (*drès chououz*) (chaussures de ville)
- **high heels** (*h'aï h'iilz*) (hauts talons)
- **loafers** (*leou-fez* [UK], *lôô-fez* [US]) (chaussures décontractées du genre mocassins)
- **pumps** (*paemps* [UK], *pemps* [US]) (chaussures à talon plat – chaussures de danse ou chaussures de tennis)
- **sandals** (*san-delz*) (sandales)
- **slippers** (*sli-pez*) (pantoufles)

Il y a beaucoup de noms pour les chaussures de sport, selon le sport auquel elles sont destinées. Même les anglophones de naissance ne savent pas toujours quels termes utiliser, et vous n'avez pas à vous inquiéter si vous ne connaissez pas le mot approprié. Les Américains appellent **sneakers** (*snii-kez*) (chaussures légères) des chaussures de toile à semelle en caoutchouc mais utilisent aussi, comme les Britanniques, l'appellation **tennis shoes** (*tè-nis chououz*) (chaussures de tennis) pour désigner la même chose. Vous rencontrerez aussi les mots **athletic shoes** (*e-dzlè-tic chououz*) (chaussures de sport), **running shoes** (*rae-nign chououz* [UK], *re-nign chououz* [US]) (chaussures de course à pied) et **trainers** [US] (*tréï-nez*) (chaussures d'entraînement), parmi tant d'autres.

Conversation

Sophie vient de s'installer à Manhattan, et elle a besoin de vêtements d'hiver. Elle va faire ses achats dans l'une des nombreuses boutiques de mode.

Vendeuse : **Hello. Can I help you find something?**

h'è-leou can aï h'èlp iou faïnd saem-dzign [UK]

h'è-lôô can aï h'èlp iou faïnd sem-dzign [US]

Bonjour. Puis-je vous aider à trouver quelque chose ?

Sophie : **Yes. I'm looking for a winter coat.**

iès aïm lou-kign foe e ouin-te keout [UK]

iès aïm lou-kign foe e ouin-te côôt [US]

Oui. Je cherche un manteau d'hiver.

Vendeuse : **A casual coat or dressy coat?**

e ca-jiouel keout oe drè-si keout [UK]

e ca-jouel côôt oe drè-si côôt [US]

Un manteau pour tous les jours ou habillé ?

Sophie : **Casual.**

ca-jiouel [UK]

ca-jouel [US]

Pour tous les jours

Vendeuse : **We have wool coats here.**

oui h'av ououl keouts h'ie [UK]

oui h'év ououl côôts h'ie [US]

Nous avons des manteaux de laine ici.

Sophie : **Anything in leather?**
è-ni-dzign in lè-de
(Avez-vous) des choses en cuir ?

Vendeuse : **Yes, we have leather jackets over there.**
iès oui h'av lè-de dja-kits eou-ve dèe [UK]
iès oui h'av lè-de dja-kits ôô-ve dèe [US]
Oui, nous avons des vestes en cuir là-bas.

Sophie : **Thank you. I'll take a look at them.**
dzanc iou aïl téïk e louc at dèm
Merci. Je vais aller les regarder.

Trouver la bonne taille

Si vous êtes un homme (ou si vous faites des achats pour un homme), vous n'aurez pas trop de mal à comprendre les tailles masculines ou à trouver des vêtements de taille adéquate. Mais pour les femmes, la chose est plus délicate, parce que pour une raison mystérieuse, **sizes** (*saï-zez*) (les tailles) féminines varient amplement d'un fabricant à l'autre. Par exemple, je possède des vêtements (que je porte actuellement) avec des tailles de 3 à 12 imprimées sur les étiquettes ! Donc, si vous êtes une femme, vous devez **try on** (*traï on*) (essayer) chaque article pour voir s'il vous va. La taille « grande » d'une marque peut être la taille « mini » d'une autre !

Le tableau suivant vous donne la correspondance entre les tailles des États-Unis, de la Grande-Bretagne et de la France :

États-Unis	6	8	10	12	14	16	18
Grande Bretagne	8	10	12	14	16	18	20
France	36	38	40	42	44	46	48

Utilisez les indications suivantes pour convertir les tailles de vestes ou de costumes masculins

USA et Grande-Bretagne	34	36	38	40	42	44	46	48
France	44	46	48	50	52	54	56	58

L'essayer

Vous regardez toutes les **clothing racks** (*cleou-dign racs* [UK], *clôô-dign racs* [US]) (rangées de vêtements) et vous trouvez quelques articles qui vous plaisent. Vous voulez maintenant les essayer dans le **dressing room** (*drè-sign roum*) (cabine d'essayage). Voici quelques expression pour vous aider à le faire :

- **May I try this on?** (*mèï aï traï dis on*) (Puis-je l'essayer ?)
- **Where is the dressing room?** (*ouèe iz de drè-sign roum* [UK], *h'ouèe iz de drè-sign roum* [US]) (Où se trouve la cabine d'essayage ?)

Ou encore, la vendeuse peut vous poser l'une des questions suivantes :

- **Are you ready to try those on?** (*âe iou rè-di tou traï deouz on* [UK], *âe iou rè-di tou traï dôôz on* [US]) (Etes-vous prête à les essayer ?)
- **Shall I put those in the dressing room for you?** (*chal aï pout deouz in de drè-sign roum foe iou* [UK], *chal aï pout dôôz in de drè-sign roum foe iou* [US]) (Voulez-vous que je les mette dans la cabine d'essayage pour vous ?)

Conversation

CD

La vendeuse laisse Sophie regarder les vestes. Après quelques minutes, elle revient pour voir où en est sa cliente. (Piste 22)

Vendeuse : **Are you finding everything okay?**
ae iou faïn-dign é-vri-dzign eou-kèï [UK]
ae iou faïn-digh é-vri-dzign ôô-kèï [US]
Est-ce que tout va bien ?

Sophie : **I like this coat, but I can't find the size.**
aï laïc dis keout baet aï câân't faïnd de saïz [UK]
aï laïc dis côôt bet aï caan't faïnd de saïz [US]
J'aime ce manteau, mais je ne trouve pas la taille.

Vendeuse : **It's in the sleeve. This is a small.**
its in de sliiv dis iz e smôôl [UK]
itsin de sliiv dis iz e smââl [US]
Elle est dans la manche. C'est une petite taille.

Sophie :	**I need a medium.** *aï niid e mii-diem* J'ai besoin d'une taille moyenne.
Vendeuse :	**Here's a medium. Would you like to try it on?** *h'iez e mii-diem woud iou laïk tou traï it on* Voici une taille moyenne. Voulez-vous l'essayer ?
Sophie :	**Yes. Where are your dressing rooms?** *iès ouèe ââ ioue drè-sign roumz* [UK] *iès h'ouèe ââ ioue drè-sign roumz* [US] Oui. Où sont vos cabines d'essayage ?
Vendeuse :	**They're over there by the purses.** *dèïr eou-ve dèe baï de pee-sez* [UK] *dèïr ôô-ve dèe baï de pee-sez* [US] Elles sont là-bas près des sacs à main (sac à main = **handbag** en anglais britannique)

Mots clés

salesperson	séïlz-pee-sen	vendeur/vendeuse
just looking	djaest lou-kign [UK], djest lou-kign [US]	je regarde seulement
to try on	tou traï on	essayer
to fit	tou fit	aller bien
size	saïz	taille
dressing room	drè-sign roum	cabine d'essayage

Du plus petit au plus grand : utilisation du comparatif

Disons que vous essayez une chemise, mais elle est trop serrée et vous avez besoin d'une taille plus grande. Pour demander une taille plus grande ou plus petite, vous avez besoin d'utiliser le **comparative** (*kem-pa-re-tiv*) (comparatif). Le comparatif est une forme d'adjectif utilisée pour comparer deux choses. Le comparatif anglais se forme en fonction du nombre de syllabes de l'adjectif, de la manière suivante :

- Dans le cas d'un adjectif d'une ou de deux syllabes, ajoutez la terminaison **-er**. Par exemple :
  - **big** → **bigger** (*big bi-gue*) (grand/grande/grands/grandes → plus grand/grande/grands/grandes)
  - **small** → **smaller** (*smôôl smôô-le* [UK], *smââl smââ-le* [US]) (petit/petite/petits/petites → plus petit/petite/petits/petites)
  - **fancy** → **fancier** (*fan-si fan-si-e*) (élégant/élégante/élégants/élégantes → plus élégant/ élégante/élégants/élégantes)
- Dans le cas d'un adjectif de trois syllabes ou plus, utilisez le mot **more** (*moe*) (plus) ou le mot **less** (*lès*) (moins) devant l'adjectif. Par exemple :
  - **more casual** (*moe ca-jouel*) (plus décontracté/décontractée/ décontractés/décontractées)
  - **less casual** (*lès ca-jouel*) (moins décontracté/décontractée/ décontractés/décontractées)
  - **more expensive** (*moe ix-pèn-siv*) (plus cher/chère/chers/chères)
  - **less expensive** (*lès ix-pèn-siv*) (moins cher/chère/chers/chères)

Voici quelques expressions courantes utilisant le comparatif, qui vous serviront lors de vos achats :

- **Do you have this in a larger size?** (*dou iou h'av dis in e lââ-gee saïz*) (Avez-vous ceci dans une taille plus grande ?)
- **Do you have anything less expensive?** (*dou iou h'av é-ni-dzign lès ix-pèn-siv*) (Avez-vous quelque chose de moins cher ?)

Conversation

CD

Sophie essaie une veste en laine de taille moyenne, mais elle est trop petite. Elle a besoin d'une autre taille. (Piste 23)

Sophie : **This jacket is too small. Do you have a larger size?**

dis dja-kit iz tou smôôl dou iou h'av e lââ-dje saïz [UK]

dis dja-kit iz tou smââl dou iou h'av e lââ-dje saïz [US]

Cette veste est trop petite. Avez-vous une taille plus grande ?

Vendeuse : **I'm sorry. I don't have any larger sizes in that style.**
aïm so-ri aï deoun't h'av é-ni lââ-dje saï-zez in dat staïl [UK]
aïm sâ-ri aï dôôn't h'av é-ni lââ-dje saï-zez in dat staïl [US]
Je suis désolée. Je n'ai pas de tailles plus grandes dans ce style.

Sophie : **What do you have in my size?**
ouot dou iou h'av in maï saïz [UK]
h'ouât dou iou h'av in maï saïz [US]
Qu'est-ce que vous avez dans ma taille ?

Vendeuse : **I have this leather jacket in a medium.**
aï h'av dis lè-de dja-kit in e mii-diem
J'ai cette veste en cuir dans une taille moyenne.

Sophie : **Do you have something less expensive?**
dou iou h'av saem-dzign lès ix-pèn-siv [UK]
dou iou h'av sem-dzign lès ix-pèn-siv [US]
Avez-vous quelque chose de moins cher ?

Vendeuse : **This synthetic leather is less expensive and more casual.**
dis sin-dzè-tic lè-de iz lès ix-pèn-siv and moe ca-jouel
Ce cuir synthétique est moins cher et plus décontracté.

Sophie : **Okay, I'll try that.**
eou-kèï aïl traï dat [UK]
ôô-kèï aïl traï dat [US]
Bon, je vais l'essayer.

Seulement ce qu'il y a de mieux : le superlatif

Le **superlative** (*souou-pee-le-tiv*) (superlatif) exprime le niveau ultime de quelque chose. Comme le comparatif, le superlatif est une forme d'adjectif, et vous la construisez en fonction du nombre de syllabes de l'adjectif, comme suit :

- Aux adjectifs d'une ou deux syllabes, vous ajoutez la terminaison **-est**. Par exemple :
  - **big** → **biggest** (*big bi-guest*) (grand/grande/grands/grandes → le plus/la plus/les plus grand/grande/grands/grandes)
  - **small** → **smallest** (*smôôl smôô-lest* [UK], *smââl smââ-lest* [US]) (petit/petite/petits/petites → le plus/la plus/les plus petit/petite/petits/petites)
  - **fancy** → **fanciest** (*fan-si fan-si-est*) (élégant/élégante/élégants/élégantes le plus/la plus/les plus élégant/élégante/élégants/élégantes)
- Dans le cas des adjectifs de trois syllabes ou plus, vous utilisez le mot **most** (*meoust* [UK], *môôst* [US]) (le/la/les plus) ou le mot **least** (*liist*) (le/la/les moins). Par exemple :
  - **most casual** (*meoust ca-jouel* [UK], *môôst ca-jouel* [US]) (le/la/les plus décontracté/décontractée/décontractés/décontractées)
  - **least casual** (*meoust ca-jouel* [UK], *môôst ca-jouel* [US]) (le/la/les moins décontracté/décontractée/décontractés/décontractées)
  - **most expensive** (*meoust ix-pèn-siv* [UK], *môôst ix-pèn-siv* [US]) (le/la/les plus cher/chère/chers/chères)
  - **least expensive** (*liist ix-pèn-siv*) (le/la/les moins cher/chère/chers/chères)

TRUC

Il y a quelques exceptions à la règle du comparatif et du superlatif. Par exemple : on dit **most patient** (*meoust péï-chent* [UK], *môôst péï-chent* [US]) (le plus patient) et non pas **patientest**. Et dans certains cas, comme dans les mots suivants – très courants – les formes du comparatif et du superlatif sont complètement irrégulières, et vous devez les mémoriser :

- **Good** (*goud*) (bon/bonne/bons/bonnes), **better** (*bè-te*) (meilleur/meilleure/meilleurs/meilleures), et **best** (*bèst*) (le/la/les meilleur/meilleure/meilleurs/meilleures). Par exemple : **This coat is better quality than that coat.** (*dis keout iz bè-te couo-li-ti dan dat keout* [UK], *dis côôt iz bè-te couâ-li-ti dan dat côôt* [US]) (Ce manteau-ci est de meilleure qualité que ce manteau-là.)
- **Bad** (*bad*) (mauvais/mauvaise/mauvaises), **worse** (*ouees*) (pire) et **worst** (*oueest*) (le/la/les pire/pires). Par exemple : **This store has the best prices, but the worst service!** (*dis stôôe h'az de bèst praï-siz baet de oueest see-vis* [UK], *dis stôôe h'az de bèst praï-siz bet de oueest see-vis* [US]) (Ce magasin a les meilleurs prix mais le pire service !)

Conversation

Jean essaie des chaussures au rayon des chaussures. Il lui faut utiliser le superlatif pour demander une chaussure plus grande.

Jean : **Excuse me, do these come in a larger size?**

ix-kiououz mi dou diz caem in e lââ-dje saïz [UK]

ix-kiououz mi dou diz kem in e lââ-dje saïz [US]

Excusez-moi, avez-vous celles-ci dans une taille plus grande ?

Vendeur : **No. Size 13 is the largest.**

neou saïz dee-tiin iz de lââ-djest [UK]

nôô saïz dee-tiin iz de lââ-djest [US]

Non. La pointure 13 est la plus grande.

Jean : **And how about this style?**

and haou e-baout dis staïl

Et dans le cas de ce modèle ?

Vendeur : **Yes. That comes in your size.**

iès dat caemz in ioue saïz [UK]

iès dat kemz in ioue saïz [US]

Oui. Il existe dans votre taille.

Jean : **What is the widest width you carry.**

ouot iz de ouaï-dest ouid'dz iou ca-ri [UK]

h'ouât iz de ouaï-dest ouid'dz iou ca-ri [US]

Quelle est la largeur la plus grande que vous ayez ?

Vendeur : **D is the widest width.**

di iz de ouaï-dest ouid'dz

D est la largeur la plus grande.

Jean : **Okay, I'll try that.**

eou-kèï aïl traï dat [UK]

ôô-kèï aïl traï dat [US]

Bien, je vais essayer celle-là.

Mots clés

comparative	kem-pa-re-tiv	comparatif
superlative	souou-pee-le-tiv	superlatif
more	moe	plus
less	lès	moins
most	meoust [UK], mòòst [US]	le/la/les plus
least	liist	le/la/les moins

N'OUBLIEZ PAS !

Dans la plupart des boutiques et des grands magasins des États-Unis, les prix sont fixes et la taxe sur les ventes est ajoutée à la caisse. On ne marchande pas les prix. Toutefois, si vous trouvez **damaged merchandise** (*da-midj'd mee-tchen-daïz*) (une marchandise endommagée), vous pouvez demander au vendeur si l'article peut être vendu à prix réduit. Si vous voyez un article marqué **as is** (*az iz*) (tel quel), cela veut dire que le magasin sait que l'article est endommagé et a déjà réduit le prix. (Parfois le dommage est juste une petite tache ou déchirure, à laquelle vous pouvez remédier chez vous.)

La politique des retours : rapporter la marchandise au magasin

Vous achetez une chemise pour un ami, mais vous découvrez qu'elle ne lui va pas. Vous pouvez **take it back** (*téïc it bac*) (la rapporter) au magasin pour un **refund** (*ri-faend* [UK], *ri-fend* [US]) (remboursement) ou un **exchange** (*ix-tchéïnj*) (échange). Mais pensez à apporter votre **receipt** (*ri-siit*) (reçu) si vous voulez récupérer votre argent. Sans reçu vous pouvez toujours retourner des articles, mais vous recevrez en échange un crédit sur le magasin et non de l'argent comptant.

INFO CULTURELLE

Dans un pays où **the customer is always right** (*de caes-te-me iz ôôl-ouèïz raït* [UK], *de kes-te-me iz ââl-ouèiz raït* [US]) (le client a toujours raison), vous pouvez généralement retourner des articles qui ne vous satisfont pas ou au sujet desquels vous **change your mind** (*tchéïnj ioue maïnd*) (changez d'avis) après les avoir emportés chez vous.

Conversation

Matt reçoit une chemise pour son anniversaire, mais elle ne correspond pas à son style. Il la rapporte au magasin, mais il n'a pas de reçu. (Piste 23)

Matt : **I'd like to return this shirt.**
aïd laïk tou ri-teen dis cheet
Je voudrais rendre cette chemise.

Vendeur : **Do you have the receipt?**
dou iou h'av de ri-siit
Avez-vous le reçu ?

Matt : **No, it was a gift.**
neou it ouoz e gift [UK]
nôô it ouâz e gift [US]
Non, c'était un cadeau.

Vendeur : **Is there a problem with the shirt?**
iz dèe e pro-blem ouid de cheet [UK]
iz dèe e prâ-blem ouid de cheet [US]
Y a-t-il un problème avec la chemise ?

Matt : **It's just not my style.**
its djaest not maï staïl [UK]
its djest nât maï staïl [US]
Ce n'est simplement pas mon style.

Vendeur : **With no receipt, I can only give you a store credit.**
ouid neou ri-siit aï can eoun-li giv iou e stôôe cri-dit [UK]
oid nôô ri-siit aï can ôôn-li give iou e stôôe cri-dit [US]
Sans reçu, je peux seulement vous donner un crédit sur le magasin.

Matt : **That's fine. Thanks.**
dats faïn dzancs
C'est bien. Merci.

Vous et moi : pronoms personnels

Les **pronouns** (*preou-naounz* [UK], *prôô-naounz* [US]) (pronoms) sont bien pratiques dans toutes les langues. Ils vous permettent d'éviter de répéter les noms des gens, des lieux et des objets en remplaçant les noms auxquels ils se réfèrent :

Remarquez comme une phrase est lourde et paraît absurde sans pronom :

> **Matt didn't like the shirt his friend gave *Matt*.** (*mat di-dent laïk de cheet h'iz frènd guéïv mat*) (Matt n'a pas aimé la chemise que son ami a donné à Matt.)

Mais avec les pronoms, vous pouvez dire :

> **He didn't like the shirt his friend gave *him*.** (*h'i di-dent laïk de cheet h'iz frènd guéïv h'im*) (Il n'a pas aimé la chemise que son ami lui a donnée.)

Parmi les pronoms **he** et **him** de la phrase précédente, le mot **him** est appelé **object pronoun** (*ob-djèct preou-naoun* [UK], *âb-djèct prôô-naoun* [US]) (pronom complément d'objet). Les pronoms compléments agissent en tant que complément du verbe ou de la préposition qu'ils suivent. Ils se placent en général à la fin ou près de la fin de la phrase, non entre le sujet et le verbe comme en français dans l'exemple précédent. (Consultez le chapitre 2 sur les **subject pronouns**, tels que **he**.)

Voici une liste des pronoms compléments d'objet direct/indirect en anglais :

- **me** (*mi*) (me)
- **you** (*iou*) (te/vous)
- **her** (*h'ee*) (la/lui)
- **him** (*h'im*) (le/lui)
- **it** (*it*) (le/lui)
- **them** (*dèm*) (les/leur)
- **us** (*aes* [UK], *es* [US]) (nous)

Pratiquez les phrases suivantes comportant des pronoms compléments d'objet directs ou indirects (les compléments sont en italique) :

- **Ann bought this shirt for *me*.** (*an bôôt dis cheet foe mi* [UK], *an bâât dis cheet foe mi*) (Ann m'a acheté cette chemise.)
- **She wants *me* to show *it* to *you*.** (*chi ouânts mi tou cheou it tou iou* [UK], *chi ouânts mi tou chôô it tou iou* [US]) (Elle veut que je te la montre.)

- **My cousins will visit *us*.** (*maï cae-zinz ouil vi-zit aes* [UK], *maï ke-zinz ouil vi-zit es* [US]) (Mes cousins/cousines vont venir nous voir.)
- **You can meet *them*.** (*iou can miit dèm*) (Tu peux les rencontrer.)

To et for : quelques prépositions

Les prépositions posent problème parce qu'il n'y a pas de règle pour vous dire exactement celles qu'il faut utiliser. Essayez d'apprendre seulement quelques prépositions à la fois. En voici deux – **to** (*tou*) (à) et **for** (*foe*) (pour) – utilisables avec les mots qui servent à faire des achats.

On utilise to avec les mots suivants :

- **give (something) to** (*giv saem-dzign tou* [UK], *giv sem-dzign tou* [US]) (donner (quelque chose) à)
- **show (something) to** (*cheou saem-dzign tou* [UK], *chôô sem-dzign tou*) (montrer (quelque chose) à)

On utilise for avec les mots suivants :

- **buy (something) for** (*baï saem-dzign foe* [UK], *baï sem-dzign foe* [US]) (acheter (quelque chose) pour)
- **just right for** (*djaest raït foe* [UK], *djest raït foe* [US]) (juste ce qu'il faut pour)
- **pay for (something)** (*pèï foe saem-dzign* [UK], *pèï foe sem-dzign* [US]) (payer (quelque chose))
- **too big/small for** (*touou big/smôôl foe* [UK], *touou big/smââl foe* [US]) (trop grand/petit pour)

TRUC

Avec les mots **give** (*giv*) (donner), **show** (*cheou* [UK], *chôô* [US]) (montrer), et **buy** (*baï*) (acheter), n'utilisez pas de préposition quand le pronom complément d'objet indirect vient entre le verbe et le nom. Par exemple : **I bought her a gift** (*aï bôôt h'ee e gift* [UK], *aï bâât h'ee e gift* [US]) (Je lui ai acheté un cadeau).

Conversation

CD

Pratiquez l'utilisation des pronoms et des prépositions dans la conversation suivante entre un vendeur et Matt, qui essaie des vêtements. (Piste 25)

Vendeur : **How do those pants fit?**
h'aou dou deouz pants fit [UK]
h'aou dou dôôz pants fit [US]
Comment va ce pantalon ?
(pantalon = **trousers** en anglais britannique)

Matt : **They're too big for me.**
dèïr tou big foe mi
Il est trop grand pour moi.

Vendeur : **Okay, give them to me. I'll get a smaller size for you.**
eou-kèï giv dèm tou mi aïl guèt a smôô-le saïz foe iou [UK]
ôô-kèï giv dèm tou mi aïl guèt a smââ-le saïz foe iou [US]
Bon, donnez-les moi. Je vais vous chercher une taille plus petite.

Matt : **Thanks. I need one size smaller.**
dzancs aï niid ouaen saïz smôô-le [UK]
dzancs aï niid ouen saïz smââ-le [US]
Merci. J'ai besoin d'une taille au-dessous.

Le vendeur revient avec une taille plus petite et Matt l'essaie.

Vendeur : **How do they fit?**
h'aou dou dèï fit
Comment va-t-il ?

Matt : **They're perfect. Where do I pay for them?**
dèïr pee-fèct ouèe dou aï pèï foe dèm [UK]
dèïr pee-fèct h'ouèe dou aï pèï foe dèm [US]
Il est parfait. Où est-ce que je le paie ?

Vendeur : **At the front register.**
at de front rè-djis-te
À la caisse principale.

INFO CULTURELLE

Bon vieux objets : articles de seconde main

Ce qu'une personne jette peut faire le bonheur d'une autre – dit-on. Et aux États-Unis, la vente d'objets usagés est un commerce florissant. Vous pouvez voir des **thrift stores** (*dzrift stôôez*) (magasins économiques) aussi appelés **second hand stores** (*sè-kend h'and stôôez*) (magasins de seconde main) qui vendent des objets à prix réduit. Vous pouvez aussi acheter des objets usagés à des marchés ouverts appelés **flea markets** (*flii mââ-kits*) (marchés aux puces) et à des **garage sales** (*ga-ridj séïlz* [UK], *gue-rââj séïlz* [US]) (vide-grenier) familiaux où les gens vendent les objets dont ils ne veulent plus.

Aimez-vous négocier les prix ? Vous pouvez le faire aux **flea markets** et aux **yard sales** (mais pas dans les **thrift stores**). Marchander un peu pour arriver au prix final doit être un échange courtois et amical – nullement agressif. Voici quelques expressions pour négocier un achat :

- **How much do you want for this?** (*h'aou maetch dou iou ouânt foe dis* [UK], *h'aou metch dou iou ouânt foe dis* [US]) (Combien en voulez-vous ?)
- **Would you take ___ for it?** (*woud iou téïk ___ foe it*) (Accepteriez-vous de le vendre ___ ?)

Jeux et activités

Les Baxter ont fait de nombreux achats vestimentaires, et tous les membres de la famille se montrent dans leurs nouveaux atours. Pouvez-vous identifier ce qu'ils portent ? Bien sûr, vous pouvez jeter un coup d'œil sur la section des vêtements de ce chapitre si vous avez besoin d'un peu d'aide.

1. ____________________
2. ____________________
3. ____________________
4. ____________________
5. ____________________
6. ____________________
7. ____________________
8. ____________________
9. ____________________
10. ____________________
11. ____________________
12. ____________________
13. ____________________

Chapitre 11

Sortir en ville

Dans ce chapitre :

- Les actualités locales
- Expressions pour dire l'heure
- Aller au théâtre, au cinéma ou au concert
- Les bars et les night-clubs

Going out on the town (*gueou-ign aout on de taoun* [UK], *gôô-ign aout on de taoun* [US]) (Sortir en ville), notamment dans un endroit inconnu, est un excellent moyen pour découvrir la culture et l'histoire de la ville et voir comment les gens utilisent leurs loisirs. Vous pouvez visiter les musées, les cafés, les librairies, les sites historiques, les jardins publics, les théâtres et les night-clubs. Dans certaines villes, vous pouvez participer à des promenades à pied organisées ou à des excursions en autocar pour visiter des sites présentant un intérêt culturel ou historique.

Dans ce chapitre, vous verrez comment vous informer sur les attractions et les événements locaux. Je vous donne aussi des expressions utiles pour acheter des tickets et inviter quelqu'un à sortir un soir avec vous. Et pour assurer l'intérêt et la sécurité de votre **nightlife** (*naït-laïf*) (vie de noctambule), j'inclus quelques indications sur ce qui est légal et ce qui ne l'est pas.

Se renseigner sur l'actualité locale

Vous voulez savoir ce qui se passe ? Voici différentes façons de vous informer sur les **events** (*i-vènts*) (événements) de la ville :

- Allez voir un **information centre** [UK], **information center** [US] (*in-fe-méï-chen sèn-te*) (bureau d'information pour les touristes).
- Appelez ou allez voir la **Chamber of Commerce** (*tchéïm-be ov co-mees* [UK], *tchéïm-be ov câ-mees* [US]) (chambre de commerce).

- Consultez un **guidebook** (*guaïd-bouc*) (guide touristique).
- Examinez les **information brochures** (*in-fe-méi-chen breou-chez* [UK], *in-fe-méï-chen bre-chououez* [US]) (brochures d'informations) d'un hôtel.
- Regardez la **calendar section** (*ke-lèn-de sèc-chen*) (section calendrier) du journal local.
- Repérez les endroits intéressants sur une **map** (*map*) (carte).
- Recherchez des **flyers** (*flaïez*) (dépliants) et des **posters** (*peous-tez* [UK], *pôôs-tez* [US]) (affiches) portant sur les spectacles à venir.

TRUC

À coup sûr, la façon la meilleure et la plus intéressante de découvrir ce qui se passe dans une ville est simplement de demander aux gens ! Parlez-leur dans les magasins ou à votre hôtel, demandez au serveur ou à la serveuse (les jeunes gens connaissent tous les bons clubs !) et parlez à d'autres touristes. Ne soyez pas timide – les gens adorent parler de leurs attractions ou soirées favorites.

Vous pouvez utiliser les expressions suivantes pour vous renseigner sur les événements locaux :

- **Can you recommend a good art gallery?** (*can iou rè-ke-mènd e goud âât ga-le-ri*) (Pouvez-vous recommander une bonne galerie d'art ?)
- **What should I see while I'm here?** (*ouot choud aï sii ouaïl aïm h'ie* [UK], *h'ouât choud aï sii h'ouaïl aïm h'ie* [US]) (Que devrais-je aller voir pendant mon séjour ?)
- **Are there any museums here?** (*ââ dèe é-ni miou-zi-emz h'ie*) (Y a-t-il des musées ici ?)
- **Where can I find tourist information** (*ouèe can aï faïnd tou-rist in-fe-méï-chen* [UK], *h'ouèe can aï faïnd tou-rist in-fe-méï-chen* [US]) (Où puis-je trouver des informations touristiques ?)

Mots clés

event	i-vènt	événement/spectacle
attraction	e-trac-chen	attraction
information	in-fe-méi-chen	informations
nightlife	naït-laïf	vie nocturne

Obtenir des informations

Avez-vous jamais prévu un programme de visites ou de distractions, et découvert que ce que vous venez voir est fermé (et ne rouvrira que mardi prochain, quand vous serez reparti) ? Eh bien ! Si vous savez un peu d'anglais, vous pouvez éviter ce problème.

Avec quelques expressions simples, vous pouvez découvrir si un endroit est ouvert ou quand un événement aura lieu. Servez-vous des expressions suivantes pour obtenir des informations et préparer votre programme :

- **What are your hours?** (*ouot âe ioue aouez* [UK], *h'ouât âe ioue aouez* [US]) (Quelles sont vos heures d'ouverture ?)
- **What days are you open?** (*ouot dèïz âe iou eou-pen* [UK], *h'ouât dèïz âe iou ôô-pen* [US]) (Quels jours êtes-vous ouvert ?)
- **How much does it cost?** (*h'aou maetch daez it cost* [UK], *h'aou metch dez it câst* [US]) (Combien ça coûte ?)
- **Is there an admission fee?** (*iz dèe en ed-mi-chen fii*) (L'entrée est-elle payante ?)

Pour faire des projets et obtenir des informations sur les événements et les attractions, vous avez besoin de parler de l'heure et de la date. La section suivante vous fournit toutes les notions de base sur la façon de dire l'heure ; le chapitre 8 peut vous aider à indiquer la date.

L'heure en anglais

Les pays anglophones disent l'heure de la manière suivante :

- Avec les nombres de 1 à 12, et non de 1 à 24
- Avec les abréviations **a.m.** (de minuit à midi) et **p.m.** (de midi à minuit)
- Si vous dites à quelqu'un que vous le verrez demain à 10:00, vous devez spécifier **a.m.** ou **p.m.** Sinon, vous risquez de l'attendre toute la journée si la personne en question a compris que vous vouliez dire 10:00 du soir !
- Mais si vous lisez **12.00 a.m.** et si vous ne savez plus très bien s'il s'agit de midi ou de minuit, rappelez-vous que a.m. veut dire *ante meridiem*, soit avant midi. 12 heures avant midi, c'est donc **midnight** (*mid-naït*) (minuit). Si maintenant vous appliquez le même raisonnement à **12 p.m.** – p.m. voulant dire *post meridiem*, soit après midi – vous retombez sur... **midnight** ! Évitez donc soigneusement de dire ou d'écrire 12.00 (avec ou sans a.m. ou p.m.), et dites ou écrivez **midnight** ou **noon** (*nououn*) (midi).

TRUC

Aux États-Unis, seuls les militaires utilisent le système horaire dit **24-hour time** (*touèn-ti foue aoue taïm*) (horaire de 1 à 24 heures). Si vous l'utilisez en parlant ou en écrivant dans les contacts quotidiens, les gens peuvent être déconcertés ou avoir besoin de réfléchir pour comprendre ce que vous voulez dire. Il vaut mieux utiliser **a.m.** et **p.m.** et les autres expressions de cette section.

L'heure s'exprime généralement par l'heure suivie des minutes. Pour 1:30 vous dites **one-thirty** (*ouaen dzee-ti* [UK], *ouen dzee-ti* [US]) (une heure trente). Voici quelques autres exemples :

- **7:05 = seven oh five** (*sè-ven eou faïv* [UK], *sè-ven ôô faïv* [US]) (sept heures cinq)
- **10:15 = ten fifteen** (*tèn fif-tiin*) (dix heures quinze)
- **11:45 = eleven forty-five** (*i-lè-ven fôô-ti faïv*) (onze heures quarante-cinq)

Avez-vous besoin de savoir l'heure ? Vous pouvez la demander à quelqu'un au moyen de l'une des expressions suivantes :

- **What time is it?** (*ouot taïm iz it* [UK], *h'ouât taïm iz it* [US]) (Quelle heure est-il ?)
- **Do you have the time?** (*dou iou h'av de taïm*) (Avez-vous l'heure ?)

N'OUBLIEZ PAS !

N'oubliez pas l'article **the** en demandant **Do you have the time?** Si vous l'oubliez, vous direz **Do you have time?** (*dou iou h'av taïm*) (Avez-vous le temps ?), ce qui veut dire « êtes-vous trop occupé pour faire quelque chose ou pouvez-vous dégager un peu de temps ? ». Si vous posez cette question par erreur, la personne peut demander **time for what?** (*taïm foe ouot* [UK], *taïm foe h'ouât* [US]) (du temps pour quoi faire ?).

TRUC

Dire le mot **o'clock** après l'heure n'est pas nécessaire, et les gens le disent rarement devant les termes **a.m.** ou **p.m.** Mais il y a diverses façons d'exprimer une heure particulière en anglais. Regardez les exemples suivants :

- **It's three p.m.** (*its dzri pi èm*) (Il est quinze heures.)
- **It's three in the afternoon** (*its dzri in di ââf-te-nououn* [UK], *its dzri in di aaf-te-nououn* [US]) (Il est trois heures de l'après-midi.)
- **It's three o'clock in the afternoon** (*its dzri e-cloc in di ââf-te-nououn* [UK], *its dzri e-clâc in di aaf-te-nououn* [US]) (Il est trois heures de l'après-midi.)
- **It's three** (*its dzri*) (Il est trois heures.)

Les termes **past** (*pââst* [UK], *paast* [US]) (après) et **before** (*be-foe*) (avant) sont rarement utilisés en anglais américain pour exprimer l'heure. On tend à utiliser le mot **after** (*ââf-te* [UK], *aaf-te* [US]) (après) comme dans **ten *after***

three (*tèn ââf-te dzri* [UK], *tèn aaf-te dzri* [US]) (trois heures dix) et les mots **to** (*tou*) (jusqu'à) ou **till** (*til*) (jusqu'à) comme dans **ten *to* five** (*tèn tou faïv*) (cinq heures moins dix). Quinze minutes avant ou après l'heure, vous pouvez utiliser les expressions **a quarter after** (*e kouôô-te ââf-te* [UK], *e kouââ-te aaf-te* [US]) (et quart) et **a quarter to** (*e kouôô-te tou* [UK], *e kouââ-te tou* [US]) (moins le quart). Ainsi vous pouvez exprimer 3:45 sous la forme **a quarter to four** (*e kouôô-te tou fôô* [UK], *e kouââ-te tou fôô* [US]) (quatre heures moins le quart).

Conversation

Jean appelle le musée d'Histoire naturelle pour s'enquérir des horaires. (Piste 26)

Employé : **Natural History Museum. May I help you?**

na-tche-rel h'is-tri miouou-zi-em mèï aï h'èlp iou

Musée d'Histoire naturelle. Que puis-je faire pour vous ?

Jean : **I need information about your hours.**

aï niid in-fe-méï-chen e-baout ioue aouez

J'ai besoin de renseignements sur vos horaires.

Employé : **We're open Tuesday through Friday from 11 a.m. to 5 p.m.**

ouir eo-pen tiououz-di dzrou fraï-di from i-lè-ven éï èm tou faïv pi èm [UK]

ouir ôô-pen tiououz-di dzrou fraï-di frâm i-lè-ven éï èm tou faïv pi èm [US]

Nous sommes ouverts du mardi au vendredi de 11h à 17h.

Jean : **What about the weekends?**

ouot e-baout de ouiik-èndz [UK]

h'ouât e-baout de ouiik-èndz [US]

Et les week-ends ?

Employé : **On Saturday and Sunday, the hours are noon to 4.**

on sa-te-di and saen-di di aouez âe nououn tou fôe [UK]

on sa-te-di and sen-di di aouez âe nououn tou fôe [US]

Le samedi et le dimanche, les horaires sont de midi à 16 heures.

Jean : **Is there an admission fee?**

iz dèe en ed-mi-chen fii

L'entrée est-elle payante ?

Employé : **Five dollars for adults, and three dollars for children and seniors.**

faïv do-lez foe e-daelts and dzri do-lez foe tchil-dren and sii-niez [UK]

faïv dâ-lez foe e-delts and dzri dâ-lez foe tchil-dren and sii-niez [UK]

Cinq dollars pour les adultes, et trois dollars pour les enfants et les seniors.

Jean : **Thank you.**

dzanc iou

Merci.

Mots clés

in the morning	in de moe-nign	le matin
in the afternoon	in di ââf-te-nououn [UK], in di aaf-te-nououn [US]	l'après-midi
in the evening	in di ii-v'nign	le soir
noon	nououn	midi
midnight	mid-naït	minuit

Prépositions de temps : at, in et on

On utilise trois prépositions – **at** (*at*) (à), **in** (*in*) (dans) et **on** (*on*) (sur) – pour indiquer le moment. Vous reconnaissez peut-être ces mots pour les avoir vus dans la section sur la façon de dire l'heure. Leur emploi vous semble peut-être aléatoire, mais il vous faut respecter certaines règles :

- Utilisez **at** dans les expressions de temps précises, et en outre devant le mot **night**.

- Utilisez **in** avec les expressions **the morning, the evening and the afternoon**.
- Utilisez **on** avec les jours de la semaine, le mot **weekend** et les jours de fête.

Observez les exemples suivants :

- **The concert starts at 9:00 at night.** (*de con-seet stââts at naïn at naït* [UK], *de cân-seet stââts at naïn at naït* [US]) (Le concert commence à 9 heures du soir.)
- **We went to the park in the afternoon.** (*oui ouènt tou de pââk in di ââf-te-nououn* [UK], *oui ouènt tou de pââk in di aaf-te-nououn* [US]) (Nous sommes allés dans le parc dans l'après-midi.)
- **The museum is closed on Monday.** (*de miouou-zi-em iz cleouz'd on mon-di* [UK], *de miouou-zi-em iz clôôz'd on mân-di* [US]) (Le musée est fermé le lundi.)

POINT DE GRAMMAIRE

Quelle remarque pouvez-vous faire en comparant le dernier mot anglais et le dernier mot français de l'exemple précédent ? Réponse : le mot anglais est en caractères gras et le mot français est en caractères normaux. D'accord, mais ce que vous devez retenir, c'est que **Monday** commence par une majuscule, alors que « lundi » commence par une minuscule. En anglais les jours de la semaine – et les mois – sont des noms propres (des noms de dieux comme mars et mardi en français) méritant à ce titre de commencer par une majuscule. En français les jours et les mois sont traités comme des noms ordinaires en dépit de leur origine divine.

Le cinéma

Un excellent moyen d'exercer vos talents d'écoute et d'apprendre de nouvelles expressions est d'aller au **cinema** (*si-ni-me*) (cinéma) en Grande-Bretagne ou **to the movies** (*tou de mouou-viz*) (au cinéma) en Amérique du Nord. Le mot américain **movies** est un raccourci pour **moving pictures**, mot datant de l'époque à laquelle nous disions cinématographe. Alors que les Britanniques utilisent comme nous le mot **film** (*film*) (film), les Américains vont voir un **movie** (*mouou-vi*) (film) dans un **movie theater** (*mouou-vi dzi-e-te*) (cinéma). Le mot américain theater utilisé seul désigne un théâtre où l'on assiste à un spectacle **live** (*laïv*) (vivant/direct), mais certains l'utilisent à tort à la place du mot composé **movie theater**.

N'OUBLIEZ PAS !

Comme l'équivalent du mot français « centre » celui du mot français « théâtre » a deux orthographes anglaises : la britannique, **centre, theatre** et l'américaine **center, theater**.

Examinez la section du journal local consacrée aux films, ou appelez le cinéma pour écouter l'enregistrement des films et des horaires. Voici les questions à poser si vous avez la chance d'avoir affaire à un être humain :

- **What films** [UK]/**movies** [US] **are playing today?** (*ouot filmz ââe <u>plèï</u>-ign te-<u>dèï</u>* [UK], *h'ouât <u>mouou</u>-viz ââe <u>plèï</u>-ign te-<u>dèï</u>* [US]) (Quels films sont projetés aujourd'hui ?)
- **What time does the film** [UK]/**movie** [US] **start?** (*ouot taïm daez de film stââât* [UK], *h'ouât taïm dez de <u>mouou</u>-vi stââât* [US]) (A quelle heure commence le film ?)
- **Is there a matinée?** (*iz dèe e <u>ma</u>-ti-nèï*) (Y a-t-il une matinée ?)

Conversation

Barry et Hedy vont au guichet du cinéma pour acheter des billets.

Guichetier : **What movie?**
ouot <u>mouou</u>-vi [UK]
h'ouât <u>mouou</u>-vi [US]
Quel film ?

Hedy : **That depends. What time is Titanic playing?**
dat di-<u>pèndz</u> ouot taïm iz taï-<u>ta</u>-nic <u>plèï</u>-ign [UK]
dat di-<u>pèndz</u> h'ouât taïm iz taï-<u>ta</u>-nic <u>plèï</u>-ign [US]
Ça dépend. À quelle heure passe Titanic ?

Guichetier : **There are two showings: at 5:00 and 8:30.**
dèe ââe touou <u>chôô</u>-ignz at faïv and éït <u>dee</u>-ti
Il y a deux séances : à 5 h et à 8 h 30.

Barry : **Let's go to the later one, okay?**
lèts gueou tou de <u>léï</u>-te ouaen eou-<u>kèï</u> [UK]
lèts gôô tou de <u>léï</u>-te ouen ôô-<u>kèï</u> [US]
Allons à celle qui passe plus tard, d'accord ?

Hedy : **Okay. Two for the 8:30 showing, please.**
eou-<u>kèï</u> touou foe de éït <u>dee</u>-ti <u>chôô</u>-ign pliiz [UK]
ôô-<u>kéï</u> touou foe de eït <u>dee</u>-ti <u>chôô</u>-ign pliiz [US]
OK. Deux pour la séance de 8 h 30, s'il vous plaît.

Guichetier :	**That will be fifteen dollars.** *dat ouil bii fif-tiin do-lez* [UK] *dat ouil bee fif-tiin dâ-lez* [US] Cela fait quinze dollars.

Classement des films aux États-Unis

Aux États-Unis comme ailleurs, les films se voient attribuer un **rating** (*réï-tign*) (classement) indiquant la catégorie de public à laquelle ils sont destinés. Voici les **ratings** les plus courants et leur signification :

- **G** : pour tous publics (les enfants, la grand-mère, les parents et le chien)
- **PG** : **parental guidance** (*pe-rèn-tel guaï-dens*) (surveillance parentale) pour tous les enfants de moins de 17 ans
- **R** : **restricted** (*rès-tric-tid*) (restreint) films interdits aux moins de 17 ans à cause de leur contenu « adulte »

Mots clés

showing	chôô-ign	séance
ticket	ti-kit	billet
box office	box o-fis [UK], bâx â-fis [US]	(guichet de cinéma)
matinée	ma-ti-nèï	matinée

Concerts et pièces de théâtre

La **live music** (*laïv miouou-sic*) (musique live), le **live theatre** [UK]/**theater** [US]) (*laïv dzi-e-te*) (théâtre) et les **dance concerts** (*dââns con-seets* [UK], *daans con-seets* [US]) (spectacles de danse) vous permettent d'approcher les **musicians** (*miouou-si-chenz*) (musiciens) et les **performers** (*pe-fôô-mez*) (artistes).

Dans de petites villes, vous pouvez aller voir le **local talent** (*leou-kel ta-lent* [UK], *lôô-kel ta-lent* [US]) (talent local) ; dans les villes plus importantes, vous pouvez voir des artistes de renommée internationale. Que vous alliez à

Carnegie Hall (*câ̲â̲-ne-gui h'ôôl* [UK], *câ̲â̲-ne-gui h'ââl*) (célèbre salle de concert à New York), au **Royal National Theatre** (*ro-iel na-che-nel dzi-e-te*) de Londres ou à une pièce de théâtre jouée par le lycée du lieu, vous absorberez un peu de la culture locale et vous aurez l'occasion d'observer **the audience** (*di ôô-diens* [UK], *di ââ-diens* [US]) (le public).

Conversation

Hedy regarde le calendrier des spectacles dans le journal et en remarque un qu'elle voudrait voir.

Hedy : **Hey Barry, my favorite musician is playing tomorrow night.**
h'èï ba-ri maï féï-vrit miouou-zi-chen iz pléï-ign te-mo-reou naït [UK]
h'èï ba-ri maï féï-vrit miouou-zi-chen iz pléï-ign te-mo-rôô naït [US]
Dis donc Barry, ma musicienne préférée joue demain soir.
(Un Britannique dirait **"I say Barry..."**)

Barry : **Who is it?**
h'ou iz it
Qui est-ce ?

Hedy : **Mary McCaslin. She's a great folk musician.**
ma-ri mic-cas-lin chiiz e gréït feouc miouou-si-chen [UK]
ma-ri mic-cas-lin chiiz e gréït fôôc miouou-si-chen [US]
Mary McCaslin. C'est une grande artiste de folk musique.

Barry : **Where is she playing?**
ouèe iz chii plèï-ign [UK]
h'ouèe iz chii plèï-ign [US]
Où joue-t-elle ?

Hedy : **At the Rounder Theater at 8 p.m.**
at de raoun-de dzi-e-te at éït pi èm
Au théâtre Rounder à 8 heures du soir.
(Des Britanniques écriraient **Theatre**.)

Barry : **Okay. I'll call for tickets.**
eou-kèï aïl côôl foe ti-kits [UK]
ôô-kèï aïl cââl foe ti-kits [US]
C'est bon. J'appelle pour demander des billets.

Sortir avec quelqu'un

Si vous trouvez un spectacle intéressant auquel vous voulez assister et si vous voulez demander à un ami/une amie de vous accompagner, vous avez besoin de connaître quelques expressions pour le lui proposer. Je vous suggère d'utiliser les phrases suivantes :

- **Would you like to see a film** [UK]/**movie** [US] **with me?** (*woud iou laïk tou sii e film/mouou-vi ouid mi*) (Voudrais-tu voir un film avec moi ?)
- **Do like plays?** (*dou iou laïk plèïz*) (Aimes-tu/aimez-vous les pièces de théâtre ?)
- **I'm going to a concert tomorrow. Do you want to come?** (*aïm gueou-ign tou e con-seet te-mo-reou dou iou ouânt tou caem* [UK], *aïm gôô-ign tou e con-seet te-mâ-rôô dou iou ouânt tou kem* [US]) (Je vais à un concert demain. Veux-tu/voulez-vous venir ?)

Conversation

Winston et son amie Ellie discutent ensemble, et Winston propose à Ellie de sortir avec lui.

Winston : **Would you like to do something Friday night?**
woud iou laïk tou dou saem-dzign fraï-di naït [UK]
woud iou laïk tou dou sem-dzign fraï-di naït [US]
Aimerais-tu faire quelque chose vendredi soir ?

Ellie : **Sure.**
chououe
Bien sûr.

Winston : **Have you seen the musical "Cats"?**
h'av iou siin de miouou-zi-kel cats
As-tu vu la comédie musicale Cats ?

Ellie : **No, not yet.**
neou not ièt [UK]
nôô nât ièt [US]
Non, pas encore.

Winston : **It's playing at the Majestic Theater. Would you like to go?**
its plèï-ign at de me-djès-tic dzi-e-te woud iou laïk tou gueou [UK]
its plèï-ign at de me-djès-tic dzi-e-te woud iou laïk tou gôô [US]
Elle se joue au théâtre Majestic. Aimerais-tu y aller ?
(En Angleterre, ce serait le **Majestic Theatre**.)

Ellie : **I'd love to go.**
aïd laev tou gueou [UK]
aïd lev tou gôô [US]
Avec le plus grand plaisir.

Winston : **Great. I've heard that it's an excellent show.**
grèït aïv h'eed dat its en èc-se-lent cheou [UK]
grèït aïv h'eed dat its en èc-se-lent chôô [US]
Parfait. J'ai entendu dire que c'est un spectacle excellent.

Réjouissances nocturnes

La meilleure façon de trouver de bons **nightclubs** (*naït-claebz* [UK], *naït-klebz* [US]) (night-clubs) ou **bars** (*bâez*) (bars) est de demander autour de vous. Chaque personne a un établissement préféré, mais avec quelques questions pertinentes, vous obtiendrez assez d'informations pour décider vous-même.

Tout le monde a entendu parler des **pubs** (*paebz* [UK], *pebz* [US]) (pubs) d'Irlande et de Grande-Bretagne. Les pubs ne sont pas une institution américaine, mais on trouve dans certaines villes des États-Unis des **breweries** (*brouou-e-riz*) (brasseries) locales servant différentes sortes de **beer** (*biie*) (bière) et généralement des repas légers. Voici quelques questions que vous pouvez poser aux gens du pays sur les clubs et les bars :

- **Do you know any good nightclubs?** (*dou iou neou é-ni goud naït-claebz* [UK], *dou iou nôô é-ni goud naït-clebz* [US]) (Connaissez-vous de bons night-clubs ?)
- **What kind of bar is this?** (*ouot caïnd of bâe iz dis* [UK], *h'ouât caïnd of bâe iz dis* [US]) (C'est quel genre de bar ?)
- **Is there live music?** (*iz dèe laïv miouou-zic*) (Y a-t-il un orchestre ?)
- **Does the club have dancing?** (*daez de claeb h'av dan-sign* [UK], *dez de cleb h'av dan-sign* [US]) (Est-ce un club où l'on danse ?)

Si quelqu'un vous demande si vous voulez du thé ou du café, vous pouvez dire **Coffee, please** (*co-fii pliiz* [UK], *câ-fii pliiz* [US]) (Du café, s'il vous plaît). Mais si vous voulez être plus formel ou faire ressortir votre préférence, vous pouvez dire **I prefer coffee** (*ai pri-fee co-fii*) (Je préfère du café). Si quelqu'un vous demande si vous aimez la musique classique, vous pouvez dire **I prefer jazz** (*aï pri-fee djaz*) (Je préfère le jazz). Observez les questions et les réponses suivantes :

Do you want to go to a museum? (*dou iou ouânt tou gueou tou e miouou-zi-em* [UK], *dou iou ouânt tou gôo tou e miouou-zi-em* [US]) (Veux-tu aller à un musée ?) **I prefer to go see a film** [UK]/**movie** [US] (*aï pri-fee tou gueou sii e film* [UK], *aï pre-fee tou gôô sii e mouou-vi* [US]) (Je préfère aller voir un film.)

Do you mind if I smoke? (*dou iou maïnd if aï smeouk* [UK], *dou iou maïnd if aï smôôk* [US]) (Cela vous dérange-t-il si je fume ?) **I prefer that you don't** (*aï pri-fee dat iou deoun't* [UK], *aï pri-fee dat iou dôôn't* [US]) (Je préfère que vous ne fumiez pas.)

Cela vous dérange si je fume ?

Si vous êtes un **smoker** (*smeou-ke* [UK], *smôô-ke* [US]) (fumeur) en visite aux USA vous direz peut-être « On dit que l'Amérique est le pays de la liberté, mais je ne peux fumer nulle part ! » et vous aurez raison. Mais un **nonsmoker** (*non-smeou-ke* [UK], *nân-smôô-ke* [US]) (non-fumeur) pourrait dire « J'ai le droit d'être libre de la fumée de cigarette ! » Le non-fumeur a raison lui aussi. Mais quelle que soit votre interprétation de la liberté, le fait demeure que fumer est interdit dans la plupart des lieux publics, y compris de nombreux bars et night-clubs !

Si vous ne voyez pas d'**ashtrays** (*ach-treïz*) (cendriers), fumer est probablement **not allowed** (*not e-laoud* [UK], *nât e-laoud* [US]) (non autorisé). En cas de doute, vous pouvez demander **Is it okay to smoke here?** (*iz it eou-kèï tou smeouc h'ie* [UK], *iz it ôô-kèï tou smeouc h'ie* [US]) (Est-ce qu'on peut fumer ici ?)

Ceux qui boivent et celui qui conduit

Vous pouvez conduire aux États-Unis à l'âge de 16 ans (15 ans avec un adulte et un permis), mais vous ne pouvez pas entrer dans un night-club ou un bar (légalement) tant que vous n'avez pas 21 ans – le **legal drinking age** (*lii-guel drin-kign éïdj*) (âge légal pour consommer de l'alcool) ! Attendez-vous à devoir montrer une **picture ID** (*pic-tchee aï dî*) (pièce d'identité avec une photo). Et sachez que les clubs n'acceptent parfois pas les passeports comme des pièces d'identité valables.

Dans un club (ou dans une partie ou un restaurant), vous pouvez entendre quelqu'un dire **I'm the designated driver** (*aïm de dé-zig-néï-ted draï-ve*) (je suis le conducteur désigné). Cette personne consent à rester **sober** (*seou-be* [UK], *sôô-be* [US]) (sans boire d'alcool) et à reconduire les autres en voiture chez eux. De nombreux bars et clubs servent des boissons non alcoolisées aux conducteurs désignés.

Conversation

Winston et Ellie décident d'aller dans un club après avoir vu jouer Cats. À l'entrée, ils ont affaire au **bouncer** (*baoun-se*) (videur), la personne qui vérifie les pièces d'identité.

Videur : **Do you have your ID?**
dou iou h'av ioue aï di
Avez-vous votre pièce d'identité ?

Winston : **I have my passport.**
aï h'av maï pas-pôôt.
J'ai mon passeport.

Videur : **We prefer a driver's license.**
oui pri-fee e draï-vez laï-sens
Nous préférons un permis de conduire.
(Permis de conduire = **driving licence** (*draï-vign laï-sens*) en anglais britannique.)

Winston : **I have that, too.**
aï h'av dat touou
J'ai ça aussi.

Ellie : **Here's mine.**
h'iez maïn
Voici le mien.

Videur : **Okay, you can go in.**
eou-kèï iou can gueou in [UK]
ôô-kèï iou can gôô in [US]
Bon, vous pouvez entrer.

Une fois à l'intérieur, une serveuse leur demande s'ils veulent quelque chose à boire.

Serveuse : **Can I get you a drink?**
can aï guèt iou e drinc
Puis-je vous apporter une boisson ?

Ellie : **A glass of white wine.**
e glââs ev ouaït ouaïn [UK]
e glaas ev h'ouaït ouaïn [US]
Un verre de vin blanc.

Serveuse : **And you, sir, something from the bar?**
and iou see saem-dzign from de bââ [UK]
and iou see sem-dzign frâm de bââ [US]
Et vous, Monsieur, quelque chose du bar ?

Winston : **Just some sparkling water.**
djaest saem spââ-clign ouôô-te [UK]
djest sem spââ-clign ouââ-te [US]
Juste de l'eau gazeuse.

Ellie : **May I smoke in here?**
mèï aï smeouc in h'ie [UK]
mèï aï smôôc in h'ie [US]
Puis-je fumer ici ?

Serveuse : **We prefer that you go out on the patio.**
oui pri-fee dat iou gueou aout on de pa-tieou [UK]
oui pri-fee dat iou gôô aout on de pa-tiôô [US]
Nous préférons que vous sortiez sur le patio.

Ellie : **Okay.**
eou-kèï [UK]
ôô-kèï [US]
D'accord.

INFO CULTURELLE

N'oubliez pas le pourboire pour la personne qui vous sert à boire dans un bar ou un night-club. La norme est de donner 15 à 20 % de la note.

Mots clés

alcohol	al-ke-h'ol [UK], al-ke-h'âl [US]	alcool
minor	maï-ne	mineur
underage	aen-de-réïdj [UK], en-de-réïdj [US]	au-dessous de l'âge requis
smoke	smeouc [UK], smôôc [US]	fumer ou fumée
ashtray	ach-trèï	cendrier

Jeux et activités

Dans l'espace libre, inscrivez une autre façon d'indiquer l'heure. (Je vous donne un modèle dans le premier exemple.)

Two in the afternoon: 2:00 p.m.

1. Midnight: _______.

2. 12 p.m.: _______.

3. A quarter after three: _______.

4. A quarter to three: _______.

5. 5:00 a.m.: _______.

6. Five-thirty in the evening: _______.

Chapitre 12

Aller et venir : différents moyens de transport

Dans ce chapitre :

- Comment trouver son chemin dans les aéroports
- Les transports en commun : les bus, les avions et les trains
- Prendre des taxis
- Louer une voiture
- Les routes et les autoroutes en Grande-Bretagne ou aux États-Unis

Quand vous arrivez à un **airport** (*ée-pôôt*) (aéroport) après un vol de longue durée, la première chose que vous voulez probablement faire (après vous être assuré que vos bagages ne sont pas partis dans un autre pays), c'est de sortir de là !

Bien sûr, si vous arrivez aux États-Unis, vous devez présenter votre passeport et passer la douane avant de trouver **transportation** (*trans-pôô-téï-chen*) (un moyen de transport) et de vous diriger vers votre point d'accueil. Si vous savez un peu d'anglais, votre voyage sera plus agréable – et un peu moins stressant. Ce chapitre vous apporte des éléments du langage des voyages, ainsi que des renseignements sur la façon de quitter l'aéroport, d'utiliser les transports en commun, de louer une voiture et de rouler sur les routes américaines.

Traverser l'aéroport et la douane

Dans les aéroports des USA, presque toutes les indications sont en anglais (à moins que vous ne soyez près de la frontière mexicaine ou près du Québec). Voici quelques-uns des signes que vous verrez :

- **Baggage Claim** (*ba-guidj cléïm*) (Récupération des bagages)
- **Immigration** (*i-mi-gréï-chen*) (Immigration)

- **Customs** (*caes-temz* [UK], *kes-temz* [US]) (Douane)
- **Information** (*in-fe-méï-chen*) (Informations)
- **Arrivals** (*e-raï-velz*) (Arrivées)
- **Departures** (*di-pââ-tchez*) (Départs)
- **Ground Transport** (*graound trans-pôôt*) (Transports terrestres)

La plupart des gens tendent à être un peu anxieux au passage de l'**immigration** (*i-mi-gréï-chen*) (immigration) et de la **customs** (*caes-temz* [UK], *kes-temz* [US]) (douane), mais si vous n'avez pas avec vous d'articles prohibés, vous pouvez en temps normal les traverser sans encombre. Ayez bien entendu avec vous les documents appropriés – un **visa** (*vi-ze*) (visa), un **passport** (*pas-pôôt*) (passeport) et votre **ticket** (*ti-kit*) (billet d'avion) – et suivez le signe **Immigration**.

Conversation

Henri vient d'arriver aux USA. Il est parvenu au guichet de l'immigration et il parle avec un agent de l'immigration. (Piste 27)

Agent : **May I see your passport?**
mèï aï sii ioue pas-pôôt
Puis-je voir votre passeport ?

Henri : **Yes. Here it is.**
iès h'ie it iz
Oui. Le voici.

Agent : **And your ticket. What's the purpose of your visit?**
and ioue ti-kit ouot iz de pee-pes ev ioue vi-zit [UK]
and ioue ti-kit h'ouât iz de pee-pes ev ioue vi-zit [US]
Et votre billet. Quel est le but de votre visite ?

Henri : **I've come on a student visa.**
aïv caem on e stiouou-dent vii-ze [UK]
aïv kem on e stouou-dent vii-ze [US]
Je viens avec un visa d'étudiant.

Agent : **May I see your visa?**
mèï aï sii ioue vii-ze
Puis-je voir votre visa ?

Henri : **Here you are.**
h'ie iou ââ
Le voici.

Agent : **How long will you be staying in the United States?**
h'aou logn ouil iou bii stè-ign in di iouou-naï-ted stéïts [UK]
h'aou lâgn ouil iou bii stè-ign in di iouou-naï-ted stéïts [US]
Combien de temps allez-vous séjourner aux États-Unis ?

Henri : **Two months.**
touou maendz's [UK]
touou mendz's [US]
Deux mois.

Agent : **Okay. Please proceed to customs.**
eou-kèï pliiz pre-siid tou caes-temz [UK]
ôô-kèï pliiz pre-siid tou kes-temz [US]
Bien. Veuillez aller à la douane.

A la douane, on peut vous demander d'ouvrir ou de déballer vos bagages et de répondre à des questions sur certains articles. Si vous avez de la chance, le **customs officer** (*caes-temz o-fi-see* [UK], *kes-temz â-fi-se* [US]) (douanier) vous demandera seulement si vous introduisez aux US des articles prohibés. Voici quelques expressions que vous devez connaître :

- **Please open your bags.** (*pliiz eou-pen ioue bagz* [UK], *pliiz ôô-pen ioue bagz* [US]) (Veuillez ouvrir vos bagages.)
- **Do you have any items to declare?** (*dou iou h'av é-ni aï-temz tou di-clèe*) (Avez-vous des articles à déclarer ?)

Mots clés

luggage	lae-guidj	bagages
baggage	ba-guidj	bagages
bags	bagz	bagages
schedule	chè-diououl [UK], skè-diououl [US]	horaire
ticket	ti-kit	billet
passport	pas-pôôt	passeport

TRUC

Si vous avez un problème quelconque avec l'immigration ou la douane ou si le douanier confisque des objets prohibés, vous avez intérêt à rester calme, courtois et coopératif. Ne plaisantez jamais avec des agents de l'immigration ou de la douane. Et si vous êtes arrêté pour une raison quelconque, ne proposez pas d'argent – c'est illégal.

Vous ne pouvez pas les introduire aux États-Unis

Rappelez-vous que les douanes ne peuvent pas vous autoriser à apporter certains articles aux USA. En général, vous ne pouvez pas apporter des produits agricoles, de la viande, des plantes vivantes, des noix ou des aliments de certaines régions et, bien sûr, des armes à feu ou de la drogue. D'autres articles interdits sont les espèces animales menacées de disparition, l'ivoire, les peaux de léopard, le corail et les carapaces de tortue. Vérifiez les informations relatives aux articles interdits sur le site web du bureau des douanes américain à www.customs.ustreas.gov.

Sortir de l'aéroport

Après être passé par les points de contrôle obligatoires et avoir récupéré vos bagages, vous devriez voir des signes vous dirigeant vers les moyens de transport terrestre, et vous pourrez prendre un **taxi** (*ta-xi*) (taxi), un **bus** (*baes* [UK], *bes* [US]) (bus), ou une **airport shuttle** (*èe-pôôt chae-tel* [UK], *èe-pôôt che-tel* [US]) (navette d'aéroport). Si vous ne voyez pas de signes, allez à un comptoir d'information et demandez les horaires des bus et des navettes.

La liste ci-après vous précise les options dont vous disposez pour quitter l'aéroport :

- **Bus** : un autobus peut vous emmener en centre-ville ou en banlieue, mais pas toujours à votre destination exacte. Pour plus de sûreté, demandez au **driver** (*draï-ve*) (chauffeur) de vous dire exactement où il va. En outre, vous devez avoir le **fare** (*fèe*) (montant du billet) exact – les chauffeurs ne rendent généralement pas la monnaie. Les questions suivantes peuvent vous aider à trouver le bon autobus :
  - **Where does this bus go?** (*ouèe daez dis baes gueou* [UK], *h'ouèe dez dis bes gôô* [US]) (Où va ce bus ?)
  - **Does this bus go to___?** (*daez dis baes gueou tou* [UK], *dez dis bus gôô tou* [US]) (Ce bus va-t-il à ___ ?)

Si vous êtes en autobus dans une ville inconnue, vous pouvez facilement rater votre **stop** (*stop* [UK], *stâp* [US]) (arrêt). Demandez au chauffeur de vous prévenir quand le bus arrive à votre destination. Voici ce qu'il faut dire :

- **Please tell me where to get off the bus.** (*pliiz tèl mi ouèe tou guèt of de baes* [UK], *pliiz tèl mi h'ouèe tou guèt of de bes* [US]) (S'il vous plaît, dites-moi quand je dois descendre.)
- **Can you tell me when we get to my stop?** (*can iou tèl mi ouèn oui guèt tou maï stop* [UK], *can iou tèl mi h'ouèn oui guèt tou maï stâp* [US]) (Pourrez-vous me dire quand nous serons arrivés à mon arrêt ?)

- **Airport shuttle** : ce petit véhicule emmène de six à neuf passagers et vous conduit à votre destination spécifique. Bien sûr, le trajet est plus cher qu'en bus (mais souvent moins cher qu'en taxi). Et bien qu'il puisse durer longtemps (surtout si vous êtes la dernière personne à descendre), le service « porte-à-porte » est un grand avantage.
- **Taxi** : vous trouverez normalement de nombreux **taxis** (*ta-xiz*) (taxis) ou **cabs** (*cabz*) (taxis) à l'aéroport. Demandez le prix au **driver** (*draï-ve*) (chauffeur) en montant – il peut y avoir un prix fixe pour aller de l'aéroport au centre-ville. Pour plus d'informations sur la façon de vous déplacer en taxi, voyez la section « Héler un taxi » plus loin dans ce chapitre.

Utilisation des transports en commun

Si vous visitez l'une des principales villes des États-Unis – **Chicago, New York, San Francisco, Washington** et quelques autres – vous avez accès à des **public transportation** (*pae-blic trans-pe-téï-chen*) (transports en commun) généralement excellents. Les **commuter trains** (*ke-miouou-te tréïnz*) (trains de banlieue) et les **subways** (*saeb-ouèïz* [UK], *seb-ouéïz* [US]) (métros aux États-Unis – en Grande-Bretagne le mot **subway** désigne un passage souterrain pour piétons) sont rapides, pratiques, peu chers et infiniment préférables à un après-midi dans votre voiture à la recherche d'une place de parking.

Mais dans les villes plus petites ou les banlieues américaines, les transports en commun sont souvent limités. Si vous cherchez un endroit où trouver des transports publics, vous pouvez vous adresser à quelqu'un. Par exemple :

- **Where is the closest train station?** (*ouèe iz de cleou-zest tréïn stéï-chen* [UK], *h'ouèe iz de clôô-zest tréïn stéï-chen* [US]) (Où se trouve la gare la plus proche ?)
- **Where is the closest bus stop?** (*ouèe iz de cleou-zest baes stop* [UK], *h'ouèe iz de clôô-zest baes stop* [US]) (Où se trouve l'arrêt de bus le plus proche ?)

- **Where can I find the subway?** (*ouèe can aï faïnd de saeb-ouéï* [UK], *h'ouèe can aï faïnd de seb-ouéï* [US]) (Où se trouve le métro ?) (En anglais britannique, le métro se dit **the underground** (*di aen-de-graound*), et celui de Londres est aussi appelé **the tube** (*de tiououb*).)

Pour vous promener dans un autobus de la ville, procurez-vous un horaire à une station d'autobus ou demandez à quelqu'un du pays où vous pouvez en trouver un. Les **routes** (*rououts*) (itinéraires) des bus sont distingués par des numéros, et vous devez généralement payer le prix exact du trajet à moins que vous n'achetiez un **bus pass** (*baes pas* [UK], *bes pas* [US]) (carte de bus).

La plupart des lignes d'autobus proposent des **transfers** (*trans-fez*) (transferts) qui sont des tickets vous permettant de changer pour prendre un autre bus sans coût supplémentaire jusqu'à votre destination. Si vous prenez le métro ou un train de banlieue, vous pouvez généralement acheter votre ticket avant de monter dans le train. Voici quelques expressions utilisables dans les transports en commun :

- **How do I get to __ Street?** (*h'aou dou aï guèt tou __striit*) (Comment puis-je aller rue __ ?)
- **Which train goes to __?** (*ouitch tréïn gueouz tou __* [UK], *h'ouitch tréïn gôôz tou __* [US]) (Quel est le train pour __ ?)
- **May I have a transfer?** (*mèï aï h'av e trans-fee*) (Pourrais-je avoir un ticket de transfert ?)

Conversation

Voici une conversation entre un agent des transports en commun et un usager. (Piste 28)

Henriette : **What bus goes to Elder Street?**

ouot baes gueouz tou èl-de striit [UK]

h'ouât bes gôôz tou èl-de striit [US]

Quel bus va rue Elder ?

Agent : **Number 5 bus.**

naem-be faïv baes [UK], *nem-be faïv bes* [US]

Bus numéro 5.

Henriette : **Where do I catch number 5 bus?**

ouèe dou aï catch naem-be faïv baes [UK]

h'ouèe dou aï catch nem-be faïv baes [US]

Où puis-je prendre le bus numéro 5 ?

Agent : **Take number 27 bus to Lake Street, and then transfer to number 5.**

téïk naem-be touèn-ti sè-ven baes tou léïk striit and dèn trans-fee tou naem-be faïv [UK]

téïk nem-be touèn-ti sè-ven bes tou léïk striit and dèn trans-fee tou nem-be faïv [US]

Prenez le bus numéro 27 jusqu'à rue du Lac, puis changez pour le numéro 5.

Henriette : **Is there a more direct route to Elder Street?**

iz dèe e moe di-rèct rouout tou èl-de striit

Y a-t-il un chemin plus direct jusqu'à la rue Elder ?

Agent : **Yes, you can take the commuter train to Elder.**

iès iou can téïk de ke-miouou-te tréïn tou èl-de

Oui, vous pouvez prendre le train de banlieue jusqu'à Elder.

Henriette : **Where's the nearest train station?**

ouèez de niie-rest tréïn stéï-chen [UK]

h'ouèez de niie-rest tréïn stéï-chen [US]

Où est la gare la plus proche ?

Agent : **One block down this street.**

ouaen bloc daoun dis striit [UK]

ouen blâc daoun dis striit [US]

Un pâté de maison en continuant dans cette rue.

Henriette : **Great. Thanks.**

gréït dzancs

Très bien. Merci.

Héler un taxi

Dans de nombreuses villes importantes et en centre-ville, vous verrez passer des **taxis** (*ta-xiz*) (taxis) dans la rue pour y prendre des passagers. Mais dans de nombreuses villes plus petites, vous pouvez avoir à appeler un service de taxis pour qu'on vienne vous chercher. N'attendez donc pas à un coin de rue – vous pourriez attendre des jours avant de voir un taxi !

Mots clés

bus	baes [UK], bes [US] bus	
train	tréïn	train
underground [UK]	aen-de-graound	métro
subway [US]	saeb-ouéï [UK], seb-ouéï [US]	métro
route	rouout	itinéraire
bus pass	baes pas [UK], bes pas [US]	carte de bus
transfer	trans-fee	transfert
direct route	di-rèct rouout	chemin direct

Si vous voyagez en taxi, sachez que les **fares** (*féez*) (prix des courses) sont de tant par mile et que le prix est affiché sur le **meter** (*mii-te*) (compteur).

Pour héler un taxi, en Amérique comme en Europe, levez la main au-dessus de la tête ou à hauteur des épaules, et agitez-la. Il n'est pas courant de partager un taxi avec une autre personne. Il est préférable – mais ce n'est pas une obligation – de donner au chauffeur un pourboire de 15 à 20 % du montant total de la course.

Voici quelques expressions à utiliser une fois à bord du taxi :

- **I'd like to go to ____.** (*aïd laïc tou gueou tou* [UK], *aïd laïc tou gôô tou* [US]) (Je voudrais aller à ____.)
- **Please take me to ___.** (*pliiz téïc mi tou*) (conduisez-moi s'il vous plaît à ___.)

Longs voyages en car, en train ou en avion

Si vous avez peu d'argent mais beaucoup de temps – ou si vous voulez simplement voir le paysage –, les grands trajets en car peuvent être un bon moyen de déplacement aux États-Unis. Achetez un **one-way ticket** (*ouaen ouèï ti-kit* [UK], *ouen ouèï ti-kit* [US]) (aller simple) ou un **round-trip ticket** (*raound trip ti-kit*) (aller-retour) à la **bus station** (*baes stéï-chen* [UK], *bes stéï-chen* [US]) (station de bus) et attendez-vous à faire d'intéressantes rencontres en cours de route !

Un voyage en bus en Amérique du Nord dure généralement plusieurs jours, et vous donne l'occasion de nouer des contacts avec vos compagnons de voyage. Dans les îles Britanniques, minuscules par comparaison, les gens prennent le train (ou l'avion) pour les déplacements sur une « longue » distance, qui ne durent jamais très longtemps, et le bus est plutôt réservé, comme en France, à des déplacements dans une même région. Autre différence, l'achat d'un billet – de bus, d'avion ou de train – met en jeu un tout autre vocabulaire : vous achetez un **single ticket** (*sign-guel ti-kit*) (aller simple) ou un **return ticket** (*ri-teen ti-kit*) (aller-retour).

Si vous recherchez un peu plus de confort et si vous pouvez dépenser un peu plus d'argent, prenez un **train** (*tréïn*) (train). Pour un voyage en train d'assez longue durée, et à un coût plus important, vous pouvez avoir un **private sleeper** (*praï-vet slii-pee*) (cabine de wagon-lit) et prendre vos repas dans le **dining car** (*daï-nign cââ*) (wagon-restaurant). Le train lui aussi vous donne la possibilité d'admirer tranquillement le paysage. Vous achetez vos billets à la gare ou par l'intermédiaire d'une **travel agency** (*tra-vel éï-djen-si*) (agence de voyage).

Conversation

Sid se rend à Atlanta pour aller voir un ami. Il est à la gare routière où il se renseigne sur les horaires et prend son billet.

Sid : **When does the bus leave for Atlanta?**

ouèn daez de baes liiv foe a-tlan-te [UK]

h'ouèn dez de bes liiv foe a-tlan-te [US]

Quand part le bus pour Atlanta ?

Guichetier : **In one hour, at 3 p.m.**

in ouaen aoue at drzi pi èm [UK]

in ouen aoue at drzi pi èm [US]

Dans une heure, à 15 heures.

Sid : **Okay. I'd like a one-way ticket to Atlanta.**

eou-kèï aïd laïk e ouaen ouèï ti-kit tou a-tlan-te [UK]

ôô-kèï aïd laïk e ouen ouèï ti-kit tou a-tlan-te [US]

Bon. Je voudrais un aller simple pour Atlanta.

(En Grande-Bretagne, aller simple se dit **single** (*sign-guel*).)

Guichetier : **That's 62 dollars.**
dats six-ti touou do-lez [UK]
dats six-ti touou dâ-lez [US]
C'est 62 dollars.

Sid : **When does the bus arrive in Atlanta?**
ouèn daez de baes e-raïv in a-tlan-te [UK]
h'ouèn dez de bes e-raïv in a-tlan-te [US]
Quand le bus arrive-t-il à Atlanta ?

Guichetier : **Around 5 p.m. tomorrow.**
e-raound faïv pi èm te-mo-reou [UK]
e-raound faïv pi èm te-mâ-rôô [US]
Vers 17 heures demain.

Sid : **Okay, thanks.**
eou-kèï dzancs [UK]
ôô-kèï dzancs [US]
C'est bon, merci.

Guichetier : **Here's your ticket.**
h'iez ioue ti-kit
Voici votre billet.

Pour une raison inconnue, les gares routières et ferroviaires des États-Unis sont souvent situées loin du centre-ville et parfois dans des quartiers inhospitaliers. Vous avez intérêt à y aller en taxi, si vous ne trouvez pas un bus (ou un ami) pour vous y conduire.

Bien que plus cher, **air travel** (*èe tra-vel*) (le voyage par avion) est le moyen le plus utilisé par la plupart des gens qui voyagent à l'intérieur des États-Unis. Vous pouvez traverser tout le pays en **plane** (*pléïn*) (avion) en quatre heures environ. Arrivez tôt pour enregistrer vos bagages, passer par le **security check** (*si-kioue-ri-ti tchèk*) (contrôle de sécurité) et parvenir à votre **gate** (*guéït*) (porte). Vous pouvez acheter votre billet à l'avance à une **travel agency**, sur **the Internet** (*di in-te-nèt*) (Internet) ou à un **ticket counter** (*ti-kit caoun-te*) (comptoir) de l'aéroport.

Un arrêt coûteux

Aux États-Unis, il est interdit de fumer dans les cars longue distance et dans les trains. Le **bus driver** (*baes draï-ve* [UK], *bes draï-ve* [US]) (conducteur de car) ou le **train conductor** (*tréïn ken-daec-te* [UK], *tréïn ken-dec-te* [US]) (contrôleur du train) vous dira quels arrêts sont des **smoking stops** (*smeou-kign stops* [UK], *smôô-kign stâps* [US]) (arrêts pour fumer) où vous pouvez descendre et fumer.

Mais ne vous éloignez pas trop – vous risquez d'être lâché. Pensez à ce qui est arrivé à l'une de mes amies. Elle est descendue du train à un arrêt pour se dégourdir les jambes. Soudain, elle a vu le train quitter la gare. Elle a sauté dans un taxi et tenté vainement de rattraper le train à la gare suivante. Finalement, après 100 miles et une énorme dépense de taxi, mon amie l'a rattrapé et a pu sauter dedans. Un arrêt cigarette coûteux – et elle ne fume même pas !

Conversation

Bernard se rend à une agence de voyage pour se renseigner au sujet d'un vol aller-retour de Los Angeles à New York. (Piste 29)

Bernard : **I need a round-trip ticket to New York.**

aï niid e raound-trip ti-kit tou niouou iôôk [UK]

aï niid e raound-trip ti-kit tou nouou iôôk [US]

J'ai besoin d'un billet aller-retour pour New York.

(En anglais britannique, billet aller-retour = **return ticket** (*ri-teen ti-kit*).)

Agent : **What are your dates of travel?**

ouot âe ioue déïts ev tra-vel [UK]

h'ouât âe ioue déïts ev tra-vel [US]

Quelles sont vos dates de voyage ?

Bernard : **I want to leave April 3rd and return April 10th.**

aï ouânt tou liiv éï-pril dzeed and ri-teen éï-pril tèndz

Je veux partir le 3 avril et revenir le 10 avril.

Agent : **And where are you leaving from?**

and ouèe ââ iou lii-vign from [UK]

and h'ouèe ââ iou lii-vign frâm [US]

Et d'où partez-vous ?

Bernard : **Los Angeles.**

los <u>an</u>-dji-liiz

Los Angeles.

Agent : **I can get you a non-stop from L.A. to New York La Guardia airport.**

aï can guèt iou e non stop from èl éï tou niouu iôôk le-<u>gouââ</u>-die <u>ée</u>-pôôt [UK]

aï can guèt iou e non stâp frâm èl éï tou nouu iôôk le-<u>gouââ</u>-die <u>ée</u>-pôôt [US]

Je peux vous donner un sans escale jusqu'à New York La Guardia.

Bernard : **What's the fare?**

ouots de fèe [UK]

h'ouâts de fèe [US]

Quel est le prix du billet ?

Agent : **$430 plus tax.**

foue <u>h'aen</u>-dred and <u>dee</u>-ti <u>do</u>-lez plaes tax [UK]

foue <u>h'en</u>-dred and <u>dee</u>-ti <u>dâ</u>-lez ples tax [US]

430 dollars plus la taxe.

Bernard : **Okay. I'll take it.**

eou-<u>kèï</u> aïl téïk it [UK]

ôô-<u>kèï</u> aïl téïk it [US]

D'accord. Je le prends.

Agent : **Do you want a window or aisle seat?**

dou iou ouânt e <u>ouin</u>-deou oe aïl siit [UK]

dou iou ouânt e <u>ouin</u>-dôô oe aïl siit [US]

Voulez-vous une place fenêtre ou couloir ?

(En anglais britannique place couloir = **gangway seat** (*<u>gagn</u>-ouèï siit*).)

Bernard : **Window, please.**

<u>ouin</u>-deou pliiz [UK]

<u>ouin</u>-dôô pliiz [US]

Fenêtre, s'il vous plaît.

Mots clés

single [UK]	sign-guel	aller simple
one-way [US]	ouaen ouèï [UK], ouen ouèï [US]	aller simple
return [UK]	ri-teen	aller-retour
round-trip [US]	raound trip	aller-retour
ticket counter	ti-kit caoun-te	guichet/comptoir
travel agency	tra-vel éï-djen-si	agence de voyage
station	stéï-chen	gare

S'informer sur la durée et la distance

Quand vous voyagez, quel que soit le mode de transport, vous voulez généralement savoir à quelle distance se trouve votre destination et combien de temps prendra le voyage. Vous devez peut-être prendre une correspondance ou rencontrer un ami qui vous attend à l'autre bout. Voici les questions à poser :

- **How far is it?** (*h'aou fââ iz it*) (C'est à quelle distance ?)
- **How long does it take to get there?** (*h'aou logn daez it téïk tou guèt dèe* [UK], *h'aou logn dez it téïk tou guèt dèe* [US]) (Combien de temps dure le trajet ?)

Conversation

CD

Monique prévoit un voyage de Los Angeles à San Francisco. Elle s'informe auprès d'un ami de la distance et du temps nécessaire. (Piste 30)

Monique : **How far is it from Los Angeles to San Francisco?**

h'aou fââ iz it from los an-dji-liiz to san fran-sis-keou [UK]

h'aou fââ iz it from lâs an-dji-liiz to san fran-sis-côô [US]

Quelle est la distance de Los Angeles à San Francisco ?

Evan :	**About 400 miles.** *e-<u>baout</u> fôô <u>h'aen</u>-dred maïlz* [UK] *e-<u>baout</u> fôô <u>h'en</u>-dred maïlz* [US] Environ 400 miles.
Monique :	**How long does it take to get there?** *h'aou logn daez it téïk tou guèt dèe* [UK] *h'aou logn dez it téïk tou guèt dèe* [US] Combien de temps faut-il pour arriver là-bas ?
Evan :	**About 1 hour by plane.** *e-<u>baout</u> ouaen aoue baï pléïn* [UK] *e-<u>baout</u> ouen aoue baï pléïn* [US] Environ une heure par avion.
Monique :	**How about by car?** *h'aou e-<u>baout</u> baï câû* Et en voiture ?
Evan :	**Around 6 to 8 hours depending on the route you take.** *e-<u>raound</u> six tou éït aouez di-<u>pèn</u>-dign on de rouout iou téïk* Environ 6 à 8 heures selon la route que tu prends.
Monique :	**What is the best route to take?** *ouot iz de bèst rouout tou téïk* [UK] *h'ouât iz de bèst rouout tou téïk* [US] Quelle est la meilleure route à prendre ?
Evan :	**That depends. The coast route is more scenic, but Interstate 5 and Highway 101 are faster.** *dat di-<u>pèndz</u> de keoust rouout iz môe <u>sii</u>-nic baet <u>in</u>-te-stéït faïv and <u>h'aï</u>-ouèï ouaen eou aouaen ââ <u>fââs</u>-te* [UK] *dat di-<u>pèndz</u> de côôst rouout iz môe <u>sii</u>-nic bet <u>in</u>-te-stéït faïv and <u>h'aï</u>-ouèï ouen ôô ouen ââ <u>faas</u>-te* [US] Cela dépend. Le chemin par la côte est plus spectaculaire, mais l'autoroute inter-États 5 et l'autoroute 101 sont plus rapides.

Louer une voiture

Aimez-vous voyager en toute indépendance et être libre de voyager à votre propre rythme ? Ou avez-vous simplement besoin d'une voiture pour vos affaires ou pour une brève excursion ? En ce cas, vous pouvez louer une voiture et découvrir les joies de la conduite sur les **motorways** (*meou-te-ouèïz*) (autoroutes) de Grande-Bretagne ou les **highways** (*h'aï-ouèïz*) (autoroutes) des États-Unis et du Canada.

TRUC

De nombreuses sociétés de location de véhicules opèrent aux États-Unis et chacune a des procédures et des exigences spécifiques. Selon la société de location, vous devez être âgé de 18 à 25 ans pour louer une voiture, et vous avez besoin des documents suivants :

- **A valid driver's license** (*e va-lid draï-vez laï-sens*) (Un permis de conduire valide). Notez qu'en anglais britannique, permis de conduire se dit et s'écrit **driving licence** (*draï-vign laï-sens*).
- **A major credit card** (*e méï-dje cri-dit cââd*) (Une carte bancaire reconnue). En général, les sociétés n'acceptent que Visa, American Express et Master Card.

Louer une voiture n'est pas très coûteux, surtout si vous partagez la dépense avec des amis. La plupart des sociétés louent **by the day** (*baï de dèï*) (à la journée) et accordent des **free miles** (*frii maïlz*) (miles gratuits) – ce qui veut dire pas de facturation du nombre de miles effectués – jusqu'à 200 miles ou plus selon la société. Certaines sociétés offrent des miles illimités moyennant un supplément de prix. Voici quelques termes à connaître pour choisir une voiture :

- **compact** (*kem-pact*) (voiture plus petite et assez économique)
- **luxury** (*laek-che-ri* [UK], *lek-che-ri* [US]) (de luxe)
- **mini-van** (*mi-ni-van*) (minibus)
- **two-door** (*tou-dôô*) (à deux portes)
- **four-door** (*fôe dôô*) (à quatre portes)
- **stick shift** (*stic chift*) (à changement de vitesse manuel). (L'équivalent britannique de **stick shift** est **gear lever** (*guie lii-ve*) (levier de changement de vitesse).)

Conversation

Karen et son fils sont dans une agence de location de voitures pour louer une voiture et aller à Boston.

Agent : **Can I help you?**
can aï h'èlp iou
Puis-je vous aider ?

Karen : **We want to rent a car.**
oui ouânt tou rènt e cââ
Nous voulons louer une voiture.

Agent : **What type of car do you want?**
ouot taïp ev cââ dou iou ouânt [UK]
h'ouât taïp ev cââ dou iou ouânt [US]
Quel type de voiture voulez-vous ?

Karen : **A small four-door with automatic transmission.**
e smôôl fôôe dôô ouid o-te-<u>ma</u>-tic trans-<u>mi</u>-chen [UK]
e smââl fôôe dôô ouid o-te-<u>ma</u>-tic trans-<u>mi</u>-chen [US]
Une petite quatre portes avec transmission automatique.

Agent : **All our cars are automatics.**
ôôl aoue cââz ââ o-te-<u>ma</u>-tics [UK]
ââl aoue cââz ââ o-te-<u>ma</u>-tics [US]
Toutes nos voitures sont des automatiques.

Karen : **What's the price?**
ouots de praïs [UK]
h'ouâts de praïs [US]
Quel est le prix ?

Agent : **$25 per day with 200 free miles.**
<u>touèn</u>-ti faïv <u>do</u>-lez pe dèï ouid tou <u>h'aen</u>-dred frii maïlz [UK]
<u>touèn</u>-ti faïv <u>dâ</u>-lez pe dèï ouid tou <u>h'en</u>-dred frii maïlz [US]
25 dollars par jour avec 200 miles gratuits.

Karen : **Okay, we'll take it.**

eou-kèï ouil téïk it [UK]

ôô-kèï ouil téïk it [US]

D'accord, nous la prenons.

Agent : **I need to see your driver's license and credit card.**

aï niid tou sii ioue draï-vez laï-sens and cri-dit cââd

J'ai besoin de voir votre permis de conduire et votre carte de crédit.

(Permis de conduire = **driving licence** (*draï-vign laï-sens*) en anglais britannique.)

Karen : **Here you are.**

h'ie iou ââe

Les voici.

Agent : **Would you like to buy extra insurance?**

woud iou laïk tou baï ix-tre in-choue-rens

Voulez-vous souscrire une assurance supplémentaire ?

Karen : **No thanks.**

neou dzancs [UK], *nôô dzancs* [US]

Non merci.

INFO CULTURELLE

Comparaison des miles et des kilomètres

Avez-vous déjà couru une course de 10 kilomètres ? Aux États-Unis, les courses de 10 km sont assez répandues. Les Américains savent que c'est environ 6,2 miles. Mais c'est à peu près tout ce qu'ils savent sur les kilomètres ; ils sont beaucoup plus familiarisés avec les miles.

En dépit de quelques campagnes très sérieuses pour faire passer les USA au système métrique, ce pays a conservé son système de mesure – par la force de l'habitude et à cause du coût de conversion. (Et par attachement à toutes ces chansons qui utilisent le mot « miles » comme **such as I can see for miles and miles and miles...**) Si donc vous voyez un signe disant « New York 300 miles », et si vous êtes un adepte du système métrique, faites une conversion : divisez par 5 et multipliez par 8. Vous obtiendrez la distance approximative en kilomètres, et vous déciderez en connaissance de cause s'il faut continuer à rouler ou vous arrêter au prochain motel.

En route

Avant de prendre la route ou de parcourir les rues d'une ville en voiture, vous devez connaître quelques **rules of the road** (*rououlz ov de reoud* [UK], *rououlz ov de rôôd* [US]) (règles de circulation) et savoir interpréter les **road signs** (*reoud saïgnz* [UK], *rôôd saïgnz* [US]) (signaux routiers). Avant toute chose, rappelez-vous que dans beaucoup de pays anglophones (Afrique du Sud, Australie, Inde, Irlande, Nouvelle-Zélande, Royaume-Uni...) le volant de la voiture est normalement à droite, et qu'il faut rouler sur la gauche de la route.

Au Canada et aux États-Unis, on roule sur le **right-hand side** (*raït h'and saïd*) (côté droit) comme en Europe continentale et dans presque tout le reste du monde. Certains **road signs** sont universels ou du moins ils sont logiques. Par exemple, un panneau avec des enfants marchant et portant des livres veut dire que vous devez faire attention à des enfants qui vont à l'école ou en reviennent. Voici la signification de quelques signalisations que vous pouvez rencontrer sur les routes et dans les villes américaines :

- **Stop** (*stop* [UK], *stâp* [US]) (stop) : un hexagone rouge avec des lettres blanches.
- **Yield** (*i-iild*) (céder le passage) : un triangle blanc avec un bord rouge.
- **One-way street** (*ouaen ouéï striit* [UK], *ouen ouéï striit* [US]) (rue à sens unique) : une flèche blanche dans un rectangle noir.
- **No U-turn** (*neou iouou teen* [UK], *nôô iouou teen* [US]) (demi-tour interdit) : un rectangle blanc avec le symbole universel rouge d'interdiction sur une flèche en forme de U.
- **Railroad crossing** (*réïl-reoud cro-sign* [UK], *réïl-rôôd crâ-sign*) (passage à niveau) : un X sur fond blanc avec les lettres RR.

  Note : passage à niveau se dit **Railway crossing** (*réïl-ouèï cro-sign* [UK], *rèïl-ouèï crâ sign* [US]) en anglais britannique.

Dans certains États américains, il est permis de **turn right** (*teen raït*) (tourner à droite) à un feu rouge, mais seulement depuis la voie la plus à droite et seulement si le carrefour est libre. Faites attention aux piétons et à un signe éventuel disant **no turn on red** (*neou teen on rèd* [UK], *nôô teen on rèd* [US]) (interdiction de tourner à droite au feu rouge).

TRUC

Les limites de vitesse et les autres règles de circulation sont strictement appliquées et les contraventions en roulant (contrairement à celles relatives au stationnement) comportent de très fortes amendes. Si un agent de police vous arrête, rangez-vous lentement sur la droite et restez en voiture, en gardant les mains sur le volant ; l'agent viendra à votre fenêtre. Et ne paniquez pas – coopérez simplement avec lui et restez courtois.

Mots clés

stop sign	stop saïgn [UK], stâp saïgn [US]	signal de stop
traffic light	tra-fic laït	feu de circulation
pedestrian	pi-dès-trien	piéton
pedestrian crossing [UK]	pi-dès-trien cro-sign [UK], pi-dès-trien crâ-sign [US]	passage pour piétons
crosswalk [US]	cros-ouòòk [UK], crâs-ouâàk [US]	passage pour piétons
intersection	in-te-sèc-chen	carrefour

Ped X-ing et enfants lents

Un de mes amis britanniques, voyant les lettres **Ped X-ing** peintes sur la route devant lui, n'avait aucune idée de ce que ces lettres voulaient dire. (De façon analogue vous pouvez voir **RR X-ing** peint sur la chaussée. Ce signe annonce un **Railroad Crossing**.) Et ce signe qui dit **Slow Children** (*sleou tchil-dren* [UK], *slôô tchil-dren* [US]) (enfants lents) ? Vous pourriez vous demander si vous devez faire attention à des enfants qui s'attardent dans la rue ou si le quartier est réservé à des enfants qui ne suivent pas bien à l'école. Mais le signe veut dire simplement que vous devez **drive slowly** (*draïv sleou-li* [UK], *draïv slôô-li* [US]) (conduire lentement) parce qu'il peut y avoir des enfants. (Les signaux sont faits pour être faciles à lire – pas pour vous rendre perplexe, n'est-ce pas?)

Acheter de l'essence

En conduisant sur une route américaine, vous pouvez vous apercevoir que vous avez besoin de trouver une **gas station** (*gas stéï-chen*) (poste à essence). (**Gas** est l'abréviation du mot **gasoline** (*ga-se-liin*) (essence), qui est employé en Amérique du Nord, mais non en Grande-Bretagne, où l'on s'arrête à une **petrol station** (*pè-trel stéï-chen*) pour acheter du **petrol** (*pè-trel*) (de l'essence).) Si vous ne voyez pas de station-service sur votre chemin, arrêtez-vous pour poser l'une des deux questions suivantes :

- **Where is the nearest gas station?** (*ouèe iz de niie-rest gas stéï-chen* [UK], *h'ouèe iz de niie-rest gas stéï-chen* [US]) (Où se trouve le plus proche poste à essence ?)
- **Where can I buy gas?** (*ouèe can aï baï gas* [UK], *h'ouèe can aï baï gas* [US]) (Où puis-je acheter de l'essence ?)

INFO CULTURELLE

Aux États-Unis comme en Europe, la plupart des postes à essence sont **self-service** (*sèlf see-vis*) (self-service), ce qui veut dire que vous devez **pump** (*paemp* [UK], *pemp* [US]) (pomper) l'essence vous-même. Cependant, il existe encore à certains endroits des stations **full service** (*foul see-vis*) (service complet) ou une **full service pump** (*foul see-vis paemp* [UK], *foul see-vis pemp* [US]) (pompe service complet) où un **attendant** (*e-tèn-dent*) (préposé) délivrera l'essence et peut-être vérifiera **your oil** (*ioue oïl*) (l'huile) et **your tires** (*ioue taïez*) (les pneus).

Vous trouvez le **price per gallon** (*praïs pee ga-len*) (prix au gallon) inscrit sur la pompe, et selon la politique de la station vous payez avant ou après avoir pris l'essence. En général, vous payez à l'intérieur de la station-service, qui est souvent un **mini-market** (*mi-ni mââ-kit*) (mini-marché) où vous pouvez acheter des snacks et des boissons. Les gallons dont il est question ici sont des gallons américains, équivalant chacun à 3,79 litres. (Sur les routes britanniques, vous n'avez pas à vous soucier des gallons impériaux, équivalant à 4,55 litres, car l'essence y est vendue au litre.)

Il existe quatre types de carburant : **unleaded** (*aen-lè-did* [UK], *en-lè-did* [US]) (sans plomb), **regular** (*rè-guiou-le*) (ordinaire) et **diesel** (*dii-zel*) (diesel). Si vous payez à l'avance, utilisez l'une de ces expressions pour dire au caissier combien de carburant il vous faut :

Mots clés

petrol station [UK]	pè-trel stéï-chen	poste à essence
gas station [US]	gas stéï-chen	poste à essence
pump	paemp [UK], pemp [US]	pompe
oil	oïl	huile
petrol tank [UK]	pè-trel tanc	réservoir à essence
gas tank [US]	gas tanc	réservoir à essence
tires	taïez	pneus

- **I want 10 gallons of regular.** (*aï ouânt tèn ga-lens ev rè-guiou-le*) (Je veux 10 gallons d'ordinaire.)
- **Give me 20 dollars of unleaded.** (*giv mi touèn-ti do-lez ev aen-lè-did* [UK], *giv mi touèn-ti dâ-lez ev en-lè-did* [US]) (Donnez-moi 20 dollars de sans plomb.)
- **I want to fill it up.** (*aï ouânt tou fil it aep* [UK], *aï ouânt tou fil it ep* [US]) (Je veux faire le plein.)

Conversation

Adam part faire un trajet en voiture et il s'arrête à un poste d'essence self-service pour faire le plein. Il parle avec le préposé.

Préposé : **How much?**
h'aou maetch [UK], *h'aou metch* [US]
Combien ?

Adam : **Fill 'er up.**
fi-le-raep [UK], *fi-le-rep* [US]
Le plein.

Préposé : **Which pump are you on?**
ouitch paemp ââ iou on [UK]
h'ouitch pemp ââ iou ân [US]
À quelle pompe êtes-vous ?

Adam : **Pump 8.**
paemp éït [UK], *pemp éït* [US]
Pompe 8.

Préposé : **You need to pay first and come back for your change.**
iou niid tou pèï feest and caem bac foe ioue tchéïnj [UK]
iou niid tou pèï feest and kem bac foe ioue tchéïnj [US]
Vous devez payer d'abord et revenir pour la monnaie.

Adam : **Okay, I'll give you 25 dollars.**
eou-kèï aïl giv iou touèn-ti faïv do-lez [UK]
ôô-kèï aïl giv iou touèn-ti faïv dâ-lez [US]
Bien, je vous donne 25 dollars.

Préposé : **That's fine. Go ahead and start the pump. It stops automatically.**

dats faïn gueou e-hèd- and stâât de paemp it stops ôô-te-ma-ti-cli [UK]

dats faïn gôô e-hèd and stâât de pemp it stâps ââ-te-ma-ti-cli [US]

C'est bon. Allez-y et démarrez la pompe. Elle s'arrête automatiquement.

Adam : **Thanks.**

dzancs

Merci.

Jeux et activités

Ce chapitre vous prépare à trouver votre chemin dans un territoire non familier. Voyez à quelle vitesse vous trouverez votre chemin dans ce jeu en cherchant les mots anglais **bus, cab, car, freeway, gas, oil, plane, street, subway, taxi, tire, traffic, train, trip, U-turn** et **yield**. (Les mots sont cachés horizontalement, verticalement et en diagonale dans le rectangle ci-dessous.)

X	A	T	M	P	S	U	B	W	A	Y
R	C	A	R	L	O	T	U	Q	E	I
A	Z	X	E	A	F	U	R	U	M	E
T	R	I	P	G	I	R	I	E	U	L
R	O	M	S	L	C	N	E	E	E	D
A	D	U	P	R	X	A	S	O	E	T
F	B	G	H	L	G	K	T	M	I	R
F	R	E	E	W	A	Y	I	I	F	L
I	D	A	G	H	S	N	L	X	R	N
C	A	B	B	O	A	S	E	A	C	E

Quatrième partie

Vivre aux États-Unis

« J'ai réussi à faire arranger la voiture aujourd'hui avec seulement les termes alimentaires que je connaissais. J'ai fait le plein de café, changé la sauce et j'ai fait réparer le donut arrière gauche. »

Dans cette partie...

Comme l'indique son titre, cette partie est axée sur le mode de vie américain. Vous y rencontrerez de ce fait, plus souvent que dans les chapitres précédents, des expressions qui diffèrent de l'anglais britannique. Elles sont systématiquement signalées au fur et à mesure. Les quatre chapitres de cette partie décrivent la vie américaine chez soi, au travail, pendant les loisirs, et évoquent pour finir des solutions à différents problèmes ou situations d'urgence.

Chapitre 13

La maison américaine

Dans ce chapitre :

- L'intérieur d'une maison américaine
- Le mobilier
- Visiter la maison de quelqu'un
- Nettoyage de la maison
- Réparations

Si vous demandez à des Américains ce que veut dire le rêve américain, beaucoup de gens répondront « posséder sa propre maison ». Bien sûr, l'augmentation des prix immobiliers, le manque de sécurité de l'emploi et d'autres facteurs empêchent bien des gens d'en acheter une effectivement – j'imagine que c'est pour ça qu'on parle de rêve.

Mais qu'ils achètent ou louent, la plupart des Américains passent beaucoup de temps chez eux et aiment beaucoup accueillir des visiteurs. Si donc vous avez l'intention de visiter une demeure américaine, il faudra que vous sachiez un peu d'anglais. Ce chapitre vous présente le home américain de base. Il vous fera connaître notamment les expressions clés qui vous aideront à garder une maison propre et bien entretenue. Et je vous explique certaines coutumes américaines pour que vous sachiez quoi faire en visitant la maison de quelqu'un d'autre.

La maison et le chez-soi

On utilise en général le mot **house** (*h'aous*) (maison) pour décrire une structure physique, comme dans **I live in a house** (*aï liv in e h'aous*) (J'habite une maison). Mais on dit **I'm going home** (*aïm gueou-ign heoum* [UK], *aïm gôô-ign hôôm* [US]) (Je rentre chez moi) ou **Welcome to my home** (*ouèl-caem tou maï h'eoum* [UK], *ouèl-kem tou maï h'ôôm* [US]) (Bienvenue chez moi) en se référant à ce lieu de refuge personnel où l'on peut se détendre et puiser de nouvelles forces. Voici d'autres types de résidence que les Américains appellent **home** :

- **apartment** (*e-pâât-ment*) (appartement) [appartement = **flat** (*flat*) en anglais britannique]
- **condominium** (*con-de-mi-niem* [UK], *cân-de-mi-niem* [US]) (appartement en copropriété) [en anglais britannique, ce mot désigne un partage de souveraineté ou de pouvoir politique]
- **mobile home** (*meou-baïl h'eoum* [UK], *môô-baïl h'ôôm* [US]) (maison déplaçable)

Regardons à l'intérieur

Ouvrez la porte et entrez dans une **residence** (*rè-zi-dens*) (demeure) américaine typique, et vous y trouverez deux ou trois **bedrooms** (*bèd-roumz*) (chambres à coucher) avec une ou deux **bathrooms** (*bââdz-roumz* [UK], *baadz-roumz* [US]) (salles de bains). Vous y trouverez peut-être même un **half-bath** (*h'ââf-bââdz* [UK], *h'aaf-baadz* [US]) (cabinet de toilette), qui n'est pas une demie **bath-tub** (*bââdz-taeb* [UK], *baadz-teb* [US]) (baignoire) ! C'est une pièce avec un lavabo et un **toilet** (*toï-let*) (WC), mais sans **bath-tub** (baignoire). [Baignoire = **bath** (*bââdz*) en anglais britannique.]

Selon la taille de la maison, vous y trouverez quelques-unes des pièces suivantes :

- **den** (*dèn*) (pièce retirée) ou **family room** (*fa-mi-li rououm*) (salle de récréation familiale)
- **dining room** (*daï-nign rououm*) (salle à manger)
- **kitchen** (*kit-chen*) (cuisine)
- **living room** (*li-vign rououm*) (salle de séjour)
- **office** (*ɵ-fis* [UK], *â-fis* [US]) (bureau)
- **utility room** (*iouou-ti-li-ti rououm*) (buanderie)

Pour continuer votre visite, marchez dans le **hall** (*hôôl* [UK], *hââl* [US]) (couloir en anglais américain ; hall d'entrée en anglais britannique) qui relie les pièces entre elles ; montez **the stairs** (*de stèez*) (l'escalier) d'une **two-story house** (*touou-sto-ri h'aous* [UK], *touou-stâ-ri h'aous* [US]) (maison à deux niveaux), et vous vous trouvez au **second floor** (*sè-kend flôôe*) (premier étage !) [Les Américains numérotent les étages en commençant par le rez-de-chaussée qu'ils appellent **first floor** (*feest flôôe*) – **ground floor** (*graound flôôe*) en anglais britannique – d'où un décalage par rapport aux Britanniques et au reste de l'Europe.] Ou bien descendez quelques marches pour aller au **basement** (*béïs-ment*) (sous-sol) sous la maison, à moins que comme dans beaucoup de maisons nouvelles, il n'y ait pas de sous-sol. Voulez-vous de l'air frais ? Alors poussez la porte pour aller dans le **porch** (*pôôtch*) (véranda) [en anglais britannique, **porch** a le même sens que le mot porche en français]. Ou s'il y a un **deck** (*dèk*) (comme une véranda, mais non couverte) ou un **patio** (*pa-tieou* [UK], *pa-tiôô* [US]) (patio), étendez-vous sur une chaise longue et admirez les fleurs et le gazon dehors dans le **yard** (*iââd*) (jardin). [En anglais britannique, **yard** = cour et jardin = **garden** (*gââ-den*).]

Le sol

Le sol d'une maison typique américaine est recouvert d'une **wall-to-wall carpet** (*ouôôl tou ouôôl cââ-pit* [UK], *ouâââl tou ouâââl cââ-pit* [US]) (moquette) épaisse. Les gens apprécient cette surface parce qu'elle est plus douce, plus silencieuse et plus chaude qu'un **bare floor** (*bèe flôôe*) (sol nu). Mais d'autres personnes préfèrent les reflets chaleureux et le lustre d'un **hardwood floor** (*h'âââd-woud flôôe*) (parquet) recouvert de quelques **throw rugs** (*dzreou raegz* [UK], *dzrôô regz* [US]) (petits tapis) décoratifs. Mais comment nettoie-t-on cette moquette direz-vous ? Avec un bon et puissant aspirateur et un shampoing régulier !

En tant que visiteur, vous serez généralement invité à venir dans le living-room, la salle à manger et peut-être la cuisine. Mais si la maison est neuve ou a été rénovée, votre hôte ou votre hôtesse voudront sans doute vous la faire visiter, de sorte que vous verrez aussi les salles de bains et les chambres. En vous conduisant d'une pièce à l'autre, votre hôtesse débitera une série de mots anglais. La liste suivante vous aidera à suivre ses explications :

- Dans la cuisine :
  - **cabinets** (*ca-bi-nèts*) (placards)
  - **microwave** (*maï-creou-ouéïv* [UK], *maï-crôô-ouéïv* [US]) (micro-ondes)
  - **refrigerator** (*ri-fri-dje-réï-te*) (réfrigérateur)
  - **sink** (*sinc*) (évier)
  - **stove** (*steouv* [UK], *stôôv* [US]) (cuisinière) [**cooker** (*couou-ke*) en anglais britannique]
- Dans la salle à manger :
  - **hutch** (*h'aetch* [UK], *h'etch* [US]) (buffet) [**sideboard** (*saïd-bôôd*) ou **dresser** (*drè-se*) en anglais britannique]
  - **table and chairs** (*téï-bel and tchèez*) (une table et des chaises)
- Dans le living-room :
  - **armchair** (*ââm-tchèe*) (fauteuil)
  - **coffee table** (*co-fii téï-bel*) (table basse)

- **couch** (*caoutch*) (divan)
- **desk** (*dèsc*) (bureau)
- **end tables** (*ènd téï-belz*) (tables d'extrémité)
- **fireplace** (*faïe-pléïs*) (cheminée)
- **lamp** (*lamp*) (lampe)

- Dans la chambre :
  - **bed** (*bèd*) (lit)
  - **closet** (*clo-zit* [UK], *clâ-zit* [US]) (placard/armoire) [**cupboard** (*cae-bed*) ou **wardrobe** (*ouôôd-reoub*) en anglais britannique]
  - **dresser** (*drè-se*) (commode) [en anglais britannique, commode = **chest of drawers** (*tchèst ev drôô-ez*), et **dresser** = **sideboard** = buffet (voir plus haut dans la salle à manger)]
- Dans la salle de bains :
  - **bath-tub** (*bââdz-taeb* [UK], *baadz-teb* [US]) (baignoire) [**bath** (*bââdz*) en anglais britannique)]
  - **shower** (*chaoue*) (douche)
  - **sink** (*sinc*) (lavabo)
  - **toilet** (*toï-let*) (WC)

Préposition de lieu : on, under et near

Une préposition de lieu indique la position d'un objet par rapport à un autre. Par exemple, la préposition **on** (*on* [UK], *ân* [US]) (sur) dans la phrase **The cat is on the sofa** (*de cat iz on de seou-fe* [UK], *de cat is ân de sôô-fe* [US]) (Le chat est sur le canapé) vous dit exactement où vous trouverez le chat : sur les coussins du canapé.

Voici quelques prépositions spatiales dont la connaissance vous sera utile :

- **above** (*e-baev* [UK], *e-bev* [US]) (au-dessus)
- **against** (*e-guéïnst*) (contre)
- **behind** (*bi-h'aïnd*) (derrière)
- **below** (*bi-leou* [UK], *bi-lôô* [US]) (au-dessous de)
- **beside** (*bi-saïd*) (à côté de)
- **in** (*in*) (dans) **ou inside of** (*in-saïd ev*) (à l'intérieur de)
- **in front of** (*in front ev* [UK], *in frânt ev* [US]) (devant)

- **near** (*niie*) (près de)
- **next to** (*nèxt tou*) (près de/à côté de)
- **on** (*on* [UK], *ân* [US]) ou **on top of** (*on top ev* [UK], *on tâp ev* [US] (sur)
- **under** (*aen-de* [UK], *en-de* [US]) ou **underneath** (*aen-de-niidz* [UK], *en-de-niidz* [US] (sous)

Si votre amie vous demande de l'aider à réarranger **her furniture** (*h'ee fee-ni-tche*) (son mobilier/ses meubles), vous devrez connaître des prépositions spatiales pour que le tapis se retrouve bien sous – et non pas sur – la table basse. Voici quelques-unes des choses que votre amie peut dire, surtout si elle vous fait faire tout le travail !

- **Move the couch against the wall.** (*mououv de caoutch e-guéïnst de ouôôl* [UK], *mououv de caoutch e-guéïnst de ouââl* [US]) (Déplace le canapé contre le mur.)
- **Put the table near the window.** (*pout de téï-bel niie de ouin-deou* [UK], *pout de téï-bel niie de ouin-dôô* [US]) (Mets la table près de la fenêtre.)
- **Lay the rug in front of the door.** (*lèï de raeg in front ov de dôôe* [UK], *lèï de reg in frânt ov de dôôe* [US]) (Pose le tapis devant la porte.)
- **Tired? Put yourself on the couch.** (*taïed pout ioue-sèlf on de caoutch* [UK], *taïed pout ioue-sèlf ân de caoutch* [US]) (Fatigué ? Mets-toi sur le canapé.)

Conversation

Anne est dans un magasin de meubles à la recherche de certains articles pour sa nouvelle demeure.

Vendeur : **May I help you?**

mèï aï h'èlp iou

Puis-je vous aider ?

Anne : **Yes. I need some lamps.**

iès aï niid saem lamps [UK]

iès aï niid sem lamps [US]

Oui. J'ai besoin de lampes.

Vendeur : **Most of the lamps are over here.**

meoust ev de lamps ââ eou-ve h'ie [UK]

môôst ev de lamps ââ ôô-ve h'ie [US]

La plupart des lampes sont par ici.

Anne : **I want two matching table lamps to go on my end tables.**

aï ouânt touou ma-tchign téï-bel lamps tou gueou on maï ènd téï-belz [UK]

aï ouânt touou ma-tchign téï-bel lamps tou gôô on maï ènd téï-belz [US]

Je veux deux lampes de table assorties pour aller sur mes tables d'extrémité.

Vendeur : **We have many styles to choose from.**

oui h'av mé-ni staïlz tou tchououz from [UK]

oui h'av mé-ni staïlz tou tchououz frâm [US]

Nous avons un grand choix de styles.

Anne : **Okay, I'll just look.**

eou-kèï aïl djaest louc [UK]

ôô-kèï aïl djest louc [US]

C'est bon, je vais regarder.

Par la suite, Anne se rend au rayon mobilier d'un grand magasin à la recherche d'un tapis.

Anne : **Do you carry rugs?**

dou iou ca-ri raegz [UK]

dou iou ca-ri regz [US]

Avez-vous des tapis ?

Vendeur : **Yes, right over there. What type do you want?**

iès raït eou-ve dèe ouot taïp dou iou ouânt [UK]

iès raït ôô-ve dèe h'ouât taïp dou iou ouânt [US]

Oui, juste là-bas. Quel genre voulez-vous ?

Anne : **I want a large area rug to go under my dinette set.**

aï ouânt e lââdj ée-rie raeg tou gueou aen-de maï daï-nèt sèt [UK]

aï ouânt e lââdj ée-rie reg tou gôô en-de maï daï-nèt sèt [US]

Je veux un grand tapis pour aller sous les meubles de mon coin cuisine.

Vendeur : **About how large?**

e-baout h'aou lââdj

Environ de quelle taille ?

Anne : **Approximately 6 feet by 8 feet.**
e-pro-ksi-me-tli six fiit baï éït fiit [UK]
e-prâ-ksi-me-tli six fiit baï éït fiit [US]
Approximativement 6 pieds par 8 pieds.

Mots clés

furniture	fee-ni-tchee	meubles/mobilier
appliance	e-plaïens	appareil domestique
household	h'aous-h'eould	maison
floor	flôôe	sol
ceiling	sii-lign	plafond
wall	ouôôl [UK], ouââl [US]	mur
door	dôôe	porte

Bienvenue : en visite chez des Américains

INFO CULTURELLE

Des Américains peuvent dire **Come over sometime** (*caem eou-ve saem-taïm* [UK], *kem ôô-ve sem-taïm* [US]) (Venez-nous voir un de ces jours), mais en général ce n'est pas une invitation formelle à aller chez eux. C'est seulement une manifestation d'amitié et l'indication que la personne pourrait vous inviter dans l'avenir. Une invitation réelle inclut une heure et une date spécifiques. Par exemple :

- **Can you come to my house for dinner next Tuesday?** (*can iou caem tou maï h'aous foe di-ne nèxt tiououz-di* [UK], *can iou kem tou maï h'aous foe di-ne nèxt tiououz-di* [US]) (Pouvez-vous venir chez moi pour dîner mardi prochain ?)
- **We'd like to have you over for dinner. How about Saturday?** (*ouid laïk tou h'av iou eou-ve foe di-ne h'aou e-baout sa-te-di* [UK], *ouid laïk tou h'av iou ôô-ve foe di-ne h'aou e-baout sa-te-di* [US]) (Nous aimerions vous accueillir ici pour dîner. Est-ce que ce pourrait être samedi ?)

Et vous pouvez répondre :

- **Thank you. That would be great.** (*dzank iou dat woud bii gréït*) (Merci. Cela me plairait beaucoup.)

- **I'd love to come. Thank you.** (*aïd laev tou caem dzank iou* [UK], *aïd lev tou kem dzank iou*) (Je serais très heureux de venir. Merci.)

INFO CULTURELLE

Devez-vous enlever vos chaussures ou les garder quand vous **enter** (*en-te*) (entrez) dans une maison américaine ? Cela dépend de votre hôte. La plupart des Américains portent des chaussures à la maison et les gardent jusqu'à ce qu'ils soient prêts à se relaxer ou se coucher. Cependant, certaines personnes en ont eu assez de nettoyer la crasse apportée par les chaussures. Ne soyez donc pas trop surpris si vous voyez des gens ôter leurs chaussures en entrant chez eux. En tant qu'invité dans la maison de quelqu'un, gardez vos chaussures, à moins que vous ne remarquiez que vos hôtes sont **in their stocking feet** (*in dèe sto-kign fiit* [UK], *in dèe stâ-kign fiit* [US]) (en chaussettes ou en bas). Vous pouvez alors demander **Should I take off my shoes?** (*choud aï téïk of maï chououz*) (Dois-je enlever mes chaussures ?)

Conversation

CD

La conversation suivante vous fournit quelques expressions à utiliser quand vous visitez la maison de quelqu'un (ou quand vous invitez quelqu'un chez vous). Lois rend visite à ses nouveaux amis, Ed et Portia. (Piste 31)

Lois : **Hello.**
h'è-leou [UK], *h'è-lôô* [US]
Bonsoir.

Portia : **Welcome! Please come in!**
ouèl-caem pliiz caem in [UK], *ouèl-kem pliiz kem in* [US]
Bienvenue ! Entre donc !

Lois : **What a lovely home you have.**
ouot e laev-li heoum iou h'av [UK]
h'ouât e lev-li hôôm iou h'av [US]
Quelle adorable maison vous avez.

Portia : **Thank you.**
dzank iou
Merci.

Ed : **Hi, Lois. We're glad you could come.**
h'aï loïs ouir glad iou coud caem [UK]
h'aï loïs ouir glad iou coud kem [US]
Bonsoir, Lois. Nous sommes heureux que tu aies pu venir.

Lois : **Thank you for inviting me.**

dzank iou foe in-vaï-tign mii

Merci de m'avoir invitée.

Ed : **May I take your coat?**

mèï aï téïk ioue keout [UK], *mèï aï téïk ioue côôt* [US]

Puis-je prendre ton manteau ?

Lois : **Yes, thanks. Should I take off my shoes?**

iès dzanks choud aï téïk of maï chououz

Oui, merci. Dois-je ôter mes chaussures ?

Portia : **If you like, but it's not necessary.**

if iou laïk baet its not nè-si-se-ri [UK]

if iou laïk bet its nât nè-si-se-ri [US]

Si tu veux, mais ce n'est pas nécessaire.

Ed : **Please, sit down. Would you like something to drink – soda, wine, juice?**

pliiz sit daoun woud iou laïk saem-dzign tou drink seou-de ouaïn djiouous [UK]

pliiz sit daoun woud iou laïk sem-dzign tou drink sôô-de ouaïn djouous [US]

Je t'en prie, assieds-toi. Veux-tu quelque chose à boire – du soda, du vin, du jus de fruits ?

Lois : **Thanks. I'll have a soda.**

dzanks aïl h'av e seou-de [UK], *dzanks aïl h'av e sôô-de* [US]

Merci. Je prendrai un soda.

Sers-toi

Si vous restez chez quelqu'un plus de quelques jours, ne soyez ni surpris ni offensé si votre hôte vous dit de **help yourself** (*h'èlp ioue-sèlf*) (vous servir vous-même) pour prendre à manger dans le réfrigérateur, puis vous montre où se trouvent le café et les snacks ou comment utiliser la machine à laver. Dans d'autres cultures ce pourrait être considéré comme une façon cavalière de traiter un invité ! Mais aux États-Unis, c'est une façon de montrer que vous faites partie de la famille et que vous pouvez utiliser la maison comme si c'était la vôtre.

Un cadeau

Quand vous êtes un **guest** (*guèst*) (invité), vous pouvez vouloir apporter un **gift** (*guift*) (cadeau) à votre hôte. Ce n'est pas obligé, mais c'est toujours apprécié (et c'est un signe de bon goût). En cas de rencontre informelle, vous pouvez apporter des sucreries, un dessert, des fleurs, du vin ou une bière de bonne qualité. En offrant votre cadeau, vous pouvez dire :

- **This is for you.** (*dis iz foe iou*) (C'est pour toi/vous.)
- **I brought you something** (*aï brôôt iou saem-dzign* [UK], *aï brâât iou sem-dzign* [US]) (Je t'ai/vous ai apporté quelque chose.)

Si vous demeurez chez quelqu'un pour la nuit ou plus longtemps, vous pouvez apporter un cadeau plus substantiel ou envoyer un **thank-you gift** (*dzank iou guift*) (cadeau de remerciement) après votre départ. Le cadeau pourrait être un article pour la maison ou quelque chose de votre pays.

INFO CULTURELLE

Dans certaines cultures il est poli de refuser des offres de boisson ou de nourriture deux ou trois fois avant d'accepter. Mais en Amérique, si vous refusez une fois, vous n'aurez peut-être pas une deuxième chance ! Pourquoi ? Parce qu'il est considéré comme impoli de la part de votre hôte ou hôtesse de continuer à proposer et de vous mettre sous pression pour accepter à boire ou à manger si vous n'en voulez pas. Les gens offrent rarement plus de deux fois. Si donc vous avez faim, soif, ou si vous voulez simplement accepter le geste social, dites **Yes, thank you** (*iès dzank iou*) (Oui, merci) la première fois que quelque chose est offert.

Mots clés

to invite	tou in-vaït	inviter
invitation	in-vi-téï-chen	invitation
to visit	vi-zit	visiter
guest	guèst	visiteur/invité
host	h'eoust [UK], h'ôôst [US]	hôte
welcome	ouèl-caem [UK], ouèl-kem [US]	bienvenue
gift	guift	cadeau

Le ménage

Peu de gens aiment à faire le **housework** (*h'aous oueek*) (ménage), mais quand la maison devient sale et mal rangée, il faut **clean up the clutter** (*cliin aep de clae-te* [UK], *cliin ep de cle-te* [US]) (nettoyer et mettre en ordre). Vous pouvez utiliser différents produits ou gadgets pour rendre le nettoyage plus rapide et facile. Mais malgré les appareils ménagers modernes, le ménage reste un **chore** (*tchôôe*) (corvée).

Beaucoup d'Américains font eux-mêmes le ménage ; ils n'ont pas de **maid** (*mèïd*) (bonne) ou de **housekeeper** (*h'aous-kii-pe*) (aide domestique) pour les aider. Les **housekeepers** coûtent de 15 à 25 dollars de l'heure, et beaucoup de gens pensent qu'ils ne peuvent pas s'offrir ce luxe. (Et beaucoup d'Américains pensent qu'avoir un(e) **housekeeper** est vraiment un luxe.)

Du fait de leurs horaires de travail, la plupart des gens font le ménage chez eux les week-ends. Voici les expressions correspondant aux travaux de base :

- **clean the bathroom** (*cliin de bââdz-roum* [UK], *cliin de baadz-roum* [US]) (nettoyer la salle de bains)
- **scrub the toilet** (*scraeb de toï-let* [UK], *screb de toï-let* [US]) (nettoyer les WC)
- **vacuum the carpets** (*va-kiouem de cââ-pits*) (aspirer les moquettes)
- **mop the floors** (*mop de flôôez* [UK], *mâp de flôôez* [US]) (laver les sols)
- **wash the dishes** (*ouoch de di-chiz* [UK], *ouâch de di-chiz* [US]) (laver la vaisselle)
- **dust the furniture** (*daest de fee-ni-tchee* [UK], *dest de fee-ni-tchee* [US]) (dépoussiérer les meubles)
- **wash the windows** (*ouoch de ouin-deouz* [UK], *ouâch de ouin-dôôz*) (nettoyer les carreaux)

Mots clés

housework	h'aous-oueek	ménage
housekeeper	h'aous-kii-pe	aide domestique
clean up	cliin aep [UK], cliin ep [US]	nettoyer/ranger
clutter	clae-te [UK], cle-te [US]	désordre
chore	tchôôe	corvée

Les verbes du travail domestique : to do et to make

Les verbes **do** (*dou*) (faire) et **make** (*méïk*) (faire) sont souvent utilisés pour décrire les corvées domestiques. Mais attention ! Quand vous ***do* housework**, vous ***do*** certains travaux et vous ***make*** d'autres travaux. Il n'y a pas de règle pour décider quel verbe utiliser, et pour les mémoriser... ***make* a list** (méïk e list) (faites une liste).

Voici quelques travaux pour lesquels on utilise le verbe do :

- **do the dishes** (*dou de di-chiz*) (faire la vaisselle)
- **do the laundry** (*dou de lôôn-dri* [UK], *dou de lâân-dri*) (faire la lessive)
- **do the ironing** (*dou di aïe-nign*) (faire le repassage)

Et en voilà d'autres pour lesquels on utilise le verbe make :

- **make the beds** (*méïk de bèdz*) (faire les lits)
- **make a meal** (*méïk e miil*) (faire un repas)

Conversation

Des invités sont attendus dans la famille Bremer, et tout le monde participe aux travaux de ménage.

Maman : **Everyone has to pitch in and help do the cleaning.**
è-vri-ouaen h'az tou pitch in and h'èlp dou de clii-nign [UK]
è-vei-ouen h'az tou pitch in and h'èlp dou de clii-nign [US]
Chacun doit s'y mettre et aider à faire le ménage.

Aaron : **I'll empty the trash and make the beds.**
aïl èmp-ti de trach and méïk de bèdz
Je viderai les ordures et ferai les lits.
(Ordures = **rubbish** (*rae-bich*) en anglais britannique.)

Kristy : **I'll do the vacuuming and dusting.**
aïl dou de va-kiue-mign and daes-tign [UK]
aïl dou de va-kiue-mign and des-tign [US]
Je passerai l'aspirateur et enlèverai la poussière.

Maman : **Lisa, you pick up your toys.**
li-ze iou pic aep ioue toïz [UK]
li-ze iou pic ep ioue toïz [US]
Lisa, tu ramasses tes jouets.

Papa : **I'll do the dishes.**
aïl dou de di-chiz
Je ferai la vaisselle.

Maman : **And I'll start making the dinner.**
and aïl stâât méï-kin de di-ne
Et je commencerai à faire le dîner.

Lisa : **What will Joseph do?**
ouot ouil djeou-sèf dou [UK]
h'ouât ouil djôô-sèf dou [US]
Que va faire Joseph ?

Papa : **He's only a baby. He gets to play while we do the work.**
h'iiz eoun-li e béï-bi hii guèts tou plèï ouaïl oui doo de oueek [UK]
h'iiz ôôn-li e béï-bi hii guèts tou plèï h'ouaïl oui dou de oueek [US]
Il n'est qu'un bébé. Il va jouer pendant que nous faisons le travail.

INFO CULTURELLE

Les enfants américains sont censés aider à l'entretien de la maison, en faisant des travaux et des corvées adaptés à leur âge. Généralement, ils reçoivent un paiement hebdomadaire pour leur aide (mais seulement lorsqu'ils ont fait leur part du travail !).

Les outils pour le ménage et le jardin

Que vous fassiez vous-même le ménage et le **yardwork** (*iââd-oueek*) (travaux du jardin) ou que vous fassiez appel à quelqu'un pour le faire à votre place, vous aurez besoin de savoir nommer certains outils ou produits en anglais, par exemple pour pouvoir emprunter le râteau du voisin. [En anglais britannique, jardin = **garden** (*gââ-den*) ; jardinage = **gardening** (*gââ-de-nign*) ; l'équivalent de **yardwork** est **gardening work**.]

Voici d'abord les noms de quelques articles servant au nettoyage de l'intérieur de la maison :

- **broom** (*brououm*) (balai)
- **mop** (*mop* [UK], *mâp* [US]) (serpillière)
- **dishcloth** (*dich-clodz* [UK], *dich-clâdz*) (lavette – pour la vaisselle)
- **dishtowel** (*dich-taouel*) (torchon – pour essuyer la vaisselle) [en anglais britannique, torchon = **tea cloth** (*tii clodz*) ou **tea towel** (*tii taouel*)]
- **dishwasher** (*dich-ouo-che* [UK], *dich-ouâ-che* [US]) (lave-vaisselle)
- **detergent** (*di-tee-djent*) (détergent)
- **washer** (*ouo-chee* [UK], *ouâ-chee* [US]) (lave-linge)
- **dryer** (*draïee*) (sèche-linge)
- **furniture polish** (*fee-ni-tche po-lich* [UK], *fee-ni-tche pâ-lich* [US]) (cire pour les meubles)
- **cleanser** (*clèn-ze*) (produit de nettoyage)

Et voici les noms de quelques outils de jardinage :

- **lawn mower** (*lôôn meouee* [UK], *lâân môôee* [US]) (tondeuse à gazon)
- **garden hose** (*gââ-den h'eouz* [UK], *gââ-den hôôz* [US]) (tuyau d'arrosage)
- **rake** (*réïk*) (râteau)
- clippers (*cli-pez*) (sécateur) [en anglais britannique, sécateur = **secateurs** (*sè-ke-tez*)]

Notez le pluriel obligatoire des mots **clippers** et **secateurs**, considérés comme comportant deux éléments indissociables, tout comme les mots **jeans, slacks, trousers, pants, shorts...** du chapitre 10.

Cette vieille maison : les problèmes et les réparations

Il a plu toute la journée, et tout d'un coup, la pluie n'est plus seulement dehors, elle est **dripping** (*dri-pign*) (en train de couler goutte à goutte) aussi sur la moquette ! Ou l'eau des WC ne part pas dans l'égout, mais déborde et se répand sur le sol ! Il est temps de demander de l'aide.

Si vous êtes locataire vous appelez votre **landlord** (*land-lôôd* [UK], *land-lââd* [US]) (propriétaire). C'est à lui de faire faire les réparations, et de les payer ! Mais si vous êtes propriétaire de la maison, vous avez besoin de l'une de ces personnes :

- **electrician** (*i-lec-tri-chen*) (électricien)
- **plumber** (*plae-me* [UK], *ple-me*) (plombier)
- **repair person** (*ri-pèe pee-sen*) (réparateur)
- **roofer** (*rouou-fe*) (couvreur)

Description des problèmes domestiques

Quand vous appelez le plombier (ou le propriétaire) et que votre maison se transforme rapidement en lac, vous devez décrire le problème au plus vite – et exactement. Qui que vous appeliez pour faire les réparations, les expressions suivantes vous aideront à expliquer ce qui ne va pas :

- **The roof is leaking.** (*de rououf iz lii-kign*) (Le toit fuit.)
- **The drain is clogged.** (*de drëïn iz clog'd* [UK], *de drëïn iz clâg'd* [US]) (Le tuyau d'évacuation est bouché.)
- **The toilet has overflowed.** (*de toï-let h'az eou-ve-fleoud* [UK], *de toï-let h'az ôô-ve-flôôd* [US]) (Les WC ont débordé.)
- **The light switch doesn't work.** (*de laït souitch daez'nt oueek* [UK], *de laït souitch dez'nt oueek* [US]) (L'interrupteur de la lumière ne marche pas.)

Conversation

Devin habite une vieille maison qu'il loue. Tout commence à se dégrader, et il appelle son propriétaire, Mr James, pour expliquer ce qui arrive. (Piste 32)

Devin : **Hello, Mr. James?**
h'è-leou mis-te djëïmz [UK]
h'è-lôô mis-te djëïmz [US]
Allo, monsieur James ?

Mr. James : **Hi, Devin.**
h'aï dè-vin
Bonjour, Devin.

Devin : **There are some problems with the house.**

dèe ââ saem pro-blemz ouid de h'aous [UK]

dèe ââ sem prâ-blemz ouid de h'aous [US]

Il y a des problèmes avec la maison.

Mr. James : **What kind of problems?**

ouot caïnd ev pro-blemz [UK]

h'ouât caïnd ev prâ-blemz [US]

Quelle sorte de problèmes ?

Devin : **The bathroom faucet is dripping, and the toilet isn't working right.**

de bâdz-roum fôô-sit iz dri-pign and de toï-let izn't ouee-kign raït [UK]

de baadz-roum fââ-sit iz dri-pign and de toï-let izn't ouee-kign raït [US]

Le robinet de la salle de bains fuit et les WC ne marchent pas bien. [Les Britanniques réservent le mot **faucet** au robinet fixé sur un tonneau. Le terme générique pour robinet est **tap** (*tap*) aussi utilisé par les Américains.]

Mr. James : **Is the hot or cold tap dripping?**

iz de hot oe keould tap dri-pign [UK]

iz de hât oe côôld tap dri-pign [US]

Est-ce le robinet d'eau chaude ou celui d'eau froide qui fuit ?

Devin : **The hot.**

de hot [UK], *de hât* [US]

L'eau chaude.

Mr. James : **And what about the toilet?**

and ouot e-baout de toï-let [UK],

and h'ouât e-baout de toï-let [US]

Et que se passe-t-il avec les WC ?

Devin : **The water keeps running after I flush.**

de ouôô-te kiips rae-nign ââf-te aï flaech [UK]

de ouââ-te kiips re-nign aaf-te aï flech [US]

L'eau continue à couler après avoir tiré la chasse d'eau.

Mr. James : **Okay, I'll come around 3 this afternoon to look at it.**
eou-kèï aïl caem e-raound dzri dis ââf-te-nououn tou louc at it [UK]
ôô-kèï aïl kem e-raound dzri dis aaf-te-nououn tou louc at it [US]
Bon, je viendrai vers 3 heures cet après-midi pour regarder ça.

Devin : **Thanks.**
dzancs
Merci.

Mr. James : **No problem.**
neou pro-blem [UK], *nôô prâ-blem* [US]
Pas de problème.

Mots clés

broken	breou-ken [UK], brôô-ken [US]	cassé
problem	pro-blem [UK], prâ-blem [US]	problème
not working	not ouee-kign [UK], nât ouee-kign [US]	ne marche pas
to repair	tou ri-pèe	réparer
to fix	tou fix	réparer ou régler

Réparer soi-même

Vous êtes peut-être un bricoleur de génie ? Vous voulez simplement économiser un peu d'argent en réparant vous-même ? Dans ce cas, la **hardware store** (*hââd-ouèe stôôe*) (quincaillerie) a ce qu'il vous faut. [Quincaillerie = **ironmongery** (*aïen-maen-gue-ri*) en anglais britannique ; dérivé de **ironmonger** (*aïen-maen-guee*) (quincailler) qui se dit **hardware dealer** (*hââd-ouèe dii-le*) en anglais US.] Vous y trouverez les **tools** (*tououlz*) (outils) dont vous avez besoin, des conseils d'un vendeur, et un livre sur les réparations à faire soi-même. Voici quelques-uns des mots dont vous aurez besoin :

- **wrench** (*rèntch*) (clé à molette)
- **pliers** (*plaïez*) (pinces)

- **screw driver** (*scrouou drai-ve*) (tournevis)
- **hammer** (*h'a-me*) (marteau)
- **nails** (*néïlz*) (clous)
- **screws** (*scrououz*) (vis)
- **caulking** (*côô-kign* [UK], *câa-kign* [US]) (enduit)
- **masking tape** (*mââs-kiggn téïp* [UK], *maas-kign téïp* [US]) (ruban de masquage)

Jeux et activités

Faites le tour de cette maison et identifiez – en anglais – les pièces et les objets domestiques repérés par une ligne continue. Pour aller encore plus loin, citez tous les objets domestiques que vous pourrez.

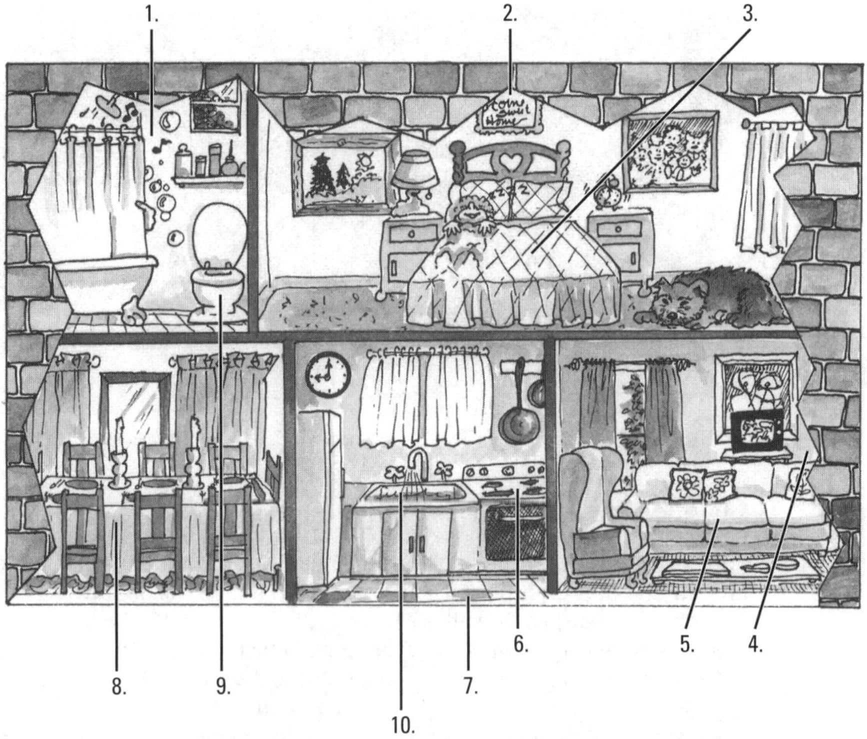

Chapitre 14

Au travail

Dans ce chapitre :

- Le travail et le lieu de travail
- Le temps et l'argent
- Prendre des rendez-vous
- Le business dans les sociétés américaines

Que vous fassiez des affaires ou que vous décriviez vos activités, vous avez besoin de savoir quelque chose sur le style et le langage américain du business pour être à l'aise après le premier **handshake** (*hand-chéïk*) (poignée de main). Ce chapitre regorge de termes relatifs au business et d'observations d'ordre culturel à mettre dans votre **briefcase** (*briif-kéïs*) (porte-documents) pour les avoir avec vous lors de vos voyages d'affaires aux USA.

Qu'est-ce que vous faites ? – Discussion sur votre travail

Qu'est-ce que tu veux faire quand tu seras grand(e) ? Avant de devenir grand, un enfant entend cette question des centaines de fois ! Pourquoi ? Parce qu'aux USA, votre **job** (*djob* [UK], *djâb* [US]) (travail) est souvent considéré comme aussi important que ce à quoi vous croyez ou ce qu'est votre famille. Pour beaucoup d'Américains, leur **work** (*oueek*) (travail) définit leur valeur et leur identité.

Questions sur votre activité

La curiosité vis-à-vis d'autrui, que les Américains manifestent sans retenue – à l'opposé des Britanniques – porte encore davantage sur l'activité professionnelle que sur l'environnement familial.

INFO CULTURELLE

Dans les minutes d'une première rencontre avec un Américain, il vous demandera probablement **What do you do?** (*ouot dou iou dou* [UK], *h'ouât dou iou dou* [US]) (Que faites-vous ?) ou **What's your occupation?** (*ouots ioue o-kiou-péï-chen* [UK], *h'ouâts ioue â-kiou-péï-chen* [US]) (Quelle est votre profession ?). Voici deux autres façons de poser la question :

- **What do you do for a living?** (*ouot dou iou dou foe e li-vign* [UK], *h'ouât dou iou dou foe e li-vign* [US]) (Comment gagnez-vous votre vie ?)
- **What kind of work do you do?** (*ouot caïnd of oueek dou iou dou* [UK], *h'ouât caïnd of oueek dou iou dou* [US]) (Quel genre de travail faites-vous ?)

Vous pouvez répondre en précisant votre activité ou en décrivant votre travail :

- **I'm a computer programmer** (*aïm e kem-piouou-te preou-gra-me* [UK], *aïm e kem-piouou-te prôô-gra-me* [US]) (Je suis programmeur d'ordinateur.)
- **I'm a truck driver** (*aïm e traek draï-ve* [UK], *aïm e trek draï-ve* [US]) (Je suis conducteur de camion.)

POINT DE GRAMMAIRE

Pour indiquer votre activité, vous devez utiliser le verbe **to be** comme dans **I am a doctor** (*aï am e doc-te* [UK], *aï am e dâc-te* [US]) (Je suis médecin). Pour décrire ce que vous faites, utilisez un verbe qui explique votre travail comme dans **I teach...** (*aï tiitch*) (J'enseigne...) ou **I manage...** (*aï ma-nidj*) (Je dirige ou je suis chargé de...).

Vous possédez une entreprise ? Dites alors **I own a business** (*aï eoun e biz-nès* [UK], *aï ôôn e biz-nès* [US]) (Je possède une entreprise). Vous pouvez dire aussi **I'm self-employed** (*aïm sèlf èm-ploïd*) (Je travaille en indépendant) ou **I work for myself** (*aï oueek foe maï-sèlf*) (Je travaille pour mon propre compte). Une personne qui ne travaille plus peut dire **I don't work. I'm retired** (*aï deoun't oueek aïm ri-taïed* [UK], *aï dôôn't oueek aïm ri-taïed* [US]) (Je ne travaille pas. Je suis retraité).

Mots clés

work	oueek	travail
job	djob [UK], djâb [US]	travail/job
occupation	o-kiou-péi-chen [UK], â-kiou-péi-chen [US]	activité
a living	e li-vign	une façon de gagner sa vie
employed	èm-ploïd	pourvu d'un emploi

Dans un contexte professionnel il est courant d'offrir une **business card** (*biz-nès câân*) (carte de visite) après avoir fait la connaissance de quelqu'un. Vous pouvez dire **Here's my card** (*h'iez maï câân*) (Voici ma carte). Pour demander la carte de quelqu'un vous dites **Do you have a card?** (*dou iou h'av e câân*) (Avez-vous une carte de visite ?)

Parler de son activité

La télévision américaine comportait autrefois un jeu où les concurrents devaient deviner le métier ou **line of work** (*laïn ov oueek*) (genre d'activité) d'un invité. Naturellement, son job n'était jamais un job courant – comme un **teacher** (*tii-tchee*) (enseignant) ou un **insurance agent** (*in-choue-rens éï-djent*) (agent d'assurances). Le métier de l'invité était toujours un job exotique comme un dresseur d'éléphants ou un goûteur de thé professionnel !

Pour vous aider à décrire votre activité (à moins qu'elle ne soit exotique), voici quelques catégories générales d'activités et quelques métiers spécifiques :

- **Professions**
  - **dentist** (*dèn-tist*) (dentiste)
  - **doctor** (*doc-te* [UK], *dâc-te* [US]) (médecin)
  - **engineer** (*èn-dji-nie*) (ingénieur)
  - **lawyer** (*lôô-ie* [UK], *lââ-ie* [US]) (avocat)
  - **professor** (*pre-fè-se*) (professeur)
  - **psychologist** (*saï-co-le-djist* [UK], *saï-câ-le-djist* [US]) (psychologue)
- **Entreprises**
  - **accountant** (*e-caoun-tent*) (comptable)
  - **administrator** (*ed-mi-nis-tréï-te*) (administrateur)
  - **CEO** (*si-i-eou* [UK], *si-i-ôô* [US]) (Directeur général) [**CEO = Chief Executive Officer** (*tchiif ig-zè-kiou-tiv o-fi-se* [UK], *tchiif ig-zè-kiou-tiv â-fi-se* [US] ; l'équivalent britannique est simplement **chief executive**.]
  - **secretary** (*sè-cre-te-ri*) (secrétaire)
- **Artisans**
  - **construction worker** (*ken-straek-chen ouee-ke* [UK], *ken-strek-chen ouee-ke* [US]) (ouvrier du bâtiment)
  - **electrician** (*i-lèc-tri-chen*) (électricien)
  - **mechanic** (*mi-ca-nic*) (mécanicien)
  - **painter** (*péïn-te*) (peintre)

  - **plumber** (*plae-me* [UK], *ple-me* [US]) (plombier)
- **Arts**
  - **artist** (*ââ-tist* [US]) (artiste)
  - **entertainer** (*èn-te-téï-ne*) (comédien)
  - **writer** (*raï-te*) (écrivain)
- **Service public**
  - **firefighter** (*faïe-faï-te*) (pompier)
  - **police officer** (*pe-liis o-fi-se* [UK], *pe-liis â-fi-se* [US]) (policier)
- **Autres**
  - **farmer** (*fââ-me*) (fermier)
  - **factory worker** (*fac-te-ri ouee-ke*) (ouvrier d'usine)
  - **salesperson** (*séïlz-pee-sen*) (vendeur/vendeuse)
  - **social worker** (*seou-chel ouee-ke* [UK], *sôô-chel ouee-ke* [US]) (assistant social/assistante sociale)

Conversation

Nettie et Portia parlent au salon de coiffure pendant qu'on les coiffe.

Nettie : **What are your children doing now?**
ouot ââe ioue tchil-dren douou-ign naou [UK]
h'ouât ââe ioue tchil-dren douou-ign naou [US]
Que font tes enfants maintenant ?

Portia : **Ann is an architect working for a company in Seattle.**
an iz en ââ-ki-tèct ouee-kign foe e caem-pe-ni in si a t'l [UK]
an iz en ââ-ki-tèct ouee-kign foe e kem-pe-ni in si-a-t'l [US]
Anne est architecte et travaille pour une société à Seattle.

Nettie : **Is your son still teaching?**
iz ioue saen stil tii-tchign [UK]
iz ioue sen stil tii-tchign [US]
Ton fils enseigne-t-il toujours ?

Portia : **Yes. He's head of the English department.**
iès h'iiz h'èd ev di ign-lich di-pâât-ment
Oui. Il dirige la section anglais.

Nettie : **Excellent!**
èk-se-lent
Bravo !

Portia : **And how about your daughters?**
and h'aou e-baout ioue dôô-tez [UK]
and h'aou e-baout ioue dââ-tez [US]
Et que deviennent tes filles ?

Nettie : **Miriam is a landscaper and runs her own business.**
mi-riem iz e land-skéï-pe and raenz h'e reoun biz-nès [UK]
mi-riem iz e land-skéï-pe and renz h'e rôôn biz-nès [US]
Miriam est paysagiste et gère sa propre société.

Portia : **Good for her.**
goud foe h'ee
C'est une bonne chose.

Nettie : **And Deborah is a psychologist with a private-practice.**
and dè-bre iz e saï-co-le-djist ouid e praï-vet prac-tis [UK]
and dè-bre iz e saï-câ-le-djist ouid e praï-vet prac-tis [US]
Et Deborah est psychologue avec son propre cabinet.

Portia : **Wonderful!**
ouaen-de-foul [UK], *ouen-de-foul* [US]
Merveilleux !

Cols bleus et cols blancs

Vous connaissez l'expression « l'habit ne fait pas le moine ». Mais la tradition consistant à porter une chemise bleue (avec un col bleu) si l'on est ouvrier et une chemise blanche (avec un col blanc) si l'on pratique une « profession » a donné naissance aux termes **blue-collar worker** (*blouou co-le ouee-ke* [UK], *blouou câ-le ouee-ke* [US]) (col bleu) et **white-collar worker** (*ouaït co-le ouee-ke* [UK], *h'ouaït câ-le ouee-ke* [US]) (col blanc). En Amérique, vous verrez ces termes utilisés dans des commentaires sur la vie sociale et les études démographiques.

Partir travailler

Si vous êtes comme moi, vous préférez probablement rester au lit quand **the alarm goes off** (*di e-lâââm gueouz of* [UK], *di e-lâââm gôôz of* [US]) (le réveil sonne), mais finalement, vous devez **get up** (*guèt aep* [UK], *guèt ep* [US]) (vous lever) et vous préparer pour aller travailler. Ensuite vous partez pour le **job site** (*djob saït* [UK], *djâb saït* [US]) (lieu de travail) : **the factory** (*de fac-te-ri*) (l'usine), **the office** (*di o-fis* [UK], *di â-fis* [US]) (le bureau) ou **the classroom** (*de clââs-roum* [UK], *de claas-roum* [US]) (salle de classe). Ou si vous êtes un géologue ou un représentant, votre travail se passe peut-être in **the field** (*in de fiild*) (sur le terrain) – ce qui veut dire sur un site loin du bureau. (Bien sûr, si vous êtes fermier, vous travaillez toujours **in the field**.)

Le lieu de travail

Après avoir déterminé ce que vous faites, les gens posent souvent la question **Where do you work?** (*ouèe dou iou oueek* [UK], *h'ouèe dou iou oueek* [US]) (Où travaillez-vous ?). Vous pouvez donner une réponse générale, ou une réponse spécifique, comme :

- **I work on a construction site.** (*aï oueek on e ken-straec-chen saït* [UK], *aï oueek on e ken-strec-chen saït* [US]) (Je travaille sur un chantier.)
- **I have a desk job.** (*aï h'av e dèsc djob* [UK], *aï h'av e dèsc djâb* [US]) (Je fais un travail de bureau.)
- **I work for John Wiley and Sons.** (*aï oueek foe djon ouaï-li and saenz* [UK], *aï oueek foe djân ouaï-li and senz* [US]) (Je travaille chez John Wiley and Sons.)
- **Factory**: quand retentit le signal sonore de la **factory** ou **manufacturing plant** (*ma-niou-fac-tche-rign plâânt* [UK], *ma-nou-fac-tche-rign plaant* [US]) (atelier de fabrication), vous **clock in** (*cloc in* [UK], *clâc in* [US]) (pointez) ou **punch a timecard** (*paench e taïm-cââd* [UK], *pench e taïm-cââd* [US]) (perforez une carte de présence) et vous allez sur une **assembly line** (*e-sèm-bli laïn*) (chaîne de montage) ou une **production line** (*pre-daec-chen laïn* [UK], *pre-dec-chen laïn* [US]) (ligne de production).
- Certaines personnes travaillent au service **shipping** (*chi-pign*) (expéditions) ou au service **receiving** (*ri-sii-vign*) (réceptions). Les **machinists** (*me-chii-nists*) (machinistes) contribuent au bon fonctionnement des machines-outils, tandis que le **quality control personnel** (*kouo-li-ti ken-treoul pee-se-nèl* [UK], *kouâ-li-ti ken-trôôl pee-se-nèl* [US]) (personnel du contrôle qualité) s'assure de la qualité et de la conformité des produits.

- **Bureau** : après l'arrivée au bureau, la première opération de la journée est d'aller chercher une tasse de café dans le **break room** (*brèïc rououm*) (local de pause), puis d'aller à votre bureau et **check your e-mail** (*tchèc ioue ii-méïl*) (vérifier votre courrier électronique).
- En général, seul le CEO et les cadres supérieurs ont des **private offices** (*praï-vet o-fi-siz* [UK], *praï-vet â-fi-siz* [US]) (bureaux personnels). Le reste du **office staff** (*o-fis staf* [UK], *â-fis staf* [US]) (personnel de bureau) peut partager un bureau ou une grande pièce divisée en **workspaces** (*oueek-spéï-siz*) (espaces de travail) individuels ou en **cubicles** (*kiou-bi-kelz*) (compartiments).

Équipement de bureau

Même une petite entreprise est généralement pourvue de tous les types imaginables d'**office equipment** (*o-fis i-couip-ment* [UK], *â-fiz i-couip-ment* [US]) (équipement de bureau). Vous êtes probablement familiarisé avec les équipements suivants, dont voici les noms en anglais :

- **computer** (*kem-piou-te*) (ordinateur)
- **copier** (*co-pie* [UK], *câ-pie* [US]) (copieur)
- **fax machine** (*fax me-chiin*) (fax)
- **file cabinet** (*faïl ca-bi-net*) (meuble de classement)
- **keyboard** (*kii-bôôd*) (clavier)

Plus de papier ? Quelqu'un est parti avec votre distributeur de scotch ? Regardez dans le tiroir du bureau, le **supply cabinet** (*se-plaï ca-bi-nèt*) (armoire des fournitures) – ou le bureau de votre collègue ! – pour trouver les objets suivants :

- **eraser** (*i-réï-ze*) (gomme)
- **file folders** (*faïl feoul-dez* [UK], *faïl fôôl-dez* [US]) (classeurs)
- **paper** (*péï-pe*) (papier)
- **paperclips** (*péï-pe-clips*) (trombones)
- **pen** (*pèn*) (stylo)
- **pencil** (*pèn-sil*) (crayon)
- **stapler** (*stéï-ple*) (agrafeuse)
- **tape** (*téïp*) (ruban adhésif)

À quel étage suis-je ?

Quand vous entrez dans un **elevator** (*i-le-véï-te*) (ascenseur) [en anglais britannique, **lift** (*lift*)], vous risquez de vous retrouver au **wrong floor** (*rogn* *flôôe*) (mauvais étage) si vous n'êtes pas au courant du fait suivant. Aux USA, le niveau de la rue d'un immeuble est presque toujours appelé le **first floor** (*feest flôôe*) (premier étage), **ground floor** (*graound flôôe*) (rez-de-chaussée) ou **lobby** (*lo-bi* [UK], *lâ-bi* [US]) (lobby). Le niveau au-dessus est le **second floor** (*sè-kend flôôe*) (deuxième étage) – non le premier étage comme partout en Europe y compris en Grande-Bretagne. (Les mots **first**, **second**, etc. sont des nombres ordinaux. Vous trouverez plus d'indications à leur sujet au chapitre 8.)

INFO CULTURELLE

Aux USA, ne soyez pas surpris si un bâtiment n'a pas de **thirteenth floor** (*dzee-tiindz flôôe*) (treizième étage) ! (Ou plutôt, d'étage numéroté 13 – les numéros d'étage peuvent sauter du **twelfth** (*touèlfdz*) (douzième) au **fourteenth floor** (*fôô-tiindz flôôe*) (quatorzième étage). Pourquoi ? Parce que certains Américains pensent que le nombre 13 porte malheur. Vous pouvez appeler ça de la superstition, mais pourquoi prendre des risques ?

Décrire vos collègues et les autres contacts

Vous passez beaucoup de temps avec les gens qui sont sur votre lieu de travail, et donc il est bon que vous connaissiez des termes pour les décrire et préciser leur relation avec vous. En plus de votre **boss** (*bos* [UK], *bâs* [US]) (patron) ou **employer** (*im-ploï-e*) (employeur), voici quelques autres personnes que vous pouvez rencontrer au travail :

- **Business partner** (*biz-nès pâât-ne*) (associé) : une personne qui possède une partie d'une entreprise avec vous
- **Client** (*claï-ent*) (client) : personne qui paie pour les services ou produits fournis
- **Colleague** (*co-lig* [UK], *câ-lig* [US]) (collègue) : quelqu'un qui travaille avec vous dans un contexte professionnel ou académique
- **Co-worker** (*keou-ouee-ke* [UK], *côô-ouee-ke* [US]) (personne qui travaille avec vous)
- **Customer** (*caes-te-me* [UK], *kes-te-me* [US]) (client) : personne entrant dans un établissement commercial pour acheter quelque chose.

N'OUBLIEZ PAS !

En anglais, le mot **patron** (*péï-tren*) désigne un bienfaiteur, ou le client régulier d'un hôtel, d'un restaurant ou d'un commerce, en aucune façon un « patron ».

Mots clés

office	o-fis [UK], â-fis [US]	bureau
factory	fac-te-ri	usine
staff	staf	personnel
boss	bos [UK], bâs [US]	patron
employer	im-ploï-e	employeur
employee	èm-ploï-ii	employé

Le temps c'est de l'argent

Nulle part le dicton **time is money** (*taïm iz mae-ni* [UK], *taïm iz me-ni* [US]) (le temps c'est de l'argent) n'est pris plus au sérieux que sur le lieu de travail (en dépit d'une atmosphère décontractée et amicale). Le but de l'Amérique des entreprises – et de toute société grande ou petite – est de **make a profit** (*méïk e pro-fit* [UK], *méïk e prâ-fit* [US]) (faire un profit).

INFO CULTURELLE

Oubliez les images de télé et de Hollywood montrant des Américains sereins passant leurs journées à se détendre autour des piscines. La réalité est que les travailleurs américains passent plus d'heures au travail chaque semaine, et ont moins de jours de vacances que ceux de nombreux autres pays industrialisés.

INFO CULTURELLE

S'enquérir du **salary** (*sa-le-ri*) (salaire) d'une autre personne est habituellement considéré comme impoli, et la comparaison de votre salaire avec celui d'un collègue peut même vous coûter votre job dans certaines sociétés ! Mais il est de bon ton de se plaindre un peu de rémunérations basses et du manque d'avantages divers ! Les gens font souvent des commentaires non spécifiques (en bien et en mal) sur ce qu'ils gagnent – et vous pouvez le faire aussi. Voici ce que vous pouvez entendre ou dire :

- **I'm paid hourly.** (*aïm pèïd aoue-li*) (Je suis payé à l'heure.)
- **I'm on a salary.** (*aïm on e sa-le-ri*) (Je touche un salaire.)
- **I get a minimum wage.** (*aï guèt e mi-ni-mem ouéïdj*) (Je touche le salaire minimum.)
- **I have a good-paying job.** (*aï h'av e goud-pèï-ign djob* [UK], *aï h'av e goud-pèïgn djâb* [US]) (J'ai un job bien rémunéré.)

- **I got a raise.** (*aï got e réïz* [UK], *aï gât e réïz* [US]) (J'ai eu une augmentation.)
- **We received a pay cut!** (*oui ri-sii-v'd e pèï caet* [UK], *oui ri-sii-v'd e pèï ket* [US]) (Nous avons subi une réduction de salaire !)

Mots clés

paycheck	pèï-tchèc	chèque de paie
wage	ouéïdj	rémunération
salary	sa-le-ri	salaire
raise	réïz	augmentation
pay cut	pèï caet [UK], pèï ket [US]	réduction de salaire

L'horaire de travail

Pour la majorité des entreprises, l'horaire normal est de 8 heures à 5 ou 6 heures du soir, du lundi au vendredi, la plupart des gens ayant des **day jobs** (*dèï djobz* [UK], *dèï djâbz* [US]) (travaillant dans la journée). Cependant un **24-hour business** (*touen-ti fôôe aoue biz-nès*) (une entreprise fonctionnant 24 heures sur 24) ou une usine peut avoir plusieurs **shifts** (*chifts*) (équipes). Par exemple :

- **Day shift** (*dèï chift*) (équipe de jour) : en général, l'horaire de travail est de 8 heures du matin à 5 heures du soir.
- **Night shift** (*naït chift*) (équipe de nuit) : la période de travail couvrant le soir et la nuit. Certaines sociétés divisent cette période en deux équipes :
  - **graveyard shift** (*gréïv-iââd chift*) (équipe du cimetière) : habituellement de minuit à 8 heures du matin.
  - **swing shift** (*souign chift*) (équipe mixte) : habituellement de 4 heures de l'après-midi à minuit.

L'heure du déjeuner et les pauses café

Un moment favori de la journée de travail – surpassé seulement par le **quitting time** (*coui-tign taïm*) (l'heure de sortie) – est **the lunch hour** (*de laentch aoue* [UK], *de lentch aoue* [US]) (l'heure du déjeuner). Bien qu'on dise heure du déjeuner, vous pouvez ne disposer que d'une demi-heure.

Le travailleur moyen **brown-bags** (*braoun-bagz*) (apporte son déjeuner) – c'est-à-dire apporte à manger de chez lui, peut-être dans un sac en papier kraft. Certains préfèrent quitter le bureau à l'heure du déjeuner. Si quelqu'un veut sortir pour manger rapidement quelque chose, il peut vous demander de venir avec lui :

- **Do you want to get some lunch?** (*dou iou ouânt tou guèt saem laentch* [UK], *dou iou ouânt tou guèt sem lentch* [US]) (Veux-tu déjeuner ?)
- **Want to join me for lunch?** (*ouânt tou djoïn mi fe laentch* [UK], *ouânt tou djoïn mi fe lentch* [US]) (Veux-tu te joindre à moi pour déjeuner ?)
- **Do you want to grab a bit to eat?** (*dou iou ouânt tou grab e bit tou iit*) (Veux-tu manger un morceau ?)

L'invitation par un ou une collègue de l'accompagner pour déjeuner est en général un geste informel – n'impliquant pas que la personne veuille établir une amitié durable. Il est courant entre collègues de travail de partager une amitié informelle n'allant pas au-delà du lieu de travail.

Un autre moment favori de la journée de travail est le **coffee break** (*co-fii bréïc* [UK], *câ-fii bréïc* [US]) (pause café). Il est courant de prévoir 15 minutes deux fois par jour pour les pauses café. Mais dans la plupart des lieux de travail, vous n'avez pas à attendre la pause pour utiliser les toilettes ou pour aller boire quelque chose. Fumer, cependant, est généralement réservé au temps de pause.

Le pain quotidien

Si vous faites vivre votre famille en rapportant un salaire à la maison, vous êtes le **breadwinner** (*brèd-oui-ne*) (gagne-pain) ou comme les Américains aiment à dire, **you bring home the bacon** (*iou brign heoum de béï-ken* [UK], *iou brign hôôm de béï-ken* [US]) (vous rapportez le bacon à la maison) – sans jamais aller au magasin d'alimentation ! Ces expressions se réfèrent à la personne qui travaille à l'extérieur de la maison par opposition au rôle de **homemaker** (*h'eoum-méï-ke* [UK], *h'ôôm-méï-ke* [US]) (la personne qui fait marcher la maison, généralement la maîtresse de maison [terme nord-américain, non usité chez les Britanniques, qui se contentent du mot **housewife** (*h'aous-ouaïf*) (ménagère)]) – celle qui va réellement chercher le pain et le bacon !

POINT DE GRAMMAIRE

Le verbe **to take** (*to téïk*) (prendre) est souvent utilisé pour parler du déjeuner au travail comme dans **I take my lunch at noon** (*aï téïk maï laentch at nououn* [UK], *aï téïk maï lentch at nououn* [US]) (Je déjeune à midi). Sinon les verbes **to have** (*tou h'av*) (avoir) et **to eat** (*tou îît*) (manger) sont généralement utilisés pour parler d'un repas, comme dans **Let's have dinner now** (*lèts h'av di-ne naou*) (dînons maintenant).

Conversation

CD

Amelia et Camille parlent ensemble au bureau. (Piste 33)

Amelia : **Do you want to join me for lunch?**
dou iou ouânt tou djoïn mi foe laentch [UK]
dou iou ouânt tou djoïn mi foe lentch [US]
Veux-tu venir déjeuner avec moi ?

Camille : **Thanks, but I can't. I have to finish this report.**
dzancs baet aï cââń't aï h'av tou fi-nich dis ri-pôôt [UK]
dzancs bet aï caan't aï h'av tou fi-nich dis ri-pôôt [US]
Merci, mais je ne peux pas. Je dois finir ce rapport.

Amelia : **Do you want me to bring you something?**
dou iou ouânt mi tou brign iou saem-dzign [UK]
dou iou ouânt mi tou brign iou sem-dzign [US]
Veux-tu que je t'apporte quelque chose ?

Camille : **That's nice of you, but I brought my lunch.**
dats naïs ev iou baet aï brôôt maï laentch [UK]
dats naïs ev iou bet aï brôôt maï lentch [US]
C'est gentil de ta part, mais j'ai apporté mon déjeuner.

Amelia : **Have you even taken a break today?**
h'av iou ii-ven téï-ken e brèïk to-dèï
As-tu seulement fait une pause aujourd'hui ?

Camille : **No time. I'll stop for lunch soon.**
neou taïm aïl stop foe laentch sououn [UK]
nôô taïm aïl stâp foe lentch sououn [US]
Pas le temps. Je m'arrêterai bientôt pour déjeuner.

Amelia :	**Okay. Don't work too hard!**
	eou-kèï deoun't oueek touou hââd [UK]
	ôô-kèï dôôn't oueek touou hââd [US]
	Bon. Ne travaille pas trop dur !
Camille :	**Thanks.**
	dzancs
	Merci.

Mots clés

shift	chift	équipe
lunch hour	laentch aoue	heure du déjeuner
quitting time	koui-tign taïm	heure de sortie
brown bag	braoun bag	sac en papier brun contenant le déjeuner
to smoke	tou smeouc [UK],] tou smôôc [US	fumer
to take a break	tou téïk e brèïc	faire une pause

Prendre un rendez-vous

Dans la société très active d'aujourd'hui, deux articles semblent désormais aussi essentiels que l'air que nous respirons : le **cell phone** (*sèl-feoun* [UK], *sèl-fôôn* [US]) (téléphone portable) [les Britanniques disent plutôt **mobile phone** (*meou-baïl feoun*) ou simplement **mobile**] et bien sûr **the appointment book** (*e-poïnt-ment bouc*) (carnet de rendez-vous) ou **planner** (*pla-ne*) (planning).

Muni de ces gadgets modernes, vous pouvez **conduct business** (*ken-daect biz-nès* [UK], *ken-dect biz-nès* [US]) (traiter des affaires) et **schedule appointments** (*chè-diououl e-poïnt-ments* [UK], *skè-diououl e-poïnt-ments* [US]) (fixer des rendez-vous) n'importe où et n'importe quand – et grâce à cette commodité, certaines personnes n'ont jamais de véritable pause dans leur travail ni un instant de paix !

Tenir un carnet de rendez-vous est devenu si courant qu'avant de voir quand ils peuvent rencontrer un ami pour prendre un café, beaucoup de gens disent :

- **Let me check my planner** (*lèt mi tchèc maï pla-ne*) (Je regarde mon agenda.)
- **Let me look at my schedule** (*lèt mi louc at maï chè-diououl* [UK], *lèt mi louc at maï skè-diououl* [US]) (Je regarde mon planning.)

Il est important de prévoir les rendez-vous. Et avec quelques expressions simples en anglais, vous pouvez vous aussi fixer des rendez-vous. Mais trouver un moment où vous êtes libres l'un et l'autre – eh bien ! c'est une autre histoire !

Notez les expressions suivantes servant à fixer un rendez-vous :

- **I'd like to make an appointment with you.** (*aïd laïk tou méïk e ne-poïnt-ment ouid iou*) (Je voudrais prendre un rendez-vous avec vous.)
- **Can we schedule a meeting?** (*can oui chè-diououl e mii-tign* [UK], *can oui skè-diououl e mii-tign* [US]) (Pouvons-nous programmer une réunion ?)
- **Let's schedule a time to meet.** (*lèts chè-diououl e taïm tou miit* [UK], *lèts skè-diououl e taïm tou miit* [US]) (Fixons une date pour nous voir.)

Et voici ce que l'on dit généralement en réponse :

- **When would you like to meet?** (*ouèn woud iou laïk tou miit* [UK], *h'ouèn woud iou laïk tou miit* [US]) (Quand aimeriez-vous prévoir la rencontre ?)
- **When are you free?** (*ouèn ââ iou frii* [UK], *h'ouèn ââ iou frii* [US]) (Quand êtes-vous libre ?)
- **I can meet you on...** (*aï can miit iou on*) (Je peux vous rencontrer le...)
- **I'm free on...** (*aïm frii on*) (Je suis libre le...)

Conversation

Barry appelle son collègue Robert pour prévoir une réunion. (Piste 34)

Barry : **Hello, Robert. This is Barry.**

h'è-leou ro-bet dis iz ba-ri [UK]

h'è-lôo râ-bet dis iz ba-ri [US]

Allo, Robert. C'est Barry.

Robert : **Hey, how are you?**

h'èï h'aou ââ iou

Tiens ! Comment ça va ?

Barry : **Fine, thanks. I'm calling to set up a meeting to go over the proposal.**

faïn dzancs aïm <u>côô</u>-lign tou sèt aep e <u>mii</u>-tign tou gueou <u>eou</u>-ve de pre-<u>peou</u>-zel [UK]

faïn dzancs aïm <u>câ</u>â-lign tou sèt ep e <u>mii</u>-tign tou gôô <u>ôô</u>-ve de pre-<u>pôô</u>-zel [US]

Bien, merci. J'appelle pour fixer une réunion pour regarder la proposition.

Robert : **When would you like to meet?**

ouèn woud iou laïk tou miit [UK]

h'ouène woud iou laïk tou miit [US]

Quand voudrais-tu qu'on se voie ?

Barry : **Early next week. Are you free Monday or Tuesday?**

ee-li nèxt ouiik ââ iou frii <u>maen</u>-di oe <u>tiououz</u>-di [UK]

ee-li nèxt ouiik ââ iou frii <u>men</u>-di oe <u>tiououz</u>-di [US]

Au début de la semaine prochaine. Es-tu libre lundi ou mardi ?

Robert : **I'm booked on Monday, but I'm free on Tuesday.**

aïm boukt on <u>maen</u>-di baet aïm frii on <u>tiououz</u>-di [UK]

aïm boukt on <u>men</u>-di bet aïm frii on <u>tiououz</u>-di [US]

Je suis pris lundi mais je suis libre mardi.

Barry : **How about Tuesday at 10 a.m. in my office?**

h'aou e-<u>baout</u> <u>tiououz</u>-di at tèn éï èm in maï <u>o</u>-fis [UK]

h'aou e-<u>baout</u> <u>tiououz</u>-di at tèn éï èm in maï <u>â</u>-fis [US]

Que dis-tu de mardi à 10 heures dans mon bureau ?

Robert : **That's fine. I have us down for Tuesday at 10 a.m.**

dats faïn aï h'av aes daoun foe <u>tiououz</u>-di at tèn éï èm [UK]

dats faïn aï h'av es daoun foe <u>tiououz</u>-di at tèn éï èm [US]

C'est bon. Je nous marque pour mardi à 10 heures.

Barry :	**Perfect. Thanks Robert.**
	pee-fèct dzancs ro-bet [UK]
	pee-fèct dzancs râ-bet [US]
	Parfait. Merci Robert.
Robert :	**See you next Tuesday.**
	sii iou nèxt tiououz-di [UK]
	sii iou nèxt tououz-di [US]
	À mardi prochain.

Mots clés

to set up	tou sèt aep [UK], tou set ep [US]	fixer
to make	tou méïk	faire
to schedule	tou chè-dioul [UK], tou skè-dioul [US]	programmer
to check	tou tchèc	vérifier
schedule	chè-dioul [UK], skè-dioul [US]	horaire/programme
planner	pla-ne	agenda
appointment	e-poïnt-ment	rendez-vous
meeting	mii-tign	rencontre/réunion

Même en prévoyant soigneusement son temps avec un carnet de rendez-vous bien tenu, reconnaissons-le, la vie réelle est imprévisible. Les gens ne peuvent pas toujours respecter les rendez-vous qu'ils ont pris ni éviter les changements de programme. Si donc vous devez **cancel** (*can-sel*) (annuler) un rendez-vous ou en **reschedule** (*ri-chè-diououl* [UK], *ri-skè-diououl* [US]) (reprogrammer) un, servez-vous de l'une des expressions suivantes :

- **I'm sorry. I have to reschedule our appointment.** (*aïm so-ri aï h'av tou ri-chè-diououl aoue e-point-ment* [UK], *aïm sâ-ri aï h'av tou ri-skè-diououl aoue e-point-ment* [US]) (Je suis désolé. Je dois fixer un autre moment pour notre rendez-vous.)
- **Is it possible to reschedule?** (*iz it po-si-b'l tou ri-chè-diououl* [UK], *iz it pâ-si-b'l tou ri-skè-diououl* [US]) (Est-il possible de (le) déplacer ?)

- **I need to change our meeting date.** (*aï niid tou tchéïnj aoue mii-tign déït*) (Je suis obligé de changer notre date de réunion.)

Mots clés

to keep (an appointment)	*tou kiip*	maintenir/respecter (une date de rendez-vous)
to break	*tou bréïc*	ne pas respecter (une date de rendez-vous)
to cancel	*tou can-sel*	annuler
to change	*tou tchéïnj*	modifier
to reschedule	*tou ri-chè-diououl* [UK], *tou ri-skè-diououl* [US]	déplacer (un rendez-vous)

Comment vont les affaires – faire des affaires aux USA

Les relations d'affaires dans une culture (et une langue !) que l'on ne connaît pas bien peuvent vous rendre perplexe. En Amérique, le **business style** (*biz-nès staïl*) (style des affaires) et le **protocol** (*preou-te-col* [UK], *prôô-te-câl* [US]) (protocole) peuvent être tout à fait différents de ce dont vous avez l'habitude, et la connaissance de quelques caractéristiques générales du business américain peut vous aider à mieux comprendre ce qui se passe. Cette section vous propose quelques éclairages.

Certains aspects du style américain des affaires peuvent sembler contradictoires à première vue, par exemple :

- On attache une grande valeur à l'honnêteté et à des communications **direct** (*di-rèct*) (directes) et **to the point** (*tou de poïnt*) (centrées sur le sujet), mais en même temps non **aggressive** (*e-grè-siv*) (empreintes d'agressivité).
- L'atmosphère peut sembler détendue et informelle jusqu'à un certain point, mais on attend de vous **efficiency** (*e-fi-chen-si*) (de l'efficacité) et **hard work** (*h'ââd oueek*) (beaucoup de travail).

- L'interaction entre collègues – et entre le patron et les employés – peut être informelle au bureau, mais elle très professionnelle dans les réunions ou dans les contacts avec d'autres sociétés.

La politique de la porte ouverte

De nombreux managers pratiquent une **open-door policy** (*eou-pen dôôe po-li-si* [UK], *ôô-pen dôôe pâ-li-si* [US]) (politique de la porte ouverte) – la porte de leur bureau est ouverte, et ils sont accessibles à leurs employés dès qu'ils sont libres. Allez simplement jusqu'à la porte, frappez doucement, et dites :

- **Do you have a minute?** (*dou iou h'av e mi-nit*) (Avez-vous une minute ?)
- **May I see you for a minute?** (*mèï aï sii iou foe e mi-nit*) (Puis-je vous voir une minute ?)
- **May I speak with you?** (*mèï aï spiic ouid iouou*) (Puis-je vous parler ?)

N'OUBLIEZ PAS !

Si vous travaillez avec une société américaine et si vous avez besoin d'éclaircissements sur une tâche ou un projet qu'on vous a demandé de réaliser, ne dites pas **It's difficult** (*its di-fi-caelt* [UK], *its di-fi-kelt* [US]) (C'est difficile). Une telle déclaration suggère que vous pouvez effectivement faire le travail mais que c'est un challenge pour vous. Voici ce que vous devez dire :

- **I'm sorry. I don't understand.** (*aïm so-ri aï deoun't aen-de-stand* [UK], *aïm sâ-ri aï dôôn't en-de-stand* [US]) (Je suis désolé. Je ne comprends pas.)
- **I'm not totally clear.** (*aïm not teou-te-li clii-e* [UK], *aïm nât tôô-te-li clii-e* [US]) (Je n'ai pas complètement compris.)
- **Can you please explain this again?** (*can iou pliiz ix-pléïn dis e-guéïn*) (Pouvez-vous s'il vous plaît expliquer cela de nouveau ?)

Jeux et activités

Juste au moment où vous avez besoin d'un objet sur votre bureau, vous ne le trouvez pas – ou quelqu'un l'a emprunté. Retrouvez les objets manquants (et certains équipements de bureau cachés) en remettant en ordre les lettres des mots suivants. Puis servez-vous de la lettre indiquée entre parenthèses dans chaque mot pour trouver ce qui donne le sourire à n'importe quel employé !

1. **axf: _ (_) _**

2. **pumotrec: _ _ _ (_) _ _ _ _**

3. **paet: _ (_) _ _**

4. **yoaebrdk: _ _ (_) _ _ _ _ _**

5. **eprap: _ _ _ _ (_)**

6. **tlerpas: _ _ (_) _ _ _ _**

7. **reiopc: _ _ _ (_) _ _**

8. **erersa: _ _ _ (_) _ _**

9. **nep: _ (_) _**

Qu'est-ce qui fait sourire les employés ? _ _ _ _ _ _ _ _ _!

Chapitre 15

Les loisirs

Dans ce chapitre :

- Les sports et les loisirs
- Différentes façons de parler des jeux
- La nature

Le **baseball** (*béïs-bôôl* [UK], *béïs-bââl* [US]) (baseball) est considéré comme le **national pastime** (*na-che-nel pââs-taïm* [UK], *na-che-nel paas-taïm* [US]) (passe-temps national), mais aujourd'hui, les gens se consacrent à toutes sortes d'activités, depuis le jardinage jusqu'au **skydiving** (*scaï-daï-vign*) (saut en parachute) – et à tout ce qu'il y a entre les deux !

Dans ce chapitre, vous verrez comment parler de **sports** (*spôôts*) (sports), de **recreation** (*ri-cri-éï-chen*) (distraction) et de toutes ces activités cool dont vous pouvez meubler votre temps libre. Vous découvrirez d'excellents endroits pour passer des vacances. Et vous constaterez qu'aux USA les loisirs ne sont pas de tout repos ; beaucoup d'Américains les utilisent pour se consacrer à des activités très physiques – alors soyez prêt pour un **workout** (*oueek-aout*) (session d'exercice physique) !

Parler des activités physiques

Après une première rencontre, il ne s'écoule pas beaucoup de temps avant que la conversation n'en vienne aux passe-temps favoris et aux activités de loisir. On vous posera vraisemblablement l'une des questions suivantes :

- **What do you do in your spare time?** (*ouot dou iou dou in ioue spèe taïm* [UK], *h'ouât dou iou dou in ioue spèe taïm* [US]) (Que faites-vous pendant vos temps libres ?)
- **What kind of sports do you like?** (*ouot caïnd ov spôôts dou iou laïc* [UK], *h'ouât caïnd ov spôôts dou iou laïc* [US]) (Quels genres de sport aimez-vous ?)

- **What dou you do for fun?** (*ouot dou iou dou foe faen* [UK], *h'ouât dou iou dou foe fen* [US]) (Que faites-vous pour vous distraire ?)

Vous pouvez répondre de bien des manières différentes, par exemple :

- **I like to work in my garden** (*aï laïc tou oueek in maï gââ-den*) (J'aime travailler dans mon jardin.)
- **I enjoy playing chess** (*aï èn-djoï plèï-ign tchès*) (J'aime beaucoup jouer aux échecs.)
- **I go jogging.** (*aï gueou djo-gign* [UK], *aï gôô djâ-gign* [US]) (Je vais courir.)
- **I am into surfing.** (*aï am in-touou see-fign*) (Je suis un fana du surf.) **I am into** est une expression d'argot voulant dire j'aime beaucoup ou je suis très impliqué dans le domaine en question.

Dire ce que vous aimez faire

Vous pouvez utiliser d'autres formes de phrase légèrement différentes pour parler de vos activités de loisir. Regardez les « formules » suivantes et pratiquez les exemples suivants pour faire un peu d'exercice (mental) :

- Formule 1 : **I + verb** (Je + verbe)
  - **I sew.** (*aï seou* [UK], *aï sôô* [US]) (Je couds.)
  - **I play volleyball.** (*aï plèï vo-li-bôôl* [UK], *aï plèï vâ-li-bââl*) (Je joue au volley-ball.)
- Formule 2 : **I like + infinitive or gerund** (J'aime + infinitif ou participe présent)
  - **I like to read.** (*aï laïc tou riid*) (J'aime lire.)
  - **I like reading.** (*aï laïc rii-dign*) (J'aime la lecture.)
- Formule 3 : **I enjoy + gerund** (J'aime beaucoup + participe présent)
  - **I enjoy camping.** (*aï in-djoï cam-pign*) (J'aime beaucoup le camping.)
  - **I enjoy playing hockey.** (*aï in-djoï plèï-ign h'o-ki* [UK], *aï in-djoï plèï-ign h'â-ki* [US]) (J'aime beaucoup jouer au hockey.)

Le verbe du jeu : to play

Les activités impliquant une **competition** (*com-pi-ti-chen* [UK], *câm-pi-ti-chen* [US]) (compétition) – et souvent un ballon ou une balle – utilisent le verbe **to play** (*tou plèï*) (jouer). Par exemple :

- **I like to play tennis.** (*aï laïc tou plèï tè-nis*) (J'aime jouer au tennis.)
- **Do you play golf?** (*dou iou plèï golf* [UK], *dou iou plèï gâlf* [US]) (Jouez-vous au golf ?)
- **Want to play a game of basketball?** (*ouânt tou plèï e guéïm ov bââs-kit-bôôl* [UK], *ouânt tou plèï e guéïm ov baas-kit bââl* [US]) (Veux-tu faire une partie de basket ?)

Le **bowling** (*bôô-lign* [UK], *bââ-lign* [US]) (bowling) fait exception ; on ne dit pas **play bowling** (*plèï bôô-lign* [UK], *plèï bââ-lign* [US]) (jouer au bowling), bien qu'on utilise une boule. Cependant on utilise le verbe play avec les **cards** (*cââdz*) (cartes), **chess** (*tchès*) (échecs), **board games** (*bôôd guéïmz*) (jeux de table), **pool** (*pououl*) (jeu de billard populaire aux États-Unis, comportant 15 boules de couleur numérotées).

Conversation

CD

Joyce et Lynn sont des collègues qui font la connaissance l'une de l'autre. Elles se renseignent sur leurs passe-temps favoris respectifs. (Piste 35)

Joyce : **What do you do in your spare time?**

ouot dou iou dou in ioue spèe taïm [UK]

h'ouât dou iou dou in ioue spèe taïm [US]

Que fais-tu pendant ton temps libre ?

Lynn : **I like to exercise – maybe go for a run or go dancing.**

aï laïc tou èk-se-saïz mèï-bii gueou foe e raen oe gueou dan-sign [UK]

aï laïc tou èk-se-saïz mèï-bii gôô foe e ren oe gôô dan-sign [US]

J'aime l'exercice – peut-être aller courir ou danser.

Joyce : **What kind of dancing?**

ouot caïnd ov dan-sign [UK]

h'ouât caïnd ov dan-sign [US]

Quel genre de danse ?

Lynn : **Salsa is my favorite. What do you like to do?**

sal-sa iz maï féï-ve-rit ouot dou iou laïc tou dou

La salsa est ma danse préférée. Qu'est-ce que tu aimes faire ?

Mots clés

pastime	pââs-taïm [UK], paas-taïm [US]	passe-temps
leisure	lè-je [UK], lii-jee [US]	loisir
recreation	ri-cri-éï-chen	divertissement
sports	sports	sports
to play	tou plèï	jouer
to win	tou ouin	gagner
to lose	tou lououz	perdre
game	guéïm	jeu/partie
competition	com-pi-ti-chen [UK], câm-pi-ti-chen [US]	compétition
board game	bôôd guéïm	jeu de table

Joyce : **I do yoga, and I like to paint.**

aï dou ieou-gue and aï laïc tou péïnt [UK]

aï dou iôô-gue and aï laïc tou péïnt [US]

Je fais du yoga, et j'aime peindre.

Lynn : **Do you like any sports?**

dou iou laïc é-ni spôôts

Aimes-tu certains sports ?

Joyce : **I play racquetball sometimes.**

aï plèï ra-kit-bôôl saem-taïmz [UK]

aï plèï ra-kit-bââl sem-taïmz [US]

Je joue au racquetball de temps en temps.

(Jeu américain avec balle et courte raquette, joué entre quatre murs.)

Lynn : **Me too. I really like that game.**

mii touou aï ri-e-li laïc dat guéïm

Moi aussi. J'aime vraiment ce jeu.

Joyce : **Great! Want to play this week-end?**

grëït ouânt tou pléï dis ouik-ènd

Formidable ! Veux-tu jouer ce week-end ?

Lynn : **Sure! But I warn you – I always win!**

choue baet aï ouôôn iou aï ôôl-ouéïz ouin [UK]

choue bet aï ouôôn iou aï ââl-ouéïz ouin [US]

Bien sûr ! Mais je te préviens – je gagne toujours !

Le concept américain des loisirs

La conversation suivante est révélatrice du concept américain de **leisure** (*lè-je* [UK], *lii-jee* [US]) (loisir). Dans ma salle de cours, les étudiants ont été priés de répondre à la question « **What did you do last week-end?** (*ouot did iou dou lâast ouik-ènd* [UK], *h'ouât did iou dou laast ouik-ènd* [US]) (Qu'avez-vous fait le week-end dernier ?) ». Un étudiant du Mexique dit **I listened to music.** (*aï li-sen'd tou miouou-zic*) (J'ai écouté de la musique.) Mon assistant américain – qui a grandi en pensant que la musique est quelque chose qu'on écoute en faisant autre chose – a rétorqué « Oui, mais qu'est-ce que tu faisais en écoutant la musique ? » Le Mexicain était rendu perplexe par la question étrange de l'assistant. Finalement il dit avec assurance, « Eh bien, j'étais assis dans un fauteuil ! » La notion que toute activité – y compris la **relaxation** (*ri-lac-séï-chen*) (relaxation) doit être productive d'une manière ou d'une autre est profondément gravée dans la conscience américaine.

Les sports et leurs fans

Êtes-vous un **sports fan** (*sports fan*) (fan des sports) ? Que vous jouiez dans un **team** (*tiim*) (équipe) ou que vous soyez un **spectator** (*spèc-téï-te*) (spectateur), vous pouvez assister à d'innombrables événements sportifs toute l'année à la télé, sur un **stadium** (*stéï-diem*) (stade) ou un **ballpark** (*bôôl-pââk* [UK], *bââl-pââk*) (terrain de base-ball).

Regarder – et parier sur – du **football** (*fout-bôôl* [UK], *fout-bââl* [US]) (football américain), du **baseball**, du **basketball** et d'autres sports est un sport en soi ! Certains Américains sont passionnément loyaux envers leur équipe favorite universitaire ou professionnelle. (Mon voisin a peint sa cuisine et sa salle de bains aux couleurs de son équipe favorite – orange et vert !) D'autres Américains, en revanche, ne portent aucun intérêt aux sports d'équipe.

Le baseball

Quand l'arbitre crie **Play ball!** (*plèï bôôl* [UK], *plèï bââl* [US]) (lancez la balle !), on envoie le premier **pitch** (*pitch*) (lancer de balle) pour commencer la partie. Depuis les années 1800, les Américains jouent au **baseball**. Vous pouvez tout découvrir sur l'histoire du baseball et sur des légendes du baseball comme **Babe Ruth** (*béïb rououdz*), **Jackie Robinson** (*dja-ki ro-bin-sen* [UK], *dja-ki râ-bin-sen* [US]) et les ligues de baseball entièrement féminines des années 1940 au **Baseball Hall of Fame** (*béïs-bôôl hôôl ev féïm* [UK], *béïsbââl hââl ev féïm* [US]) à Cooperstown, New York. Même les non-fans s'enthousiasment pour ce musée – je le sais, j'en fais partie !

Pour vous permettre d'apprécier ce jeu populaire, voici un peu de vocabulaire courant du baseball :

- **bat** (*bat*) (batte)
- **batter** (*ba-te*) (batteur)
- **catcher** (*ca-tche*) (attrapeur)
- **fly ball** (*flaï bôôl* [UK], *flaï bââl* [US]) (balle frappée envoyée très haut)
- **glove** (*glaev* [UK], *glev* [US]) (gant)
- **home run** (*heoum raen* [UK], *hôôm ren* [US]) (un coup du batteur qui lui permet de faire un tour complet des bases et de marquer un " run ")
- **mitt** (*mit*) (gant du catcher)
- **strike** (*straïk*) (balle non frappée correctement)

Le football américain et le football

La plus grande partie du monde se réfère au jeu de la coupe du Monde en disant football, mais les Américains appellent ce jeu **soccer** (désignation informelle du jeu par les Britanniques). Aux États-Unis, le **football** est un jeu entièrement différent.

L'**american football** se joue avec un ballon ovale couleur café que les joueurs emmènent dans la **end zone** (*ènd zeoun* [UK], *ènd zôôn* [US]) (zone du fond du camp adverse) pour un **touchdown** (*taetch-daoun* [UK], *tetch-daoun* [US]) (le fait d'être en possession du ballon dans la end zone adverse, qui rapporte six points [à ne pas confondre avec le **touchdown** au rugby]). Les joueurs portent des **helmets** (*h'èl-mits*) (casques) et des rembourrages sur le corps pour éviter les blessures quand ils sont **tackled** (*ta-keld*) (plaqués). Mais au véritable football, si vous attrapez la balle ou si vous plaquez un autre joueur, vous vous voyez attribuer un grave **foul** (*faoul*) (pénalité). Et si vous emmenez la balle dans le **goal** (*gueoul* [UK], *gôôl* [US]) (l'en-but), vous êtes la risée de l'équipe adverse.

Conversation

Après avoir convenu d'une partie de football avec des amis américains, un étudiant étranger apporte par erreur un **soccer ball** (*so-ke bôôl* [UK], *sâ-ke bââl* [US]) (un ballon de football) pour une partie de football américain.

Américains : **Are we going to play football?**
ââe oui gueou-ign tou plèï fout-bôôl [UK]
ââe oui gôô-ign tou plèï fout-bââl [US]
Allons-nous jouer au football ?

Étudiant : **Yes! I brought the ball.**
iès aï brôôt de bôôl [UK]
iès aï brâât de bââl [US]
Oui ! J'ai apporté le ballon.

Américains : **But that's a soccer ball.**
baet dats e so-ke bôôl [UK]
bet dats e sâ-ke bââl [US]
Mais c'est un ballon de « soccer ».

Étudiant : **Soccer, football – it's the same.**
so-ke fout-bôôl its de séïm [UK]
sâ-ke fout-bââl its de séïm [US]
« Soccer », football – c'est pareil.

Américains : **Not in the United States – it's very different.**
not in di iou-naï-ted stéïts its vè-ri di-fe-rent [UK]
nât in di iou-naï-ted stéïts its vè-ri di-fe-rent [US]
Pas aux États-Unis – c'est très différent.

Étudiant : **Oops! I guess we're going to play soccer then.**
ououps aï guès ouir gueou-ign tou plèï so-ke dèn [UK]
ououps aï guès ouir gôô-ign tou plèï sâ-ke dèn [US]
Aïe ! J'imagine que nous allons jouer au « soccer » dans ce cas.

INFO CULTURELLE

Le **football** (américain) est une tradition des États-Unis, mais le football (du reste du monde) y est très populaire, et les Américains regardent la coupe du Monde avec autant d'enthousiasme que partout ailleurs.

Mots clés

player	plèï-e	joueur
team	tiim	équipe
spectator	spèc-téï-te	spectateur
fan	fan	fan/supporter
home run	h'eoum raen [UK], hôôm ren [US]	un coup du batteur qui lui permet de faire un tour complet des bases et de marquer un « run »
goal	gueoul	but
touchdown	taetch-daoun [UK], tetch-daoun [US]	être en possession du ballon dans la end zone adverse et ainsi marquer 6 points

La nature

L'Amérique est une nation faite d'immenses espaces spectaculaires de **natural beauty** (*na-tche-rel biou-ti*) (beauté naturelle). Si vous aimez la nature, vous trouverez d'une côte à l'autre des paysages époustouflants. Vous verrez des **mountains** (*maoun-tinz*) (montagnes) impressionnantes, majestueuses ; des **valleys** (*va-lèïz*) (vallées) luxuriantes et vertes ; des **lakes** (*léïks*) (lacs), des **rivers** (*ri-vez*) (rivières) et des **waterfalls** (*ouo-te-fôôlz* [UK], *ouâ-te fââlz* [US]) (chutes d'eau) immaculées ; des **deserts** (*dè-zets*) (déserts) silencieux balayés par le vent ; et des **forests** (*fo-rèsts*) (forêts) anciennes, majestueuses. Vous verrez aussi des milliers de miles de **coastline** (*keoust-laïn* [UK], *côôst-laïn* [US]) (littoral) avec des **seashores** (*sii-choe*) (bords de mer) découpés, des **beaches** (*bii-tchiz*) (plages) de sable resplendissantes. Une bonne partie de toutes ces merveilles est accessible au public.

Les sports d'hiver

Si vous appréciez l'air froid et vivifiant et la neige poudreuse, vous irez probablement à la montagne pour y pratiquer l'une des activités suivantes :

- **cross-country skiing** (*cros-ken-tri ski-ign* [UK], *crâs-ken-tri ski-ign* [US]) (ski de fond)
- **downhill skiing** (*daoun-h'il ski-ign*) (ski alpin)
- **ice skating** (*aïs skéï-tign*) (patin à glace)
- **snowboarding** (*sneou-bôô-dign* [UK], *snôô-bôô-dign* [US]) (snow-board)

S'il fait chaud, vous pouvez aller vers les plages, les rivières et les lacs. Si vous vous sentez paresseux, vous pouvez **sunbathe** (*saen-béïd* [UK], *sen-béïd* [US]) (prendre un bain de soleil) sur le **sand** (*sand*) (sable). Ou vous pouvez aller vers l'eau vous adonner aux activités suivantes :

- **river rafting** (*ri-ve râât-tign* [UK], *ri-ve raaf-tign* [US]) (descente de rivière en radeau)
- **sailing** (*séï-lign*) (voile)
- **snorkeling** (*snôô-ke-lign*) (snorkel)
- **water skiing** (*ouôô-te ski-ign* [UK], *ouââ-te ski-ign* [US]) (ski nautique)

Conversation

CD

Lori et Mark préparent un voyage à **Lake Tahoe** (*léïk tââ-h'ôô*) pour aller faire du ski. (Piste 36)

Lori : **I'm excited about our trip next month.**
aïm ik-saï-tid e-baout oue trip nèxt maendz [UK]
aïm ik-saï-tid e-baout oue trip nèxt mendz [US]
Je suis emballée par notre voyage du mois prochain.

Mark : **Me too! I can try out my new skis.**
mii touou aï can traï aout maï niouou skiiz
Moi aussi ! Je pourrai essayer mes nouveaux skis.

Lori : **And I can wear my new snow boots.**
and aï can ouèe maï niouou sneou bououts [UK]
and aï can ouèe maï niouou snôô bououts [US]
Et je pourrai porter mes nouvelles chaussures de ski.

Mark : **We should stay in the lodge.**

oui choud stéï in de lodj [UK]

oui choud stéï in de lâdj [US]

Nous devrions nous installer à la « lodge » (bâtiment principal dans une station de ski américaine – en anglais britannique, désigne la petite maison du gardien ou du jardinier dans une grande demeure campagnarde).

Lori : **I'd love to, but it's kind of expensive.**

aïd laev tou baet its caïnd ev ik-spèn-siv [UK]

aïk lev tou bet its caïnd ev ik-spèn-siv [US]

J'aimerais bien, mais c'est plutôt cher.

Mark : **Well, the price includes a ski-lift ticket.**

ouèl de praïs in-cloudz e ski-lift ti-kit

Eh bien, le prix inclut une carte de remontée mécanique.

Lori : **Good. And we don't need to rent ski equipment this time.**

goud and oui deoun't niid tou rènt ski i-couip-ment dis taïm [UK]

goud and oui dôôn't niid tou rènt ski i-couip-ment dis taïm [US]

Bon. Et nous n'avons pas besoin de louer l'équipement de ski cette fois.

Mark : **Right... ! Hey, I heard they opened two new slopes.**

raït h'èï aï heed dèï eou-pen'd touou niouou sleoups [UK]

raït h'èï aï heed dèï ôô-pen'd touou niouou slôôps [US]

Juste... ! Dis-donc, j'ai entendu dire qu'ils ont ouvert deux nouvelles pistes.

Lori : **I hope they're beginners' slopes!**

aï h'eoup dèïr bi-gui-nez sleoups [UK]

aï hôôp dèïr bi-gui-nez slôôps [US]

J'espère que ce sont des pistes pour débutants !

Visite d'un parc national ou d'un parc d'État

Le service des parcs nationaux américains liste plus de 380 sites, comportant **parks** (*pââks*) (des parcs), **trails** (*tréïlz*) (des pistes), **monuments** (*mo-nie-ments* [UK], *mâ-nie-ments* [US]) (des monuments), **rivers** (*ri-vez*) (des rivières), et d'autres trésors. Les parcs d'État et les parcs locaux se comptent par milliers.

TRUC

Certains parcs ne sont que pour **day use** (*dèï iouz*) (utilisation de jour) – vous devez en être sorti au coucher du soleil. D'autres proposent le camping et le logement **overnight** (*eou-ve-naït* [UK], *ôô-ve-naït* [US]) (pour la nuit). Mais au cours de la **summer season** (*sae-me sii-zen* [UK], *se-me sii-zen* [US]) (saison d'été), les parcs se remplissent si rapidement que si vous voulez les voir, vous devez faire une réservation longtemps à l'avance. En **off season** (*of sii-zen*) (hors saison), de nombreux parcs sont inaccessibles à cause de la neige.

Mots clés

outdoors	aout-dôôz	plein air
park	pââk	parc
natural beauty	na-tche-rel biou-ti	beauté naturelle
nature	néï-tchee	nature
river	ri-ve	rivière
desert	dè-zet	désert
lake	léïk	lac
mountain	maoun-tin	montagne

Le camping

Le **camping** (*cam-pign*) (camping) et le **backpacking** (*bac-pa-kign*) (excursion sac au dos) [en anglais britannique, **hiking** (*haï-kign*)] sont d'excellents moyens pour **get away from it all** (*guèt e-ouéï from it ôôl* [UK], *guèt e-ouéï frâm it ââl* [US]) (s'évader). Mais les terrains de camping les plus recherchés peuvent être remplis de campeurs bruyants qui apportent tout avec eux ! Certains apportent des télés, des stéréos, de la bière et même des querelles de famille ! Si donc vous voulez vraiment vous évader dans un lieu sauvage, renseignez-vous auprès du **National Park Service** (*na-che-nel pââk see-vis*) (service des parcs nationaux) ou regardez dans un guide du camping pour repérer les endroits plus calmes, moins peuplés.

Quel que soit le lieu où vous voulez camper, vous devrez emporter avec vous le **camping gear** (*cam-pign gui-e*) (équipement de camping) de base :

- **backpack** [US] (*bac-pac*) (sac à dos)
- **rucksack** [UK] (*raec-sac*) (sac à dos)
- **firewood** (*faïe-woud*) (bois pour le feu)
- **flashlight** (*flach-laït*) (lampe-torche)
- **lantern** (*lan-teen*) (lanterne)
- **matches** (*mat-chiz*) (allumettes)
- **sleeping bag** (*slii-pign bag*) (sac de couchage)
- **tent** (*tènt*) (tente)

N'oubliez pas le **bug repellent** (*baeg ri-pè-lent*) (produit pour éloigner les insectes) ni le **sunscreen** (*saen-scriin* [UK], *sen-scriin* [US]) (écran solaire), sinon vous reviendrez de vos vacances piqué et brûlé – et il vous faudra d'autres vacances pour vous remettre !

Conversation

CD

Ron et Nancy arrivent à un parc éloigné, espérant que le terrain de camping a de la place. (Piste 37)

Gardien : **Hello. Welcome to the park.**
h'è-leou ouèl-caem tou de parc [UK]
h'è-lôô ouèl-kem tou de parc [US]
Bonjour. Bienvenue au parc.

Ron : **Do you have any campsites available?**
dou iou h'av é-ni camp-saïts e-véï-le-bel
Avez-vous des sites de camping disponibles ?

Gardien : **Yes. For how many nights?**
iès foe h'aou mé-ni naïts
Oui. Pour combien de nuits ?

Ron : **Three, if possible.**

dzri if po-si-bel [UK]

dzri if pâ-si-bel [US]

Trois, si possible.

Gardien : **Yes, we can do that. Please fill out this form.**

iès oui can dou dat pliiz fil aout dis fôôm

Oui, nous pouvons faire ça. Veuillez remplir ce formulaire.

Nancy : **And what's the fee?**

and ouots de fii [UK], *and h'ouâts de fii* [US]

Et quelle est la redevance ?

Gardien : **$45 total, $15 per night.**

fouou-ti faïv do-lez teou-tel fif-tiin do-lez pee naït [UK]

fouou-ti faïv dâ-lez tôô-tel fif-tiin dâ-lez pee naït [US]

45 dollars en tout, 15 dollars par nuit.

Nancy : **Here you go.**

h'ie iou gueou [UK], *h'ie iou gôô* [US]

Tenez.

Gardien : **Your campsite is number 52. This map will show you how to find it.**

ioue camp-saït iz naem-be fif-ti tou dis map ouil cheou iou h'aou tou faïnd it [UK]

ioue camp-saït iz nem-be fif-ti tou dis map ouil chôô iou h'aou tou faïnd it [US]

Votre site de camping est le numéro 52. Cette carte vous montre comment le trouver.

Ron : **Are there shower facilities near the site?**

ââ dèe chaoue fa-si-li-tiz nii-e de saït

Y a-t-il des douches près du site ?

Gardien : **Yes, about 200 yards away.**

iès e-baout tou h'aen-dred iââdz e-ouèï [UK]

iès e-baout tou h'en-dred iââdz e-ouèï [US]

Oui, à environ 200 yards de distance.

Nancy : **Perfect.**

pee-fect

Parfait.

Gardien : **Here's a list of park rules. Please read them carefully.**

h'iez e list of pââk rououlz pliiz riid dèm kèe-fou-li

Voici une liste des règles du parc. Lisez-les attentivement s'il vous plaît.

N'emportez que vos ordures

Vous devez absolument emballer votre **trash** (*trach*) (ordures) [en anglais britannique, **rubbish** (*rae-bich*)] quand vous quittez un lieu sauvage. Mais rappelez-vous que le service des parcs interdit d'emporter hors du parc aucune plante ni aucun « souvenir » de la vie sauvage.

Suivre le chemin

Les USA ont des milliers de miles de **hiking trails** (*h'aï-kign tréïlz*) (chemins de randonnée) ouverts toute l'année. L'**Appalachian Trail** (*a-pe-léït-chien tréïl*) dans l'est des États-Unis et le **Pacific Crest Trail** (*pe-si-fic crèst tréïl*) qui va du Mexique jusqu'à l'État de Washington sont les deux chemins les plus longs – avec plus de 2 000 miles chacun ! Certaines personnes réussissent à parcourir la totalité de ces chemins, mais bien sûr pas en une seule période de vacances !

Avant de démarrer votre **trek** (*trèc*) (grande randonnée), renseignez-vous sur la topographie, l'**altitude** (*al-ti-tioud*) (altitude) et le niveau de difficulté du parcours. Les questions suivantes vous aideront à décider s'il vous convient :

- **Where can I get a topographical map?** (*ouèe can aï guèt e to-po-gra-fi-kel map* [UK], *h'ouèe can aï guèt e to-po-gra-fi-kel map* [US]) (Où puis-je me procurer une carte topographique ?)
- **How difficult is the trail?** (*h'aou di-fi-caelt iz de tréïl* [UK], *h'aou di-fi-kelt iz de tréïl* [US]) (Quelle est la difficulté du chemin ?)
- **How long does it take to hike the trail?** (*h'aou logn daez it téïk tou h'aïc de tréïl* [UK], *h'aou logn dez it téïc tou haïc de tréïl* [US]) (Combien de temps faut-il pour parcourir le chemin ?)
- **Are there any dangerous animals on the trail?** (*ââ dèe é-ni déïn-dje-res a-ni-melz on de tréïl*) (Y a-t-il des animaux dangereux sur le chemin ?)

Vous êtes prêt maintenant à enfiler vos **hiking boots** (*haï-kign bououts*) (chaussures de randonnée) et votre sac à dos, à remplir votre **water bottle** (*ouôô-te bo-tel* [UK], *ouââ-te bâ-tel* [US]) (bouteille d'eau), à sortir votre carte ou votre **compass** (*caem-pes* [UK], *kem-pes* [US]) (boussole) et à prendre le chemin.

Apprécier la nature

En pleine nature, vous êtes tout près d'une abondance de **wildlife** (*ouaïld-laïf*) (faune sauvage) – toutefois vous ne voulez pas de contacts trop intimes avec certaines espèces. Voici les noms de quelques créatures que vous pouvez rencontrer **in the wild** (*in de ouaïld*) (en forêt ou dans un endroit sauvage) :

- **bear** (*bèe*) (ours)
- **beaver** (*bii-ve*) (castor)
- **coyote** (*coï-eou-ti* [UK], *coï-ôô-ti* [US]) (coyote)
- **deer** (*diie*) (cerf)
- **fox** (*fox* [UK], *fâx* [US]) (renard)
- **frog** (*frog* [UK], *frâg* [US]) (grenouille)
- **moose** (*mouous*) (élan)
- **mosquito** (*mos-ki-teou* [UK], *mâs-ki-tôô* [US]) (moustique)
- **mountain lion** (*maoun-tin laïen*) (puma)
- **raccoon** (*re-cououn*) (raton-laveur)
- **snake** (*snéïc*) (serpent)
- **squirrel** (*skoui-rel*) (écureuil)
- **wolf** (*woulf*) (loup)

« Courir comme une folle » serait ma réaction si je rencontrais un animal dangereux dans la nature, mais ce pourrait être la pire des choses à faire ! Pour assurer une visite sans danger dans toute région sauvage, renseignez-vous auprès d'un **park ranger** (*pââk réïn-dje*) (gardien de parc) ou en consultant un guide pour voir comment se comporter en cas de rencontre avec des créatures potentiellement dangereuses.

N'OUBLIEZ PAS !

Quand vous faites du camping, ne conservez jamais de nourriture à l'intérieur de la tente – des visiteurs indésirables pourraient s'inviter à dîner chez vous !

La **plant life** (*plââânt laïf* [UK], *plaant laïf* [US]) (flore) des parcs nationaux comme celle de tout le pays est abondante et variée. Citons le **cactus** (*cac-tes*) (cactus) du désert, les hautes **grasses** (*grââ-siz* [UK], *graa-siz* [US]) (herbes), les **redwood trees** (*rèd-woud triiz*) (séquoias), les **rainforests** (*réïn-fo-rests* [UK], *réïn-fâ-rests* [US]) (forêts tropicales) et les **seaweeds** (*sii-ouiidz*) (algues). Dans les **woods** (*woudz*) (bois), vous verrez des **ferns** (*feenz*) (fougères) vaporeuses et des **meadows** (*mè-deouz* [UK], *mè-dôôz* [US]) (prairies) remplies de **wildflowers** (*ouaïld-flaouez*) (fleurs sauvages) ; méfiez-vous cependant des deux variantes de sumac vénéneux, le **poison oak** (*poï-zen eouk* [UK], *poï-zen ôôk* [US]) (chêne vénéneux) et le **poison ivy** (*poï-zen aï-vi*) (lierre vénéneux). Toucher ces plantes peut provoquer une douloureuse irritation de la peau accompagnée de démangeaisons !

Avez-vous jamais... ? – Utilisation du present perfect

Vous pouvez apprendre des choses intéressantes en écoutant les expériences des autres, et vous pouvez améliorer votre anglais en parlant de vos expériences propres ! Pour parler en général de quelque chose qui est arrivé dans votre vie (sans indiquer une référence de temps spécifique), vous utilisez le **present perfect tense** (*prè-zent pee-fict tèns*) (temps du present perfect). Et vous pouvez démarrer la conversation en demandant à quelqu'un **Have you ever...?** (*h'av iou è-vee*) (Avez-vous jamais... ?)

Voici quelques exemples :

- **Have you ever *been* to Yellowstone?** (*h'av iou è-ve biin tou iè-leou-steoun* [UK], *h'av iou è-ve biin tou iè-lôô-stôôn* [US]) (Avez-vous jamais été à Yellowstone ?)
- **Have you ever *seen* a whale?** (*h'av iou è-ve siin e ouéïl* [UK], *h'av iou è-ve siin e h'ouéïl* [US]) (Avez-vous jamais vu une baleine ?)
- **Have you ever *climbed* a mountain?** (*h'av iou è-ve claïm'd e maoun-tin*) (Avez-vous jamais escaladé une montagne ?)

Pour répondre à une question de la forme have you ever..., dites simplement :

- **Yes, I have.** (*iès aï h'av*) (Oui, je l'ai fait.)
- **No, I haven't** (*neou aï h'aven't* [UK], *nôô aï h'aven't* [US]) (Non, je ne l'ai pas fait.)
- **No, I've never done that.** (*neou aï h'av nè-ve daen dat* [UK], *nôô aï h'av nè-ve den dat* [US]) (Non, je n'ai jamais fait ça.)

Vous pouvez vous demander pourquoi ce temps s'appelle le ***present perfect***, alors qu'en fait il se réfère au passé. On l'appelle ainsi parce qu'il utilise le ***present*** de **to have** et le **past participle** (*pââst pââ-ti-si-pel* [UK], *paast pââ-ti-si-pel* [US]) (participe passé) du verbe principal.

Remarquez dans la liste précédente de questions du type **have you ever** que les verbes en italiques sont dans la forme du participe passé. (Reportez-vous au tableau des verbes passés de l'annexe A où vous trouverez la forme participe passé des verbes irréguliers. Le participe passé de tous les verbes réguliers se termine en **-ed**.)

Voici une « formule » de construction du **present perfect** : **have** ou **has** + **verb** (forme du participe passé), et deux exemples d'application de la formule :

- ***Have* you ever *been* to a national park?** (*h'av iou è-ve biin tou e na-chenel pââc*) (As-tu/avez-vous jamais été dans un parc national ?)
- **Yes, I *have visited* Yosemite three times.** (*iès aï h'av vi-zi-ted ieou-sè-mi-ti dzrii taïmz* [UK], *iès aï h'av vi-zi-ted iôô-sè-mi-ti dzri taïmz* [US]) (Oui, j'ai visité Yosemite trois fois.)

TRUC

Pour que votre anglais soit plus proche de celui d'un anglophone de naissance, essayez d'utiliser les contractions avec le present perfect : **I've, you've, she's, he's, it's, we've,** et **they've**. Les contractions sont expliquées aux chapitres 2 et 3.

Jeux et activités

Dans ce jeu grammatical, mettez vos talents à l'épreuve et voyez si vous méritez une « médaille olympique du langage » ! Choisissez le mot qui complète correctement la phrase, puis vérifiez vos réponses à l'annexe C.

1. I enjoy _______ tennis. (to play, playing)

2. I like _______. (to surf, have surfed)

3. Have you ever _______ Mauna Loa volcano? (seeing, seen)

4. I've _______ a baseball fan for many years. (being, been)

5. He _______ never played in a golf tournament. (has, have)

6. She ______ basketball every Saturday. (to play, plays)

7. We _______ reading. (play, enjoy)

8. Do you _______ every morning? (jog, jogging)

Chapitre 16

Au secours ! – Que faire en cas d'urgence

Dans ce chapitre :

- Trouver rapidement de l'aide
- Gérer les urgences et les dangers
- Décrire les problèmes de santé

Si vous êtes comme moi, vous préférez probablement ne pas penser aux problèmes et aux urgences qui peuvent se présenter lors d'un voyage, et vous pouvez être tenté de tourner rapidement les pages de ce chapitre. Mais si vous travaillez et vivez dans un autre pays que le vôtre, **It's better to be safe than sorry** (*its bè-te tou bii séïf dan so-ri* [UK], *its bè-te tou bii séïf dan sâ-ri* [US]) (Il vaut mieux être sain et sauf que d'avoir des regrets) comme dit en anglais cette ancienne formulation du principe de précaution. Autrement dit, vous devez être préparé à des situations d'urgence et à d'autres ennuis, surtout si les gens autour de vous ne parlent pas votre langue natale. Ce chapitre vous donne quelques expressions clés pour traiter en anglais un certain nombre de situations soudaines et imprévisibles, telles que les catastrophes naturelles, les accidents, les problèmes de santé, et les difficultés légales. Regardez ce chapitre : vous en obtiendrez des informations vitales – et un peu de tranquillité d'esprit.

En cas d'urgence

Les petites **emergencies** (*i-mee-djen-siz*) (situations d'urgence) de la vie courante, comme une roue à plat, des enfants avec des écorchures aux genoux et la perte des clés de la maison vous sont probablement familières. Mais les graves situations d'urgence, qui peuvent être **life-threatening** (*laïf dzrè-te-nign*) (mettant la vie en danger) et les **natural disasters** (*na-tche-rel di-zââs-tez* [UK], *na-tche-rel di-zaas-tez* [US]) (catastrophes naturelles) sont heureusement moins courantes, mais par suite, vous êtes moins bien préparé à réagir à des choses comme :

- **accident** (*ak-si-dent*) (accident)
- **earthquake** (*eedz-couéïc*) (tremblement de terre)
- **fire** (*faï-e*) (incendie)
- **flood** (*flaed* [UK], *fled* [US]) (inondation)
- **hurricane** (*h'ae-ri-ken* [UK], *h'e-ri-ken* [US]) (ouragan)
- **robbery** (*ro-be-ri* [UK], *râ-be-ri* [US]) (cambriolage)
- **tornado** (*tôô-néï-deou* [UK], *tôô-néï-dôô* [US]) (tornade)

Crier au secours et avertir les autres

Quand vous avez rapidement besoin d'aide, vous n'avez pas le temps d'aller chercher un dictionnaire ; vous devez trouver tout de suite dans votre mémoire les mots nécessaires. Mémorisez donc les mots d'urgence ci-après – et gardez-les sous la langue !

- **Help!** (*h'èlp*) (Au secours !)
- **Help me!** (*h'èlp mii*) (Aidez-moi !)
- **Fire!** (*faï-e*) (Au feu !)
- **Call the police!** (*côôl de pe-lis* [UK], *câân de pe-lis*) (Appelez la police !)
- **Get an ambulance!** (*guèt e nam-biou-lens*) (Appelez une ambulance !)

Si vous devez **warn** (*ouôôn*) (avertir) d'autres d'un **impending danger** (*im-pèn-dign déïn-dje*) (danger imminent), vous ne pouvez pas rester bouche bée. Vous devez connaître quelques brèves expressions pour donner l'alarme. Les expressions suivantes font clairement passer le message :

- **Look out!** (*louc aout*) (Attention !)
- **Watch out!** (*ouotch aout* [UK], *ouâtch aout* [US]) (Attention !)
- **Get back!** (*guèt bac*) (Reculez-vous !)
- **run!** (*raen* [UK], *ren* [US]) (courez !)

Quand il n'y a pas de temps à perdre et que la vitesse est essentielle, vous pouvez ajouter l'un de ces mots énergiques pour faire bouger les gens :

- **Quick!** (*couïc*) (Vite !)
- **Hurry!** (*h'ae-ri* [UK], *h'e-ri* [US]) (Dépêchez-vous !)
- **Faster!** (*fââs-te* [UK], *faas-te* [US]) (Plus vite !)

Conversation

Un homme est tombé sur le trottoir. Une foule se rassemble autour de lui pour voir ce qui est arrivé. Todd essaie d'aider.

Foule : **A man has fallen! Help!**
e man h'az fôô-len h'èlp [UK]
e man h'az fââ-len h'èlp [US]
Un homme est tombé ! Au secours !

Todd : **Sir, can you hear me?**
see can iou h'ie mii
Monsieur, m'entendez-vous ?

Foule : **Did he faint?**
di dii féïnt
S'est-il évanoui ?

Todd : **He's unconscious. Someone call an ambulance. Quick!**
h'iiz aen-con-ches saem-ouaen côôl e nam-biou-lens couïc [UK]
h'iiz en-cân-ches sem-ouen cââl e nam-biou-lens couïc [US]
Il a perdu connaissance. Que quelqu'un appelle une ambulance. Vite !

Foule : **What's wrong?! Is it a heart attack?**
ouots rogn iz it e hâât e-tac [UK]
h'ouâts rogn iz it e hâât e-tac [US]
Qu'est-ce qu'il a ? C'est une crise cardiaque ?

Todd : **I don't know. I'm checking his pulse and breathing.**
aï deoun't neou aïm tchè-kign h'iz paels and brii-dign [UK]
aï dôôn't nôô aïm tchè-kign h'iz pels and brii-dign [US]
Je ne sais pas. Je vérifie son pouls et sa respiration.

Foule : **Does he need CPR?**
daez h'ii niid si pi ââe [UK]
dez h'ii niid si pi ââe [US]
A-t-il besoin de RCP ?
(RCP = réanimation cardio-pulmonaire.)

Todd :	**He's breathing okay, but his pulse is a little weak.**
	h'iiz brii-dign eou-kèï baet h'iz paels iz e li-tel ouiic [UK]
	h'iiz brii-dign ôô-kèï bet h'iz pels iz e li-tel ouiic [US]
	Il respire normalement, mais son pouls est un peu faible.
Foule :	**Here comes the ambulance!**
	h'ie caemz di am-biou-lens [UK]
	h'ie kemz di am-biou-lens [US]
	Voilà l'ambulance !

Mots clés

emergency	i-mee-djen-si	situation d'urgence
to warn	tou ouôôn	avertir
to help	tou h'èlp	aider
to faint	tou fèïnt	s'évanouir
danger	déin-dje	danger
injury	in-dje-ri	blessure

Le 911

Aux États Unis, le numéro utilisé pour demander de l'aide est depuis longtemps le **911** (*naïn ouaen ouaen* [UK], *naïn ouen ouen* [US]). Ce numéro vous connecte à un **dispatcher** (*dis-pat-che*) (dispatcher) qui prend vos informations et les envoie à la **police**, au **fire department** (*faïe di-pâât-ment*) (service des pompiers) [**fire brigade** (*faïe bri-guéïd*) en anglais britannique], et/ou à une ambulance. Si vous appelez le 911, le dispatcher demande le lieu de l'urgence, le numéro duquel vous appelez, et si quelqu'un est blessé. Et si vous êtes témoin d'un crime, il vous demande si vous pouvez donner une description du **suspect** (*saes-pèct* [UK], *ses-pèct* [US]) (suspect). (Voir « Si vous avez affaire à un crime » plus loin dans ce chapitre, pour plus de détails sur la façon de signaler un crime.)

Info culturelle

911 se dit aussi **nine eleven** (*naïn i-lè-ven*) (neuf onze), qui désigne en anglais la date du 11 septembre, et fait penser inévitablement aux terribles événements du 11 septembre 2001.

Vous pouvez appeler le **911** même si vous ne connaissez pas l'anglais ; le centre du **911** est doté d'interprètes dans de nombreux idiomes.

Conversation

En route pour aller travailler, Sam est témoin d'un accident de voiture. Il s'arrête et appelle le 911 pour demander de l'aide. (Piste 38).

Dispatcher : **911 Center. What are you reporting?**
naïn ouaen ouaen sèn-te ouot ââ iou ri-pôô-tign [UK]
naïn ouen ouen sèn-te h'ouât ââ iou ri-pôô-tign [US]
Centre 911. Que signalez-vous ?
[Centre = **Centre** en anglais britannique.]

Sam : **There's an accident on northbound Route 17.**
dèez e nac-si-dent on nôôdz-baound rouout sè-ven-tiin
Il y a un accident sur la route 17 direction nord.

Dispatcher : **Where on Route 17?**
ouèe on rouout sè-ven-tiin [UK]
h'ouèe on rouout sè-ven-tiin [US]
Où sur la route 17 ?

Sam : **Just after the Eastlake turnoff.**
djaest ââf-te di iist-léïk tee-nof [UK]
djets aaf-te di iist-léïk tee-nâf [US]
Juste après la sortie vers Eastlake.

Dispatcher : **And where are you calling from?**
and ouèe ââ iou côô-lign from [UK]
and h'ouèe ââ iou câá-lign frâm [US]
Et depuis où appelez-vous ?

Sam : **My cell phone.**
maï sèl feoun [UK]
maï sèl fôôn [US]
Mon téléphone portable.

Dispatcher : **Can you tell if there are injuries?**
can iou tèl if dèe ââ in-dje-riz
Pouvez-vous dire s'il y a des blessés ?

Sam : **I think two or three people are hurt.**
aï dzinc touou oe dzri pii-pel ââ h'eet
Je pense que deux ou trois personnes sont blessées

Dispatcher : **Are any police or highway patrol there yet?**
ââ é-ni pe-lis oe h'aï-ouéï pe-treoul dèe ièt [UK]
ââ é-ni pe-lis oe h'aï-ouéï pe-trôôl dèe ièt [US]
Y a-t-il déjà sur place la police ou la police de la route ?

Sam : **No. The accident just happened.**
neou di ac-si-dent djaest h'a-pend [UK]
nôô di ac-si-dent djest h'a-pend [US]
Non. L'accident vient d'arriver.

Dispatcher : **Okay. We're sending help now.**
eou-kèï ouir sèn-dign h'èlp naou [UK]
ôô-kèï ouir sèn-dign h'èlp naou [US]
Bon. Nous envoyons des secours maintenant.

Mots clés

to report	tou ri-poot	signaler
911	naïn ouaen ouaen [UK], naïn ouen ouen [US]	911 (numéro d'urgence)
Help!	h'èlp	Au secours !
police	pe-lis	police
fire brigade [UK]	faï-e bri-guéid	pompiers
fire department [US]	faï-e di-pâât-ment	pompiers
ambulance	am-biou-lens	ambulance

Une visite chez le médecin

Etre **sick** (*sic*) (malade) ou **injured** (*in-djeed*) (blessé) dans la ville ou l'on habite est déjà une mauvaise chose, mais en voyage, c'est carrément odieux ! Rechercher une assistance médicale et un **treatment** (*triit-ment*) (traitement) dans un pays étranger peut être déroutant et même effrayant. Si votre **condition** (*ken-di-chen*) (état) n'est pas grave, vous pouvez prendre le temps de demander à un ami, un collègue ou même un employé de l'hôtel de vous recommander un médecin. Utilisez l'une des expressions suivantes :

- **Do you know a good doctor?** (*dou iou neou e goud doc-te* [UK], *dou iou nôô e goud dâc-te* [US]) (Connaissez-vous un bon médecin ?)
- **Can you recommend a doctor?** (*can iou rè-ke-mènd e doc-te* [UK], *can iou rè-ke-mènd e dâc-te* [US]) (Pouvez-vous recommander un médecin ?)

Espérons que vous n'aurez jamais un besoin urgent d'assistance médicale, mais si cela se produit, ces expressions peuvent vous servir :

- **I feel sick.** (*aï fiil sic*) (Je me sens malade.)
- **I'm injured.** (*aïm in-djeed*) (Je suis blessé.)
- **I need a doctor.** (*aï niid e doc-te* [UK], *aï niid e dâc-te* [US]) (J'ai besoin d'un médecin.)
- **Please call a doctor.** (*pliiz côôl e doc-te* [UK], *pliiz câãl e dâc-te* [US]) (Appelez un médecin s'il vous plaît.)

Peut-être allez-vous bien, mais quelqu'un d'autre est malade ou blessé. Voici comment demander à la personne ce qui ne va pas :

- **What's wrong?** (*ouots rogn* [UK], *h'ouâts rogn* [US]) (Qu'est-ce qui ne va pas ?)
- **What's the matter?** (*ouots de ma-te* [UK], *h'ouâts de ma-te* [US]) (Qu'est-ce qui se passe ?)
- **What happened?** (*ouot h'a-pend* [UK], *h'ouât h'a-pend* [US]) (Que s'est-il passé ?)

Vous avez différentes options quant aux endroits où trouver une assistance médicale. La plupart des villes ont des **walk-in clinics** (*ouôôk-in cli-nics* [UK], *ouââk-in cli-nics* [US]) (clinique sans rendez-vous) ou des **24-hour medical clinics** (*touen-ti fôô aoue mè-di-kel cli-nics*) (cliniques 24 h. sur 24). Ces cliniques sont tenues par des **physicians** (*fi-zi-chenz*) (médecins) expérimentés et très qualifiés, et ce qui est encore mieux, vous pouvez vous y présenter sans rendez-vous.

Les **Hospitals** (*h'os-pi-telz* [UK], *h'âs-pi-telz* [US]) (hôpitaux) peuvent souvent accueillir eux aussi des patients sans rendez-vous, mais dans une situation mettant votre vie en danger, allez à la **emergency room** (*i-mee-djen-si rououm*) (salle des urgences).

Mots clés

doctor	doc-te [UK], dâc-te [US]	docteur
physician	fi-zi-chen	médecin
clinic	cli-nic	clinique
hospital	h'os-pi-tel [UK], h'âs-pi-tel [US]	hôpital
injury	in-dje-ri	blessure
sick	sic	malade

Comment expliquer où vous avez mal

Mes étudiants disent parfois le mot **uncle** (*aen-kel* [UK], *en-kel* [US]) (oncle) quand ils veulent dire **ankle** (*an-kel*) (cheville). Si c'est votre oncle qui a mal, c'est lui qui doit voir le médecin, pas vous. Mais si vous vous tordez le pied, c'est votre **ankle** (*an-kel*) (cheville) qui a mal. Ne dites pas **uncle**, sinon le docteur ira soigner votre oncle alors que c'est vous qui souffrez !

Et donc, quand le docteur vous demande **Where does it hurt?** (*ouèe daez it h'eet* [UK], *h'ouèe dez it h'eet* [US]) (Où avez-vous mal ?) ou bien **Where is the pain?** (*ouèe iz de péïn* [UK], *h'ouèe iz de péïn* [US]) (Où est la douleur ?), il faut que vous connaissiez les noms des parties du corps concernées et la façon de les prononcer. En voici une liste :

- **Head and face** (*hèd and féïs*) (Tête et visage)
  - **cheeks** (*tchiics*) (joues)
  - **chin** (*tchin*) (menton)
  - **ear** (*i-e*) (oreille)
  - **eye** (*aï*) (oeil)
  - **forehead** (*fôôe-h'èd*) (front)

   - **lips** (*lips*) (lèvres)
   - **mouth** (*maoudz*) (bouche)
   - **nose** (*neouz* [UK], *nôôz* [US]) (nez)
   - **neck** (*nèc*) (cou)
- **Torso** (*tôô-seou* [UK], *tôô-sôô* [US]) (torse)
   - **back** (*bac*) (dos)
   - **chest** (*tchès*) (poitrîne)
   - **hip** (*h'ip*) (hanche)
   - **shoulders** (*cheoul-dez* [UK], *chôôl-dez* [US]) (épaules)
   - **stomach** (*sto-mec* [UK], *stâ-mec* [US]) (estomac)
- **Limbs** (*limz*) (membres)
   - **arms** (*ââmz*) (bras)
   - **elbow** (*èl-beou* [UK], *èl-bôô* [US]) (coude)
   - **hand** (*h'and*) (main)
   - **finger** (*fi-gne*) (doigt)
   - **knee** (*nii*) (genou)
   - **leg** (*lèg*) (jambe)
   - **thigh** (*dzaï*) (cuisse)
   - **foot** (*fout*) (pied)
   - **toe** (*teou* [UK], *tôô* [US]) (doigt de pied)

On peut dire (en anglais) **"beauty is only skin deep"** (*biou-ti iz eoun-li skin diip* [UK], *biou-ti iz ôôn-li skin diip* [US]) (la beauté ne va pas plus profond que la peau), mais sous la peau se trouve la beauté des mécanismes internes du corps : le sang, les os, et les **organs** (*ôô-guenz*) (organes) :

- **insides** (*in-saïdz*) (entrailles)
   - **artery** (*ââ-te-ri*) (artère)
   - **blood** (*blaed* [UK], *bled* [US]) (sang)
   - **bone** (*beoun* [UK], *bôôn* [US]) (os)
   - **heart** (*h'âât*) (coeur)
   - **intestine** (*in-tès-tin*) (intestin)
   - **kidney** (*kid-ni*) (rein)
   - **liver** (*li-ve*) (foie)

- **lung** (*laegn* [UK], *legn* [US]) (poumon)
- **muscle** (*mae-sel* [UK], *me-sel* [US]) (muscle)
- **vein** (*véïn*) (veine)

Conversation

Rebecca va chez le docteur parce qu'elle s'est blessée en travaillant. L'infirmière lui fait subir différents contrôles et inscrit les résultats sur son dossier. (Piste 39)

Infirmière : **Let me take your temperature. Put this thermometer in your mouth.**

lèt mi téïc ioue tèm-pri-tche pout dis dze-mo-mi-te in ioue maoudz [UK]

lèt mi téïc ioue tèm-pri-tche pout dis dze-mâ-mi-te in ioue maoudz [US]

Je dois prendre votre température. Mettez ce thermomètre dans la bouche.

Infirmière : **Now let me take your pulse. Okay, now let's listen to your heart.**

naou lèt mi téïc ioue paels eou-kèï naou lèts li-sen tou ioue h'âât [UK]

naou lèt mi téïc ioue pels ôô-kèï naou lèts li-sen tou ioue h'âât [US]

Maintenant je dois prendre votre pouls. Bon, maintenant écoutons votre coeur.

Infirmière : **Normal temperature and good heart rate. Tell me what hurts.**

nôô-mel tèm-pri-tche and goud h'âât réït tèl mi ouot h'eets [UK]

nôô-mel tèm-pri-tche and goud h'âât réït tèl mi h'ouät h'eets [US]

Température normale et bon rythme cardiaque. Dites-moi ce qui vous fait mal.

Rebecca : **My neck hurts on the right side. And my right arm.**

maï nèc h'eets on de raït saïd and maï raït ââm

Mon cou me fait mal sur le côté droit. Et mon bras droit.

Infirmière : **Can you raise your right arm?**

can iou réïz ioue raït ââm

Pouvez-vous lever votre bras droit ?

Rebecca : **Yes, but my shoulder hurts when I do.**
iès baet maï cheoul-de h'eets ouèn aï dou [UK]
iès bet maï chôôl-de h'eets h'ouèn aï dou [US]
Oui, mais mon épaule me fait mal quand je le fais.

Infirmière : **Any back pain?**
é-ni bac péïn
Mal au dos ?

Rebecca : **No, just my neck, upper arm, and shoulder.**
neou djaest maï nèc ae-pe ââm and cheoul-de [UK]
nôô djet maï nèc e-pe ââm and chôôl-de [US]
Non, seulement mon cou, le bras et l'épaule.

Infirmière : **Okay, the doctor will be in shortly to examine you.**
eou-kèï de doc-te ouil bii in chôô-tli tou ig-za-min iou [UK]
Bon, le docteur va venir bientôt pour vous examiner.

INFO CULTURELLE

L'anglais a de nombreuses expressions mettant en jeu des parties du corps. Par exemple : **to *foot* the bill** (*tou fout de bil*) (payer l'addition) veut dire être la personne qui paie, habituellement pour quelqu'un d'autre ; et **to have a *heart*** (tou h'av e h'âât) (avoir un coeur) est utilisé pour encourager une personne à se montrer plus charitable. Une autre expression amusante – qui pourrait certainement s'appliquer au prix élevé des soins médicaux aux États-Unis – est **to cost an arm and a leg** (*tou cost e nââm and e lèg* [UK], *tou câst e nââm and e lèg* [US]) (coûter un bras et une jambe, équivalent du français « coûter les yeux de la tête ») !

Mots clés

body	bo-di [UK], bâ-di	corps
temperature	tèm-pri-tche	température
thermometer	dze-mo-mi-te [UK], dze-mâ-mi-te [US]	(thermomètre)
heart	h'âât	coeur
pain	péïn	douleur
to hurt	tou h'eet	faire mal

Problèmes d'assurance

Les USA n'ont pas de médecine sociale, de sorte que si vous êtes sans **insurance** (*in-choue-rens*) (assurance), vous payez **out of pocket** (*aout ov po-kit* [UK], *aout ov pâ-kit* [US]) (de votre poche) – et **"through the nose"** (*dzrou de neouz* [UK], *dzrou de nôôz* [US]) (par le nez ; caractérise une dépense scandaleusement élevée) ! Même avec une assurance, vous pouvez avoir à payer d'avance et à envoyer une **claim** (*cléïm*) (demande) à la compagnie d'assurances en vue du remboursement. Où que vous alliez pour des soins médicaux, on vous posera les questions suivantes :

- **Who's your insurance company?** (*h'ouz ioue in-choue-rens caem-pe-ni* [UK], *h'ouz ioue in-choue-rens kem-pe-ni*) (Qui est votre compagnie d'assurances).
- **How do you plan to pay?** (*h'aou dou iou plan tou péi*) (Comment prévoyez-vous de payer ?)

Si vous n'avez pas d'assurance, vous pouvez dire **I'll pay myself** (*aïl péï maï-sèlf*) (Je paierai moi-même).

Les douleurs : comment décrire les symptômes

Votre aptitude à décrire vos **symptoms** (*simp-temz*) (symptômes) peut aider le docteur à parvenir au **diagnostic** (*daï-e-gnos-tic* [UK], *daï-e-gnâs-tic* [US]) (diagnostic) correct et au traitement approprié.

Les mots suivants peuvent vous aider à dire au médecin ce qui ne va pas :

- **broken bone** (*breou-ken beoun* [UK], *brôô-ken bôôn* [UK],) (os fracturé)
- **burn** (*been*) (brûlure)
- **cramp** (*cramp*) (crampe)
- **cut** (*caet* [UK], *ket* [US]) (coupure)
- **diarrhea** (*daï-e-ri-e*) (diarrhée)
- **dizzy** (*di-zi*) (étourdi)
- **fever** (*fii-ve*) (fièvre)
- **food poisening** (*fououd poï-ze-nign*) (empoisonnement alimentaire)
- **nauseous** (*nôô-zi-es* [UK], *nââ-zi-es* [US]) (nauséeux)
- **scratch** (*scratch*) (écorchure)
- **sore throat** (*sôô dzreout* [UK], *sôô dzrôôt* [US]) (mal de gorge)
- **sprain** (*spréïn*) (entorse)

Peu de docteurs sont en mesure de **heal** (*hiil*) (guérir) un **broken heart** (*breou-ken h'âât* [UK] *brôô-ken h'âât* [US]) (coeur brisé) si votre symptôme est **heartache** (*h'âât-éïc*) (une grande souffrance mentale), mais il peut **cure** (*kiououe*) (guérir) d'autres maux courants. Par exemple :

- **earache** (*ie-éïk*) (mal d'oreille)
- **headache** (*h'èd-éïk*) (mal de tête)
- **stomachache** (*sto-me-kéïc* [UK], *stâ-me-kéïc* [US]) (mal d'estomac)

TRUC

Prononcez le **ch** comme un **k** et le deuxième **a** comme la diphtongue *eï*. Le chapitre 1 vous donne tous les détails sur les voyelles et leur prononciation.

Conversation

CD

Liz se sent très mal, elle est malade depuis une semaine et son état ne s'améliore pas. Elle va à une clinique sans rendez-vous pour voir un médecin. (Piste 40)

Docteur : **Tell me how you're feeling.**

tèl mi h'aou iour fii-lign

Dites-moi comment vous vous sentez.

Liz : **Terrible! I have a bad headache, and I'm hot and nauseous.**

tè-re-bel aï h'av e bad h'èd-éïc and aïm hot and nôô-zi-es [UK]

tè-re-bel aï h'av e bad h'èd-éïc and aïm hât and nâa-zi-es [US]

Très mal ! J'ai un méchant mal de tête, j'ai chaud et j'ai la nausée.

Docteur : **The nurse reports that you have a fever of 102.**

de nees ri-pôôts dat iou h'av e fii-ve ov ouaen h'aen-dred and touou [UK]

de nees ri-pôôts dat iou h'av e fii-ve ov ouen h'en-dred and touou [US]

L'infirmière signale que vous avez 102 de fièvre.

(Formule de conversion : Celsius = (Fahrenheit - 32) x 5/9
Fahrenheit = Celsius x 9/5 + 32 ; soit ici 38,9)

Liz : **I've felt this way for a week.**

aïv fèlt dis ouèï foe e ouiik

Je me sens comme ça depuis une semaine.

Docteur : **Any other symptoms?**
é-ni ae-de simp-temz [UK]
é-ni e-de simp-temz [US]
Avez-vous d'autres symptômes ?

Liz : **Yes, my body aches, and I'm a little dizzy.**
iès maï bo-di éïcs and aïm e li-tel di-zi [UK]
iès maï bâ-di éïcs and aïm e li-tel di-zi [US]
Oui, mon corps me fait mal, et je suis un peu étourdie.

Docteur : **Sounds like you may have the flu. Any coughing?**
saoundz laïc iou mèï h'av de flouou é-ni cae-fign [UK]
saoundz laïc iou mèï h'av de flouou é-ni ke-fign [US]
On dirait que vous avez la grippe. Est-ce que vous toussez ?

Liz : **No. No coughing.**
neou neou cae-fign [UK]
nôô nôô ke-fign [US]
Non, pas de toux.

Docteur : **Okay, first we need to get your fever down.**
eou-kéï feest oui niid tou guèt ioue fii-ve daoun [UK]
ôô-kéï feest oui niid tou guèt ioue fii-ve daoun [US]
Bon, d'abord nous devons faire baisser votre fièvre.

Les pronoms réfléchis

Les **reflexive pronouns** (*ri-flèc-siv preou-naounz* [UK], *ri-flèc-siv prôô-naounz* [US]) (pronoms réfléchis) sont souvent utilisés pour décrire des blessures que l'on se fait à soi-même, comme en touchant un fer chaud ou en se coupant un doigt. Remarquez la façon dont le pronom réfléchi suit le verbe principal dans les phrases suivantes :

- **I hurt myself** (*aï h'eet maï-sèlf*) (Je me suis fait mal)
- **She cut herself** (*chii caet h'ee-sèlf* [UK], *chii ket h'ee-sèlf* [US]) (Elle s'est coupée)

Voici maintenant la liste des pronoms réfléchis :

- **myself** (*maï-sèlf*) (moi-même)
- **himself** (*h'im-sèlf*) (lui-même)
- **herself** (*h'ee-sèlf*) (elle-même)
- **ourselves** (*aoue-sèlvz*) (nous-mêmes)
- **themselves** (*dèm-sèlvz*) (eux-mêmes)
- **oneself** (*ouaen-sèlf* [UK], *ouen-sèlf* [US]) (soi-même)

Conversation

A.J. s'est coupé avec un couteau alors qu'il aidait son papa à préparer une salade. La coupure est profonde, et ils vont à la clinique.

Docteur : **You have a deep cut. Tell me what happened.**

iou h'av e diip caet tèl mi ouot h'a-pend [UK]

iou h'av e diip ket tèl mi h'ouât h'a-pend [US]

Tu as une coupure profonde. Dis-moi ce qui s'est passé.

A.J. : **I was helping my dad make a salad. I cut myself.**

aï ouoz hèl-pign maï dad méïc e sa-lad aï caet maï-sèlf [UK]

aï ouâz hèl-pign maï dad méïc e sa-lad aï ket maï-sèlf [US]

J'aidais mon papa à faire une salade. Je me suis coupé.

Docteur : **Well, I think it needs a few stitches**

ouèl aï dzinc it niidz e fiou sti-tchiz

Bon, je pense qu'il faut quelques points de suture.

A.J. : **Stitches! That will hurt! Can it heal itself?**

sti-tchiz dat ouil h'eet can it h'iil it-sèlf

Des points de suture ! Ça va faire mal ! Ça ne peut pas guérir tout seul ?

Docteur : **It's too deep. And I'm afraid you'll need a tetanus shot.**

its touou diip and aïm e-fréïd ioul niid e tè-te-nes chot [UK]

its touou diip and aïm e-fréïd ioul niid e tè-te-nes chât [US]

C'est trop profond. Et j'ai bien peur que tu aies besoin d'une piqûre anti-tétanos.

A.J. : **A shot? I hate shots!**

e chot aï h'éït chots [UK]

e chât aï h'éït châts [US]

Une piqûre ? Je déteste les piqûres.

Docteur : **We'll be quick, and then you can go home to your dinner.**

ouil bii couic and dèn iou can gueou h'eoum tou ioue di-ne [UK]

ouil bii couic and dèn iou can gôô h'ôôm tou ioue di-ne [US]

Nous allons faire vite, et ensuite tu pourras rentrer chez toi pour ton dîner.

A.J. : **Good. Next time, I'll let Dad make the salad himself!**

goud nèxt taïm aïl lèt dad méïc de sa-led h'im-sèlf

Bon. La prochaine fois, je laisserai Papa faire la salade lui-même !

Mots clés

insurance	in-choue-rens	assurance
symptoms	simp-temz	symptômes
to heal	tou h'iil	guérir
to cure	tou kioue	guérir (transitif)
nauseous	nôô-zi-es [UK], nââ-zi-es [US]	nauséeux
dizzy	di-zi	étourdi
fever	fii-ve	fièvre
headache	h'è-déïc	mal de tête

Ouvrez la bouche : une visite chez le dentiste

Une visite chez le **dentist** (*dèn-tist*) (dentiste) n'est probablement pas sur la liste des choses à faire pendant que vous êtes loin de chez vous – sans vouloir offenser mon excellent dentiste. Mais si vous devez visiter un dentiste pendant que vous êtes aux USA, vous y trouverez un personnel très professionnel, des établissements avec un équipement de pointe. Vous pourrez aussi trouver des honoraires de pointe ! Les soins dentaires, comme les soins médicaux, ne sont pas donnés.

La meilleure façon de trouver un bon dentiste ou **hygienist** (*h'aï-djii-nist*) (spécialiste de l'hygiène dentaire) est par la bouche d'autrui – excusez le jeu de mots. Demandez autour de vous ; quelqu'un pourra vous indiquer un dentiste. Utilisez les expressions suivantes pour expliquer au dentiste l'objet de votre visite :

- **My teeth need cleaning.** (*maï tiidz niid clii-nign*) (Mes dents ont besoin d'un détartrage.)
- **I have a toothache.** (*aï h'av e toudz éïc*) (J'ai mal aux dents.)
- **I have a cavity.** (*aï h'av e ca-vi-ti*) (J'ai une carie.)
- **I broke a tooth.** (*aï breouc e toudz* [UK], *aï brôôc e toudz* [US]) (Je me suis cassé une dent.)
- **I need a filling.** (*aï niid e fi-lign*) (J'ai besoin d'un plombage/d'une obturation)
- **My crown came off.** (*maï craoun kéïm of*) (Ma couronne est partie.)
- **My dentures hurt my mouth.** (*maï dèn-tcheez h'eet maï maoudz*) (Mon dentier me fait mal à la bouche.)

Le dentiste peut suggérer l'un des traitements suivants :

- **I'll have to pull this tooth.** (*aïl h'av tou poul dis toudz*) (Je vais devoir arracher cette dent.)
- **I can make you a bridge.** (*aï can méïc iou e bridj*) (Je peux vous faire un bridge.)
- **I can replace your filling.** (*aï can ri-pléïs ioue fi-lign*) (Je peux remplacer votre plombage.)
- **I can re-cement your crown.** (*aï can ri-si-mènt ioue craoun*) (Je peux re-cémenter votre couronne.)
- **I can adjust your dentures.** (*aï can e-djaest ioue dèn-tchez* [UK], *aï can e-djest ioue dèn-tchez* [US]) (Je peux ajuster votre dentier.)

Obtenir une assistance juridique

Le **legal system** (*lii-guel sis-tem*) (système judiciaire) américain – avec son ensemble complexe de lois, de tribunaux, de juges et d'avocats – peut sembler déroutant. Mais il importe de savoir que si quelqu'un viole vos

rights (*raïts*) (droits) dans ce pays, vous pouvez vous défendre devant une cour de justice. En revanche, si vous violez la loi, vous pouvez être confronté à des sanctions. Bien sûr, vous ne pouvez pas connaître toutes les lois, mais renseignez-vous sur celles qui concernent votre visa, les drogues et l'alcool, ainsi que la conduite – si vous prévoyez de voyager en voiture.

Selon la loi US, une personne accusée de crime est – techniquement – présumée **"innocent** (*i-ne-sent*) (innocente) **until proven guilty"** (*aen-til prouou-ven guil-ti* [UK], *en-til prouou-ven guil-ti*) (tant que sa culpabilité n'est pas prouvée). Le gouvernement doit prouver la culpabilité de la personne « au-delà d'un doute raisonnable ». Par ailleurs, vous pourrez entendre l'expression « l'ignorance de la loi n'est pas une excuse valable ». Autrement dit si la police routière vous arrête sur la route pour **breaking the law** (*brèï-kign de lôô* [UK], *brèï-kign de lââ* [US]) (enfreindre la loi), vous ne serez guère en mesure d'éviter une contravention en disant **I'm a foreigner ; I didn't know the law** (*aïm e fo-ri-ne aï diden't neou de lôô* [UK], *aïm e fâ-ri-ne aï didn't nôô de lââ* [US]) (Je suis un étranger ; je ne connaissais pas la loi) – bien que cette approche ai marché pour quelques-uns de mes étudiants !

INFO CULTURELLE

Cela peut vous intéresser de savoir que dans les affaires criminelles, si la personne accusée d'un crime n'a pas les moyens de se payer un avocat, la cour peut désigner un avocat pour participer à sa défense.

Si vous avez besoin de **legal advice** (*lii-guel ed-vaïs*) (assistance juridique), demandez une recommandation à quelqu'un ou cherchez la liste des aides juridiques dans l'annuaire. Vous pouvez avoir besoin des expressions suivantes :

- **Can you recommend a lawyer?** (*can iou rè-ke-mènd a lôô-iee* [UK], *can iou rè-ke-mènd e lââ-iee* [US]) (Pouvez-vous recommander un avocat ?)
- **I need some legal advice.** (*aï niid saem lii-guel ed-vaïs* [UK], *aï niid sem lii-guel ed-vaïs* [US]) (J'ai besoin de conseils d'ordre juridique.)
- **Where can I find a consulate?** (*ouèe can aï faïnd e con-se-let* [UK], *h'ouèe can aï faïnd e cân-se-let* [US]) (Où puis-je trouver un consulat ?)

Si vous avez affaire à un crime

N'OUBLIEZ PAS !

Vous n'avez certainement pas envie de penser à un **crime** (*craïm*) (crime) quand vous prenez plaisir à voyager. Mais dites-vous que l'insouciance inhérente au voyage peut vous donner un sentiment trompeur de sécurité. Et en tant qu'étranger, il peut vous être plus difficile de déterminer les situations éventuellement **dangerous** (*déin-dje-res*) (dangereuses).

Si vous avez besoin d'exiger que quelqu'un s'éloigne de vous ou vous laisse tranquille, faites-le avec conviction et à très haute voix. Dites :

- **Go away!** (*gueou e-ouèï* [UK], *gôô e-ouèï* [US]) (Allez-vous en !)
- **Get away!** (*guèt e-ouéï*) (Allez-vous en !)
- **Stop!** (*stop* [UK], *stâp* [US]) (Arrêtez !)

Pour plus d'informations sur la façon de se comporter si vous êtes l'objet d'une attention importune ou si vous avez affaire à un inconnu agressif, consultez le chapitre 4.

Conversation

Henri est témoin d'un vol et décide d'appeler le 911 pour signaler le crime.

Dispatcher : **911. What are you reporting?**
naïn ouaen ouaen ouot ââ iou ri-pôô-tign [UK]
naïn ouen ouen h'ouât ââ iou ri-pôô-tign [US]
911. Que signalez-vous ?

Henri : **A robbery. It's happening right now!**
e ro-be-ri its h'a-pe-nign raït naou [UK]
e râ-be-ri its h'a-pe-nign raït naou [US]
Un vol. Il a lieu en ce moment !

Dispatcher : **Can you see the robbery?**
can iou sii de ro-be-ri [UK]
can iou sii de râ-be-ri [US]
Pouvez-vous voir le vol ?

Henri : **Yes.**
iès
Oui.

Dispatcher : **Where are you located?**
ouèe ââ iou leou-kéï-tid [UK]
h'ouèe ââ iou lôô-kéï-tid [US]
Où vous trouvez-vous ?

Henri : **At the bus station, downtown.**

at de baes stéï-chen daoun-taoun [UK]

at de bes stéï-chen daoun-taoun [US]

À la gare des bus, en centre ville.

(**downtown, midtown** et **uptown** sont des appellations nord–américaines non usitées en Grande Bretagne.)

Dispatcher : **Can you describe the suspect?**

can iou dis-craïb de saes-pèct [UK]

can iou dis-craïb de ses-pèct [US]

Pouvez-vous décrire le suspect ?

Henri : **A big man, in a blue shirt and jeans. He's wearing a cap.**

e big man in e blouou cheet and djiinz h'iiz ouè-rign e cap

Un homme grand dans une chemise bleue et un jean. Il porte une casquette.

Dispatcher : **Are there any weapons?**

ââ dèe é-ni ouè-penz

Y a-t-il des armes ?

Henri : **Yes, there's a gun.**

iès dèez e gaen [UK], *iès dèez e guen* [US]

Oui, il y a un pistolet.

Dispatcher : **Officers are on their way. Please stay on the line.**

o-fi-sez ââ on dèe ouèï pliiz stèï on de laïn [UK]

â-fi-sez ââ on dèe ouéï pliiz stèï ân de laïn [US]

Des policiers sont en route. S'il vous plaît restez en ligne.

Henri : **Now he's running away.**

naou h'iiz rae-nign e-ouèï [UK]

naou h'iiz re-nign e-ouèï [US]

Maintenant il s'en va en courant.

Dispatcher : **What direction is he going?**

ouot di-rèc-chen iz h'ii gueou-ign [UK]

'houât di-rèc-chen iz h'ii gôô-ign [US]

Dans quelle direction va-t-il ?

Henri :	**Toward Fifth Avenue.**
	teou-ed fifdz a-ve-niou [UK]
	tôô-ed fifdz a-ve-niou [US]
	Vers la Cinquième Avenue.

TRUC

Knowledge is power (*no-lidj iz paoue* [UK], *nâ-lidj iz paoue* [US]) (Le savoir est la force), et donc connaître quelques **precautions** (*pri-côô-chenz*) (précautions) de bon sens vous donne le pouvoir de vous protéger – et d'échapper à d'éventuels **crooks** (*croucs*) (malfaiteurs).

Voici quelques conseils de sécurité qui vous aideront à rester **"safe, not sorry"** (*séïf not so-ri* [UK], *séïf nât sâ-ri* [US]) (sain et sauf, sans regrets).

- N'ayez pas sur vous, et ne laissez pas voir de grandes quantités d'argent liquide.
- Ne laissez pas d'appareil photo, de téléphone portable ou de sac à main sans surveillance.
- Soyez amical, mais ne donnez pas votre adresse ou numéro de téléphone à un inconnu.
- Dans toute situation où vous vous sentez mal à l'aise, allez-vous en.
- Si quelqu'un vous importune ou vous suit, entrez dans un magasin et dites-le à un employé.

Mots clés

rights	raïts	droits
law	lôô [UK], lââ [US]	loi
lawyer	lôô-ie [UK], lââ-ie [US]	avocat
attorney	e-tee-ni	représentant légal
crime	craïm	crime
suspect	saes-pèct [UK], ses-pèct [US]	suspect
stop!	stop [UK], stâp [US]	Arrêtez !

Jeux et activités

Paul avait attrapé une grosse vague et paradait sur sa planche de surf en faisant des signes à des jeunes filles sur la plage. Après un bref moment de gloire, il se fit balayer ! En piteux état, outre son amour-propre blessé, il lui fallut se rendre aux urgences. En anglais, indiquez les noms des différentes parties de son corps, puis décrivez ses blessures à vos amis sur la plage.

1.____________________

2.____________________

3.____________________

4.____________________

5.____________________

6.____________________

7.____________________

8.____________________

9.____________________

10.____________________

11.____________________

12.____________________

13.____________________

Ciquième partie

La partie de dix

Dans cette partie...

Cette partie contient les listes de dix points de *l'anglais pour les Nuls*. Courtes mais remplies d'informations, ces listes vous donnent dix moyen d'améliorer votre anglais à toute vitesse, dix fautes d'anglais amusantes mais auxquelles vous devez faire attention car elles peuvent vous mettre dans l'embarras, et dix façons de distinguer des mots qui ont le défaut de se ressembler. Et le numéro un de toute liste de *l'anglais pour les Nuls* ? N'oubliez pas de vous détendre, de profiter de la vie, et de continuer à parler !

Chapitre 17

Dix façons d'accélérer votre apprentissage de l'anglais

Dans ce chapitre :

- Parler anglais chaque fois que vous en avez l'occasion
- Des façons amusantes d'améliorer votre anglais
- Apprendre de l'anglais en aidant les autres

Vous avez déjà commencé à améliorer votre anglais. Comment puis-je le savoir ? Parce que vous avez acheté ce livre – une sage décision. En plus de lire ce livre, vous pouvez apprendre l'anglais encore plus vite en appliquant les dix méthodes de ce chapitre – ainsi vous rencontrerez des gens et vous vivrez en même temps des moments formidables !

Parlez, parlez et parlez avec les gens

Où que vous soyez, utilisez toutes les occasions de parler en anglais avec les gens. Faites-le pour pratiquer – et pour le plaisir de découvrir des anglophones et leurs cultures spécifiques. Même si vous ne visitez pas un pays de langue anglaise, vous rencontrerez des gens qui parlent anglais. Engagez des conversations informelles avec des inconnus. Dites **Hi. How are you today?** (*h'aï h'aou ââ iou tou-dèi*) (Bonjour. Comment ça va ?) au vendeur d'un magasin, au chauffeur de bus ou à la réceptionniste. (Vous trouverez au chapitre 3 d'autres idées sur la façon d'amorcer une conversation informelle.) Naturellement, vous serez un peu intimidé, mais c'est sans importance ! Arborez un sourire et parlez quand même. Chaque fois que vous le ferez, vous bénéficierez d'une leçon d'anglais gratuite !

Formez ou rejoignez un groupe de conversation en anglais

Formez un groupe de conversation en anglais avec d'autres personnes qui veulent améliorer leur anglais. Invitez aussi quelques anglophones de naissance. Demandez aux élèves de votre cours, à vos collègues et à vos amis de rejoindre votre club d'anglais, et retrouvez-vous régulièrement dans un café, un restaurant ou un bar. Un environnement détendu est parfait pour parler et s'amuser tout en pratiquant son anglais. Choisissez comme sujet un événement d'actualité, un film, un bon livre, une question sociale ou même un point de grammaire et discutez-en – en anglais bien sûr !

Louez un film

Louez des films en anglais sans sous-titres ou supprimez les sous-titres pendant que vous regardez. Vous serez surpris de tout ce que vous comprenez après avoir écouté quelque temps. Ne vous efforcez pas de comprendre chaque mot – relaxez-vous simplement et écoutez le rythme de la langue. Faites aussi attention au langage corporel et aux expressions du visage des locuteurs. Ils vous donnent des indications sur ce qu'ils disent. Avec la vidéo, vous pouvez rejouer certaines parties et faire une pause pour essayer de répéter certaines phrases. Vous pouvez aussi regarder d'anciens films en noir et blanc, dont le rythme est souvent moins rapide que celui des films modernes et qui contiennent moins d'argot. Ayez un papier et un crayon à portée de la main pour noter de nouvelles expressions. Vous pourrez demander leur signification plus tard à un ami de langue anglaise.

Utilisez des cartes de référence

Soyez créatif et donnez un coup d'accélérateur à votre apprentissage linguistique en mettant des étiquettes en anglais sur tout ce qu'il y a chez vous. (Je vous déconseille d'étiqueter les chats, mais les chiens ne semblent pas y voir d'inconvénient.) Écrivez des expressions courantes sur des cartons et collez-les à des endroits familiers. Un carton placé sur le réfrigérateur pourrait dire **What's to eat** (*ouots tou iit* [UK], *h'ouâts tou iit* [US]) (Qu'y a-t-il à manger ?). Un autre sur le miroir de la salle de bain pourrait dire **Good morning!** (*goud <u>môô</u>-nign*) (Bonjour !). Et sur la porte d'entrée, épinglez une note disant **Don't forget your keys** (*deoun't fe-<u>guèt</u> ioue kiiz* [UK], *dôôn't fe-<u>guèt</u> ioue kiiz* [US]) (N'oublie pas tes clés).

Etiquetez un jeu de cartes de 6 cm x 10 cm comportant les verbes irréguliers ou d'autres mots que vous voulez mémoriser. Laissez les cartes en évidence – par exemple sur la table de la cuisine – et testez-vous fréquemment. Faites un jeu d'associations avec deux jeux de cartes : l'un avec des questions et l'autre avec les réponses. Retournez les cartes pour cacher les informations. Puis retournez deux cartes, en essayant de trouver une correspondance. Essayez de nouveau avec deux autres cartes. Quand vous avez trouvé un correspondance, enlevez les cartes et placez-les sur la pile gagnante ! Inventez votre propre jeu de langue anglaise servant à développer vos connaissances linguistiques et expliquez à un ami – en anglais – comment on y joue.

Assistez à des pièces de théâtre, des séances de lecture de poèmes, des conférences

Sortez et bougez ! Ne restez pas chez vous chaque soir avec la tête dans un livre d'anglais – pas même *l'anglais pour les Nuls* ! Assistez à un événement ou un spectacle en anglais et vivez une expérience à la fois distrayante et enrichissante (et donnez-vous une chance d'écouter les conversations d'autrui). Vous ne comprendrez pas tous les mots, mais même les anglophones de naissance ratent certains mots. Soyez simplement détendu et profitez du spectacle. Lisez le programme ou conservez-le pour le revoir plus tard. Si possible, parlez aux acteurs ou aux conférenciers à la fin du spectacle ou de l'événement. Vous n'avez pas à dire quelque chose de profond ; dites simplement **Thank you, that was very interesting** (*dzanc iou dat ouoz vé-ri in-tris-tign* [UK], *dzanc iou dat ouâz ve-ri in-tris-tign* [US]) (Merci, c'était très intéressant). Plus tard, parlez-en avec un ami – en anglais – en donnant autant de précisions que possible.

Apprenez les paroles des chansons et chantez !

Qu'importe si votre voix n'est pas aussi belle que celle d'Ella Fitzgerald ! Chantez – seul sous la douche ou dans une chorale. Vous serez surpris de voir tout l'anglais que vous pouvez apprendre par les chansons. Je parle d'expérience : j'ai plus appris de vocabulaire et de grammaire espagnole de la chanson espagnole « Eres Tù » que par une série de leçons d'espagnol. Pourquoi ? Parce que la musique c'est amusant. L'air et les paroles vous restent en tête, et très vite, vous vous mettez à chanter comme un pro ! Vous pouvez apprendre énormément de vocabulaire, de grammaire et d'expressions en anglais par les paroles. Regardez les paroles sur les pochettes des CD, des cassettes et des albums ou trouvez-en sur Internet, et commencez à chanter ! Et si vous n'avez jamais essayé le karaoké, qu'est-ce que vous attendez ?

Procurez-vous des livres pour enfants

Mis à part une visite au Mexique et le fait de chanter « El Rancho Grande », l'une des façons dont j'ai appris un peu d'espagnol a été la littérature – une littérature facile, dans mon cas. Allez chercher des livres en anglais pour enfants. (Vous pouvez prétendre que c'est pour vos enfants.) Demandez s'il y a des livres bilingues français/anglais. Dans les livres pour enfants, le contenu est simplifié, mais la langue est celle des anglophones de naissance, de sorte que les mots et la structure des phrases sont écrits en langage parlé ordinaire – pas en anglais formel. La littérature pour enfants en anglais, même pour les jeunes enfants, peut être sophistiquée et délicieuse. Vous découvrirez beaucoup d'expressions en lisant ces livres enfantins, et vous apprendrez aussi des choses sur la culture, parce que les thèmes traités reflètent les valeurs de la société. Voici un autre conseil : choisissez un livre sur bande ou CD audio et sa version imprimée pour pouvoir écouter tout en lisant.

Suivez un cours – n'importe quel cours

Un cours en anglais est une façon évidente d'apprendre l'anglais. Pourquoi pas suivre un cours sur un sujet qui vous intéresse ? Si vous séjournez dans un pays anglophone, renseignez-vous sur les différentes sortes de cours accessibles au public sur n'importe quels sujets. Vous n'avez pas besoin de savoir beaucoup d'anglais pour vous impliquer dans le yoga, l'escalade, l'ornithologie, l'artisanat, le secourisme ou de nombreux autres cours disponibles dans la région où vous résidez. Tout en découvrant quelque chose de nouveau, vous apprendrez énormément d'anglais et vous rencontrerez des anglophones qui partagent vos intérêts.

Liez vous d'amitié avec un(e) anglophone

Etablissez des contacts amicaux avec une personne de langue anglaise (un collègue ou un autre étudiant) en l'invitant à se joindre à vous pour boire un café, faire une promenade ou prendre un repas chez vous. Organisez un échange linguistique avec un anglophone qui veut étudier et parler le français. Vous pouvez « publier » votre requête en l'affichant dans une bibliothèque, une librairie ou un établissement d'enseignement. Vous pourrez ensuite vous rencontrer une fois par semaine pour deux heures de conversation – une heure en anglais et une heure en français. Et en prime : même pendant l'heure de français, vous apprendrez beaucoup de choses sur l'anglais à partir des questions de votre ami(e) – et grâce à ses erreurs !

Rejoignez une association caritative

Si vous séjournez dans un pays anglophone, l'une des façon les plus astucieuses de progresser rapidement en anglais – tout en aidant d'autres personnes – est de donner une partie de votre temps à une organisation caritative ou une association locale de bienfaisance. De nombreuses organisations dépendent du travail de volontaires, qu'il s'agisse d'hôpitaux, de musées, d'églises, de centres d'accueil des sans-abri ou des équivalents de la SPA (**RSPCA = Royal Society for the Prevention of Cruelty to Animals** (*roï-el se-saï-e-ti foe de pri-vèn-chen ev crouou-el-ti tou a-ni-mels* ; **ASPCA = American Society for the Prevention of Cruelty to Animals** (*a-mè-ri-ken se-saï-e-ti foe de pri-vèn-chen ev crouou-el-ti tou a-ni-mels*). La qualité de votre anglais est sans importance ; vous vous mettrez au travail et vous serez immergé dans un environnement anglophone. Étant occupé à aider les autres, vous ne remarquerez même pas que vous faites des progrès en anglais tous les jours. Votre générosité sera appréciée, et vous vous ferez de nombreux nouveaux amis. Et même dans un pays francophone, il y a des chances pour que vous trouviez des organisations caritatives animées par des anglophones.

Chapitre 18

Dix erreurs à éviter en parlant anglais

Dans ce chapitre :

- Les gaffes amusantes
- Ne pas être ridicule
- Des erreurs grammaticales courantes

Parfois, une erreur minuscule peut entraîner une faute d'anglais monumentale (dont on espère qu'elle sera drôle) ; une remarque anodine mais légèrement incorrecte peut se transformer en bourde embarrassante pour les autres ou en une expression comportant des sous-entendus grivois ou malveillants. Mais ne vous désespérez pas si vous faites, ou plus vraisemblablement quand vous ferez une erreur de cet ordre. Dites simplement **Oops ! What did I say wrong?** (*ououps ouot did aï sèï rogn* [UK], *ououps h'ouât did aï sèï râgn* [US]) (Aie ! Qu'est-ce que j'ai dit de travers ?). On peut espérer que quelqu'un vous le dira, et vous pourrez rire ensemble des pièges incroyables de la langue. Ce chapitre décrit quelques-uns des pataquès auxquels se prête la langue anglaise, dont les mots ne recouvrent pas exactement le sens des équivalents présumés d'autres langues, et peuvent même avoir des sens entièrement différents d'un pays anglophone à un autre.

"Making out" au centre de remise en forme

Quand le mari d'origine étrangère de mon amie lui dit qu'il allait au gymnase **to make out** (*tou méïk aout*) (embrasser longuement et passionnément – en anglais nord-américain), elle fut plus intriguée que jalouse. « Oh, vraiment » et avec qui veux-tu "**make out?**" demanda-t-elle. Il répondit sur un ton détaché **"Just the guys."** (*djaest de gaïz* [UK], *djest de gaïz* [US]) (Seulement les types). Habituée à ses erreurs occasionnelles et amusantes, elle supposa (en fait elle espéra) qu'il voulait dire **work out** (*oueek aout*) (se livrer à un exercice physique intense). Donc si vous voulez **work out**, vous pouvez aller au gym. Si vous voulez **make out**, il vous faut trouver un endroit moins fréquenté.

[**make out** n'a pas du tout ce sens en anglais britannique. Ce verbe composé veut dire entre autre « déterminer la signification de quelque chose ».]

Votre femme est très moche

Un visiteur étranger dans une famille américaine, remerciant ses hôtes à la suite d'un excellent dîner, dit au mari : **Your wife is very homely** (*ioue ouaïf iz <u>vé</u>-ri <u>h'eoum</u>-li* [UK], *ioue ouaïf iz <u>vé</u>-ri <u>h'ôôm</u>-li* [US]) (Votre femme est très homely). Très quoi ? Et bien, c'est peut-être vrai qu'elle est ainsi, mais le dire à un américain est extrêmement impoli (et plutôt risqué). Pourquoi ? Parce que pour lui **homely** veut dire laide !

Peut-être le visiteur voulait-il dire **homey** (*<u>h'eou</u>-mi* [UK], *<u>hôô</u>-mi* [US]) (qui veut dire agréable/confortable, et s'écrit **homy** en anglais britannique). Toutefois cet adjectif peut s'appliquer à une demeure, mais sûrement pas à une personne. Une personne peut être une bonne **homemaker** (*<u>heoum</u>-méï-ke* [UK], *<u>hôôm</u>-méï-ke* [US]) (ménagère) ou avoir une demeure très agréable. Plusieurs adjectifs comme **lovely** (*<u>laev</u>-li* [UK], *<u>lev</u>-li* [US]) (adorable) **lonely** (*<u>leoun</u>-li* [UK], *<u>lôôn</u>-li* [US]) (solitaire) se terminent en **-ly**, ce qui peut être à l'origine de la confusion.

Une autre explication, plus vraisemblable, est que le visiteur connaissait seulement l'anglais britannique, qui attribue au mot **homely** le sens de chaleureux, aimable, hospitalier, et pensait faire ainsi l'éloge de son hôtesse.

Si donc vous voulez être à nouveau invité à dîner (et éviter de recevoir un coup de poing sur le nez) abstenez-vous d'utiliser le mot **homely** en Amérique du Nord.

Vous sentez mauvais !

Parler des cinq sens ne devrait pas poser de problème – mais faites attention. Vous pouvez très bien dire **I see** (*aï sii*) (Je vois) quand vous comprenez ou **I heard** (*aï h'eed*) (Je l'ai entendu) quand vous êtes déjà au courant d'une nouvelle. Mais si vous dites **I smell** (*aï smèl*) (Je sens), les gens peuvent s'éloigner de vous et vous suggérer d'aller prendre un bain, car ces deux mots veulent dire « Je sens mauvais » ou « Je pue ». Et si vous aimez le parfum de quelqu'un, dire **you smell** (*iou smèl*) (vous sentez mauvais) est le meilleur moyen de gâter votre soirée !

Vous devez dire **I smell something good** (*aï smèl saem-dzign goud* [UK], *aï smèl sem-dzign goud* [US]) (Je sens quelque chose de bon) ou **Something smells bad** (*saem-dzign smèls bad* [UK], *sem-dzign smèls bad* [US]) (Quelque chose sent mauvais). Si vous aimez le parfum ou l'eau de toilette de quelqu'un, dites **You smell nice** (*iou smèl naïs*) (Tu sens bon). Encore un conseil : ne dites pas **I smell bad** (*aï smèl bad*) (Je sens mauvais) quand vous ne pouvez pas respirer normalement à cause d'un rhume. Dites simplement **I can't breathe wel**l (*aï cââant briid ouèl* [UK], *aï caant briid ouèl* [US]) (J'ai du mal à respirer). Bien sûr, si vous avez attrapé une suée au gym pendant une heure, dire **I smell** peut être parfaitement approprié !

Ma maman cuit mes amis pour dîner

Vos amis évitent-ils de venir chez vous ? Peut-être faites-vous une faute en les invitant à dîner. J'ai entendu des étudiants dire, **My mom will cook us** (*maï mâm ouil couc es* [US]) (Ma maman va nous cuire) et **She likes to cook my friends for dinner.** (*chii laïcs tou couc maï frèndz foe di-ne*) (Elle aime à cuire mes amis pour dîner.) Vraiment ? Vous pouvez **cook** un poulet, des légumes ou un repas, mais vous ne devez jamais cuire vos enfants !

Ce que mes étudiants voulaient dire est **My mom will cook for us** (*maï mâm will couc foe es* [US]) (Ma maman fera la cuisine pour nous) et **She likes to cook dinner for my friends.** (*chii laïcs tou couc di-ne foe maï frèndz*) (Elle aime faire à dîner pour mes amis.) Utilisez toujours la préposition for (foe) (pour) entre le mot **cook** et la personne qui va dîner. Le nom qui suit **cook** (**dinner** (*di-ne*) (dîner), **a steak** (*e stèïc*) (un steak)) etc. est ce qui est cuit et va être mangé.

Amis et amants

Une étudiante coréenne timide m'a présenté son ami en disant **This is my lover** (*dis iz maï lae-ve* [UK], *dis iz maï le-ve* [US]) (C'est mon amant). Comment réagissez-vous quand une femme vous présente la personne avec laquelle elle a des relations sexuelles ? **Lover** (*lae-ve* [UK], *le-ve* [US]) (amant) veut dire en anglais partenaire sexuel. Peut-être était-elle simplement d'une grande franchise, mais il n'est pas courant de présenter un partenaire sexuel en public !

Elle aurait dû dire **This is my boyfriend** (*dis iz maï boï-frènd*) (c'est mon ami). Les mots **boyfriend** (*boï-frènd*), **sweetheart** (*souiit-hââât*) (petit ami), et **fiancé** (*fi-on-sèï* [UK], *fi-ân-sèï* [US]) (fiancé) peuvent décrire un partenaire ou un ami intime, mais lover est personnel. Beaucoup de dictionnaires indiquent le mot **lover** comme traduction pour **boyfriend**, **girlfriend**, etc. mais oublient de mentionner que lover implique l'intimité sur le plan sexuel. N'utilisez donc pas ce mot si vous n'entendez pas impliquer une relation sexuelle. En revanche, si vous entendez quelqu'un dire **I'm a nature lover** (*aïm e <u>néï</u>-tche <u>lae</u>-ve* [UK], *aïm e <u>néï</u>-tche <u>le</u>-ve* [US]) (Je suis un amoureux de la nature) ou **I'm an animal lover** (*aïm e <u>na</u>-ni-mel <u>lae</u>-ve* [UK], *aïm e <u>na</u>-ni-mel <u>le</u>-ve* [US]) (J'aime les animaux), ne vous inquiétez pas ; cela veut simplement dire que la personne aime la nature ou les animaux.

J'ai mouillé mon pantalon

Au cours d'une réunion, un businessman étranger renversa un peu de soda sur son pantalon. Il voulait le nettoyer, se leva pour s'excuser, disant **Excuse me, I wet my pants** (*ix-<u>kiouz</u> mii aï ouèt maï pants*) (Excusez-moi, j'ai mouillé mon pantalon). Hein ? Toutes les têtes se retournèrent pour le fixer d'un regard surpris et désapprobateur. Très embarrassant ! Peut-être a-t-il un problème de vessie et lui faut-il porter des couches ! Bon, vous voyez le problème, l'expression **I wet my pants** veut dire j'ai uriné dans mon pantalon. Si vous dites cela, vous provoquerez à coup sûr des regards embarrassés. [La phrase serait encore plus explicite en anglais britannique, car **pants** voulant dire « caleçon », vous ne pourriez pas le mouiller en renversant simplement du soda !]

Cette personne aurait dû dire **I got my pants wet with soda** (*aï got maï pants ouèt ouid <u>seou</u>-de* [UK], *aï gât maï pants ouèt ouid <u>sôô</u>-de* [US]) (J'ai mouillé mon pantalon avec du soda) ou **I spilled soda on my pants** (*aï spilt <u>seou</u>-de on maï pants* [UK], *aï spilt <u>sôô</u>-de ân maï pants* [US]) (J'ai renversé du soda sur mon pantalon). Dans la même veine, vous devez éviter de dire **I soiled my pants** (*aï <u>soï</u>-l'd maï pants*) (J'ai souillé mon pantalon) ; dites plutôt **I got dirt on my pants** (*aï got deet on maï pants* [UK], *aï gât deet on maï pants* [US]) (J'ai de la saleté sur mon pantalon) ou **I got my pants dirty** (*aï got maï pants <u>dee</u>-ti* [UK], *aï gât maï pants <u>dee</u>-ti* [US]) (J'ai sali mon pantalon).

Que laissez-vous à la maison ?

Les erreurs les plus étranges se produisent quand les gens se trompent de mots. Par exemple, au cours d'une discussion en classe, un étudiant dit qu'il aimait avoir son propre appartement et expliqua, **because I can leave my privates there.** (*bi-<u>coz</u> aï can liiv maï <u>praï</u>-vets dèe* [UK], *bi-<u>câz</u> aï can liiv maï <u>praï</u>-vets dèe* [US]) (Parce que je peux y laisser mes **privates** = contraction de **private parts** = organes génitaux). Incroyable ! Je ne savais pas qu'il était possible de laisser ses organes génitaux à la maison, mais dans ce cas, inutile de le dire à toute la classe ! Bien sûr l'étudiant n'avait aucune idée de ce qu'il disait. Le mot **privates** est un mot délicat et démodé pour se référer aux parties génitales.

Ce qu'il voulait dire, c'est **my private possessions** (*maï praï-vet po-zè-chenz*) (mes affaires à moi), ou **my personal things** (*maï pee-se-n'l dzignz*) (mes objets personnels). C'est rassurant d'avoir un endroit sûr pour y laisser ce qui est à soi, mais de grâce gardez vos **"privates"** avec vous !

Quelle vulgarité !

Cela peut vous intéresser d'apprendre quelques **swear words** (*souèe oueedz*) (jurons) dans une autre langue. Mais attention ! Il est très difficile de savoir quand et où vous pouvez utiliser des jurons, et les **dirty words** (*dee-ti oueedz*) (mots grossiers) sont d'un usage encore plus délicat. L'argot des rues et les paroles des chansons sont souvent parsemés de jurons, mais un tel langage n'est pas de pratique courante dans d'autres contextes. Même des mots moins choquants comme **hell** (*hèl*) (enfer) et **damn** (*dam*) (damnation) peuvent offenser certaines personnes et vous faire apparaître peu sophistiqué dans certaines situations. En général, vous devez vivre longtemps dans un pays pour savoir quand il est possible d'utiliser des jurons.

Voici un autre conseil : faites attention quand vous prononcez certains mots comportant un son *ii* long, comme **beach** (*biitch*) (plage) et **sheet** (*chiit*) (drap). Si vous raccourcissez le *ii* en *i*, (comme font beaucoup de gens qui apprennent l'anglais, et tout particulièrement les francophones), vous créez accidentellement deux mots offensants ! Allongez donc bien les voyelles longues, et vous éviterez des fautes embarrassantes. **I can swear to that!** (*aï can souèe tou dat*) (Je puis vous le jurer !) (Et allez voir au chapitre 1 comment prononcer le e long et d'autres voyelles.)

J'aime votre mari !

I love *your* husband me dit une étudiante. Quoi ? **You love *my* husband?** Aie ! **I mean, I love my own husband** dit-elle, corrigeant une erreur assez fréquente. Voici une autre erreur que j'entends souvent : **I will go to my country to visit your parents.** Comment ? Mes parents ? Mais mes parents vivent ici aux USA.

Le problème est dans ce cas l'usage abusif de l'adjectif possessif **your** (*ioue*) (votre/vos), qui sert à identifier des entités appartenant à la personne à qui vous parlez. Mais **your** n'est pas un mot « la même taille pour tout le monde », bon pour toutes les occasions. Vous ne pouvez pas l'utiliser pour parler de choses qui vous appartiennent ou appartiennent à une tierce personne ou à une autre entité (**him, her** et **it**). Faites attention – si vous dites à quelqu'un **I saw a movie with your wife** (*aï sôô a mouou-vi ouid ioue ouaïf* [UK], *aï sââ e mouou-vi ouid ioue ouaïf* [US]) (J'ai vu un film avec votre femme), vous pouvez vous attirer des ennuis ! Allez voir au chapitre 8 comment utiliser les adjectifs possessifs et n'allez pas au cinéma avec la femme de votre ami.

N'utilisez pas de doubles négations

Les doubles négations sont acceptables dans certaines langues et dans certaines formes dialectales de l'anglais. Mais en anglais standard, elles sont souvent incorrectes parce que – comme en mathématiques – deux négations rendent un sens positif. Par exemple, si vous revenez d'un magasin les mains vides, ne dites pas **I *didn't* buy nothing** (*aï didn't baï nae-dzign* [UK], *aï didn't baï ne-dzign* [US]) (Je n'ai pas acheté rien). Cela veut dire « J'ai acheté quelque chose », ce qui est le contraire de ce que vous voulez dire ! Voici deux façon d'exprimer la chose correctement : **I didn't buy anything** (*aï didn't baï é-ni-dzign*) (Je n'ai rien acheté) ou **I bought nothing** (*aï bôôt nae-dzign* [UK], *aï bâât ne-dzign* [US]) (Je n'ai rien acheté).

Deux formes négatives dans une même expression peuvent être correctes si l'une d'elle est un préfixe négatif. Par exemple, **I'm not unhappy** implique **I'm happy**... ou au moins je suis satisfait. Ici, les deux signes négatifs créent une notion positive ou neutre, ce qui convient si c'est l'idée que vous voulez exprimer.

Chapitre 19

Distinguer des mots qui se ressemblent

Dans ce chapitre :

- Des règles simples pour choisir le bon mot
- Les sens multiples
- Les synonymes et les homonymes

La langue anglaise, selon Richard Lederer, l'auteur de *Crazy English*, contient peut-être 2 millions de mots. Qui plus est, elle regorge d'homonymes (des mots écrits et prononcés de la même façon mais avec des sens différents), de synonymes (des mots écrits et prononcés différemment mais avec des sens voisins), des antonymes (des mots avec des sens opposés), et même des mots qui n'ont pas le même sens partout. N'ayez donc pas mauvaise conscience si vous confondez quelques mots parmi les 2 millions parmi lesquels il faut choisir ! (Les anglophones de naissance ne choisissent d'ailleurs pas non plus toujours le mot qui convient.) Ce chapitre vous donne quelques règles simples et des conseils pour clarifier la « confusion » de certains mots couramment confondus.

Coming et going

Vous n'êtes pas sûr si vous êtes **coming** (*cae-mign* [UK], *ke-mign* [US]) (en train de venir) ou **going** (*gueou-ign* [UK], *gôô-ign* [US]) (en train d'aller) ? Les mots **come** (*caem* [UK], *kem* [US]) (venir) et **go** (*gueou* [UK], *gôô* [US]) (aller) sont pour certains une source inépuisable de difficultés, mais il n'y a plus de problème si vous suivez la règle ci-après :

Utilisez **go** pour vous référer à un endroit où vous n'êtes pas lorsque vous parlez. Par exemple, si vous vous trouvez aux États-Unis, vous pourriez avoir la conversation suivante :

- **When will you go back to your country?** (*ouèn ouil iou gueou bac tou ioue caen-tri* [UK], *h'ouèn ouil iou gôô bac tou ioue ken-tri* [US]) (Quand retournerez-vous dans votre pays ?)
- **I plan to go back next month.** (*aï plan tou gueou bac nèxt maendz* [UK], *aï plan tou gôô bac nèxt mendz* [US]) (Je prévois d'y retourner le mois prochain.)

Utilisez **come** pour vous référer à un endroit où vous êtes lorsque vous parler. Par exemple, vous pourriez avoir la conversation suivante tandis que vous êtes aux États-Unis :

- **Why did you come to the United States?** (*ouaï did iou caem tou di iou-naï-ted stéïts* [UK], *h'ouaï did iou kem tou de iou-naï-ted stéïts* [US]) (Pourquoi êtes-vous venu aux États-Unis ?)
- **I came here for a vacation.** (*aï kéïm h'ie foe e ve-kéï-chen*) (Je suis venu ici passer des vacances) [vacances = **holiday** (*h'o-li-dèï*) en anglais britannique]

Bientôt vous pourrez être **going** et **coming** avec aisance. En attendant, deux injonctions courantes peuvent vous aider à vous rappeler où aller ou venir : **Come here!** (*caem h'ie* [UK], *kem h'ie* [US]) (Viens ici !) et **Go away!** (*gueou e-ouèï* [UK], *gôô e-ouéï* [US]) (Vas-t-en !).

Borrowing et lending

Avez-vous besoin d'un **loan** (*leoun* [UK], *lôôn* [US]) (prêt) ? Ou est-ce votre ami qui vous en demande un ? En pareil cas vous avez besoin de faire la différence entre les verbes **borrow** (*bo-reou* [UK], *bâ-rôô* [US]) (emprunter) et **lend** (*lènd*) (prêter). La petite histoire suivante peut vous aider à comprendre qui reçoit l'argent.

Jason a 100 dollars. Son ami Sam veut les **borrow**. Il espère que Jason peut lui **lend** l'argent, qu'il lui remboursera plus tard. Sam peut demander le prêt en utilisant **borrow** ou **lend**, selon la structure de sa question. Mais remarquez que quand Sam parle, il dit **I borrow** et **you lend**. En d'autres termes, Sam est **borrowing** (*bo-reou-ign* [UK], *bâ-rôô-ign* [US]) (en train d'emprunter) et Jason est **lending** (*lèn-dign*) (en train de prêter). Voici ce que dit Sam :

- **Hey, Jason, can *I borrow* $50?** (*h'èï djéï-sen can aï bo-reou fif-ti do-lez* [UK], *h'éï djéï-sen can aï bâ-rôô fif-ti dâ-lez* [US]) (Dis donc, Jason, puis-je emprunter 50 dollars ?) [dis donc = **I say** (*aï sèï*) (Je dis) en anglais britannique]

- **Hey, Jason, can *you lend* me $50?** (*h'èï djéï-sen can iou lènd mi fif-ti do-lez* [UK], *h'éï djéï-sen can iou lènd mi fif-ti dâ-lez* [US]) (Dis donc, Jason, peux-tu me prêter 50 dollars ?)

Jason peut lui aussi répondre à la question en utilisant **borrow** ou **lend**. Mais quand Jason – le **lender** (*lèn-de*) (prêteur) – parle, il dit **you borrow** et **I lend**. Voici ce que dit Jason :

- **Sure, *you can borrow* $50.** (*choue iou can bo-reou fif-ti do-lez* [UK], *choue iou can bâ-rôô fif-ti dâ-lez*) (Bien sûr, tu peux emprunter 50 dollars.)
- **Sorry, I can't, but *I'll* lend you $25.** (*so-ri aï cââ n't baet aïl lènd iou touèn-ti faïv do-lez* [UK], *sâ-ri aï caan't bet aïl lènd iou touèn-ti faïv dâ-lez* [US]) (Désolé, je ne peux pas, mais je te prêterai 25 dollars.)

Pour finir : le verbe **loan** (*leoun* [UK], *lôôn* [US]) (prêter) a la même signification que **lend**. Sam peut dire **Can you loan me $50?** (*can iou leoun mi fif-ti do-lez* [UK], *can iou lôôn mi fif-ti dâ-lez* [US]) (Peux-tu me prêter 50 dollars ?). Et Jason peut répondre **No way, I loaned you $25 last week!** (*neou ouèï aï leoun'd iou touèn-ti faïv do-lez lââst ouiik* [UK], *nôô ouèï aï lôôn'd iou touèn-ti faïv dâ-lez laast ouiik* [US]) (Pas question, je t'ai prêté 25 dollars la semaine dernière !).

Such et so – lequel ?

Les mots **such** (*saetch* [UK], *setch* [US]) (tellement) et **so** (*seou* [UK], *sôô* [US]) (tellement) ont à peu près le même sens que **very** (*vé-ri*) (très), mais vous ne pouvez pas les utiliser aussi librement que **very** – ce qui est une source de confusion. La faute la plus courante consiste à utiliser **so** quand il faudrait dire **such**.

Voici la règle : utilisez **such** devant des noms – habituellement des combinaisons adjectif/nom, et utilisez **so** uniquement avec des adjectifs et des adverbes. Facile ? Certainement. Les exemples suivants vous montrent quand utiliser **such** et **so** :

- **This is such an easy lesson.** (*dis iz saetch e nii-zi lè-sen* [UK], *dis iz setch e nii-zi lè-sen* [US]) (C'est une leçon tellement facile.)
- **This is so easy.** (*dis is seou ii-zi* [UK], *dis iz sôô ii-zi* [US]) (C'est tellement facile.)
- **You speak such good English.** (*iou spiic saetch goud ign-lich* [UK], *iou spiic setch goud ign-lich* [US]) (Vous parlez un anglais tellement bon.)
- **You speak English so well.** (*iou spiic ign-lich seou ouèl* [UK], *iou spiic ign-lich sôô ouèl* [US]) (Vous parlez tellement bien l'anglais.)

En outre, utilisez **so** avec les mots **much** (*maetch* [UK], *metch* [US]) (beaucoup), **many** (*mé-ni*) (nombreux), **little** (*li-tel*) (petit/peu), et **few** (*fiouou*) (peu nombreux/peu nombreuses). Par exemple, il pourrait y avoir dans une librairie une affiche disant **So many good books, so little time.** (*seou mé-ni goud boucs seou li-tel taïm* [UK], *sôô mé-ni goud boucs sôô li-tel taïm* [US]) (Tellement de bons livres, si peu de temps.) Vous trouverez au chapitre 10 des indications complémentaires sur l'usage de **many** dans la section « Noms dénombrables et noms non dénombrables ».

Like et alike

Les mots **like** (*laïc*) (comme) et **alike** (*e-laïc*) (semblable) ont des sens tellement voisins qu'il peuvent vous rendre perplexe – tant que vous ne connaissez pas quelques règles simples. Vous verrez mieux la différence entre **like** et **alike** en considérant les phrases suivantes :

- **I am *like* my sister.** (*aï am laïc maï sis-te*) (Je suis comme ma soeur.)
- **My sister and I are *alike*.** (*maï sis-te and aï ââ e-laïc*) (Ma soeur et moi sommes pareilles.)

Like veut dire semblable à ou le/la même que et est généralement utilisé entre deux entités qui sont comparées (autrement dit, **like** est suivi d'un objet). **Alike** veut dire semblable ou le/la même, et est généralement placé après deux entités comparées, souvent en fin de phrase. (Le mot **alike** n'est pas suivi d'un objet.)

Pour construire des phrases négatives, ajoutez le mot **not** (*not* [UK], *nât* [US]) (ne pas) avant **like** ou **alike**.

- **Fish are not like zebras.** (*fich ââ not laïc zii-brez* [UK], *fich ââ nât laïc zii-brez* [US]) (Les poissons ne sont pas comme les zèbres.)
- **Fish and zebras are not alike.** (*fich and zii-brez ââ not e-laïc*) (Les poissons et les zèbres ne sont pas semblables.)

Vous pouvez aussi utiliser le mot **unlike** (*aen-laïc* [UK], *en-laïc* [US]) (différent) au lieu de **not like** (*not laïc* [UK], *nât laïc* [US]) (pas pareil), comme dans **Fish are unlike zebras.** (*fich ââ aen-laïc zii-brez* [UK], *fich ââ en-laïc zii-brez* [US]) (Les poissons sont différents des zèbres.)

Hearing et Listening

Pensez à une occasion où vous avez dû rester assis au cours d'un discours long et ennuyeux. Vous pouvez **hear** (*h'ie*) (entendre) le conférencier parler, mais à la fin vous ne pouviez plus vous souvenir de ce qu'il avait dit parce que vous n'étiez pas **listening** (*li-se-nign*) (en train de l'écouter). **Hearing** (*h'ie-rign*) (l'écoute) est ce pour quoi vos oreilles sont faites. Si votre audition est normale, vous entendez automatiquement. Mais **listening** implique un effort conscient pour entendre ou faire attention. Quand vous « déconnectez » un locuteur ennuyeux, vos oreilles fonctionnent toujours, mais vous n'écoutez plus.

Si quelqu'un parle trop bas ou si vous avez une mauvaise liaison téléphonique, vous dites **I can't *hear* you. Please speak louder** (*aï câân't h'ie iou pliiz spiik laou-de* [UK], *aï caan't h'ie iou pliiz spiik laou-de* [US]) (Je ne vous entend pas, s'il vous plaît parlez plus fort). Si quelqu'un vous parle mais si votre attention ou vos pensées sont ailleurs, vous pouvez dire **I'm sorry. What did you say? I wasn't listening** (*aïm so-ri ouot did iou séï aï ouozn't li-se-nign* [UK], *aïm sâ-ri h'ouât did iou sèï aï ouâzn't li-se-nign* [US]) (Je suis désolé. Que disiez-vous ? Je n'écoutais pas).

Enfin – utilisez le mot **hear** pour parler de nouvelles ou d'informations dont vous avez eu connaissance et pour dire que vous avez assisté à des événements musicaux ou des exposés. Voici quelques exemples courants :

- **Did you hear what happened?** (*did iou h'ie ouot h'a-pend* [UK], *did iou h'ie h'ouât ha-pend* [US]) (Avez-vous entendu parler de ce qui s'est passé ?)
- **I heard it on the radio.** (*aï h'eed it on de réï-dieou* [UK], *aï h'eed it on de réï-diôô* [US]) (Je l'ai entendu à la radio.)
- **Have you heard Midori play in concert?** (*h'av iou h'eed mi-do-ri plèï in con-seet* [UK], *h'av iou h'eed mi-dâ-ri plèï in cân-seet* [US]) (Avez-vous entendu Midori jouer en concert ?)

Seeing, looking et watching

Comme **hearing**, **seeing** (*sii-ign*) (voir) est une fonction naturelle du corps ; c'est ce pour quoi vos yeux sont faits. Même si vous n'avez pas une parfaite **vision** (*vi-jen*) (vision), vous pouvez voir clairement avec des lunettes ou des lentilles de contact. J'ai besoin de lunettes pour lire, et donc même si je regarde longuement et attentivement une page, je ne peux pas la voir très bien sans mes verres.

Quand quelqu'un dit **look at that!** (*louc at dat*) (regarde ça !), il ou elle veut que vous dirigiez vos regards (et votre attention) sur quelque chose. **Look at** (*louc at*) (regarder) veut dire jeter un coup d'oeil rapide ou focaliser le regard sur quelque chose de stationnaire. Vous pouvez **look at** un magazine, un écran d'ordinateur ou quelqu'un qui est assis à table en face de vous.

Looking (*lou-kign*) (regarder) devient **watching** (*ouo-tchign* [UK], *ouâ-tchign* [US]) (observer) quand vous observez attentivement quelque chose qui est susceptible de se déplacer ou de changer de soi-même. Vous pouvez **watch** un film, un jeu de ballon ou vos enfants en train de jouer. Vous ne pouvez pas **watch** un magazine (à moins que vous ne vous attendiez à ce qu'il se lève et s'en aille). Mais vous pouvez **watch** les cours de la bourse – ils sont constamment en mouvement !

Vous connaissez maintenant quelques différences de base entre la façon d'utiliser **see, look at,** et **watch**. Mais attention – l'anglais comprend des vingtaines d'expressions idiomatiques utilisant ces mots. Consultez un dictionnaire d'expressions idiomatiques, et vous y trouverez d'innombrables expressions avec **see, look at,** et **watch**.

Feeling et touching

Comme **hearing** et **seeing**, **feeling** (*fii-lign*) (ressentir/toucher) est une fonction naturelle du corps. **Touching** (*tae-tchign* [UK], *te-tchign* [US]) (toucher), par ailleurs, est ce que vous faites quand vous voulez **feel** (*fiil*) (ressentir) quelque chose. Si vous **touch** (*taetch* [UK], *tetch* [US]) (touchez) une flamme, elle **feels** très chaude ! Si vous touchez de la glace, elle **feels** froide. **Touch** est une action volontaire – à moins que vous touchiez accidentellement une chose comme une barre de fer rouge. Les parents qui font des achats avec leurs enfants pourraient dire **don't touch anything** (*deoun't taetch é-ni-dzign* [UK], *dôôn't tetch é-ni-dzign* [US]) (Ne touche à rien !). Mais vous ne pouvez pas dire **Don't feel anything** (*deoun't fiil é-ni-dzign* [UK], *dôôn't fiil é-ni-dzign* [US]) (Ne ressents rien), parce que la sensation est involontaire. Seule une personne qui a perdu le sens du toucher à un endroit du corps peut **touch** quelque chose – ou être **touched** – et ne rien sentir.

Feeling est aussi une sensation émotionnelle, comme l'amour, la haine, la crainte, la colère et ainsi de suite. Concernant les affaires de coeur, vous pouvez **feel happy** (*fiil h'a-pi*) (vous sentir heureux), **sad** (*sad*) (triste), ou **loved** (*laev'd* [UK], *lev'd* [US]) (aimé). Et quand vous vous sentez profondément ému, vous pouvez même **feel touched** (*fiil taetch'd* [UK], *fiil tetch'd* [US]) (vous sentir touché) !

Lying et laying – la vérité sur les poules

Savoir quand utiliser **lie** (*laï*) (prendre une position allongée) ou **lay** (*lèï*) (être allongé sans bouger), **lying** (*laï-ign*) (étant allongé) ou **laying** (*lèï-ign*) (restant immobile), et ainsi de suite peut vous inciter à **lie down** (*laï daoun*) (vous coucher) et pleurer. Cependant n'allez pas **lay an egg** (*lèï e nèg*) (pondre un oeuf) ! Je peux vous aider à faire la distinction entre **lying** et **laying** – et ce n'est pas un **lie** (*laï*) (mensonge) !

Le verbe **lie** veut dire :

- Se mettre dans une position allongée, comme dans **Lie down and go to sleep.** (*laï daoun and gueou tou sliip* [UK], *laï daoun and gôô tou sliip* [US]) (S'allonger et s'endormir ou impératif allonge-toi et dors.)
- Dire une chose qui n'est pas vraie, comme dans **Don't lie. Tell the truth!** (*deoun't laï tèl de trououdz* [UK], *dôôn't laï tèl de trououdz* [US]) (Ne ments pas. Dis la vérité !)

Le verbe **lay** veut dire :

- Placer quelque chose sur une surface, comme dans **Lay the book on the table.** (*lèï de bouc on de téï-bel*) (Mets le livre sur la table.)
- Pondre un œuf comme dans **Chickens lay eggs.** (*tchi-kenz léï ègz*) (Les poules pondent des œufs.)

Lie et **lay** ne posent pas trop de problèmes quand vous vous limitez aux formes du présent ou du participe présent. Mais quand vous avez besoin des formes du passé, vous pouvez avoir envie de **lay down** vos livres et d'aller à la plage. (Même les anglophones natifs s'arrachent les cheveux au sujet de cette question **lie/lay**.) Allez voir l'annexe A à la fin du livre où vous trouverez les différentes formes du passé de **lie, lie down** et **lay**. Mémorisez-les toutes, et les anglophones natifs vous paieront pour que vous leur donniez des leçons d'anglais !

Tuesday ou Thursday ?

Tuesday (*tiououz-di* [UK], *tououz-di* [US]) (mardi) ou **Thursday** (*dzeez-di*) (jeudi) – lequel est lequel ? Ces mots peuvent vous paraître identiques quand vous les entendez ou quand vous essayez de les dire, mais ils ont des prononciations très différentes et bien sûr, des sens différents. Je peux vous aider à les prononcer clairement et à entraîner votre oreille à entendre ce qui les distingue.

Si **Monday** (*maen-di*) (lundi) est le premier jour de la semaine, le deuxième jour – ou le jour numéro **two** (*touou*) (deux) – est **Tuesday**. Pour le prononcer à l'américaine, vous prononcez la première syllabe comme le nombre **two**, puis vous ajoutez le son *z*, et vous terminez par *di*. Faites bien attention à utiliser un son *z* et non un son *s*, c'est-à-dire un **voiced sound** (*voïs'd saound*) (son sonore) et non un son sourd. Reportez-vous au chapitre 1 pour plus d'informations et d'exemples relatifs aux sons sonores. La prononciation britannique est un peu plus compliquée : vous insérez le son *i* juste après le **T**, ce qui donne *tiououz-di*.

Thursday commence par un son **th** (*dz*) – non un son **t** comme **Tuesday**. (Le chapitre 1 vous indique comment produire un son **th**.) Si vous pouvez dire **thirty** (*dzee-ti*) (trente) ou **thirteen** (*dzee-tiin*) (treize) vous pouvez dire **Thursday**. N'oubliez pas le son *z*, et faites attention de prononcer le **s** comme *z*. Sinon, vous direz à peu près le mot **thirsty** (*dzees-ti*) (assoiffé), et quelqu'un pourrait vous donner un verre d'eau !

Too et very

Certaines personnes disent **You can never have too much time or too much money** (*iou can nè-ve h'av touou maetch taïm oe touou maetch mae-ni* [UK], *iou can nè-ve h'av touou metch taïm oe touou metch mae-ni* [US]) (Vous ne pouvez jamais avoir trop de temps ou trop d'argent). C'est probablement vrai, mais le mot **too** (*touou*) (trop) implique habituellement un excès indésirable ou un problème. Par exemple, vous pouvez être inconfortable si vous **eat *too* much** (*iit touou maetch* [UK], *iit touou metch* [US]) (mangez trop). Et les gens se plaignent quand le temps est ***too* hot** (*touou h'ot* [UK], *touou h'ât* [US]) (trop chaud) ou ***too* cold** (*touou keould* [UK], *touou côôld* [US]) (trop froid).

Par contraste, le mot **very** (*vé-ri*) (très) qui veut dire extrêmement ou **really** (*rii-e-li*) (vraiment) n'implique pas automatiquement un problème. Par exemple, dire **It's very hot today** (*its vé-ri h'ot tou-dèï* [UK], *its vé-ri h'ât tou-dèï* [US]) (Il fait très chaud aujourd'hui), ne veut pas nécessairement dire que vous êtes inconfortable ; peut-être aimez-vous qu'il fasse chaud.

Si vous êtes **very happy** (*vé-ri ha-pi*) (très heureux) mais si vous dites par erreur **I'm too happy** (*aïm touou h'a-pi*) (Je suis trop heureux), les gens pourront vous demander « qu'y a-t-il de mal à être heureux ? ». Souvenez-vous que le mot **too** implique une situation indésirable ou déplaisante. Vous pouvez comparer **too** et **very** dans les phrases suivantes :

- **This car is too expensive; I can't afford it.** (*dis cââ iz touou ic-spèn-siv aï cââñ't e-fôôd it* [UK], *dis cââ iz touou ic-spèn-siv aï caan't e-fôôd it* [US]) (Cette voiture est trop chère, je ne peux pas me la permettre/me l'offrir/ me la payer.)
- **This car is very expensive, but I can buy it.** (*dis cââ iz vé-ri ic-spèn-siv baet aï can baï it* [UK], *dis cââ iz vé-ri ic-spèn-siv bet aï can baï it* [US]) (Cette voiture est très chère, mais je peux l'acheter.)

Alors, est-il possible d'avoir **too much time** et **too much money** ? Peut-être – mais je ne verrais pas d'inconvénient à le découvrir.

Sixième partie

Annexes

Dans cette partie...

Pour finir, je vous propose les annexes, qui contiennent une liste pratique des temps passés des verbes irréguliers, un petit dictionnaire pour chercher immédiatement le sens des mots, un guide des conversations du CD audio, et les réponses des jeux et activités.

Annexe A :

Verbes irréguliers de l'anglais

Le tableau qui suit est un outil très pratique. Il vous montre les formes de temps passé de nombreux verbes anglais irréguliers. Pour vous en servir, trouvez le verbe voulu dans la colonne de gauche, qui contient la forme de base du verbe, et lisez le simple past et le participe passé dans les colonnes adjacentes.

Pour plus d'informations sur le temps du simple past et pour voir la conjugaison du verbe to be, consultez le chapitre 2. Pour plus d'informations sur l'utilisation du participe passé, consultez le chapitre 15.

Tableau A — Verbes anglais irréguliers

Forme de base (infinitif)	*Simple past*	*Participe passé*
awake (réveiller)	awoke	awaken
be (être)	was/were	been
beat (battre)	beat	beaten
become (devenir)	became	become
begin (commencer)	began	begun
bend (courber)	bent	bent
bite (mordre)	bit	bitten
bleed (saigner)	bled	bled
blow (souffler)	blew	blown
break (briser)	broke	broken
bring (apporter)	brought	brought
build (construire)	built	built
buy (acheter)	bought	bought

Forme de base (infinitif)	*Simple past*	*Participe passé*
catch (attraper)	caught	caught
choose (choisir)	chose	chosen
come (venir)	came	come
cost (coûter)	cost	cost
cut (couper)	cut	cut
dig (creuser)	dug	dug
do (faire)	did	done
draw (tirer)	drew	drawn
drink (boire)	drank	drunk
drive (conduire)	drove	driven
eat (manger)	ate	eaten
fall (tomber)	fell	fallen
feed (nourrir)	fed	fed
fight (combattre)	fought	fought
find (trouver)	found	found
fit (adapter)	fit	fit
fly (voler)	flew	flown
forget (oublier)	forgot	forgotten
forgive (pardonner)	forgave	forgiven
freeze (geler)	froze	frozen
get (obtenir)	got	got/gotten
give (donner)	gave	given
go (aller)	went	gone
grow (croître)	grew	grown
hang (pendre)	hung	hanged/hung
have (avoir)	had	had
hear (entendre)	heard	heard
hide (cacher)	hid	hidden

Forme de base (infinitif)	*Simple past*	*Participe passé*
hit (frapper)	hit	hit
hold (tenir)	held	held
hurt (faire mal)	hurt	hurt
keep (garder)	kept	kept
know (savoir)	knew	known
lay (être allongé/pondre)	laid	laid
lead (conduire/guider)	led	led
leave (laisser/partir)	left	left
lend (prêter)	lent	lent
let (laisser)	let	let
lie (down) (se coucher)	lay	lain
light (allumer)	lit	lit
lose (perdre)	lost	lost
make (faire)	made	made
mean (signifier)	meant	meant
meet (rencontrer)	met	met
pay (payer)	paid	paid
prove (prouver)	proved	proven
put (mettre)	put	put
quit (quitter)	quit	quit
read (lire)	read	read
ride (aller à cheval)	rode	ridden
ring (sonner)	rang	rung
rise (se lever)	rose	risen
run (courir)	ran	run
say (dire)	said	said
see (voir)	saw	seen
sell (vendre)	sold	sold

Forme de base (infinitif)	*Simple past*	*Participe passé*
send (envoyer)	sent	sent
set (mettre)	set	set
shake (secouer)	shook	shaken
shine (briller)	shone	shone
shoot (tirer)	shot	shot
shut (fermer)	shut	shut
sing (chanter)	sang	sung
sit (être assis)	sat	sat
sleep (dormir)	slept	slept
slide (glisser)	slid	slid
speak (parler)	spoke	spoken
spend (dépenser)	spent	spent
split (fendre)	split	split
spread (étaler)	spread	spread
stand (être debout)	stood	stood
steal (voler)	stole	stolen
stick (coller)	stuck	stuck
sting (piquer)	stung	stung
swear (jurer)	swore	sworn
sweep (balayer)	swept	swept
swim (nager)	swam	swum
swing (balancer)	swung	swung
take (prendre)	took	taken
teach (enseigner)	taught	taught
tear (déchirer)	tore	torn
tell (dire)	told	told
think (penser)	thought	thought
throw (jeter)	threw	thrown

Forme de base (infinitif)	*Simple past*	*Participe passé*
understand (comprendre)	understood	understood
wake (éveiller)	woke	woken
wear (porter)	wore	worn
weep (pleurer)	wept	wept
win (gagner)	won	won
write (écrire)	wrote	written

Annexe B :

Petit dictionnaire anglais-français

A

about (*e-baout*) au sujet de

above (*e-baev* [UK], *e-bev* [US]) au-dessus de

absolutely (*ab-se-liou-tli* [UK], *ab-se-lou-tli* [US]) absolument

accept (*ec-sèpt*) accepter

account (*e-caount*) compte

address (*a-drès*) adresse

after (*ââf-te* [UK], *aaf-te* [US]) après

afternoon (*ââf-te-nououn* [UK], *aaf-te-nououn* [US]) après-midi

aisle [US] (*aïl*) allée centrale (avion)

all (*ôôl* [UK], *ââl* [US]) tout

all right (*ôôl raït* [UK], *ââl raït* [US]) très bien

almost (*ol-meoust* [UK], *âl-môôst* [US]) presque

a lot (*e lot* [UK], *e lât* [US]) beaucoup

also (*ôôl-seou* [UK], *ââl-sôô* [US]) aussi

always (*ôôl-ouéïz* [UK], *ââl-ouèïz* [US]) toujours

amount (*e-maount*) montant

ankle (*an-kel*) cheville

answer (*an-see*) réponse

arm (*ââm*) bras

around (*e-raound*) autour

arrive (*e-raïv*) arriver

ask (*ââsk* [UK], *aask* [US]) demander

aunt (*âânt* [UK], *aant* [US]) tante

available (*e-véï-le-bel*) disponible

avenue (*a-vi-niouou* [UK], *a-vi-nouou* [US]) avenue

average (*a-vridj*) moyen/moyenne

B

bad (*bad*) mauvais

bag (*bag*) sac/bagage

ball (*bôôl* [UK], *bââl* [US]) balle/ballon

bank (*banc*) banque

bathroom (*bââdz-roum* [UK], *baadz-roum* [US]) salle de bains/aussi WC [US]

beach (*biitch*) plage

beautiful (*biou-ti-foul*) beau

bed (*bèd*) lit

beef (*biif*) bœuf

beer (*biie*) bière

begin (*bi-guin*) commencer

below (*bi-leou* [UK], *bi-lôô* [US]) au-dessous de

best (*bèst*) meilleur

between (*bi-touiin*) entre

bicycle (*baï-si-kel*) bicyclette

big (*big*) grand

bill (*bil*) addition [UK], billet de banque [US]

bird (*beed*) oiseau

black (*blac*) noir

blood (*blaed* [UK], *bled* [US]) sang

blouse (*blaouz*) corsage

blue (*blouou*) bleu

bone (*beoun* [UK], *bôôn* [US]) os

book (*bouc*) livre

boot (*bouout*) botte/chaussure

bottle (*bo-tel* [UK], *bâ-tel* [US]) bouteille

boy (*boï*) garçon

bread (*brèd*) pain

breakfast (*brèc-fest*) petit-déjeuner

brother (*brae-de* [UK], *bre-de* [US]) frère

brown (*braoun*) marron

building (*bil-dign*) bâtiment

business (*biz-nès*) activité/business

but (*baet* [UK], *bet* [US]) mais

butter (*bae-te* [UK], *be-te* [US]) beurre

buy (*baï*) acheter

C

call (*côôl* [UK], *cââl* [US]) appeler

camera (*ca-me-ra*) appareil photo

can (*can*) pouvoir ; boîte de conserve [US]

cancel (*can-sel*) annuler

car (*cââ*) voiture

card (*cââd*) carte/carton

careful (*kée-foul*) prudent/attentif

cash (*cach*) argent liquide

cat (*cat*) chat

cereal (*sie-riel*) céréales

change (*tchéïnj*) changer ; changement

change (money back) (*tchéïnj*) monnaie (rendue sur un paiement)

check (*tchèc*) vérifier ; addition [US] ; chèque [US]

cheese (*tchiiz*) fromage

cheque (*tchèc*) chèque [UK]

chicken (*tchi-ken*) poule/poulet

child (*tchaïld*) enfant

choice (*tchoïs*) choix

city (*si-ti*) ville

clean (*cliin*) propre

coat (*keout* [UK], *côôt* [US]) manteau

coffee (*co-fi* [UK], *câ-fi* [US]) café

coin (*coïn*) pièce de monnaie

cold (*keould* [UK], *côôld* [US]) froid

color (*cae-le* [UK], *ke-le* [US]) couleur

come (*caem* [UK], *kem* [US]) venir

company (*caem-pe-ni* [UK], *kem-pe-ni* [US]) société

computer (*kem-piou-te*) ordinateur

content (*ken-tènt*) content

cook (*couc*) cuisinier/cuisinière

cool (*cououl*) frais ; cool

corner (*côô-ne*) coin

cost (*cost* [UK], *câst* [US]) coût

cough (*caef* [UK], *kef* [US]) toux

count (*caount*) compter

country (*caen-tri* [UK], *ken-tri* [US]) pays ; campagne

cousin (*ke-zin*) cousin/cousine

cow (*caou*) vache

credit (*cri-dit*) crédit

cup (*caep* [UK], *kep* [US]) tasse

custom (*caes-tem* [UK], *kes-tem* [US]) coutume

customs (*caes-temz* [UK], *kes-temz* [US]) douane

D

dance (*dââns* [UK], *daans* [US]) danse ; danser

danger (*déïn-dje*) danger

dark (*dââk*) sombre

date (*déït*) date ; rendez-vous (pour sortir avec quelqu'un)

daughter (*dôô-te* [UK], *dââ-te* [US]) fille

day (*dèï*) jour

dentist (*dèn-tist*) dentiste

department store (*di-pâât-m'nt stôôe*) grand magasin

dessert (*di-zeet*) dessert

different (*di-fe-rent*) différent

difficult (*di-fi-kelt*) difficile

dinner (*di-ne*) dîner

doctor (*doc-te* [UK], *dâc-te* [US]) docteur

dog (*dog* [UK], *dâg* [US]) chien

dollar (*do-le* [UK], *dâ-le* [US]) dollar

door (*dôôe*) porte

down (*daoun*) en bas

dress (*drès*) robe

drink (*drinc*) boire ; boisson

drive (a car) (*draïv*) conduire (une voiture)

dry (*draï*) sec ; sécher

drug store [US] (*dreg stôôe*) pharmacie

E

ear (*ie*) oreille

early (*ee-li*) tôt

easy (*ii-zi*) facile

eat (*iit*) manger

egg (*èg*) œuf

elevator [US] (*è-li-véï-te*) ascenseur

employee (*èm-ploï-ii*) employé

employer (*im-ploï-e*) employeur

enjoy (*in-djoï*) apprécier

enter (*èn-te*) entrer

even (*ii-ven*) même

every (*è-vri*) chaque

exit (*èg-zit*) sortie

expensive (*ik-spèn-siv*) cher

eye (*aï*) œil

F

face (*féïs*) visage

father (*fââ-de* [UK], *faa-de* [US]) père

feel (*fiil*) sentir

few (*fiouou*) peu de

find (*faïnd*) trouver

fine (*faïn*) bon/bien

finger (*fi-gne*) doigt

finish (*fi-nich*) finir

fire (*faï-e*) feu ; licencier

first (*feest*) premier

fish (*fich*) poisson(s) singulier et pluriel

floor (*flôôe*) étage

flower (*flaoue*) fleur

flu (*flouou*) grippe

foot (*fout*) pied

fork (*fôôc*) fourchette

free (*frii*) libre ; gratuit

friend (*frènd*) ami

fruit (*frouout*) fruit

furniture (*fee-ni-tche*) mobilier

future (*fiou-tche*) avenir

G

game (*guéïm*) jeu ; gibier

gangway [UK] (*gagn-ouéï*) allée centrale (avion)

garden (*gââ-den*) jardin

girl (*gueel*) jeune fille

give (*giv*) donner

glass (*glââs* [UK], *glaas* [US]) verre

go (*gueou* [UK], *gôô* [US]) aller

gold (*gueould* [UK], *gôôld* [US]) or

good (*goud*) bon

goodbye (*goud-baï*) au revoir

grandchild (*gran-tchaïld*) petit-fils/petite-fille

grandfather (*gran-fââ-de* [UK], *gran-faa-de* [US]) grand-père

grandmother (*gran-mae-de* [UK], *gran-me-de* [US]) grand-mère

green (*griin*) vert

gray [US] (*grèï*) gris

grey [UK] (*grèï*) gris

grocery store (*greou-se-ri stôôe* [UK], *grôô-se-ri stôôe* [US]) magasin d'alimentation

guest (*guèst*) invité

H

hair (*h'èe*) cheveux

half (*h'ââf* [UK], h'aaf [US]) demi

hand (*h'and*) main

handsome (*h'and-sem*) beau

happy (*h'a-pi*) heureux

hat (*h'at*) chapeau

have (*h'av*) avoir

he (*h'ii*) il

head (*h'èd*) tête

healthy (*h'èl-di*) sain/en bonne santé

heart (*h' âât*) cœur

help (*h'èlp*) aide ; aider

here (*h'ie*) ici

high (*h'aï*) haut/élevé

holiday [UK] (*h'o-li-dèï*) vacances

horse (*h'ôôs*) cheval

hot (*h'ot* [UK], *h'ât* [US]) très chaud

hour (*aoue*) heure

house (*h'aous*) maison

how (*h'aou*) comment

hug (*h'aeg* [UK], *h'eg* [US]) étreindre

hungry (*h'aen-gri* [UK], *h'en-gri* [US]) affamé

husband (*h'aes-bend* [UK], *h'es-bend* [US]) mari

I

ice (*aïs*) glace

identification (*aï-dèn-ti-fi-kéï-chen*) identification

illness (*il-nès*) maladie

immigration (*i-mi-gréï-chen*) immigration

important (*im-pôô-tent*) important

impossible (*im-po-si-bel* [UK], *im-pâ-si-bel* [US]) impossible

include (*in-clououd*) inclure

injury (*in-dje-ri*) blessure

in-law (*in-lôô* [UK], *in-lââ* [US]) beau-(fils/frère/père)/belle-(fille/sœur/mère)

island (*aï-lend*) île

it (*it*) ce

J

jacket (*dja-kit*) veste

jail (écrit aussi **gaol** en anglais britannique) (*djéïl*) prison

jeans (*djiinz*) jean (attention : un jean en français se dit **jeans** avec un **s** en anglais, et deux jeans se dit **two pairs of jeans**)

job (*djob* [UK], *djâb* [US]) travail/job

juice (*djious* [UK], *djous* [US]) jus

just (*djaest* [UK], *djest* [US]) seulement/juste

K

keep (*kiip*) garder

key (*kii*) clé

kid (*kid*) enfant

kiss (*kis*) baiser/embrasser

kitchen (*kit-chen*) cuisine

knee (*nii*) genou

knife (*naïf*) couteau

know (*neou* [UK], *nôô* [US]) savoir

L

land (*land*) terre

language (*lan-gouéïdj*) langue

large (*lââdj*) grand

last (*lââst* [UK], *laast* [US]) dernier ; durer

late (*léït*) tard/en retard

later (*léï-te*) plus tard

law (*lôô* [UK], *lââ* [US]) loi

lawyer (*lôô-ie* [UK], *lââ-ie* [US]) avocat

learn (*leen*) apprendre

leave (*liiv*) laisser/partir

left (*lèft*) gauche

leg (*lèg*) jambe

less (*lès*) moins

lesson (*lè-sen*) leçon

letter (*lè-te*) lettre

library (*laï-bre-ri*) bibliothèque

life (*laïf*) vie

lift [UK] (*lift*) ascenseur

light (*laït*) lumière ; allumer

like (*laïc*) comme ; aimer

line (*laïn*) ligne

listen (*li-sen*) écouter

little (*li-tel*) petit

live (*liv*) vivre/habiter

living room (*li-vign rououm*) salon

loose (*louous*) détaché

lose (*lououz*) perdre

love (*laev* [UK], *lev* [US]) aimer ; amour

low (*leou* [UK], *lôô* [US]) bas

luggage (*lae-guidj* [UK], *le-guidj* [US]) bagages (nom non dénombrable)

lunch (*laentch* [UK], *lentch* [US]) déjeuner

M

mad (*mad*) fou

mail (*méïl*) courrier

make (*méic*) faire

man (*man*) homme

manager (*ma-na-dje*) manager/responsable

many (*mé-ni*) de nombreux

map (*map*) carte (géographique)

mark (*mââk*) marque ; marquer

me (*mii*) me/moi

meal (*miil*) repas

mean (*miin*) moyen

meat (*miit*) viande

medicine (*mè-di-sin*) remède

meeting (*mii-tign*) réunion

mild (*maïld*) doux

milk (*milc*) lait

minute (*mi-nit*) minute

miss (*mis*) manquer

modern (*mo-deen* [UK], *mâ-deen* [US]) moderne

money (*mae-ni* [UK], *me-ni* [US]) argent

moon (*mououn*) lune

more (*moe*) plus

morning (*môô-nign*) matin

mother (*mae-de* [UK], *me-de* [US]) mère

mountain (*maoun-tin*) montagne

mouth (*maoudz*) bouche

much (*maetch* [UK], *metch* [US]) beaucoup

must (*maest* [UK], *mest* [US]) devoir

N

napkin (*nap-kin*) serviette de table

narrow (*na-reou* [UK], *na-rôô* [US]) étroit

nation (*néï-chen*) nation

nationality (*na-che-na-li-ti*) nationalité

near (*nii-e*) près

nearly (*nii-e-li*) presque

neck (*nèc*) cou

neighbor [US] (*néï-be*) voisin

neighbour [UK] (*néï-be*) voisin

never (*nè-ve*) jamais

newspaper (*niouz-péï-pe*) journal

next (*nèxt*) suivant

nice (*naïs*) gentil

night (*naït*) nuit

noisy (*noï-zi*) bruyant

none (*naen* [UK], *nen* [US]) aucun

nose (*neouz* [UK], *nôôz* [US]) nez

not (*not* [UK], *nât* [US]) ne pas

note (*neout* [UK], *nôôt* [US]) note

now (*naou*) maintenant

number (*naem-be* [UK], *nem-be* [US]) nombre

nurse (*nees*) infirmière

O

ocean (*eou-chen* [UK], *ôô-chen* [US]) océan

occupied (*o-kiou-païd*) occupé

of course (*ev côôs*) bien sûr

office (*o-fis*) bureau

often (*of-ten* [UK], *âf-ten* [US]) souvent

okay (*eou-kèï* [UK], *ôô-kèï* [US]) bon/bien/d'accord

on (*on* [UK], *ân* [US]) sur

one-way (*ouaen-ouéï* [UK], *ouen-ouèï* [US]) à sens unique

only (*eoun-li* [UK], *ôôn-li* [US]) seulement

orange (*o-réïndj* [UK], *â-réïndj* [US]) orange

out (*aout*) dehors

outside (*aout-saïd*) dehors

over (*eou-ve* [UK], *ôô-ve* [US]) sur

over there (*eou-ve dèe* [UK], *ôô-ve dèe* [US]) là-bas

P

pain (*péïn*) douleur

paint (*péïnt*) peinture

pants [UK] (*pants*) caleçon

pants [US] (*pants*) pantalon

park (*pââk*) parc

parking (*pââ-kign*) parking

passport (*pââs-pôôt* [UK], *paas-pôôt* [US]) passeport

pay (*pèï*) payer

pen (*pèn*) stylo

people (*pii-pel*) gens

perfect (*pee-fèct*) parfait

person (*pee-sen*) personne

pharmacy [UK] (*fââ-me-si*) pharmacie

photograph (*feou-te-graf* [UK], *fôô-te-graf* [US]) photographie

physician (*fi-zi-chen*) médecin

picture (*pic-tche*) image

pin (*pin*) épingle

plan (*plan*) prévoir

plate (*pléït*) assiette

play (*plèï*) pièce de théâtre ; jouer

pocket (*po-kit* [UK], *pâ-kit* [US]) poche

police (*pe-lis*) police

poor (*poue*) pauvre

post office (*peoust o-fis* [UK], *pôôst â-fis* [US]) bureau de poste

pot (*pot* [UK], *pât* [US]) pot/casserole

pound (*paound*) livre

prefer (*pri-fee*) préférer

pretty (*prè-ti*) joli

price (*praïs*) prix

print (*print*) imprimer

pure (*pioue*) pur

purple (*pee-pel*) pourpre

put (*pout*) mettre

Q

quarter (*couôô-te*) quart

quiet (*couaïet*) tranquille

quit (*couït*) quitter/partir

quite (*couaïet*) tout à fait

R

race (*réïs*) course

rain (*réïn*) pluie

receipt (*ri-siit*) reçu

red (*rèd*) rouge

refund (*ri-faend* [UK], *ri-fend* [US]) rembourser

repeat (*ri-piit*) répéter

reservation (*ri-se-véï-chen*) réservation

restaurant (*rès-te-ront* [UK], *rès-te-rânt* [US]) restaurant

return (*ri-teen*) retourner

rice (*raïs*) riz

ride (*raïd*) monter (un cheval/une moto)

right (*raït*) droit ; juste

right away (*raït e-ouèï*) tout de suite

river (*ri-ve*) rivière

road (*reoud* [UK], *rôôd* [US]) route

room (*rououm*) pièce

rule (*rououl*) règle

S

salad (*sa-led*) salade

sale (*séïl*) vente

salt (*sôôlt* [UK], *sâât* [US]) sel

same (*séïm*) même

school (*scououl*) école

sea (*sii*) mer

search (*seetch*) rechercher

seat (*siit*) siège

see (*sii*) voir

sell (*sèl*) vendre

send (*sènd*) envoyer

she (*chii*) elle

shirt (*cheet*) chemise

shoe (*chouou*) chaussure

short (*chôôt*) court

shoulder (*cheoul-de* [UK], *chôôl-de* [US]) épaule

show (*cheou* [UK], *chôô* [US]) spectacle ; montrer

sick (*sic*) malade

sing (*sign*) chanter

sister (*sis-te*) sœur

size (*saïz*) taille

skirt (*skeet*) jupe

sleep (*sliip*) sommeil ; dormir

small (*smôôl* [UK], *smââl* [US]) petit

some (*saem* [UK], *sem* [US]) des/quelques

something (*saem-dzign* [UK], *sem-dzign* [US]) quelque chose

son (*saen* [UK], *sen* [US]) fils

special (*spè-chel*) spécial

spoon (*spououn*) cuiller

state (*stéït*) état

station (*stéï-chen*) gare

stay (*stèï*) rester

steak (*stèïc*) steak

stop (*stop* [UK], *stâp* [US]) stop ; arrêter

store (*stôôe*) magasin

straight (*stréït*) droit/direct

street (*striit*) rue

student (*stiou-dent* [UK], *stou-dent* [US]) étudiant

study (*stae-di* [UK], *ste-di* [US]) étudier

sugar (*chou-gue*) sucre

suit (*siouout* [UK], *souout* [US]) costume

suitcase (*siouout-kéïs* [UK], *souout-kéïs* [US]) valise

sun (*saen* [UK], *sen* [US]) soleil

sure (*choue*) sûr ; sûrement

surgery (*see-dje-ri*) chirurgie

sweat shirt (*souèt cheet*) tricot

sweater (*souè-te*) pullover

sweet (*souit*) doux/sucré

swim (*souim*) nager

swimsuit (*souim-siout* [UK], *souim-sout* [US]) maillot de bain

T

take (*téïc*) prendre

talk (*tôôc* [UK], *tââc* [US]) parler

tall (*tôôl* [UK], *tââl* [US]) haut/grand

tea (*tii*) thé

team (*tiim*) équipe

thank you (*dzanc iou*) merci

that (*dat*) ce... là

then (*dèn*) alors/ensuite

there (*dèe*) là

they (*dèï*) ils/elles

thigh (*dzaï*) cuisse

thing (*dzign*) chose

think (*dzinc*) penser

thirsty (*dzees-ti*) assoiffé

this (*dis*) ce... ci

ticket (*ti-kit*) billet

time (*taïm*) heure

tire (*taï-e*) pneu

tired (*taï-ed*) fatigué

today (*tou-dèï*) aujourd'hui

toe (*teou* [UK], *tôô* [US]) doigt de pied

together (*te-guè-de*) ensemble

tomorrow (*te-mo-reou* [UK], *te-mâ-rôô* [US]) demain

too (*also*) (touou) trop

too bad (*touou bad*) dommage

tool (*tououl*) outil

tooth (*toudz*) dent

town (*taoun*) ville

traffic (*tra-fic*) trafic/circulation

train (*tréïn*) train

travel (*tra-vel*) voyage

tree (*trii*) arbre

trip (*trip*) voyage/trajet

trousers (*traou-zez*) pantalon

try (*traï*) essayer

turn (*teen*) tourner

type (*taïp*) type ; taper (sur un clavier)

typical (*ti-pi-kel*) typique

U

ugly (*ae-gli* [UK], *e-gli* [US]) laid

uncle (*aen-kel* [UK], *en-kel* [US]) oncle

under (*aen-de* [UK], *en-de* [US]) sous

until (*aen-til* [UK], *en-til* [US]) jusqu'à ce que

up (*aep* [UK], *ep* [US]) en haut

V

vegetable (*vè-dje-te-b'l*) légume

very (*vé-ri*) très

vehicle (*vi-i-kel*) véhicule

visit (*vi-zit*) visite

vote (*veout* [UK], *vôôt* [US]) voter ; vote

W

wait (*ouéït*) attendre

walk (*ouôôc* [UK], *ouââc* [US]) marcher

wallet (*ouo-lit* [UK], *ouâ-lit* [US]) portefeuille/porte-monnaie

want (*ouânt*) vouloir

warm (*ouôôm*) chaud

watch (*ouotch* [UK], *ouâtch* [US]) observer

water (*ouôô-te* [UK], *ouââ-te* [US]) eau

we (*ouii*) nous

wear (*ouèe*) porter (vêtement)

week (*ouiik*) semaine

weird (*oui-ed*) bizarre

what (*ouot* [UK], *h'ouât* [US]) quoi

when (*ouèn* [UK], *h'ouèn* [US]) quand

where (*ouèe* [UK], *h'ouèe* [US]) où

which (*ouitch* [UK], *h'ouitch* [US]) lequel

while (*ouaïl* [UK], *h'ouaïl* [US]) tandis que

white (*ouaït* [UK], *h'ouaït* [US]) blanc

who (*h'ou*) qui

whole (*h'eoul* [UK], *h'ôôl* [US]) entier

why (*ouaï* [UK], *h'ouaï* [US]) pourquoi

wide (*ouaïd*) large

wise (*ouaïz*) sage

woman (*wou-men*) femme

work (*oueek*) travail

write (*raït*) écrire

wrong (*rogn* [UK], *rägn* [US]) erroné/incorrect

Y

yard [US] (*iââd*) jardin

yellow (*iè-leou* [UK], *iè-lôô* [US]) jaune

yesterday (*iès-te-déï*) hier

yet (*ièt*) encore

you (*iou*) vous/tu/toi

young (*iaegn* [UK], *iengn* [US]) jeune

Z

zero (*zi-reou* [UK], *zi-rôô* [US]) zéro

zipper (*zi-pe*) fermeture à glissière

Annexe C :

Solutions des jeux et activités

C'est ici que vous verrez votre score aux jeux et activités des chapitres 2 à 16. Ce score atteint-il les 100 % de réussite ? Félicitations ! En avez-vous raté quelques-uns ? Beaucoup ? Pas de problème. Faites quelques révisions et essayez de nouveau jusqu'à ce que vous ayez tout bon !

Chapitre 2

Mots de question :

(1) Who (2) How many (3) Where (4) Can (5) How (6) What (7) How much (8) Do (9) When (10) Are (11) Why (12) Were

Chapitre 3

Faire correspondre les questions et les réponses.

(1) B (2) E (3) A (4) C (5) D

Chapitre 4

La météo :

(1) sunny (2) raining (3) partly cloudy (4) raining (5) hot, dry (6) cold, rainy

Chapitre 5

Trajet pour aller à la partie :

Take the freeway south.

Get off at Harvest Road.

Go straight for 3 miles.

Turn left at the stoplight.

Continue for three blocks.

Turn right at Oak Street.

After the intersection go another block.

The school is on the corner.

It's across from the library.

Chapitre 6

Compléter les phrases.

(1) Hello (2) This is (3) are you (4) fine/there (5) leave (6) Forrest (7) call (8) number (9) 487-7311 (10) message (11) bye

Chapitre 7

Faire correspondre les pièces.

(1) nickel (2) penny (3) $30 (4) 50¢ (5) 45 cents (6) 50 dollars (7) $.30 (8) ten-dollar bill (9) 2 twenties (10) quarter (11) 5 bucks

Chapitre 8

Choisir les mots.

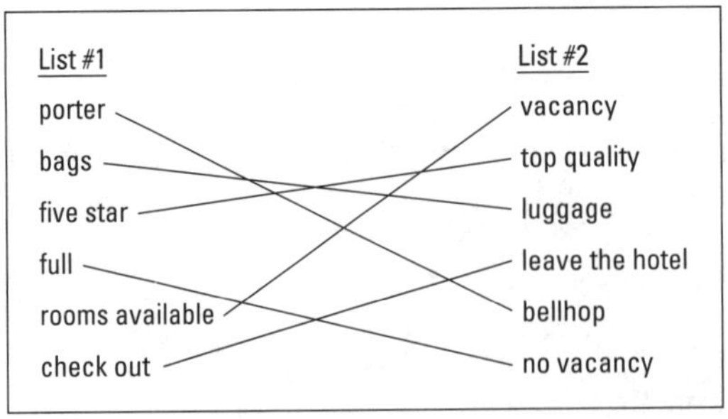

There, their, theirs, or they're?

(1) They're, their (2) Their, there (3) theirs (4) there

Chapitre 9

Qu'y a-t-il sur la table (et qu'est-ce qui manque) ?

(a) soup (b) napkin (c) fork (d) plate (e) steak (f) mashed potatoes (g) knife (h) coffee (i) glass of water (j) spoon

La salade verte manque.

Chapitre 10

Mots vestimentaires :

(1) hat (2) shirt (3) tie (4) suit (5) pants (6) shoes (7) skirt (8) sweater (9) blouse (10) cap (11) sweatshirt (12) jeans (13) tennis shoes

Chapitre 11

Mots pour dire l'heure :

(1) 12:00 a.m. (2) noon (3) 3:15 (4) 2:45 (5) five (o'clock) in the morning (6) 5:30 p.m.

Chapitre 12

Trouver des mots.

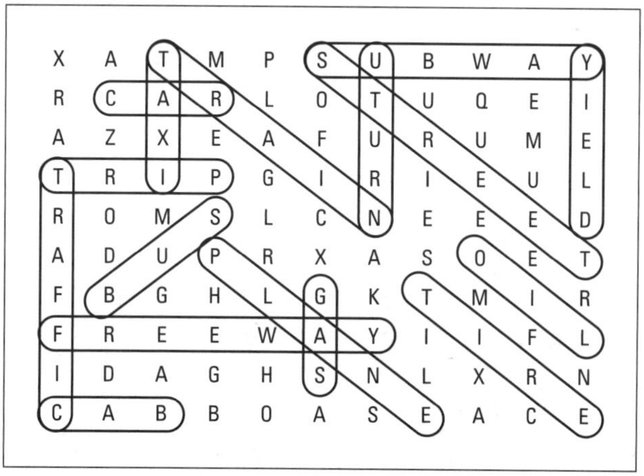

Chapitre 13

(1) bathroom (2) bedroom (3) bed (4) living room (5) sofa or couch (6) stove (7) kitchen (8) table (9) toilet (10) sink

Chapitre 14

Mots dont les lettres sont mélangées :

(1) fax (2) computer (3) tape (4) keyboard (5) paper (6) stapler (7) copier (8) eraser (9) pen

Réponse finale : A pay raise!

Chapitre 15

Choisir le mot qui convient.

(1) playing (2) to surf (3) seen (4) been (5) has (6) plays (7) enjoy (8) jog

Chapitre 16

Description des parties du corps :

(1) head (2) eye (3) nose (4) mouth (5) shoulder (6) hand (7) elbow (8) stomach (9) foot (10) toe (11) leg (12) arm (13) chest

Ezra has a broken arm, scratches, bruises, and stitches in his leg, and he is dizzy.

Annexe D :

Sur le CD

Voici la liste des dialogues qui se trouvent sur le CD attaché à la couverture de ce livre. Il s'agit d'un CD audio. Insérez-le dans votre chaîne hi-fi ou dans le lecteur de CD que vous utilisez pour écouter de la musique.

Piste 1 Chapitre 1 : Consonnes sourdes et sonores

Piste 2 Chapitre 1 : M. et Mme Abott s'apprêtent à partir en vacances pour quelques jours. Ils essaient de décider quels bagages emporter pour le voyage.

Piste 3 Chapitre 1 : Jordie et Austin, deux amis étudiant à la même université, se rendent dans un magasin de disques d'occasion.

Piste 4 Chapitre 3 : Lori arrive au travail et salue sa collègue, Becky.

Piste 5 Chapitre 3 : Josh va rencontrer ses amis Sid et J.J. dans un café fréquenté par de jeunes gens. Il est accompagné de son ami Tony, qui habite dans une autre ville.

Piste 6 Chapitre 3 : Vous séjournez dans une famille aux Etats-Unis. Considéré comme un membre de la famille, vous appelez vos hôtes comme s'ils étaient vos parents ou frères et sœurs. Sortant avec votre « mère » américaine, vous rencontrez une de vos amies.

Piste 7 Chapitre 3 : Aaron inscrit son fils à l'école. Ils sont dans le bureau de l'école et parlent avec la réceptionniste qui leur pose quelques questions obligatoires.

Piste 8 Chapitre 4 : Yang habite à Taïwan, et il a prévu d'aller à San Francisco en Californie. Il n'y est jamais allé, et il se renseigne sur le temps auprès d'un ami américain.

Piste 9 Chapitre 4 : Vous êtes assis dans un autobus quand une jeune fille appelée Lindsey monte et s'assoit sur le siège à côté de vous. Elle sourit et commence à vous parler.

Piste 10 Chapitre 5 : Xavier cherche une librairie pour y acheter L'anglais pour les Nuls, et il veut ensuite aller à la plage pour se relaxer et lire son nouveau livre. Il arrête un passant.

Piste 11 Chapitre 5 : Paul est à Hawaï pour la première fois et veut essayer de faire du surf, mais il n'a pas de planche de surf (ni aucune expérience, d'ailleurs). Il demande à quelqu'un de l'aider à trouver une boutique de surf pour y acheter une planche.

Piste 12 Chapitre 6 : Valérie Dupont appelle son amie Lynn, mais c'est sa camarade de chambre qui répond.

Piste 13 Chapitre 6 : Esther, qui fait ses études aux Etats-Unis, est chez elle avec ses deux enfants dans l'appartement qu'ils ont loué quand le téléphone sonne.

Piste 14 Chapitre 7 : Pierre attend son tour à la banque pour changer son argent en dollars US.

Piste 15 Chapitre 7 : Jacqueline se trouve dans un magasin et se renseigne sur les formes de paiement acceptables.

Piste 16 Chapitre 8 : Nettie Abbott appelle le bureau des réservations d'un hôtel pour faire une réservation pour elle-même et son mari, Charlie.

Piste 17 Chapitre 8 : Un porteur de l'hôtel arrive pour porter les bagages de Nettie et Charlie dans leur chambre.

Piste 18 Chapitre 8 : Nettie et Charlie sont restés deux nuits à l'hôtel et ont apprécié le restaurant et les autres services. Ils sont maintenant prêts à partir.

Piste 19 Chapitre 9 : Vlada et son mari Mike (des Américains) veulent essayer un nouveau restaurant. Le restaurant a bénéficié de chroniques enthousiastes et ils décident d'appeler pour réserver.

Piste 20 Chapitre 9 : Joanne est finalement assise dans le restaurant rempli de monde, et la serveuse est venue prendre sa commande.

Piste 21 Chapitre 9 : Godfrey est dans un restaurant fast-food et commande à déjeuner. La personne qui prend sa commande parle très vite. Godfrey ressent la pression, mais il veut savoir exactement ce qu'il est en train de commander, et il prend le temps de poser des questions.

Piste 22 Chapitre 10 : La vendeuse laisse Sophie regarder les vestes. Après quelques minutes, elle revient pour voir où en est sa cliente.

Piste 23 Chapitre 10 : Sophie essaie une veste en laine de taille moyenne, mais elle est trop petite. Elle a besoin d'une autre taille.

Piste 24 Chapitre 10 : Matt reçoit une chemise pour son anniversaire, mais elle ne correspond pas à son style. Il la rapporte au magasin, mais il n'a pas de reçu.

Piste 25 Chapitre 10 : Pratiquez l'utilisation des pronoms et des prépositions dans la conversation suivante entre le vendeur et Matt, qui essaie des vêtements.

Piste 26 Chapitre 11 : Jean appelle le musée d'Histoire naturelle pour s'enquérir des horaires.

Piste 27 Chapitre 12 : Henri vient d'arriver aux USA. Il est parvenu au guichet de l'immigration et il parle avec un agent de l'immigration.

Piste 28 Chapitre 12 : Voici une conversation entre un agent des transports et un usager.

Piste 29 Chapitre 12 : Bernard se rend à une agence de voyage pour se renseigner au sujet d'un vol aller-retour de Los Angeles à New York.

Piste 30 Chapitre 12 : Monique prévoit un voyage de Los Angeles à San Francisco. Elle s'informe auprès d'un ami de la distance et du temps nécessaire.

Piste 31 Chapitre 13 : La conversation suivante vous fournit quelques expressions à utiliser quand vous visitez la maison de quelqu'un (ou quand vous invitez quelqu'un chez vous). Lois rend visite à ses nouveaux amis, Ed et Portia.

Piste 32 Chapitre 13 : Devin habite une vieille maison qu'il loue. Tout commence à se dégrader, et il appelle son propriétaire, Mr James, pour expliquer ce qui arrive.

Piste 33 Chapitre 14 : Amelia et Camille parlent ensemble au bureau.

Piste 34 Chapitre 14 : Barry appelle son collègue Robert pour prévoir une réunion.

Piste 35 Chapitre 15 : Joyce et Lynn sont des collègues qui font la connaissance l'une de l'autre. Elles se renseignent sur leurs passe-temps favoris respectifs.

Piste 36 Chapitre 15 : Lori et Mark préparent un voyage à Lake Tahoe pour aller faire du ski.

Piste 37 Chapitre 15 : Ron et Nancy arrivent à un parc éloigné, espérant que le terrain de camping a de la place.

Piste 38 Chapitre 16 : En route pour aller travailler, Sam est témoin d'un accident de voiture. Il s'arrête et appelle le 911 pour demander de l'aide.

Piste 39 Chapitre 16 : Revecca va chez le docteur parce qu'elle s'est blessée en travaillant. L'infirmière lui fait subir différents contrôles et inscrit les résultats sur son dossier.

Piste 40 Chapitre 16 : Liz se sent très mal, elle est malade depuis une semaine et son état ne s'améliore pas. Elle va à une clinique sans rendez-vous pour voir un médecin.

Index alphabétique

B

C

D

H

Achevé d'imprimer par N.I.I.A.G.
en février 2010
pour le compte de France Loisirs, Paris

Imprimé en Italie